媒体社会责任报告

2016年卷（上）

中华全国新闻工作者协会 编

学习出版社

图书在版编目（CIP）数据

媒体社会责任报告. 2016年卷 / 中华全国新闻工作者
协会编. -- 北京 ：学习出版社，2017.5
ISBN 978-7-5147-0662-8

Ⅰ．①媒… Ⅱ．①中… Ⅲ．①媒体（新闻）－社会
责任－研究报告－中国－2016 Ⅳ．①G219.2

中国版本图书馆CIP数据核字(2016)第231052号

媒体社会责任报告·2016年卷
MEITI SHEHUI ZEREN BAOGAO·2016 NIAN JUAN
中华全国新闻工作者协会　编

责任编辑：宋　飞　李　琳
技术编辑：周媛卿

出版发行：学习出版社
　　　　　北京市崇外大街11号新成文化大厦B座11层（100062）
　　　　　010-66063020　010-66061634　010-66061646
网　　址：http://www.xuexiph.cn
经　　销：新华书店
印　　刷：北京市密东印刷有限公司

开　　本：787毫米×1092毫米　1/16
印　　张：50.75
字　　数：650千字
版次印次：2017年5月第1版　2017年5月第1次印刷

书　　号：ISBN 978-7-5147-0662-8
定　　价：108.00元（上、下卷）

如有印装错误请与本社联系调换

目　录

上　册

新华报业传媒集团社会责任报告 /313

浙江卫视社会责任报告 /337

经济日报

社会责任报告

一、经济日报概况

　　经济日报是国务院主办、中宣部领导和管理的以经济报道为主的综合性报纸，是党中央、国务院指导全国经济工作的重要舆论阵地、企业获取经济信息的重要渠道、国际社会观察中国经济形势的重要窗口、人民群众参与经济生活的良师益友。经济日报在国内设有 34 个印点。2015 年，经济日报平均期发量 75 万余份。

　　经济日报于 1998 年成立报业集团，拥有中国经济网和 14 家直属报刊社，其中直属报社 8 家、杂志社 4 家、出版社 2 家，所办媒体涵盖了纺织、建材、金融、证券、花卉、服装、书画等 10 多个行业。报刊总期发量逾100 万份，图书年出版 400 余种。隶

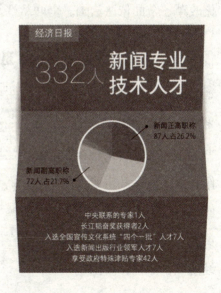

属于经济日报的中国经济传媒集团公司，具体负责直属报刊社管理工作。

经济日报在各省、自治区、直辖市和计划单列市设立记者站 36 个，在海外主要国家及联合国、欧盟等重要国际组织设立记者站 25 个。

二、履行社会责任情况

（一）履行正确引导责任

经济日报始终坚持正确的政治方向和舆论导向，认真做好宣传报道，传播社会正能量，努力提高舆论引导水平，为全面建成小康社会、全面深化改革、全面依法治国、全面从严治党提供了有力的舆论支持。

1. 精心组织习近平总书记系列重要讲话精神的宣传阐释。始终把学习宣传贯彻习近平总书记系列重要讲话精神作为重大使命和重要责任，持续推出系列评论员文章、言论以及《中经观点》专栏，突出宣

传好"五位一体"总体布局和"四个全面"战略布局、五大发展理念、经济新常态、创新驱动、共建"一带一路"、区域协调发展、生态文明建设、扶贫工作等新思想、新观点、新论断；集中刊发专家学者学习习近平总书记系列重要讲话精神的体会；组织撰写《迅速兴起大众创业万众创新热潮》《开启复兴伟业新征程》《"四个全面"实现治国理政现代化的顶层设计》等重点文章。

2. 准确解读中国经济新常态，唱响中国经济光明论。针对经济新常态被泛化、标签化等错误倾向，及时从理论层面作出回应，刊发《唱衰中国也要有点常识》

《中国经济应进一步树立理论自信》及《中国信心从何而来》等系列评论，全面分析中国经济运行总体态势，多角度、多维度透视在错综复杂的内外环境和较大的经济下行压力下，中国经济发展的信心与动力之源；着眼稳定社会预期、提振经济发展信心，开设《新常态 新趋势》《走向世界的中国品牌》《如何看待当前经济形势》《中国经济趋势·大家谈》《读研究报告 看经济形势》等多个专栏，从不同角度、不同侧面展现各地区各行业破解发展难题、积极主动作为的创新实践，反映各界人士对中国经济发展难点问题的看法和建议；围绕地方债、银行业不良贷款、通胀通缩、降息降准等热点，及时组织报道，反映理性思考，澄清认识误区，加深读者对中央有关经济政策的理解。

3. 突出主题宣传，积极引导舆论。在"三严三实"专题教育、全面深化改革、党的十八届五中全会精神、"十二五"成就等重大主题宣传中，注重把中央关注和百姓关切紧密结合起来，主动设置议题。比如，跟踪报道全面深化改革的重大进展，充分报道中央系列改革政策及各地的生动实践，聚焦全面深化改革"最初一公里"和"最后一公里"问题，推出一批调研报道；围绕"大众创业 万众创新""一带一路"战略、生态文明建设、京津冀协同发展、长江经济带、智能机器人等重大主题策划组织调研采访，集中推出了"创新创业平台探秘""一带一路在行动·海上丝绸之路纪行""稻菽飘香金秋行"等一批内容翔实、观点鲜明的系列报道。

4. 探索对外传播新模式，提高国际传播能力。配合国家主席习近平对美国、英国国事访问，结合意大利世博会等重大活动，组织策划特别报道，借助境外媒体平台发声，扩大对外传播影响力。中国经济网推出习近平主席访美特别报道、习近平主席访英特别报道，通过电视、网络、社交平台在美、俄、英、韩、法等国家同期播出。在世博会期间，与意大利《24 小时太阳报》联合出版 3 期意英双语《聚焦中国》世博特刊，在世博园内每期投放 2 万份，随《24 小时太阳报》发行 41 万份。在德国总理访华当天，与德国《商报》合作在中德两国同时推出"一带一路"中德双语套彩特刊，在德国境内随当天《商报》发行 16 万份。在中国与印度尼西亚签署共建高铁协议前夕，中经网与经济日报驻雅加达记者合作推出《中国高铁昂首驶向"千岛之国"》报道，并制作中英文两个版本的 H5 动图，在印度尼西亚各界广泛传播。

5. 加快融合发展步伐，新媒体建设成效明显。围绕主流媒体如何迎接变革、传播主流声音、满足受众信息需求、实现自身可持续发展等重点问题，进行诸多有益探索。经济日报新闻客户端于 2015 年 7 月正式上线，基本完成"多形态、多平台、多层级"的新媒体布局。目前，经济日报已经在

新浪微博、腾讯微博、人民微博等平台开通运营微博账号；在微信、易信、来往等平台开通公众号；在搜狐、网易开通新闻客户端账号；在秒拍、微视开通短视频账号。各形态、各平台的新媒体账号共拥有"粉丝"量约 800 万。中国经济网使用 8 种语言对外发布经济信息，日均访问量4500 万人次，点击量排名进入全球前 500 名、中国前 60 名。同时，鼓励和引导驻地记者站、资深编辑记者开通微博账号、微信公众号，并通过微博发布厅的形式，将成员单位、驻地机构、编辑记者个人的新媒体平台进行资源整合。坚持内容创新、矩阵传播，不断培育核心竞争力，报网博立体式传播成为常态。主报、中经网、"两微一端"三大平台基本形成日常运作机制，推出"G20峰会""党的十八届五中全会""2015 年中经产业景气指数""供给侧结构性改革"等具有传播和收藏价值的全媒体产品，提升了整体传播力。

（二）履行提供服务责任

经济日报为广大读者提供丰富的信息服务、生活服务，组织开展社会性服务活动，帮助群众解决实际困难。

1. 通过社会活动服务经济社会发展。2015 年，经济日报主办或参与主办"'一带一路'发展战略与沧州渤海新区（黄骅港）发展机遇高层研讨会""第五届两岸及香港《经济日报》财经高峰论坛""第二届丝路经济带智库峰会""解读石家庄的幸福密码·2015 幸福城市高层研讨会""第九届中国城市森林论坛""首届世界互联网工业大会"等多场论坛活动，搭建起交流研讨平台，吸引专家学者、企业家参与，为我国经济社会发展建言献策。

2. 系列经济指数产品服务产业行业。党的十八大以来，按照中央《关于加强中国特色新型智库建设的意见》，整合报业集团及社会智力资源，

2015年正式成立中经趋势研究院，将传统数据采集与互联网大数据挖掘技术相结合，整合技术、数据、内容、平台等优势，加大力度推进经济指数产品发展创新。

发布中国经济产业景气指数。2015年，覆盖12个重点行业的"中国经济产业景气指数"持续实现按季度发布，并以专刊形式随主报发行，对公众关注的产业发展问题进行研判分析，形成高质量的延伸报道，为经济管理部门决策提供参考。行业专家认为该指数发布及时，有权威性、前瞻性，是行业内企业研判经济发展趋势的"晴雨表"。

发布小微企业运行指数。小微企业运行指数是经济日报社于2015年5月正式推出的信息产品。该指数覆盖全国75%的区县，指标体系涵盖东北、华北、华东、西北、中南、西南六大区域以及制造业、批发零售业、建筑业、服务业、交通运输业、住宿餐饮业、农林牧渔业七大行业，全面反映不同行业、不同区域的小微企业在采购、生产、销售、融资等各个方面的运行态势与发展状况。截至2015年年底，该指数已连续发布8期。小微指数已在相关行业和领域得到应用。

启动中国家庭财富调查。2015年正式启动中国家庭财富调查项目，首轮入户调查遍布全国26个省份，样本家庭1.2万个。通过调查逐步积累底层源数据，建立中国家庭财富调查数据库，进行中国家庭财富调查报告的发布和数据产品二次开发，形成经济日报财富管理媒体产品线的核心优势，为政府、企业和社会提供相关决策依据。

3. 强化金融服务职能。《财富》版更加突出为百姓理财服务的理念，深耕《陶教授来了》《进击的基金》《会计师谈投资》等专栏，注重提升报道对读者实际操作的指导意义。紧跟热点话题，先后推出"央行降准降息""汇率波动如何影响生活""金融服务实体经济"等多套系列报道，及时回应社会关切。策划"互联网金融""普惠金融""金融服务'一带一路'""金融扶贫""新版人民币诞生记"等专题报道，多路记者赴全国各地深入调研，采写《打通"一带一路"上的金融大动脉》《"互联网＋"如何服务金融薄弱环节》《解密社区支行》《人民币是如何"出生"和"旅行"的》等稿件，以丰富的第一手素材反映金融支持实体经济、金融扶贫的生动实践。

4. 开展社会性服务活动。一年来，报社编辑、记者、行政岗位的志

愿者在北京南站、西城区居家养老服务中心等公共场所开展志愿服务活动，参与志愿服务100多人次，累计服务300余小时。开展"恒爱行动——百万家庭亲情一线牵"公益活动，动员报社（集团）女职工为新

疆少数民族家庭孩子编织毛衣、围巾、帽子、手套等101件，购买赠送毛织品29件；弘扬环保理念，持续做好"地球站公益创业工程"项目，收集各类衣物2600多件，捐助给贫困及受灾地区的困难群众。

5. 加大对扶贫县的宣传力度。对定点扶贫的张北县、赤城县做好舆论宣传，2015 年推出报道 20 余篇，刊发《赤城，京北久负盛名的天然氧吧》《张北，展开新型城镇化建设新画卷》《河北赤城，打造现代绿色农产品供应地》等广告专版，充分介绍张北县和赤城县的经济发展、资源优势、招商引资、项目建设等情况。

（三）履行人文关怀责任

经济日报在日常报道中关注社会弱势群体，注重深入人的精神世界，关心人的情感，启迪人的思想，体现了人文情怀。

1. 精心打造《周末》副刊。2015 年，《周末》副刊继续以习近平总书记在文艺工作座谈会上的重要讲话为指引，用新闻综述、评论、文艺作品等多种形式唱响文艺服务人民、服务时代的主旋律，组织策划采写"文艺吹来现实的风"系列报道，以及《文艺创新需要出头鸟》《本色为人话阎肃》《多些诗意少些功利》《艺术攀高峰　理应戒浮躁》等评论文章，收到了良好的社会效果。同时，关注百姓生活的热点趣味话题，组织策划"碎片有料""另一种业余时光"等系列报道，受到读者好评。

2. 及时回应群众关切。创立民生周刊、创周刊、绿周刊，围绕群众普遍关心的热点、难点问题，围绕生态文明建设、大众创业万众创新，刊发了一大批鲜活生动的深度报道。民生周刊刊发"警惕身边的安全隐患""年年欠薪年年讨何时休""社会救助期待更多力量""如何缓解农村留守群体之困"等专题报道，绿周刊策划"生态行·看看我的母亲河""大美中国"等重点报道，创周刊组织"中国高铁勇探五大'禁区'""大众创业、万众创新系列谈""自主创新示范区巡礼"等系列报道。

《读者》版坚持面向基层、面向读者，关注基层群众的生活状态，反映基层群众的合理诉求。

3. 内部文化建设体现人文关怀。办好《经济报人》《每周阅评》《经济新闻研究》3 种内部刊物，为职工服务。《经济报人》全年出刊 20 期，主要刊载内部资讯、工作与学习体会等，其中老同志专版集中展示报社离退休老同志的往事记忆、生活感悟、诗词书画等，反映了离退休老同志的生活风采，体现了对老同志的人文关怀。《每周阅评》刊出近 60 期，刊发阅评、言论、研究文章 500 多篇，既有对本报报道的评价，也有从学术角度探讨优秀作品写作特色的剖析。《经济新闻研究》设有《走基层　谈体会》《阅评与研究》《采编一线思考》《他山之石》《基层挂职感触》等栏目，全年发表文章约 50 篇、20 万字。

（四）履行繁荣发展文化责任

经济日报始终坚持为人民服务、为社会主义服务的"双为"方针，加强对中央文化工作政策和各地各部门文化活动的宣传报道，自觉传承优秀传统文化，传播高雅健康文化，抵制低俗媚俗行为，维护群众基本文化权益。

1. 创新做好社会主义核心价值观的宣传报道。做好社会主义核心价值观的理论阐释和评论引导，办好《时代先锋》《身边的基层干部》《商业诚信》《节约之星》等专栏，聚焦生活中普通人的故事，着眼诚实守信的典型，反映基层干部群众的期盼和呼声以及各行业各地区厉行节约的成效，社会主义核心价值观宣传接地气、贴民心。全年刊出公益广告132块版，同比增长26.3%，占广告版面总数30.6%，内容包括厉行节约、诚信中国、传统美德、文明出行、文明旅游等，多次受到中宣部、中央文明办表彰。

　　2. 浓墨重彩地做好纪念抗日战争暨世界反法西斯战争胜利70周年报道。将纪念抗日战争暨世界反法西斯战争胜利70周年报道作为全年报道工作的重中之重，推出26个《伟大的抗战》专版，在"8·15""9·3"等重要时间节点推出4—8个版的特别报道，以独具匠心的策划、饱满充沛的感情、丰富多样的表达，深刻诠释了"铭记历史、缅怀先烈、珍爱和平、开创未来"的重大主题。通过《抗战记忆》《踏访》《纪念碑》《难忘的旋律》《老兵亲历》等栏目，以难忘的抗战事件、真实感人的故事唤醒人们的抗战记忆，提升了报道的感染力和可读性。同时，聚焦抗战中的经济问题，特别策划刊发《经济：持久抗战的物质保证》《侵略之痛　经济之殇》《虎口筹金送延安》《实业抗战不屈不挠》等报道，从经济视角反映全国民众、企业界等对抗

战的鼎力支持，凸显了经济特色。

3. 突出做好文化产业宣传报道。为加强文化领域的价值引领，及时跟进文化产业领域的最新热点，重点报道文化产业的蓬勃发展，聚焦前瞻性话题，推出多组报道，反映文化产业发展对文化企业和文化从业者的意义，展示人民群众以心血和汗水推动着时代的文明进步。

（五）履行遵守职业规范责任

经济日报恪守从业准则，加强新闻采编人员教育培训，狠抓制度建设和内部管理，自觉树立并维护中央党报的良好形象。

1. 全面加强新闻从业人员思想建设。始终以习近平总书记系列重要讲话、中国特色社会主义理论体系、马克思主义新闻观、职业精神职业道德、法律法规纪律和基本国情为重点开展学习教育。一年来，编委会中心组共组织集体学习17次，多次举办"经济大讲堂"系列讲座，组织"导师学徒制"培训和"陶然大学堂"新闻采编业务培训。与首都经济贸易大学共建新闻学院，互聘人员授课、安排学生实习等合作项目逐步展开。还举办了"我与报社共发展"座谈会、第二届"好记者讲好故事"演讲比赛、"融合

与责任"青年座谈会等活动。围绕隆重纪念抗日战争暨世界反法西斯战争胜利 70 周年举办系列活动，巩固"三项学习教育"活动成果，弘扬社会主义核心价值观，营造了创先争优、比学赶超的良好氛围。

2.扎实开展"三严三实"专题教育。按照党中央关于在县处级以上领导干部中开展"三严三实"专题教育的部署，围绕严以修身、严以用权、严以律己、谋事要实、创业要实、做人要实的要求，认真开展专题教育。聚焦不严不实问题，坚持边查边改、

立行立改，切实把"三严三实"要求贯穿到工作生活的方方面面。用 3 个

多月时间，对报社规章制度逐项清理，将不符合新形势、新要求的内容进行修订或废止，制度条目减少近一半，但纪律要求更加明确，形成了干部职工履行职责的新规范。着眼改进工作作风，继续深化"走转改"活动，编委会成员多次带队深入基层采访，为年轻记者作出了表率，越来越多的采编人员自觉深入基层、蹲点采访，采写了一批鲜活生动的新闻作品。

3. 抓好中央八项规定精神的贯彻落实。成立清理办公用房工作领导小组，对报社办公用房进行清理。各级领导干部从自身做起，带头整改，实现了全员符合标准要求的清理目标。认真贯彻《党政机关厉行节约反对浪费条例》及系列配套制度，严格公务接待、因公出国出境管理和财务管理。

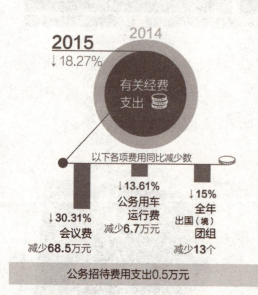

2015 2014
↓18.27%

有关经费支出

以下各项费用同比减少数

↓13.61%
公务用车
运行费
减少**6.7**万元

↓15%
全年
出国（境）
团组
减少**13**个

↓30.31%
会议费
减少**68.5**万元

公务招待费用支出0.5万元

4. 加强对广告内容的审核把关。严格遵守广告法及相关法律法规，杜绝违反国家法规、违背社会道德、有碍社会和谐和社会主义精神文明建设的广告信息见报。在刊发商业广告过程中，严格把握设计和审核导向，倡导社会公德，抵制虚假低俗，规范广告用语，全年无广告重大差错见报。

（六）履行安全刊播责任

经济日报把安全刊播作为一项政治要求，健全工作机制，加强版面、校对、印刷等各环节审核把关，确保不发生重大差错。

完善采编流程机制。为确保安全出报，调整编委值班安排和采编工作流程，编委会成员实行白、中、夜班值班制，各采编部门实行白、中班值班制，形成了"三班制"工作体系。采编对接更加顺畅，从晨会到编前会再到夜班交接会，重要稿件有专人盯送、重要信息有专人对接、重要要求有专人落实。同时，严格执行采编流程，规范稿件、版面审签程序，认真落实防止报纸差错的制度规定和责任追究办法，加强导向和质量把关，全年无重大差错见报。

完善突发事件新闻报道应急预案。建立应急采访工作机制，进一步明确报道内容、新闻发布流程、工作要求等相关规定，强化报网博三大平台的统筹调度，突发事件新闻报道工作的组织保障更加清晰，各工作环节的责任分工更加具体，为防止出现突发事件新闻报道差错提供了制度保障。

加强对全国各印刷点的管理。认真落实岗位责任制，坚决杜绝空白报、废报出厂，遇重大节日提前向各印点发文强调安全出报责任，确保报纸正常出版、发行，全年无印刷事故和重大差错发生。

（七）履行合法经营责任

采编与经营分开，是中央对新闻媒体的一项基本要求。经济日报坚决贯彻中央精神，落实有关政策规定，严格实行采编与经营分开。

从制度安排上做到组织机构分开、人员岗位分开、业务流程分开、财务安排分开、考核评价分开。禁止混编采编与经营、混编实行事业部制或变相事业部制，禁止向采编部门或人员下达经营创收任务，禁止以任何形式将经营活动与新闻报道挂钩。新闻采编人员不得从事广告、报刊发行、赞助等经营活动，经营人员不得影响干涉新闻采编工作，新闻采编人员薪酬不与经营收入直接挂钩。不得以变相新闻形式刊播广告内容，不得以新闻报道为条件换取广告投放、经营收入、报刊发行或其他利益。

按照中央有关部门统一部署，对各部门、各驻地机构、各直属单位落实"两分开"情况进行自查和重点检查，在此基础上制定《经济日报社（集团）关于严格实行"两分开"规范新闻采编制度的规定》，对采编与经营两分开的要求进一步细化；出台《经济日报品牌推介及奖励办法》《记者站工作经费预算管理办法》，对驻地记者的差旅费、会议费、培训费等工作经费的申领和使用以及奖励办法都做出了明确规定；出台《经济日报驻地记者站工作管理条例》，对驻地记者站的人员管理、车辆管理、资产管理等都提出了具体要求。这些制度规定涵盖了驻地记者站的各个工作环节和工作要求，从制度层面解决了采编与经营"两不分"的问题。同时，以实施全媒体战略为契机，全面整合报社广告资源，推动经营融入全媒体发展大局，提高了广告传播效果和经济效益。全年未发生合同纠纷或知识产权方面的争议。

（八）履行保障从业人员权益责任

经济日报严格遵守劳动法、劳动合同法、社会保险法等规定，员工入职即建立劳动关系、按月足额支付工资、依法足额缴纳"五险一金",做好新闻采编人员记者证的申领、发放和年度核验工作,切实保障全体采编人员依法进行采访报道的权利。

创造条件落实职工的各项福利待遇,做好职工体检、医疗保险、医保报销、接受医保相关咨询等各项工作。丰富职工业余文化生活,举办以"欢乐、祥和、友谊"为主题的新春游艺活动和"我眼中的最美"职工书画摄影展,组织"健康·快乐"环湖走、职工趣味运动会以及乒乓球、羽毛球、台球、桥牌等文体活动,基本做到月月有赛事、活动不间断,受到职工欢迎。

三、履行社会责任方面存在的不足和改进措施

(一)在履行社会责任方面存在的不足

一是融合发展的步子还不够大。融合发展已成为传媒业发展的主流趋势,日益成为推动传媒业发展的强劲动力。2014 年中央出台《关于推动传统媒体和新兴媒体融合发展的指导意见》后,经济日报融合发展的步子明显加快,取得了一定成绩。但与中央关于打造一批形态多样、手段先进、具有较强竞争力的新型主流媒体的要求相比,还有一定差距,在思想观念、管理机制、传播方式、人才培养等方面的创新力度还明显不够,改革

发展的步子迈得不大，一定程度上也制约了履行社会责任的能力。

二是落实"两分开"还不够到位。新闻媒体实行采编与经营分开，是确保媒体公信力的内在要求，也是国内外媒体运行的一个基本规则。2015年，中办、国办印发《关于推动国有文化企业把社会效益放在首位、实现社会效益和经济效益相统一的指导意见》，中央宣传部办公厅、国家新闻出版广电总局办公厅印发《关于严格实行新闻媒体采编与经营分开的通知》，对规范推进"两分开"都作了进一步明确，强调新闻单位可以依法依规开展有关经营活动，但必须做到采编与经营分开，禁止采编人员与经营人员混岗；对于广告、发行等经营性部门，可以从事业体制中剥离出来转制为企业，但应由国有资本控股，必须服从、服务于宣传文化主业，更好地推动主流媒体发展。对照上述要求，经济日报在落实"两分开"要求方面还不够到位。制度规定上虽然提出了总的要求，但未就各部门、各直属单位和驻地机构的不同特点制定相应的配套措施，广告、发行体制改革的力度还需进一步加大。

（二）改进措施及未来展望

1. 着眼于国家改革发展需要，努力提高舆论引导能力。当前，我国进入全面建成小康社会决胜阶段。新闻媒体必须围绕中心、服务大局，不断提高舆论引导能力，为经济社会发展提供坚强的舆论支持。首先，要做好经济新常态的宣传报道。要把习近平总书记关于经济发展新常态的重要论述作为经济宣传工作的"定盘星"，深化中央经济工作会议、城市工作会议、扶贫开发工作会议以及农村工作会议等重要会议精神的宣传，深刻阐释我国经济发展的大逻辑，阐释新常态下"怎么看""怎么干"，阐释加快推进供给侧结构性改革的政策措施和重点任务，积极引导市场行为和社会心理预期。要坚持走转改，深入基层、深入一线，开展精准化、接地气的采访报道，善于发现基层实践新亮点，从微故事中展现大气象，从人们的切身感受中凸显大格局，引导人们增强贯彻落实中央决策部署的自觉性和坚定性。其次，要发挥经济宣传的独特优势，提升对外报道的影响力。随着国家经济实力的提升，国外受众对我国财经新闻的关注度越来越高。要传播好中国声音、讲好中国故事，就必须精心设置议题，既要站在中国的立场上观察国际问题，就世界经济形势的现状及发展趋势、不同国别的重大产业变化及进展等问题，形成国内权威的国际舆论阵地，也要全面反映中国经济取得的巨大成就，系统梳理中国模式和中国经验，让世界更深入和全面地了解真实的中国。

2. 着眼于壮大主流思想舆论，切实加快媒体深度融合。按照壮大主流思想舆论的要求，加快推动体制机制创新和媒体深度融合的步伐。一是加快全媒体指挥中心建设。按照打造"中央厨房"的目标要求，优化媒体结构、整合媒体资源、创新体制机制，实现由相"加"阶段向相"融"阶段转变，真正做到新闻信息内容一次性采集、多媒体呈现、多渠道发布，实现融媒体建设新的突破。二是加大新闻客户端的创新力度。在加大新闻客户端平台推送报纸优质内容的同时，加大对大数据的运用和对用户习惯的探索，进一步提升用户体验，更加突出技术和内容优势，不断提高经济日报在移动新闻客户端市场的竞争力影响力。三是加强新媒体管理。中经网和"两微一端"是经济日报在互联网阵地的延伸，要坚持统一导向和管理标准，进一步探索传统媒体和新兴媒体在内容上的融合问题，探索不同体制和多元结构下的人员管理问题，使融合发展之路走得好、走得快、走得稳。

3. 着眼于报社长远发展，扎实推进采编与经营"两分开"。要进一步细化管理措施，明确行为规范，解决有关规定存在的界限不清、责任不明的问题；加大广告、发行部门的改革力度，建立健全新形势下的广告发行工作机制，推动体制机制改革迈出新步伐；针对极个别单位还存在的采编人员与经营人员混岗、采编业务与经营业务混编等问题，采取有力措施，限期进行整改；持续加强落实"两分开"的督促检查，加大问责、追责力度，切实把各项要求落实到位。

中央电视台

社会责任报告

一、中央电视台概况

　　中央电视台（CCTV）成立于 1958 年 5 月 1 日，当年 9 月 2 日正式播出，原名北京电视台，1978 年 5 月 1 日更名为中央电视台。中央电视台是国家新闻出版广电总局直属事业单位，内设 24 个机构，管理 6 家台属单位。

　　中央电视台是当今中国最具竞争力的主流媒体之一，是全国公众获取信息的重要渠道，也是中国了解世界、世界了解中国的重要窗口。

　　截至 2015 年年底，中央电视台共开办 43 个电视频道，其中公共频道 30 个，付费频道 13 个。其中，7 个国际频道以中、英、西、法、阿、俄语播出，通过卫星传送基本覆盖全球，累计海外用户数 4.3 亿。中央电视台年播出量 30 多万小时，日均 7 亿多观众。海外记者站站点数量已达 70 个，包括 2 个海外分台、5 个区域中心记者站和 63 个记者站，站点数量在全球电视媒体中位居首位，基本形成了全球化的传播格局。

　　中央电视台始终坚守"国家责任、全球视野、人文情怀"，彰显主流媒体的社会责任。引领导向、围绕中心、服务大局，讲好中国故事，坚定中国特色社会主义道路自信、理论自信、制度自信，凝聚社会共识，振奋精神，鼓舞士气，增强促进改革发展稳定的正能量，增强宣传报道的传播力、引导力、影响力、公信力。

二、履行社会责任情况

2015年，中央电视台始终坚持以导向为魂，深入学习、贯彻、宣传党的十八届三中、四中、五中全会精神，深入学习、贯彻、宣传习近平总书记系列重要讲话精神，特别是习近平总书记在全国宣传思想工作会议、文艺工作座谈会上的重要讲话精神，深入开展中国特色社会主义宣传教育，团结和凝聚全国各族人民，遵循团结稳定鼓劲、正面宣传为主的方针，紧紧围绕中国道路、中国梦、"五位一体"总体布局、"四个全面"战略布局、五大发展理念、社会主义核心价值观、中华优秀传统文化等主题主线开展宣传，为坚持中国道路、弘扬中国精神、凝聚中国力量鼓与呼。

（一）履行正确引导责任

2015年，中央电视台牢固树立政治意识、大局意识、核心意识、看齐意识，坚持把习近平总书记系列重要讲话精神作为思想武器和行动指南。

1.深入宣传十八大以来党中央治国理政新理念新思想新战略。中央电视台坚持超前谋划、一体化布局、结构化编排、模块化集成，电视与新媒体同频共振，内宣与外宣共同发力，充分展现习近平总书记的大国

系列报道《新常态下的变革》

领袖风范、治国理政的历史担当、亲民爱民为民的情怀和勤政务实的工作作风。"《新闻联播》头条工程"系统谋划选题，集中优势资源，推出《新常态下的变革》《突破结构之困：新常态下怎么干》等专栏，播出"新理念新发展""治国理政新实践"等系列报道。央视网首页首屏推出《习式妙语》《平易近人》《学习微视频》等系列产品，以鲜明的观点、翔实的数据，有效引导了国内、国际舆论。

系列报道《问计中国制造》

2.经济形势宣传唱响正面舆论最强音。2015年，中央电视台圆满完成全国两会、党的十八届五中全会、中央经济工作会议等重大会议活动的宣传报道任务，权威阐释十八大以来党中央治国理政新理

念新思想新战略，宣传新实践，展示新成就，唱响中国经济光明论，为改革发展稳定提供有力舆论支持。综合频道、新闻频道推出《全面深化改革一年来》《新常态　新成效》《问计中国制造》《"一带一路"　共建繁荣》《数说命运共同体》系列报道；财经频道推出《聚焦经济形势》《中国品牌故事》《坚定发展信心　维护股市稳定》等系列报道。《问计中国制造》系列报道的微博话题阅读量近 1500 万人次。

3. 纪念中国人民抗日战争暨世界反法西斯战争胜利 70 周年等重大宣传报道浓墨重彩。纪念中国人民抗日战争暨世界反法西斯战争胜利 70 周年报道有力引导全国人民树立正确的抗战史观，激发公众爱国之情，有力引导国际社会全面认识中国抗日战争的历史地位和作用。纪念大会和文艺晚会直播报道为全球提供了精彩纷呈的视觉盛宴，大型文献纪录片《东方主战场》展现了中国在国际反法西斯统一战线中发挥的重大作用，唤起了观众对历史的感怀、对英雄的崇敬和对和平的珍惜之情。全国共有 4.89 亿观众收看了纪念大会盛况，4.09 亿观众收看文艺晚会，160 个国家和地区的 318 家电视机构等主流媒体使用了央视的直播公共信号。央视新闻新媒体重点推出"V 观大阅兵""双屏互动阅兵""抗战日历之我的胜利日"3 款新媒体产品，央视英语新闻在海外社交平台推出的纪念大会直播及相关主题帖总曝光量超过 2925

纪念中国人民抗日战争暨世界反法西斯战争胜利 70 周年大会新闻报道

万，浏览次数突破 2210 万，向国内海外网友展示中华民族不屈不挠、英勇抗战的精神。央视新闻新媒体关于纪念大会报道的阅读量达 18.6 亿人次，网友互动总量超过 4.3 亿人次。

4. 突发事件报道及时准确引导有力。2015 年，中央电视台对突发事件、社会热点的报道反应迅速、权威准确、引导有力。在"东方之星"客轮翻沉、天津港特别重大火灾爆炸、深圳滑坡、法国巴黎恐怖袭击、俄罗斯客机在埃及坠毁和马里酒店人质事件等国内外重大突发事件报道中，中央电视台快速反应、稳妥把握、全媒体联动，及时播发党和国家领导人重要指示，第一时间发布事故伤亡情况、救援进展，及时释放权威信息，快速回应社会热点，充分满足公众的知情权，及时澄清网络谣言，增进社会共识，彰显了权威性与公信力。

5. 舆论监督报道事实准确分析客观。中央电视台新闻节目聚焦民生，把镜头对准基层，以事实为基础，立场鲜明，客观评判，理性引导，有效促进问题的解决。针对群众反映强烈的乱收费、食品安全、假冒伪劣、环境污染等问题，集中曝光了一批影响范围大、典型性强的案例，保障了群众利益，赢得了观众的信赖和社会好评。

《焦点访谈》栏目始终坚持用事实说话，推动社会进步。《小官因何能成大贪》《危险的官商"朋友圈"》《"雅好"如何变"雅贿"》等报道先后被各大门户网站转载，人民网还专门刊发评论。《关口开　危险来》《运输危险的公司》《子虚的房　乌有的税》《境外赌场　境内设网》等节目播出后有关部门迅速开展专项整改活动。

　　财经频道播出 2015 年"3·15"特别节目，以"消费在阳光下"为主题，曝光汽车 4S 店在售后维修中蒙骗消费者等 7 种商家侵权现象，发布了电极式暖手宝存在爆炸危险等 4 个消费预警。国家工商行政管理总局、国家质量监督检验检疫总局、国家食品药品监督管理总局等政府部门现场发布《侵害消费者权益行为处罚办法》《食品召回管理办法》等监管法规。节目坚守打击假冒伪劣、维护消费权益的宗旨，加强服务性、参与性和互动性，充分利用多媒体的表现形式，揭露侵害消费者权益的实质，告知消费者如何识别防范。

　　6. 大型专题节目及重点活动弘扬社会主义核心价值观。综合频道、新闻频道推出《感动中国》《寻找最美教师》《寻找最美医生》《寻找最美孝心少年》《第五届全国道德模范》等模范人物事迹展播，以及系列报道《"三严三实"重在实效》《县委书记风采》《重读抗战家书》《大国工匠》《家风是什么》，倡导传承中华民族优良传统，彰显普通人的家国情怀。央视新闻新媒体制作的《那年今日》专栏，每日回顾重大历史事件、正面历史人物，忠实讲述党史国史故事，在新媒体舆论场中激发了强烈的爱国情感，微博话题总阅读量达到 60.4 亿次。

五一特别节目《大国工匠》

7. 积极宣传我国民族宗教政策提升中华民族凝聚力。中央电视台以西藏自治区成立 50 周年、新疆维吾尔自治区成立 60 周年庆祝活动报道为契机，推出《新疆记事》《"一带一路"新疆行》《西藏故事》《外国人看西藏发展》等系列新闻报道，《谎言包装下的"迁徙圣战"》《走进新疆感受斋月氛围》等专题报道，以及《天河》《新疆是个好地方》等纪录片，生动展现新疆和西藏在经济、民生、环保等方面发生的巨大变化，阐释我国民族宗教政策取得的巨大成效。其中，收看纪录片的观众累计超过 1.43 亿，人民日报、新华社等主流媒体刊文，认为《天河》真实反映了西藏自治区成立 50 年来的巨大变迁和建设成就。

纪录片《天河》

（二）履行提供社会服务责任

中央电视台积极主动履行国家电视台公共服务职责，不断加强社会服务能力建设，为公众提供更及时、更全面、更准确的服务。

1. 强化服务功能，及时为观众提供各类实用信息。中央电视台及时发布春节、五一、国庆等节假日交通出行、天气预报、旅游景点情况等服务信息，为民众出行提供便利。春节期间，在重点新闻栏目中设立《春运服务台》《春运回家路》《春运天气》《假日服务台》等板块，持续追踪报道有关春运的多方面信息，及时提供航空、铁路、公路、水路及天气、行车安全等信息。央视新闻新媒体及时发布相关服务信息，提供合理的出行路线、介绍购票攻略、提示出行安全等。

中文国际频道整合微信、微博官方账号，增加"服务全球华人"菜单，按照五大洲分类，方便全球华人与频道互动，除发布《中华医药》等独家节目资讯外，还提供各类生活服务信息，服务全球华人。

2. 积极开展科普宣传，倡导科学文明生活方式。中央电视台科教频道以鲜明的知识性特色为大众提供科学的信息服务和生活服务。特别节目《科技盛典》权威发布中国年度最具影响力的科技创新人物和团队，梳理总结国家年度科技创新成就；《走近科学》《我爱发明》《原来如此》《科技之光》《健康之路》等栏目从不同视角为公众提供科学、健康知识；财经频道《是真的吗》通过各大新媒体互动求真，对网络流言进行权威实验与专业验证，《孩子脸上长白斑 是因为肚子里有虫？》《裹保鲜膜减肥 可能致皮肤病？》等节目引导公众客观、理性辨别网络谣言。

3. 积极开展普法宣传，提高全民法律意识。中央电视台积极开展普法宣传活动，普及法律知识，提高全民法律意识，为实施依法治国基本方略、推进经济平稳较快发展、维护社会和谐稳定营造良好舆论氛围。《今日说法》栏目围绕国家网络安全宣传周、国际禁毒日、全国消防日等推出《危险的安全账户》《千里追毒》《火光中的黑影》等专题报道；围绕公民信息安全、环境公益诉讼、商业侵权、反家庭暴力等社会热点话题推出《被出卖的隐私》《救命的"假药"》《妈妈您在哪》等专题。社会与法频道 2015 年重点推出《宪法的精神　法治的力量——CCTV 2015 年度法治人物颁奖礼》《6·26 国际禁毒日特别节目》《12·4 国家宪法日直播特别节目》和全国消防日大型专题特别节目《中国骄傲·2015》、全国交通日专题特别节目《平安行·2015》等大型活动。央视新闻新媒体平台发起的"中国好司机文明公约"有超过 404 万人郑重作出承诺。

《宪法的精神　法治的力量——CCTV 2015 年度法治人物颁奖礼》

4. 深化台网融合连接中外沟通世界。中央电视台致力于深度融合新媒体平台，充分运用台网互动和新闻素材编辑共享机制，全方位强化视频核心优势，实现传统媒体与新兴媒体相互呼应，努力做到"大屏带小屏、小屏回大屏、多屏联受众"，努力打造移动化、社交化、视频化、互动化的传播体系。央视网建成 10 个海外镜像站点、7 个海外本土网、5 个少数民族语网站和客户端，集成 130 多个电视频道和 3000 多个电视栏目，年度日均独立用户超 2800 万，月度独立用户超 5 亿。央视新闻新媒体用户数达 2.4 亿，"央视影音"客户端下载数突破 4.3 亿，IPTV 业务总用户数 3700 万，互联网电视业务总用户数 5500 万。通过脸谱、优兔、推特、Instagram、VK 等海外主流社交平台官方账号涵盖联合国六大官方语言（汉语、英语、西班牙语、法语、阿拉伯语、俄语），全平台覆盖世界 230 多个国家和地区。其中，脸谱平台账号粉丝总数超过 2046 万，推送内容海外曝光量超过 107 亿人次。CCTVNEWS 全球粉丝 1972 万，海外曝光量超 80 亿人次，日均独立用户访问量居国际电视新闻媒体首位，海外视频点击量居中国外宣媒体第一。

（三）履行人文关怀责任

中央电视台始终坚持以人为本、关爱生命的报道理念，深入基层、关注基层，在全社会大力弘扬和践行社会主义核心价值观，使之成为全体人民的共同价值追求。

1. 媒体公益活动传递社会温情。中央电视台积极组织开展社会性服务活动。2015 年推出《等着我》等大型公益活动，取得良好社会效果。《等着我》栏目自播出以来已累计帮助超过 6000 位求助者寻人，让 600 多个家庭实现团圆梦。

关注被拐儿童、留守儿童、残障儿童的生存状态。《守护明天》《梦想公益盛典》《走基层·谁伴我长大》《守护童年》《大手牵小手》系列节目以走基层的报道方式援助需要帮助的未成年人。其中，《守护明天》重点关注被拐儿童，从法治和社会服务系统建设的角度理性探讨。央视新闻新媒体、中国妇女发展基金会、阿里公益在全国助残日共同发起"星星义

卖"公益活动，资助孤独症患者。

关注空巢老人、留守老人、失独老人及阿尔茨海默症患者。中央电视台继续推出《我的父亲母亲》大型公益活动，社会与法频道《夕阳红》栏目播出纪录片《被遗忘的时光》，财经频道推出特别报道《养老生态调查》，深刻反映我国上亿老年人生活、服务、医疗、消费、科技等养老生态链的现状和前景。

宣传我国助学政策帮扶贫困学生。财经频道播出《爱心成就的大学梦》等"关注贫困大学生"系列节目，宣传国家和各级地方政府、高校针对贫困大学生的帮扶政策，让更多的贫困大学生不因家贫而弃学。央视新闻新媒体连续3年发起"就业有'位'来"学生就业公益行动，2015年度为应届毕业生提供25万条就业信息。

央视网推出《谢谢你》《中国梦实践者》《图说中国人的生活》《镜像》

等一系列关注社会弱势群体的网络图文产品，深入人的精神世界、关心人的情感、启迪人的思想。

2. 注重历史传承体现人文关怀。新闻频道、中文国际频道、英语新闻频道和央视网推出《南京大屠杀死难者国家公祭日特别报道》，向全世界展示中国对历史的敬重，对死难者的深切缅怀。《抗战影像志·生死南京》《重读抗战家书（第二季）》集纳中外珍贵影像和史料，充分呈现 1937 年真实惨烈的南京。中文国际频道充分报道中外主流媒体对中国国家公祭日、南京大屠杀的评价；英语新闻频道调集全球报道力量，采访在美南京大屠杀见证者、特邀评论员、专家分析南京大屠杀档案申遗成功的积极意义；新媒体平台同步推出"揭开南京大屠杀历史真相""抗战优秀节目展播"等专题，重点推荐"勿忘国耻圆梦中华"网络纪念互动和诗词楹联征集活动。

（四）履行繁荣发展文化责任

中央电视台以习近平总书记在文艺工作座谈会上重要讲话精神为指导，全力弘扬中华优秀传统文化、大力推进节目创新，深入基层、面向群众，播出了大量践行社会主义核心价值观的精品节目。

1. 夯实传播中华优秀传统文化的平台。

一是围绕春节、清明、端午、七夕、中秋、重阳等重要传统节日，制作播出"我们的节日"系列特别节目，展示中华文化独特魅力。2015 年春节联欢晚会突出"共筑中国梦　家和万事兴"主题，《青花瓷》《强军战歌》《丝路霓裳》等一批优秀节目向世界展示中华文化的独特魅力和繁盛友好的大国形象，有效提升了中国文化软实力。全球有 164 个国家和地区的 409 家电视机构使用了直播节目信号；中国网络电视台等网络视频平台和脸谱、优兔等多个海外社交平台面向全球直播，全国电视和网络观众规模达 10.33 亿。

二是通过《孔子诞辰 2566 年公祭》《中国汉字听写大会（第三季）》《中国谜语大会（第二季）》《中国成语大会（第二季）》《中国好书》《全球外国人汉语大会》《中华龙舟大赛》等原创节目、活动，掀起传统文化传播热潮。其中，《中国成语大会（第二季）》节目播出后受到各界热评，人民日报、新华社、中新网等主流媒体及上百家都市报刊给予高度关注，刊发上百篇相关报道。

三是推出了一批有筋骨、有品质、有温度的纪录片和电视剧佳作。《东北抗日联军》《太行山上》《黄河在咆哮》等优秀剧目，大力弘扬以爱国主义为核心的抗战精神；《好大一个家》《别让我看见》《于无声处》《丝绸之路传奇》《雪域雄鹰》《温州两家人》等高品质电视剧涵盖民生、执法、养老、民族、军队、经贸等各个方面，贴近现实生活、弘扬主旋律、传递正能量；《孔子》《记住乡愁（第一季）》《传承》《我从汉朝来》《与全世界做生意》等一批精品纪录片准确生动地传播中国声音、中国故事和中国思想。其中，《记住乡愁（第一季）》《传承》等纪录片以新颖手法弘扬优秀传统文化，唤起海内外观众"集体思乡"。光明日报发文称，《记住乡愁》充分而有力地回答了传统文化如何在多样价值观并存且相互冲突的当代生存下去。

2. 综艺节目大力倡导文化导向和审美趣味。中央电视台坚持深入基层、面向群众，自觉抵制低俗、庸俗及过度娱乐化倾向，始终坚持正确的文化导向和审美趣味，充满正能量。

大型励志挑战节目《挑战不可能》展示平凡人的不平凡，通过各具特色的挑战项目，体现人类挑战极限的勇气和对生命本能的敬意，节目激发了青年受众的关注热情，多次位居同时段全国综艺节目收视首位。人民日报等多家媒体评论，这档节目以震撼人心的节目内容配合灵活多样的表现形式讲好中国故事、传递中国声音，以生动的细节展现宏大的民族情怀，呈现出一个民族的精神群像。

大型励志挑战节目《挑战不可能》

《我爱妈妈》《向幸福出发》《开讲啦》《开学第一课》等节目弘扬尊师重教、孝敬父母等优秀传统美德；《家庭幽默大赛》《越战越勇》《了不起的挑战》《星光大道》《非常 6+1》《我要上春晚》《综艺喜乐汇》《开门大吉》《幸福账单》等栏目创新表达手法，融入式宣传中国梦和社会主义核心价值观；《艺术人生》《文化视点》《文化正午》《百家讲坛》等文艺评论类栏目加强了文艺评论嘉宾队伍建设，打造《社会主义核心价值观讲坛》《铭记·传承》《国乐印象》等一批具有文化品位和社会主流审美品格的节目。

3. 满足观众日益增长的精神文化需求。中央电视台充分发挥专业频道的优势，满足观众持续增长的精神文化需求，进一步扩大节目覆盖面。

体育频道形成以 CCTV5 为核心，包括 CCTV5+、风云足球、高尔夫网球等多频道在内的系列传播平台。一是成功转播亚洲杯足球赛、世界乒乓球锦标赛、北京田径世锦赛等多项体育赛事。其中，累计有 2.7 亿观众通过体育频道收看亚洲杯足球赛，中澳之战收视率高达 4.16%，创近 10 年间中国足球队比赛收视新高。二是积极拓展篮球、乒乓球、羽毛球、排球等国内联赛转播与报道，提升本土联赛的影响力。三是"CCTV 体坛风云人物"评选、"谁是球王"青少年校园足球竞赛彰显和传播昂扬向上、努力奋进的时代正能量。四是积极探索双屏互动、多媒体协同报道，设计推出"虚拟观众席""微五朋友圈""现场微直播"等全新的双屏联动报道模式，体育频道的官方微博、官方微信的粉丝量和订阅用户数均名列体育类公众号的前茅，全年累计阅读量超 35 亿人次。

戏曲频道、音乐频道 2015 年继续保持在专业领域的领先地位。音乐频道以"音乐无处不在、服务无微不至"理念服务音乐大众。《全球中文音乐榜上榜》《争奇斗艳（第三季）》《光荣绽放》等节目继续提升品牌影响力。戏曲频道运用"唱戏吧"等新媒体应用平台推进"电视+"建设，大型季播节目《叮咯咙咚呛》网络点击量达 1.43 亿人次。

少儿频道根据青少年的收视规律，策划推出大型户外竞技真人秀《极速少年》《最野假期》，以团结协作、顽强拼搏、执着追梦为核心元素，强化励志与温情主题。2015 年六一晚会《欢乐的节日》紧扣"中国梦·快乐成长"的主题，围绕"中国梦·孩子梦"突出社会主义核心价值观。

4. 推出"熊猫频道"等适合网络传播的产品促进中外交流。央视网完善升级"熊猫频道"，与全球最大的熊猫保育机构中国大熊猫保护研究中心合作，让全球网友可以随时观察接近于自然状态的熊猫生活实况。截至 2015 年年底，"熊猫频道"用户已经覆盖 228 个国家和地区，网站独立访

熊猫频道

问用户数累计突破 6800 万。同时，打造"直播中国"网络平台，在中国最具代表性的 25 个世界自然和文化遗产地、5A 级景区架设高清直播摄像头，直播黄山、泰山、天涯海角等自然风景及金丝猴、朱鹮等珍稀动物，让海内外观众足不出户感知美丽中国。

5. 围绕社会主义核心价值观制作播出精品公益广告。中央电视台坚持社会效益第一，2015 年全年策划、播出自制公益广告共 117 支，播出频次 27 万，播出时长 8 万多分钟，获国内外公益奖项 11 个。

策划创作的《长城谣》等 10 支抗战主题公益广告配合"纪念中国

公益广告《长城谣》

人民抗日战争暨世界反法西斯战争胜利 70 周年"宣传，呼吁和平、反对战争；《章老师——时光的脚步》《忠义守墓人》《支教女孩赵小亭——改变篇》《上海东方医院义工队——蝴蝶篇》4 支公益广告弘扬道德新风尚；春节期间播出的《名字篇》《中国字中国年》《时光倒流篇》《只盼这一天》系列广告引发海内外华人感情共鸣；《她和他的距离》《同年不童年》《呵护篇》《幼儿园篇》4 支"关注贫困地区农村学前教育"主题公益广告，引起联合国儿童基金会高度关注，并在其官方微信推送"央视公益传播"相关报道。

央视网全平台推出各类"图说我们的价值观"作品超过 1000 幅，被 1000 多家媒体刊发，为人民日报《图说我们的价值观》特刊供稿，到 2015 年年底已发行 750 多万份。

（五）履行遵守职业规范责任

1. 开展专项培训加强作风建设。2015 年，中央电视台把以"严""实"为核心的作风建设和队伍建设贯穿全年，在全台干部员工中形成了从严治台、实干兴台的氛围。开展"严起来、实起来"集中教育，出台《"严起来、实起来"六项规定》《中央电视台"严起来、实起来"行为规范》。

2. 着力打造优质人才队伍。2015 年，中央电视台实施"名品名栏目工程"和"名人名家培养计划"，集中优势资源，培养了一批业务精湛、敬业有德、锐意创新的名记者、名编辑、名评论员、名主持人和业务能手。从"十佳人物""青年创新人才""创新奖励基金"三个层面，打造了一批政治过硬、业务精湛的传媒名家；开展了"我为央视添光彩""好记者讲好故事"演讲比赛、职工劳动技能练兵竞赛、播音员主持人培训等活动，加强队伍管理，加强马克思主义新闻观、文艺观教育；组织播音员主持人、名记者名编辑参加"走基层"活动和社会公益活动，接触社会基层一线，增强责任感使命感。

3. 完善规章制度加强人员管理。制定完善《中央电视台进一步加强基层党建工作的若干意见》，开办央视网上党校、网上团校，出台《中央电视台党风廉政责任制实施细则》，完善政府采购审计，强化教育管理和监督执行，开展违法犯罪案件警示教育。完善"三重一大"决策程序，制定播音员主持人、节目委托制作、节目购买、电视剧审看采购等管理规定，全台上下遵规守纪意识不断增强。

（六）履行安全播出责任

2015 年，中央电视台强化、提升安全播出的组织和制度建设，技术支持和运行保障系统安全稳定运行，全台 43 个频道播出总时长达 332926.18 小时，全年没有发生重大安全事故。

（七）履行合法经营与保障员工权益等责任

中央电视台认真履行合法经营职责，严格执行广告三级审查制度，修订《中央电视台广告审查暂行标准》、完善《广告书面审查意见书》。坚持与行业行政主管部门建立并维护良好的沟通机制，针对新法规、新问题、新现象及时向国家工商行政管理总局和国家新闻出版广电总局等相关部门请示和沟通，多渠道防范违法广告或不良广告在央视发布。

台属企业认真执行国家各项法律法规，遵守市场诚信规则，依法纳税，积极承担企业社会责任。央视网开展"网络敲诈和有偿删帖专项整治""2015 网上扫黄打非"等专项行动，净化了网络空间。

严格遵守劳动法和劳动合同法，从制度层面对各类用工进一步予以规范，依法保障员工的社会保险、法定休假、劳动保护等权益，积极组织员工开展体育锻炼活动和健康检查。

（八）附录：2015 年度获奖及相关情况

2015 年度，中央电视台获第四届"全国文明单位"称号。

栏目、节目主要获奖情况如下。

第 25 届中国新闻奖

特别奖

《新春走基层·家风是什么》（电视系列）

一等奖

《习近平同美国总统在中南海会晤》（电视消息）

《新闻联播》（新闻名专栏）

二等奖

《李连成：查办刘铁男案》（电视访谈）

《让法治成为一种信仰》（电视评论）

《解密"狱中八条"》（电视专题）

《APEC 峰会特别节目》（国际传播电视编排）

三等奖

《念斌：从死刑到无罪》（电视专题）

《中国人的饭碗》（电视专题）

《经济信息联播（2014 年 12 月 9 日）》（电视编排）

"央视新闻"客户端《V 观》（网络专题）

《金融者说：赖小民说》（网络专题）

《"价值再造"主题性报道也需要互联网思维——互联网时代主题性报道的自省与创新》（论文）

第 25 届中国人大新闻奖

特别奖

2015 年全国两会配合报道《为中国点赞》（电视作品）

一等奖

《"小撒探会"之法官的"权力清单"》（电视作品）

《"见证履职 反腐进行时"山西代表团团组审议向媒体开放》（电视作品）

《两会一年间》（电视作品）

《全国人大 60 周年》（网络作品）

二等奖

《全国人大常委会专题询问统筹推进城乡社会保障体系建设工作情况报告》（电视作品）

三等奖

《奥克眼中的中国》（电视作品）

第 21 届上海电视节"白玉兰奖"

最佳综艺栏目奖

《中国汉字听写大会》

最佳真人秀提名奖

《出彩中国人》

最佳综艺栏目提名奖

《喜乐街》

最佳纪录片提名奖

《烈日灼人》

三、履行社会责任方面存在的不足和改进措施

（一）在履行社会责任方面存在的不足

2015 年，中央电视台精心组织重大宣传报道，加快媒体融合发展步伐，推进国际传播能力建设，提升安全播出保障水平，持续强化内部管理，各项工作呈现新亮点、取得新成效。但在推动体制机制创新、电视与新媒体深度融合发展方面仍需加强。一是创新节目总体数量比较少，有"高原"缺"高峰"，缺少原创的"现象级"节目；二是节目制作的理念、样态、手法有待提高，部分栏目内容质量仍有提升空间；三是频道布局和定位规划性不足，节目的首重播比、投入产出比、频道间节目的差异化布局等有待改善；四是还没有完全跳出传统电视节目制作的思维定式，不能很好地运用互动思维、用户思维、产品思维创新节目设计；五是各频道新节目布局分散，还没有完全做到精准定位受众人群，形成频道集群传播合力。

（二）改进措施及未来展望

2016年，中央电视台将继续高举中国特色社会主义伟大旗帜，以邓小平理论、"三个代表"重要思想和科学发展观为指导，深入学习宣传贯彻习近平总书记系列重要讲话精神，进一步强化政治意识、大局意识、核心意识、看齐意识，牢记党的新闻舆论工作者职责和使命，紧紧围绕"五位一体"总体布局和"四个全面"战略布局，牢牢坚持正面宣传为主，高举旗帜、引领导向、围绕中心、服务大局，加快媒体融合发展，加强国际传播能力建设，扎实推进新型主流媒体旗舰建设，为决胜全面建成小康社会营造良好舆论氛围，发挥积极作用，作出新的贡献。

中国青年报

社会责任报告

一、中国青年报概况

中国青年报创刊于 1951 年 4 月 27 日，是共青团中央机关报，是以青年为主要读者（用户）、具有重大影响力的全国性综合日报，报纸端、PC 端和移动端新闻转载率居全国平面媒体前列；全媒体用户规模上千万。

中国青年报是一家具有新闻理想情怀的报纸，拥有国内顶尖的采编团队，共设有 35 个记者站，并在美、日、俄、法、欧盟、外高加索、柬埔寨等国家和地区设有常驻记者。中国青年报是许多重要新闻报道的原创生产基地，也诞生了众多名编辑、名记者、名评论员。名版面、名栏目荟萃，是我们的核心优势所在。

2015 年，中国青年报对开 12 个版（周六周日 4 版），设有要闻、综合新闻、每日新闻、特别报道、青年话题、经济、教育科学、法治社会、国际、体育、青年调查、摄影、民族、公益、新国企、教育圆桌等新闻版；有冰点周刊、军事周刊、文化周刊、阅读周刊、汽车周刊、旅游文化周刊等系列周刊；有共青视点、青春热线、屋檐下、思想者、青年创业者、职业教育、成长、校媒、在线故事、文化地理等具有鲜明青年特色的专刊副刊。

2015 年是中国青年报社全媒体转型发展试运行的第一年，报社按照"24 小时中青报在线"的融合发展思路，以"移动化、交互化、思享化、交易化"为目标，加快建设全媒体传播平台传播能力建设，巩固中青在线、校媒网、青云网、KAB 创业教育网、中国青年志愿者网、中青公益网6 家网站影响力，推进冰点暖闻客户端、中国青年报法人微博（新浪、腾讯）、官方微信以及微信公众号矩阵等移动端，构建全媒体传播平台、大学生成长平台、信息交互社区服务平台、国家志愿者公益支撑平台等四大融合平台，努力打造一流新型主流青年媒体。

二、履行社会责任意愿

（一）我们的社会责任观

中国青年报人认同这样一种价值观：追求公平、公正、公开的新闻理想；不唯上、不唯下、只唯实的大报气质；铁肩担道义、经时济世的家国情怀；勤于探索、引领风气的先锋意识；崇尚民主、尊重个性的团队精神。

（二）社会责任观的传承

中国青年报的社会责任观是中青文化中最基本、最核心的内容，报社非常重视文化的传承，媒体社会责任观很自然地和中青文化的众多要素一起被一代代青年报人继承。

中国青年报的文化传承有一系列培训、交流机制的保障。

1. 加强党建工作和理论学习。2015 年，报社党组确定将深入抓党建，并结合抓党建整顿队伍作风、更进一步建章立制、强化"一岗双责"、坚持正确的舆论导向作为全年的重点工作，以党委、纪委换届为契机，党组切实履行全面从严治党主体责任。历时一年多时间扎实筹备，精心组织，程序规范，圆满完成了报社党委、纪委换届工作。整个过程使全社各级党组织、各级领导干部和全体党员受到一次严肃的党性教育和强烈的精神洗礼，有力地弘扬了报社优良文化传统，有力地加强了干部队伍作风建设，有力地激发了全社干部职工强烈的思想和情感共鸣，为进一步加强报社党的建设和纪律检查工作打下扎实基础。

报社党委按照团中央直属机关党委的要求，组织落实全体党员学习中央纪委十八届五次会议精神、党的十八届五中全会精神和《中国共产党章程》《中国共产党廉洁自律准则》《中国共产党纪律处分条例》等党的重要文件，同时继续加强采编队伍马克思主义新闻观的学习和培训，为坚持正确的舆论导向提供思想保障。

2. 新入职人员集中培训和轮岗业务培训。2015 年 8 月 31 日至 9 月 7 日，报社组织了主题为"在融合创新中成长"的 2015 年新入职人员集中培训，参加培训的新同事共 70 人，分别来自报社编采部门、经营管理部门、行政管理岗位和中青在线，数量为历年之最。报社 6 位党组成员都与新同事见面，14 位部门负责人参与了交流，5 位报社内部资深编辑、记者给新同事分专题做了新闻业务方面的培训。此次集中培训促进了新入职员工全方位认识报社的文化传统，加深对报社文化的理解，加快融入报社的速度。

为了配合报社转型发展对人才培养的要求，提升报社青年编采人员的全媒体采编业务能力，报社结合各业务部门具体情况，制订了采编部门 20 多名新入职人员的轮岗培训计划和安排，分成几组在总编室、中青在线、官微运营室、地方记者站、共青团新闻中心等业务部门轮岗。20 多位新入职年轻人在半年的时间里，服从报社的统一安排，努力在各个岗位认真学习，勤奋工作，不仅很快熟悉了采编流程以及各部门的业务情况，而且在五位资深编辑的指导下，共同合作完成了报社布置的一项实验性项目——"我们这一届"全媒体专题报道。新同事们在这个项目中展现了非常好的职业状态、非常认真的工作态度以及比较高的职业水准。

3. 记者会制度。每年报社记者部都要举办地方记者会，地方记者会是报社编辑部与地方记者交流、沟通的平台，记者会制度也是长期以来报社文化价值观能够在地方记者中得到高度认同的机制保障。2015 年 9 月 7 至 12 日，第 44 次记者全会在报社召开，会议主题为以"移动化、交互化、思享化、交易化"为目标的网报深度融合，议题主要围绕传统媒体转型时期驻站记者面临的新问题新任务、记者站建设发展、新媒体运营等方面展开讨论，并同报社编辑部的各个部门进行了充分的采编交流。此外，还就天津滨海新区爆炸事故的相关报道进行了专题研讨，与媒体同行就突发事件的前后方记者编辑配合、如何专题呈现等，进行了交流讨论。

（三）全媒体探索转型全面提升履责能力

2015 年是中国青年报社全媒体转型发展试运行的第一年，2015 年 4 月 27 日，中国青年报 APP"冰点暖闻"新闻客户端上线，年底下载量突破 10 万次。

2015 年中国青年报微信公众号蓬勃发展，形成了中国青年报官方微信 + 二级微信公众号组成的微信公众号矩阵，以及以中国高校传媒联盟公众号 + 青团子 + 首都高校传媒联盟公众号为代表的高校媒体微信公众号矩阵，在青年群体特别是在大学生群体产生了较大影响。报社多次对参与微信公众号运营的采编团队进行奖励鼓励。

中青报法人微博二维码　　　中青报微信公众号二维码　　　冰点暖闻 APP 二维码

三、履行社会责任情况

中国青年报社党组、编委会深入学习贯彻习近平总书记系列重要讲话精神，严守政治纪律和政治规矩，推进改革创新融合，提升全媒体传播力和影响力，以正确舆论引导青年，认真履行媒体社会责任，取得明显成效。

（一）履行正确引导责任

2015 年中国青年报在"24 小时中青报在线"全媒体内容、流程、机制改革基础上，明确了全面"移动化、交互化、思享化、交易化"网报融合方向，以倡导青年向上向善好活法、传播社会主义核心价值观为网络舆论引导理念，宣传中国梦传播正能量，勇于开展网上舆论斗争，在团中央书记处的领导下进一步加强网络引导工作。

1. 坚持正确舆论导向，弘扬主流价值观。

案例 1：

2015 年 5 月 4 日、6 日中国青年报分别刊发报道《返乡"天之骄子"完美人生答卷——河北农大 51 名正定籍大学生 30 年基层成长纪事（上）》《受益"人才经"今朝"树成荫"——河北农大 51 名正定籍大学生 30 年基层成长纪事（下）》，报道了河北农大 51 名正定籍大学生与时任正定县委书记习近平同志的通信及他们在基层成长的故事。这是中国青年报一段时间里最抢眼的独家报道，体现了中国青年报的宗旨、特色

和历史传承，稿件写作的角度、分寸把握恰当，受到广泛好评！

案例 2：民族版

2015 年，中国青年报在中央媒体里率先创办了专门以报道民族地区、民族工作为内容的民族版，每周一期。这种固定版面报道民族内容的方式，起到了加大对中央民族政策宣传力度、多报道民族先进工作经验、多推出优秀民族人物、促进民族文化交流的积极作用。

案例 3：

"邱少云真的在烈火中一动不动？""狼牙山五壮士是逃兵？""黄继光血肉之躯怎么能挡住子弹？"一段时间以来，网络上出现了一些对英雄人物的质疑，甚至唱衰英雄的行为。针对这些抹黑英雄的言论，我们也旗帜鲜明地组织策划、多终端刊发《尊崇英雄的主流价值永不过时》《抹黑英雄就是遗忘历史》等系列评论，帮助用户摆脱大 V 言论引起的困惑。很多网友纷纷发声为英雄正名，谴责那些罔顾事实、抹黑英雄的行为。

案例 4：

如何正确看待当前社会经济形势？也需要媒体为青年廓清迷雾。比如，针对海外有舆论唱衰中国经济，甚至说什么"中国经济崩溃论"，我们利用中国青年报全媒体作为第二届"读懂中国"国际会议战略合作媒体的机会，采访与会的西方前政要、专家学者、大企业家，用他们的眼来看未来中国 5 年，用他们的口来说中国经济，多终端刊发《世界期待中国经济持续繁荣》《中国在为全球释放积极信号》等令人信服的报道。中央网信办全网推荐。

案例5：思想者版

中国青年报思想者版刊发多篇理论文章，包括《认清当前我国经济发展的大逻辑》《共青团要网聚青少年，网播正能量》《汇聚当代大学生成长正能量》《强化政治责任　为党凝聚青年》等解读中央大政方针和对青年进行思想引导的文章。

2. 关注青年利益，引导青年成长。

案例1："我们为青少年维权呐喊！"系列报道

该报道重点关注被虐待、性侵的少年儿童，以及所谓的"问题儿童"，并且挖掘问题和事件背后深层次的社会原因，邀请专家共同探讨如何健全机制以及依靠社会力量加强对青少年的权益保护。报道包括《六盘水女孩被亲母虐待致死》《现有流浪儿童救助模式治标不治本》等。

案例2：

2015年4月23日中国青年报刊发特别报道《北京青年大型调查报告——57万创业青年凸显首都精气神儿》，并配发评论《青年是谁，他们在哪里》，此后中国青年报在一个多月的时间里刊发了20多个专版，详尽报道"北京青年调查"。

案例 3：教育报道

教育科技领域牵涉千家万户，社会上也有很多杂音，中国青年报教育科学部一直秉承成绩要说够、问题要说透的原则，帮助家长、学生、大众了解教育政策，厘清混乱的各方教育观念，也维护他们的权益。如在成长版策划了系列专栏《支招青春期》，策划"什么是留学前最重要的准备"等服务性报道，在教育科学版策划讨论《教改不能预设孩子背后是全职妈妈》；组织《校园小霸王专题》《校园霸王花专题》；《华人教头率美国奥数夺冠内幕》特别报道，展示了中国留学生在国外的风采。

案例 4：青年创业

2015 年，《创业周刊》更加聚焦青年创业报道，努力为推动双创鼓与呼。改版后的《创业周刊》不仅延续了此前注重青年性、服务性的特点，更通过即时、专业、独到的观察，聚焦创业方方面面的问题、话题和现象，打造出本报创业报道的高度、深度和专业性。

案例 5：体育报道

2015 年 11 月体育版刊发的《户籍怎能成为运动员领取退役费的障碍》《北京女子拳击全国冠军与队友的艰难维权路》系列报道，真实揭示了北漂运动员在待遇方面受到的不公正待遇，北京市体育局领导专门组织会议研究报道披露的问题。

3. 引导社会热点，加强舆论监督。2015 年，中国青年报在全国两会等重大新闻事件和突发社会热点事件中，加强宣传报道和舆论引导工作，线上线下联动，倡导青年好活法，传递社会正能量。全年针对重大社会问题，加强舆论监督，很多报道形成社会关注的亮点、焦点，产生积极广泛的社会影响。

报道实例：

引领热点

案例1：两会报道

2015年全国两会报道紧紧围绕"四个全面"战略布局，聚焦"改革、法治与青年发展"，以青年关注的两会热点话题和关注青年代表委员参政议政、与青年利益密切的议题为切入点，突出青年特色，并适应移动互联网时代的传播特点，会内外互动，全媒体立体呈现。第一次利用H5专题这种传播载体进行两会报道。《青年关注的头等大事　两会代表委员支招》融媒体专题报道，包括一整版报道、视频、H5专题等形式。其中有两个H5作品业内外产生重大反响。

案例2：军事报道

2015年，中国青年报配合军队改革这一重大任务，推出整版专题《改革强军　全军官兵在路上》，报道全军将士以实际行动支持改革、投身改革的事迹，并将《改革强军　全军官兵在路上》设为专栏，持续报道。

在纪念中国人民抗日战争胜利暨世界反法西斯战争胜利70周年的"9·3"大阅兵中，中国青年报推出浓墨重彩的阅兵专刊《秋点兵》，并于阅兵当天在中国青年报官网对阅兵进行同步直播，与此同时，还邀请两位军事专家现场讲解，当天就获得800多万人次的点击量。

案例 3：深度报道

2015 年，中国青年报特别报道版刊发了《审计署的年轻反腐尖兵》《公务员辞职潮来了吗》《东北拉响人口警报》等引发很大社会反响的报道，用深入的思考，理性设置议题，引领舆论热点。

案例 4：新媒体谣言专题报道

中国社科院新闻与传播研究所发布的新媒体蓝皮书显示，59% 的虚假新闻首发于微博，首发于微信的谣言虽然数量不多，但因其封闭式传播环境，辟谣难度更大。那么，新媒体为何成为谣言的重灾区？谁该为谣言造成的后果承担责任？

在此背景下，中国青年报社会调查部直击当下社会痛点，推出新媒体谣言专题报道，通过民调提示了新媒体谣言最严重的领域，谣言泛滥造成的后果，并且明确提出"制造谣言的个人或机构"和"未尽到把关责任的新媒体平台"应该为谣言造成的后果承担责任。整组稿件在引导社会舆论方面起到了积极的推动作用，体现了主流媒体的社会责任和价值追求。

舆论监督

案例 1：

舆论监督是媒体责任，2015 年，中国青年报驻站记者所发表《发票书记落马记》《郑州非机动车停车费怎么成了唐僧肉》《28 岁女县长履历公开究竟要多久》《海南三亚：政府公文从市政府到国土局走了 260 天》《湖南常德：被伪造的工程》等稿件见报后，直接推动了一些问题的解决，惩治了违法和作恶者，维护了社会公平正义。

案例2：调查性报道

在天津港爆炸事故报道中，中国青年报前后方密切配合，寻找突破点，挖掘独家发现，《四问天津港"8·12"特大爆炸事故》《爆炸事故背后"安评"隐患重重》《天津港爆炸事故中的"红顶中介"》《天津港火灾爆炸事故涉事企业安评报告低调公布》等作品，调查比较扎实和深入，体现出了记者非常好的职业精神和专业功底。在涉事企业的安全评价方面，这些作品贡献了多个逼近真相的独家新闻点，多篇作品被新浪、搜狐、网易、凤凰等网站转载。

此外，《中越边境非法象牙贸易调查》《起底"999急救中心"》等，及反腐报道如《"京A"串起的政商关系网》《一条高速路　摞倒俩厅长》等也起到了媒体舆论监督的责任。

（二）履行服务青年成长责任

中国青年报始终把"推动社会进步　服务青年成长"作为一以贯之的办报宗旨，2015年，更是对包括纸媒在内的全媒体产品提出了加强服务性的要求，多个部门积极搭建新媒体平台，精准服务各类青年，做到对青年"有用"，服务青年的成长成才。

案例1："北京家长汇"微信公众号

中国青年报教育科学部与北京市教工委合作，利用创立的"北京家长汇"微信公众号发布北京市及各区县的权威信息，帮助家长准确了解北京市教改情况，指导报名与选择学校；发布在成长版上的教子技巧与学习经验，帮助家长理性地看待孩子的成长问题，度过困惑期；发布北京市高校的优秀学生事迹——寻找青春榜样。帮助家长建立正确的育儿观，建立两代人沟通的共同话题。

案例2：大学生KAB创业教育（中国）项目

KAB办公室作为团中央KAB项目及报社KAB具体工作机构，积极协调团中央学校部、国际联络部、志工部等有关部门，扎实开创服务青年创新创业活动。2015年主要举办KAB创业教育年会、全国大学生创业实训营（3期）、寻访大学生创业英雄等活动，组织学术研讨交流、撰写教材、撰写公益创业报告、寻树创业典型、支持小微企业，扶持公益创业，对接青年创业公司与风投机构洽谈。有100多万人参与上述60多场活动，与2000多名优秀创业青年、200多名创业小有成绩的青年通过活动建立了日常联络。成立了大学生微创业俱乐部、青年恒好俱乐部。通过活动免费培训大学生创业社团主席或创业青年320人（持续5天以上的活动）。走进近20所高校举办大讲堂或活动，让KAB的服务有了进一步的延伸，从校内延伸到校外，并通过微信公众号搭建了新媒体支撑网络。

案例3：中国高校传媒联盟

中国高校传媒联盟是在共青团中央、教育部指导下，由中国青年报社携手国内63所重点高校共同发起成立的校园媒体联谊组织。截至2015年年底，联盟签约理事高校508所，会员媒体近5000家，实名注册会员媒体1902家。此外，北京等21个区域高校传媒联盟相继成立，成为中国高校传媒联盟的重要组成部分。

中国高校传媒联盟已经成为扶持高校校园媒体发展、校媒记者业务锻炼的重要平台。依托会员媒体，联盟先后打造了"注册大学生记者选拔""与世界对话""未来讲堂""新闻训练营""迷你马拉松""校媒精英汇"等活动品牌。2015年，中国高校传媒联盟与北京田径世锦赛合作，选拔30名大学生记者采访世界顶尖赛事。

案例4：听读者之声，想读者之想

2011年，在中国青年报创刊60周年之际，我们成立了中国青年报读者俱乐部。2015年4月27日，报社64周年社庆前夕，我们评选出了《中国青年报》第三届金牌读者和银牌读者。同时，通过《中国青年报》读者俱乐部官方微信、微博，邀请所有读者用户为我们提供"金点子"和"好建议"，共收到了来自31个省（区、市）近700名"忠实读者""铁杆粉丝"的材料；通过微信、微博参与读者总动员话题讨论的读者数百人，提供"金点子""好建议"190条。同时，读者俱乐部召集全国7个地方分会举办"中国青年报读者线下分享"沙龙，与读者共同庆祝报社生日，听读者讲述他们与中青报的故事，分享读报心得。

（三）履行人文关怀责任

中国青年报坚持"讲有温度的故事"，以此作为新闻写作的专业追求——重大灾难事故报道坚持以人为本、关爱生命；日常报道尊重社会弱势群体，深入人的精神世界，关心人的情感，启迪人的思想。

案例1：

2015年8月3日—10月12日，中国青年报教育圆桌版刊发了"乡村教育田野深描"系列报道，以《别让"新读书无用论"撕裂乡土中国》开篇，期间陆续刊发了《探秘乡间底层孩子的日常"江湖"》《乡间底层孩子的日常抗争》等文章，最后用《农村教育何日重获话语权》结尾，一共9篇。这组文章展现的是中国青年报多年来"铁肩担道义"的选材视角，为没有话语权的弱势群体鼓与呼，也记录了转型中国的农村，尤其是农村教育遭遇的阵痛，使得社会各界对农村教育进行深层思考。

案例2：冰点周刊

冰点周刊无论是灾难报道还是日常报道，始终坚持以人为本、关爱生命。如《被泥土掩埋的家》还原了深圳光明新区滑坡事件中，一个失去12名亲人的家庭的悲伤故事。关于河南鲁山养老院大火的特稿《余烬》，生动再现了大火中无助的老人们逃生的经过。《独居老人之死》则把目光投向那些孤独无依的老人，反映了他们养老的困境。

案例3：

各驻站地方记者通过多方面的走访调研，形成有观点、有态度的稿件，许多记者写出了很有深度的研究性报道，如《东平"土改"》《资本下乡：有实力征地，没能力种田》《粮价跌了，农民怎么种田》《天水，一个西北城市的水危机》，这些稿件既有东部发达省份的经济前沿内容，也有中西部的转型探索，还有东三省的发展危机，涵盖教育、经济、金融、司法、文化、医疗等多个方面。

（四）履行繁荣发展文化责任

中国青年报设有文化阅读周刊，关注青年文化生活；设有《冰点探索》版面，专注于普及科学文化知识。2015 年，报社增加了民族版，新疆以及其他地方记者写出多篇反映民族地区社会经济生态，以及各族青年生存工作状况的稿件，这些充满浓郁民族风情、采访扎实、写作精良的美文，成为读者新的阅读期待。

案例 1：文化周刊

继续围绕培育和践行社会主义核心价值观，刊发大批对繁荣发展文化有益的报道，如《茅盾文学奖拷问文艺奖项公信力》《博物馆的春天来了吗》《文坛雅贿门再损文艺奖项公信力》《光明与阴霾：面对历史，才有未来》《24 小时三联书店运行一年势态良好》等。

案例 2：2015 年"世界大学生魔术交流大会"

2015 年"世界大学生魔术交流大会"由文化部、中国文联、北京市政府主办，北京市文化局、昌平区人民政府和中国青年报社等 10 家单位承办，中国青年报社是大会主要执行单位，负责大会的总体策划、实施。2015 年"世界大学生魔术交流大会"是目前世界上规模影响最大的大学生魔术交流活动之一，大会倡议设立世界青年魔术日，助推国家大马戏院、北京魔术城 20 亿元国家投资项目落户昌平，获得了世界魔术领域最高级别组织奖项——梅林奖。

案例3：公益广告

中国青年报社全媒体传播平台积极宣传中国梦和社会主义核心价值观，其中《中国青年报》刊发各类公益广告72次，共计41个版，在广大青少年中产生一定影响，受到中央文明办、国家新闻出版广电总局和共青团中央的表扬和肯定。

（五）履行遵守职业规范责任

中国青年报社向来重视记者队伍建设，面对外部社会环境的种种诱惑，我们仍然小心谨慎，不断排除各种隐患，保持优良传统，坚守价值底线。

遵照国家新闻出版广电总局的各项要求，以及报社出台的《禁止有偿新闻管理细则》《新闻采编人员从业管理规定》等新闻纪律和规章制度，各个记者站在2015年进行了自查自纠，记者部党员也对照八项规定逐条进行了自查，并上交了自查报告。

平时，报社记者部及时向地方记者站通报报社的相关纪律规定，时刻强调新闻纪律。在繁杂的大环境中，让大家保持清醒，自觉维护报社几十年积攒下来的招牌清誉。在日常工作中，绝大多数的驻站记者都严守新闻纪律，恪守职业道德，用高标准要求自己，没有出现违反新闻纪律的问题。

报社严格子报刊、网站管理，下辖的中青在线网站始终没有开通地方频道，子报《青年参考》《青年时讯》《青年商旅报》没有设立地方分支或办事机构，防止了违法违规现象发生。

（六）履行合法经营责任

中国青年报社以品牌建设为核心，严格落实中央宣传部、中央网信办、国家新闻出版广电总局、国家工商行政管理总局相关政策法规，规范发行、广告、活动、版权授权等经营行为，通过一系列管理制度，确保有效地履行媒体社会责任。

1. 采编经营分开制度。报社严格实行采编人员和经营人员"两分开"的基本管理制度，不允许采编人员从事经营活动，报社官方网站——中青在线不设立任何地方频道，从运行机制上保证总部的采编和经营工作严格分开。

2. 广告经营管理。2015 年 9 月 1 日修订后的广告法实施，中国青年报社在认真学习的同时，积极配合北京市东城工商分局举办了"新广告法知识竞赛"，受到北京市、东城区工商行政管理部门的肯定和表扬。报社进一步完善报纸端、PC 端、移动端三端广告管理政策，坚持公信力第一原则，杜绝有偿新闻、虚假广告，连续 16 年"广告零处罚"。

3. 完善规章制度。2015 年，中国青年报社按照"从严治报"的要求，先后修订和制定了《中国青年报社财务管理制度》《中国青年报社关于财政性专项资金使用暂行规定》《中国青年报·中青在线移动终端品牌推广和广告运营实施细则（试行）》等规章制度，保障经营工作正常运行。

（七）履行安全刊播责任

中国青年报社长期以来狠抓作风建设和流程管理，强调把政治意识、责任意识、大局意识贯穿到所有采、编、发环节当中，报社强化内容生产质量和专业性，通过严格的日常采编流程管理制度，增强媒体社会责任对办报的约束力。

2015 年是中国青年报社全媒体融合转型的第一年，为更好地按照团中央和上级主管部门要求，坚持正确舆论导向，2014 年 12 月，报社党组根据全媒体转型的实际需要，在充分调研论证的基础上，制定、发布了《中国青年报社版面调整方案》《中国青年报社全媒体报道组织架构》和《中国青年报社全媒体报道流程方案》等3份采编流程管理制度，并于2015年1月1日起严格执行。

中国青年报社高度重视工作中的保密和安全纪律，在2015年充实了中国青年报社安全委员会和保密委员会，并制定了《中国青年报社内网保密文件传送管理规定》《关于涉密记录、涉密资料整理和传输的管理规定》，加强了日常新闻保密工作。

（八）履行保障新闻从业人员权益责任

报社一贯坚持以人为本，充分提供平台，为员工成长、成才提供必要的措施与途径，重视员工身心健康，兼顾员工物质层面和精神层面的需求；坚持依规办事、公平公正，依法保障员工合法权益。

1. 保障员工平等雇用、发展机会。面向社会、高校公开招聘人才，通过严格执行公开、公平、公正的招聘流程把好进人关。依法签订合同，明晰责任权利。为非京籍毕业生积极申办进京落户指标，切实解决后顾之忧。

为员工提供培训机会，在组织报社内部培训的同时，鼓励员工参加社外各种专业培训。2015年，开展了入职人员培训、地方记者培训、新媒体编采业务培训等一系列培训活动，同时积极组织人员脱产参加社外相关培训。

每年开展专业技术职务评审和等级工考试的组织工作，协助参评、参考人员申报材料。

2. 符合国家规定的薪酬、福利制度，兼顾工作生活平衡。薪酬制定符合国家规定，针对岗位类型制定合理的绩效考核体系，完善职工特别是采编部门职工激励机制。

工资。严格执行人社部、财政部关于工资改革系列政策及实施办法。

补贴。根据中央文件，参考北京市相关文件，建立必要的补贴项目，按工资相对应级别发放，保障员工合理利益。

编采费用及非量化岗位人员奖金。稳步提高采编人员稿费和编辑费标准，结合版面、好稿评审制度，坚持"向采编一线倾斜、体现多劳多得"的原则，保证报纸质量和影响力处于业内较高水平。

严格执行中央关于在京事业单位离退休人员规范补贴的规定，2015年调整了补贴标准。

合理发放节日奖金，保证全员范围覆盖。

3. 依法保障员工合法权益。中国青年报社在人力资源管理方面，严格履行劳动法和劳动合同法。按照有关规定，与新职工及时签订《事业单位人员聘用合同书》，按规定缴纳社会保险，按12%的比例缴纳职工住房公积金。认真落实职工法定假期和各类带薪假期，为加班人员按国家规定发放加班费，为职工提供健康、安全的工作生产环境。

按规定为采编人员办理新闻记者证，维护采编人员依法采访权利。

积极响应北京市政府要求，做好安排残疾人就业和缴纳残疾人就业保障金工作。2015年度安置残疾职工8人，超比例完成安置工作，曾被评为北京市残疾人就业保障金审核征缴工作"诚信单位"。

报社办公室、法律事务工作室协助采编人员打击新闻作品侵权行为。2011年至2015年，开展维权活动500多次。

4. 注重关爱员工。夜班宿舍统一安排并装修一新；职工澡堂重新装修后恢复向全社职工开放；职工食堂有所改善；在编辑部、印厂、饭店配备咖啡机；报社公车更广泛地用于各部门重要工作和职工个人及家庭急难险重事项。

为职工及时申报住房公积金，保证资金及时到账。职工体检经费提高，可选择医院增加。报社团委在天津"8·12"特别重大火灾爆炸事故发生后，专门联系专业体检机构，为赴天津爆炸现场采访的 10 位记者组织体检，并开展健康情况跟踪服务。

注重关爱新入职的大学毕业生，对他们在工作、学习、生活等方面遇到的困难给予一定的帮助。党委、工会、团委均扩大慰问困难职工、困难青年范围，增加慰问金额，提高慰问时效。工会开展春游秋游等文体活动，依法合规发放元旦、春节、中秋、国庆等法定节日福利。

（九）社会绩效及评价

2015 年，中国青年报坚持履行媒体社会责任，坚持新闻报道真实、准确、全面、客观，杜绝虚假报道，教育引导编辑记者增强社会责任意识，提升职业水准，维护新闻工作者良好社会形象。报纸公信力和影响力不断提升。

2015 年新闻作品获奖情况：

第 25 届中国新闻奖

《让法治托举起青年梦想》（作者：冯雪梅）获得文字评论二等奖。

"只有荒凉的沙漠　没有荒凉的人生"系列报道（作者：樊江涛、刘健、高山、王素洁）获得文字系列二等奖。

《传统媒体人提升判断力所需的媒介素养》（作者：曹林；编辑：《青年记者》杜娟）获得新闻论文三等奖。

四、履行社会责任方面存在的不足和改进措施

（一）在履行社会责任方面存在的不足

中国青年报社虽然在履行社会责任方面取得了一些成绩，但仍存在一些不足。特别是在切实提高党的新闻舆论传播力、引导力、影响力、公信力方面，中青报作为一家传统媒体，全媒体融合转型的步子迈得还不够大，网络覆盖不全面，对青年读者的传播力、影响力还有待提高，尤其是对于体制外的青年覆盖不够，在网络上对青年的引导力不够。另外，在办报当中，还存在主观主义和不严不实的作风文风，需要进一步纠正。在新媒体技术手段的创新方面，中国青年报与其他主流媒体相比，还有较大的提升空间。

下一步，报社将加大对全媒体网报融合的研究和探索，加大对青年群体的研究，进一步全面从严治报，狠抓队伍作风建设，继续为党和国家做好舆论引导，为推动社会进步、服务青年成长尽心尽力。

（二）改进措施及未来展望

2016 年，中国青年报社将认真学习贯彻习近平总书记系列重要讲话精

神，并向社会承诺做到：

1. 坚持正确的舆论导向，增强政治意识、大局意识、核心意识、看齐意识。

2. 坚持实事求是，新闻报道理性客观真实。

3. 坚持贴近实际、贴近生活、贴近群众，增强新闻报道的吸引力感染力。

4. 坚守职业精神，恪守职业道德，维护新闻工作者良好形象。

5. 严守新闻纪律，遵守相关法律法规，合法从事经营活动。

6. 加强制度建设，强化行业和个人自律。

7. 自觉接受社会监督。

人民网

社会责任报告

一、人民网概况

　　人民网创立于 1997 年 1 月 1 日，是人民日报社重点建设的以新闻报道为主的大型网络信息交互平台，是人民日报社控股的传媒文化上市公司，是国际互联网上最大的综合性网络媒体之一。人民网除中文版本外，还拥有 7 种中国少数民族语言及 9 种外国语言版本。作为国家重点新闻网站的排头兵，人民网新闻报道快速、准确、权威、有深度，读者遍布 200 多个国家和地区。

　　人民网旗下有环球网、人民在线、人民视讯、海外网、金台创投、文华在线、人民澳客、成都古羌科技有限公司等多家控股网站（公司），在 31 个省市自治区和中国香港设立分公司。人民网积极推进全球化布局，先后在日本东京、美国纽约、美国旧金山、韩国首尔、英国伦敦、俄罗斯莫斯科、南非约翰内斯堡、澳大利亚悉尼等地成立分公司并设立演播室。

二、全媒体时代我们的媒体责任与价值

人民网坚持权威性、公信力、大众化，弘扬主旋律、传播正能量，是国内主流媒体网站的核心代表，是对外讲好中国故事、传播中国声音的重要力量和桥梁。

人民网是同行业领军的上市公司，凭借独特市场优势加快打造传媒产业，深耕互联网服务业，加强兼并重组等投融资业务，积极履行上市公司的社会责任。通过多种形式，为社会和投资者创造价值。

（一）人民网是网络上的人民日报

1997 年 1 月 1 日，人民日报在中央媒体中率先推出网络版，也就是人民网的前身，正式开启了党中央机关报的互联网历程。19 年来，人民日报社从编委会到全体职工，对人民网的发展倾注了大量心血，以全社之力支持人民网的发展。党报姓党，人民网也姓党。为此，报社编委会始终坚持用办人民日报的标准办人民网。在新闻宣传和导向管理上，与人民日报一个标准、一把尺子、一条底线。为党立言、为民分忧，为融通中外积极作为，人民网已成为党治国理政的重要资源和重要手段。人民网的权威、实力，源于人民日报。这是人民网最独特的禀赋、最核心的竞争力、最亮丽的品牌。

（二）人民网是生产、传播优秀文化产品的国家级企业

人民网是党和政府的宣传阵地，肩负着在新时代条件下党的新闻舆论工作的职责和使命。"坚持权威性、公信力、大众化，弘扬主旋律、传播正能量，做最好内容的新闻网站"。这不仅是人民网在过去19年中孜孜不倦的追求和探索，也是人民网未来建设和工作的坐标定位。作为中国传媒文化产业的代表性企业，人民网始终牢记职责使命，积极改革创新，努力提高本领，转作风改文风，传播正能量、弘扬主旋律，用有思想、有温度、有品质的新闻作品，向党和人民交上一份满意答卷。

（三）人民网是领军同行业的上市公司

衡量媒体融合发展成功的标志，不仅要看舆论引领能力，还要看持续发展能力。在推进新媒体建设过程中，人民网既强化导向管理、提升传播能力，又积极探索适应的经营模式，逐步提高盈利能力，实现可持续发展。在这方面，人民网不仅为人民日报报系集团，也为中国传媒界提供了一个新闻媒体与资本市场对接融合的成功范例。上市3年多来，人民网以专业、稳健的运营模式，围绕主业科学布局，在实现国有资产保值增值的同时，积极回报投资者，在中国股票市场树立了良好的企业形象，已发展成为同行业领军的上市公司。

（四）人民网是人民日报融合发展的新媒体旗舰

在人民日报社融合发展的整体布局中，人民网是一个拥有新闻采编权、每日发布海量新闻的信息生产平台；是一个拥有全媒体形态、布局国际化的互动传播平台；是一个具有优良资产结构、可以有效对接市场的资本运营平台；是一个拥有丰富价值元素、开放共享的资源交换平台。正是拥有如此综合的功能架构，人民网被定位为人民日报融合发展的新媒体旗舰。在习近平总书记"坚持先进技术为支撑、内容建设为根本，推动传统媒体和新兴媒体在内容、渠道、平台、经营、管理等方面的深度融合，着力打造形态多样、手段先进、具有竞争力的新型主流媒体，建成拥有强大实力和传播力、公信力、影响力的新型媒体集团"的要求指引下，人民网将继续发挥自身优势，研发应用新技术、发展新业态，再造采编流程、升级信息服务，以内容优势、技术优势赢得发展优势。

三、履行社会责任情况

（一）履行正确引导责任

2015 年，人民网坚持内容立网、原创立网，明确导向管理与人民日报一个标准、一把尺子、一条底线、一体推进，做到既保持鲜明的党媒属性，又具有较强的互联网特色。

1.突出党网特色，发挥网上舆论"中流砥柱"作用。人民网一直传承着党报的红色基因，在2015年重大事件报道中，人民网积极发声，通过自己的原创新闻和评论主动引导舆论，报道屡受上级部门的肯定，"权威性、公信力"的品牌形象深入人心。

（1）突出宣传中央领导同志重要活动、重要讲话精神。人民网始终以宣传解读习近平总书记重要活动、系列重要讲话为工作重心，突出报道重点、准确把握节奏、主推原创、形成系列，充分运用网言网语、微视频图表等手段，使报道更接地气，更适合网络和移动新媒体传播。人民网《学习路上》《学习有方》两个栏目以习近平总书记重要活动和重要讲话精神解读为主要内容，平均每个工作日推出两篇原创报道，多次被各大网站在头条、首页要闻区推荐。目前，仅《学习路上》就收录图文和多媒体学习资料8万余篇（幅），在互联网上形成了广泛影响。

（2）聚焦高层报道，加大创新力度。2015年，人民网以高层报道为核

人民网首页习近平主席出访专区——以通栏头条和高清大图为主打，配以重点原创稿件和策划，有效展示出访报道的特色及亮点

心，以政策解读为着力点，推出数量与质量兼具的原创稿件。多次在首页首屏设立报道专区，突出报道国家主席习近平访美、访英、参加联合国气候变化巴黎大会、主持中非合作论坛等重要活动。在"习马会"报道中，首次实现领导人海外活动视频直播，成为国家重点新闻网站视频直播的一大突破。

人民网对李克强总理的活动报道，因有现场记者的独家采写，更具时效性与亲和力，推出的《常务会议观察》栏目已形成品牌影响力，屡屡登上中国政府网首页要闻区。对李克强总理和国务院工作的持续宣传报道，得到多方认可。

（3）重大主题报道创新内容呈现方式。在2015年全国两会、党的十八届五中全会、"9·3"大阅兵、西藏自治区成立50周年、新疆维吾尔自治区成立60周年等重大报道中，人民网通过内容丰富、形式多样的原创稿件、系列图解等报道，对重大主题开展深入解读。

人民网推出的H5作品：你不可不知的十位中共抗日英烈

2015年全国两会期间，人民网连续第14年推出的"两会热点调查"，共吸引了超过372万网民参与投票，各大媒体纷纷引用人民网的调查数据并推出相关报道或评论。

纪念抗战胜利70周年报道，人民网制作推出6期"以正史听"系列H5策划，网上反响热烈，成为各媒体转发焦点，受到有关部门的高度肯定。

2.聚焦社会热点，回应社会关

切，发挥舆论引导作用。长期以来，人民网在坚持对国内外重大事件全方位报道、多平台推送的同时积极发声，通过自己的原创新闻和评论主动引导舆论。2015年，人民网共刊发500余篇时评，其中150多篇报道被各媒体大量转发，受到广泛关注。

（1）澄清谬误、凝心聚力。2015年8月，天津港危险品仓库爆炸事故当天，人民网快速反应，多名记者连夜奔赴现场，实时播报事故救援进展。面对一些传言谣言在网上扩散蔓延的态势，人民网《求真》栏目迅速组织辟谣整合报道《有关天津滨海新区危险品仓库爆炸事故，这些传闻不靠谱》，从空气污染、社会秩序、交通调配、网络求助、报道环境等5方面加以澄清和分析，在全网被广泛转发传播，为净化网络空间、营造有利于救援和善后工作的舆论环境，发挥了积极作用。

人民网记者在天津港危险品仓库爆炸事故现场采访

（2）解读经济形势，驳斥"唱衰"论调。针对一些境外媒体"唱衰"中国经济的不实论调，人民网多次推出系列评论，真实客观地反映经济新常态阶段的应有之义与积极变化。《总理上半年四提"盘活存量资金"如何唤醒"沉睡"财政》《养老制度改革力度空前　顶层设计方案呼之欲出》等系列原创报道，聚焦中国新旧动能转换时期如何看待当前经济形势、如何在多个领域更多释放改革红利等重大现实问题，回应社会关切，影响广泛。

（3）践行"走转改"，调查出真知。2015年3月至4月，人民网派出20多名记者，分赴辽宁、河北、山东、上海、浙江等省市深入基层调研采访，获取大量第一手数据，完成70余篇反映区域经济发展新常态、聚焦实体经济和企业转型的稿件，引起各界广泛关注；10月，人民网派出3支调研队伍与人民日报记者共同奔赴东北三省调研采访，收集大量第一手材料，撰写调研稿件20篇，为东北经济振兴提振士气的同时，有效反击了"东北振兴失败论"，并对东北地区经济发展中存在的问题提出建议。

3. 积极开展对外传播，讲好中国故事，传播中国声音。2015年，人民网通过创新融合增强实力，着力增强国际话语权，不断强化对外传播辐射能力。随着新语种葡萄牙语网站上线，法国公司和北欧公司成立，人民网外文语种网站增至9个，海外分公司增至10家。各语种通过图文、视频、直播、微博、微信和海外社交媒体等全媒体报道，主动设置议题，加大原创和评论力度，有效发出中国声音。2015年原创外文的海外落地数量从2014年的3万余条次增长至4万条次。

人民网还在脸谱、推特、Line、VK等社交媒体上建成海外社交媒体账号群，积极传播中国声音，与海外网友广泛互动，已成为人民网在海外发声的重要渠道。2015年，由人民网负责运营的人民日报脸谱英文账号粉丝突破1200万，粉丝数量和互动率均居全球报纸类账号前列。

（二）履行提供服务责任

在履行服务责任方面，人民网作为中央重点新闻网站，通过开设不同的专题、专栏，为网民提供及时准确、全方位的信息服务，帮助群众解决实际问题。

1. 搭建沟通桥梁，反映人民群众的呼声与要求。人民网地方领导留言板作为全国性的领导干部网络留言系统，自 2006 年创建以来，始终致力于在人民群众与政府之间搭建沟通的桥梁，帮助群众解决实际问题。

2015 年，人民网地方领导留言板新增 175 位地方领导开展留言办理，省、市、县三级的地区覆盖率分别为 96%、76% 和 57%。2015 年全年网友留言总数超过 19 万条，各地回复量近 14 万项。截至 2015 年年底，全国累计有 56 位省（区、市）委书记，省、市长（区政府主席），2000 多位市委书记、市长及县委书记先后对人民网"地方领导留言板"网友留言做出公开回复。

2. 用足网络优势，提供全方位信息服务。人民网作为网络信息服务提供商，注重以网民需求为导向，以信息资源深层开发为手段，为网民提供及时准确的各类信息服务。

（1）高考报道 PC 端、移动端"两条腿走路"，突出服务性。2015 年高考报道，人民网 PC 端立足服务，推出"2015 高校招办主任系列访谈"，为考生及家长提供最及时、最全面的信息；考前推出有关高考经济、饮食减压、考场应急等 6 期策划。移动端立足互动，推出 H5 游戏"全民高考"，整理近年来高考题目，吸引网友答题闯关；高考期间，推出《2015全国高考作文之最调查》，并根据调查发布原创文章《高考作文哪家强》，解析高考试题；高考结束，邀请十几位志愿填报专家组成高考志愿帮帮团，在线为考生和家长提供免费咨询服务。

（2）汽车质量投诉平台上线，帮助消费者解决实际问题。2015年3月，人民网汽车质量投诉平台正式上线，全年共收到全国各地汽车消费者投诉约1600条。人民网对相关线索进行跟进、采访，助力消费者维权，帮助数十位消费者解决了实际问题。

（3）原创科普栏目《营养"识"堂》，权威讲解饮食营养。原创科普栏目《营养"识"堂》以宣传科学、实用的饮食营养知识为宗旨，邀请公共营养师用专业知识给公众正确、权威的饮食营养指导。栏目内容通过PC端、营养师微信自媒体和部分地方电台节目同步推广，各渠道评论总计数万条，反响强烈。

3. 举办公益慈善活动，投身社会公益事业。2015年，人民网除传播公益慈善理念外，全年为各类公益项目投入近200万元，通过设立人民网奖学金、举办各种公益慈善活动、成立志愿服务联盟，以实际行动投入公益慈善事业中。

（1）设立人民网奖学金。人民网奖学金设立于2008年，先后在中国人民大学、北京大学、清华大学、中国传媒大学、武汉大学、复旦大学等13家知名学府设立，人民网同时成为各新闻院系的实习基地。截至2015年，已颁发奖学金近300万元，先后有361名品学兼优的同学获奖。人民网还是中共中央党校和国家行政学院的教学基地。

北京大学新闻与传播学院党委书记陈刚在2015年度人民网奖学金颁奖典礼致辞中提到，与其他奖学金相比，每年申请人民网奖学金的学生人数最多。这是因为作为中国重要主流新媒体传播平台，人民网的地位和影响力更为大家所尊重。面对未来，面对中国的发展，面对互联网的前景，最根本的是年青一代要更快地成长起来，承担责任。要完成这个任务，需

要主流新媒体与新闻传播院系共同努力。人民网奖学金的设置，所体现的正是这样一种态度、一种职责、一种期待。

（2）助力"春蕾计划"。2015年5月，人民网与中国儿童少年基金会结为战略合作伙伴，跟踪报道"百名春蕾之星爱心寻访纪实"等系列活动，为"春蕾计划"深入推动发挥积极作用。10月14日，"百名春蕾之星"揭晓发布会在人民网举行，作为活动联合主办单位，人民网在PC端和移动端同步进行全媒体直播，形成广泛影响。

（3）支持西藏自治区全民阅读活动和文化事业发展。为庆祝西藏自治区成立50周年，人民网捐赠了价值94.5万元的7400盘（盒）优秀音像制品，支持西藏自治区的全民阅读活动和文化事业发展。人民网捐赠的音像制品内容涵盖政治、经济、历史、文化、科技等多个方面，许多是荣获国家级奖项的出版物，对于丰富西藏各族群众精神文化生活、助力学校师生学习研究、服务新闻出版广播影视产品创作生产和文化产业发展起到积极的促进作用。

（4）成立黑龙江省职业院校青年志愿服务联盟。人民网黑龙江频道与黑龙江团省委共同策划成立"黑龙江省职业院校青年志愿服务联盟"，破解黑龙江省职业院校志愿服务难题，将分散的各职业院校集中起来，形成志愿服务合力。前期吸纳 10 所职业院校（至少 5000 人注册参与），构建志愿服务课程体系，推动志愿服务向规范化、专业化、社会化、国际化发展。2015 年，人民网黑龙江频道联合志愿者共计组织 12 场大型慰问活动，送去床单被罩 500 余套、衣物近千套。

（三）履行人文关怀责任

在履行人文关怀责任方面，人民网坚持以人为本，真实客观报道新闻，深入人的精神世界、关心人的情感、启迪人的思想。日常报道关注社会弱势群体，反映他们的意见呼声，体现以人为本的媒体关怀。

1. 调查报道《十问"留守儿童"》关注留守儿童生存现状。2015 年，人民网推出系列调查报道《十问"留守儿童"》，关心 6100 万留守儿童生存现状，获全国妇联、中国儿童少年基金会高度认可。人民网 13 名记者分赴河南、安徽、广东、四川、贵州、云南 6 省调研，行

人民网记者探访四川凉山昭觉县小村留守儿童

程 6000 余公里。报道一经刊出即引起社会各阶层的热烈讨论，多家媒体关注跟进，中央电视台《新闻周刊》口播报道，新京报刊发评论，中国青年报、腾讯网推出追踪报道和深度策划。

2. 专题片《我来自西藏》多角度体现人文关怀。西藏自治区成立 50 周年之际，人民网《十分感动》栏目推出 6 集系列专题片《我来自西藏》，用镜头记录藏族同胞在内地的生活状态。系列故事紧扣"我来自西藏"的主题，讲出他们对故乡的眷恋，描绘他们的梦想、信仰、辛酸与奋斗，展现他们逐渐和现代城市融合的印记。

3. 报道舟山渔民遇害案，更多关注渔民的精神世界。2015 年 10 月上旬，浙江舟山 5 位海上捕鱼渔民遇害。人民网记者在报道案情的同时，更多的视角关注渔民的生存状态。记者通过走访一户户渔民家庭，深入了解渔民的精神世界，将村委会、石浦边防派出所及"海上老娘舅"如何化解渔民之间矛盾纠纷的故事，生动翔实地呈现给千万网民，让人们对渔民的生活有了更多的客观认识和评价。

（四）履行繁荣发展文化责任

人民网一直以传播正能量、弘扬主旋律，传承优秀传统文化、传播高雅健康文化，抵制低俗媚俗行为为己任，积极生产、传播优秀文化产品，大力弘扬社会主义核心价值观，为推动和谐社会建设主动作为。

1. 贯彻习近平总书记系列重要讲话精神，为繁荣发展文化凝心聚力。人民网积极贯彻习近平总书记在文艺工作座谈会上的重要讲话精神，通过专题策划、举办活动等方式，努力为繁荣发展文化凝心聚力，为基层百姓提供高雅精神食粮。

"文艺走进新时代——深入学习习近平总书记文艺工作座谈会重要讲话名家对话"活动现场照片

（1）在文艺工作座谈会召开一周年之际，人民网于2015年9月23日举办"文艺走进新时代——深入学习习近平总书记文艺工作座谈会重要讲话名家对话"活动，邀请当代文艺名家围绕"新时代的文艺精品创作"，谈感悟、聊创作、话"精神故乡"。参会嘉宾名家多、规格高，取得良好的传播效果。电影表演艺术家王晓棠在致辞中表示"文艺走进新时代这个主题特别棒"，感叹"这是人民网该有的主流媒体范儿"；导演张纪中点赞，称"人民网是有责任感的媒体"。

（2）2015年6月，为学习贯彻习近平总书记在文艺工作座谈会上的重要讲话精神，丰富基层文化生活、提升广大人民群众的审美情趣，人民网

2015年6月，人民网书画研究院主办的"扎根生活、服务人民"座谈会现场

书画研究院举办"大家小品美术精品展"暨著名画家下基层活动和以"扎根生活、服务人民"为主题的座谈会及讲座,艺术名家携近百幅国画精品参展,上百人参与,受到基层美术教师、美术爱好者的好评。

除此之外,人民网福建频道举办"两岸交流与闽南文化"研讨会,策划"福建文艺的时代责任"专题报道等,引发福建文艺界与社会各界赞赏与好评。

2.结合重大事件挖掘历史,让民族精神薪火相传。结合纪念中国人民抗日战争暨世界反法西斯战争胜利70周年,人民网通过专题策划、举办活动等形式,挖掘艰苦卓绝的抗战历史,传承中华民族的爱国精神和革命先烈舍生忘死、可歌可泣的保家卫国情怀。

(1)推出特别视频策划《抗战记忆:七十年七十人》,走访江苏、陕西等21个省市,寻访70多位与抗战相关的人物,展现中国抗战可歌可泣、气势恢宏的历史画卷。节目播出后被各大媒体纷纷转载,单期节目转载媒体平均超过200家。网友对这一系列节目给予高度关注,有网友给人民电视微信公众号留言称,从节目中"既看到了战争的残酷,又看到了人性的温情"。

人民网推出的特别策划《抗战记忆:七十年七十人》视频图片

首都大学生采访团重走西南联大之路现场图片

（2）联合北京市教工委组织首都大学生采访团重走西南联大之路，历时10天，行程6000多公里，学生采写的近百篇稿件通过人民网、微博、微信传播，引发社会广泛关注，《新民晚报》《北京大学校报》开辟专版进行报道。中国人民大学杨抗抗同学表示，"我们用眼观察、用耳倾听、用笔记录、用脚底板丈量，在实践与行走中，在发现与感悟中，让浴血抗战的历史走进我们的'心窝窝'"。网友纷纷留言希望通过学生记者们的镜头，将这段历史传播出去，让更多的人受益。

（3）推出"寻找最美抗战歌曲"大型原创策划，独家采访老中青三代共70位文艺名家，请他们讲述心中最美抗战歌曲，分享爱国情怀，传递正能量。系列原创稿件被新浪、网易、腾讯等多家媒体转载，原创策划获国家新闻出版广电总局好评，诸多名家给予高度肯定。导演翟俊杰高度称赞该策划："抗战歌曲凝聚了民族魂，相信对年轻人会有深刻的影响！"抗战歌曲投票页面于2015年7月22日上线后，网友高度关注，积极参与，截至2015年8月26日，投票数超过20万。

3. 弘扬社会主义核心价值观，推动中国文化走出去。2015年，人民网将社会主义核心价值观融入宣传报道实践，通过开展典型报道、举办活动等多种方式传播正能量，努力推动和谐社会建设，推动中国文化走出去。

那个年代许多抗战歌曲都很美，像《义勇军进行曲》、《保卫黄河》等等，太多了！如果要选一首最美的抗战歌曲，我认为是《长城谣》。歌曲旋律动人心弦，我曾采访过周小燕先生，所以对这首歌印象最深。

——主持人 杨柳

《黄河》协奏曲是我最热爱的一首抗战歌曲，从十二三岁首次在电视节目上弹奏《保卫黄河》的乐章算起，至今演奏了不下200次，而且仅有的两次泪洒现场就与《黄河》协奏曲有关。

——钢琴家 郎朗

寻找最美抗战歌曲报道页面

（1）以多种方式积极传播社会主义核心价值观。人民网品牌栏目《十分感动》推出"寻找最美家庭""白大褂背后的故事"等多个主题报道；中国共产党新闻网承办"寻找中直机关最美家庭"系列活动；海南视窗推出"感恩父爱·绿色骑行"大型公益活动和"家庭、家教、家风"系列报道。此外，人民网人民电视频道配合人民日报《对话价值观》栏目，采访相关官员、专家、学者谈社会主义核心价值观，内容落地人民日报，起到良好的传播效果。

（2）积极借助地方优势，挖掘基层典型人物。上海频道推出典型人物邹碧华，从多个角度对人物进行宣传；重庆频道推出系列好人报道，讲好重庆故事，推荐重庆好人；广西频道全媒体聚焦莫振高同志先进事迹。

（3）推动中华文化走出去。2015年9月，人民网在韩国推出"感动中国的人力车孝女谢淑华母女韩国特约演讲活动"，在韩国社会各界反响强烈。22家韩国主流媒体进行报道，呼吁韩国网民向谢淑华学习，行动起来孝敬父母。

（五）履行遵守职业规范责任

1. 新闻业务方面恪守从业准则。2015年，人民网进一步加强马克思主义新闻观教育，组织采编人员开展马克思主义新闻观培训，进一步强化法律意识，组织"互联网新闻法律法规系列培训"。组织人民网持证记者学习中央网信办、国家新闻出版广电总局制定的持证记者纪律及职业规范责任等相关规定。

人民网采编人员参加新闻法规培训

完善采编工作各项规定，坚决落实有关职业道德的规定，对采编人员规范、禁止有偿新闻等 14 项制度进行修订并严格执行，进一步规范采编工作。

2. 受理社会举报投诉，接受社会监督。人民网积极倾听、回应网民的举报投诉，接受大众的社会监督。人民网呼叫中心及时处理网友电话、邮件、传真、在线咨询。对于网友提出的各类诉求、意见和建议等，呼叫中心都及时处理，并反馈结果。

（六）履行合法经营责任

2015 年，人民网积极履行合法经营责任，按时足额缴纳各项税费；广告投放严格遵守广告法等相关规定，按照相关法规审查合格后方可上线，并加强上线后的日常检查；进一步完善财务管理制度，修订差旅费、会议费等 10 个具体规章制度并严格执行，不断完善靠制度管人、按制度办事、用制度规范行为的长效机制；定期推出法律系列内部培训，确保经营的规范性。

（七）履行安全发布责任

2015 年，人民网以国家信息系统安全等级保护相关制度作为安全建设标准，加大在安全团队、安全平台、业务流程、规章制度、联动机制、应急预案、应急演练、组织实施等安全风险防范与管理体系等方面的建设力度，在全年各项报道特别是重大报道期间，确保人民网各个业务系统正常、稳定、有效运行。

此外，人民网经过多年的建设，已拥有一整套标准化的审核流程、审核系统和专业团队，确保了内容发布的安全。

（八）履行保障员工权益责任

人民网严格遵守劳动法、劳动合同法和社会保险法等各项法律法规，重视人力资源管理、建立有竞争力的薪酬福利体系，关注员工职业发展，尊重和保护员工的合法权益。人民网依法执行劳动合同的签订、续订、变更、终止、解除等业务办理、建立劳动合同台账，劳动合同签订率达100%，同时做到合理设置考核指标，按月足额支付劳动报酬、依法足额缴纳社会保险、保证合法工作时间等；按照国家相关法规、规定为员工提供福利保障；干部选拔任用采取竞聘上岗，为员工设置合理的职业生涯发展渠道，并为符合条件的员工申报职称；为符合条件的员工申办记者证。

（九）履行上市公司责任

人民网严格遵守相关法律法规及监管规定，努力构建公司诚信合规体系。

1.完善公司治理，规范公司运作。2015 年，人民网 3 次修订公司章程，根据公司业务发展需要，及时修改经营范围；对专门委员会设置进行更新；对董事长及总裁的职权进行调整。公司严格按照《中华人民共和国公司法》等法律法规及规范性文件以及公司章程的规定，共召开两次股东大会、9 次董事会及 3 次监事会。

2. 积极进行市值管理，提供稳定投资回报。人民网在注重自身发展的同时更加注重利益相关方的共同成长，落实高比例现金分红政策，为股东提供持续稳定的投资回报，共享收益。公司上市 3 年来累计分配现金红利近 3.9 亿元，占上市后累计净利润的 48%。

3. 加强信息披露，保护投资者合法权益。2015 年，公司共披露公告 76 项，其中涉及定期报告及其他相关报告 14 项；"三会"决议、意见、资料等共 28 项；利润分配、投资、出售资产、关联交易等其他重大事项 11 项；其他事项及中介机构意见 23 项。2015 年下半年，股市出现异常波动以来，人民网密切关注市场走势，研判市场时机，适时发布公司重大业务公告，提振投资者信心。

（十）履行媒体社会责任成效

2015 年，人民网共有 10 件新闻作品获得中国新闻奖等 5 个新闻大奖的 10 个奖项。

新闻作品获奖情况		
获奖名称	新闻作品	所获奖项
第二十五届中国新闻奖	"学习路上"	网络专题类一等奖
第二十五届中国人大新闻奖	《人大代表对话最高法：破解法院执行难》	网络作品一等奖
	《人大监督越有力，人民越有"获得感"》	网络作品二等奖

四、履行社会责任方面存在的不足和改进措施

（一）在履行社会责任方面存在的不足

第一，创新能力需进一步增强。近年来人民网加大新媒体建设力度，注重推出网友喜闻乐见的内容产品，但是在运用新技术、新应用方面仍有所欠缺，创新能力不足。在拓宽新闻传播领域，提升内容表现形式的丰富性和多样化，以及采编技术的研发投入力度、技术升级等方面，都有很大的提升空间。

第二，服务手段需进一步丰富。人民网虽然已经开展了多种多样的服务手段，也覆盖了线上线下，但仍存在手段单一落后、覆盖不够全面等问题。独家资讯服务内容有所欠缺，需进行行业深耕，为读者提供更有价值的信息服务。

第三，新闻时效性需进一步提高。人民网虽已在 31 个省市自治区设立了地方频道，并在日本、美国、韩国、英国、俄罗斯等国家成立本土化网站，但对于一些重大新闻和突发事件，仍然难以在第一时间赶到现场。还需要进一步培养队伍，在实践中摸索经验、完善联动机制，充分发挥地方和海外分公司作用，进一步提升新闻时效性。

（二）今后努力方向

2016 年，人民网将以更大的热情、更高的觉悟履行社会责任，积极关心公益事业，树立一个勇于肩负社会责任的良好企业形象，为促进社会、经济和环境的可持续发展做出更大的贡献。人民网向社会承诺：

1. 始终坚持正确的政治方向和舆论导向，牢记职责和使命，增强政治意识、大局意识、责任意识。

2. 积极创新，转作风改文风，传播正能量、弘扬主旋律，努力推出更多有思想、有温度、有品质的新闻作品。

3. 坚持实事求是，新闻报道客观真实，积极开展舆论监督。

4. 加强自身建设，弘扬职业精神，恪守职业道德，以实际行动维护新闻工作者的良好形象。

5. 自觉接受社会监督。

新华网

社会责任报告

一、新华网概况

新华网是国家通讯社新华社主办的综合新闻信息服务门户网站，是中国具有广泛影响力的网络媒体和全球影响力的中文网站。作为新华社全媒体新闻信息产品的主要传播平台，拥有 31 个地方频道以及英、法、西、俄、阿、日、韩、德等多种语言频道，日均多语种、多终端发稿达 1.5 万条，重大新闻首发率和转载率在国内网络媒体中名列前茅。

新华网是全球网民了解中国的重要窗口，致力于为网民提供权威及时的新闻信息服务，用户遍及 200 多个国家和地区，桌面端日均页面浏览量超过 1.2 亿人次，移动端日均覆盖人群超过 1.3 亿。

截至 2015 年 12 月，新华网在全球 7 亿多个网站中综合排名第 74 位，大幅领先美联社、路透社、法新社等西方主流通讯社主办的网站，国内综合排名第 35 位，稳居新闻门户网站首位。在《网络传播》杂志发布的中央重点新闻网站传播力榜单中，连续 5 个月稳居 PC 端传播力排名首位，10 月、11 月、12 月综合传播力排名首位。

新华网拥有众多中国新闻奖获奖作品及品牌栏目，在 2015 年第二十五届中国新闻奖评选中，新华网参评的《国际传播：习近平的大外交》《网页设计：简政放权——持续改革再发力》获一等奖，《数据新闻》栏目获新闻名专栏，获奖层级和数量均居中国网络媒体首位。新华网承建了中国政府网、中国文明网、中国网信网等 20 多家政务网站，运营着中国最大规模的政务网站集群及用户规模超过 1200 万人的微信公众号。

新华网紧密追踪大数据、物联网、人工智能等前沿技术，推出数据新闻、无人机新闻、动新闻等新闻报道形态，并与国际机构合作探索机器人新闻、传感器新闻等创新应用，引领传播形态变革。

近年来，新华网市场拓展能力和综合竞争力不断提高，围绕网站业务、社交网络业务、互联网广告业务、移动互联网业务、大数据舆情服务业务、新媒体技术与研发服务、在线教育和科普中国业务、物联网业务、参股型业务、储备型业务等十大业务板块展开布局，加速形成全媒体产品链。

新华网还是全国第一家获得 AAA 级信用企业、高新技术企业、ISO 9001 质量管理体系认证等三项高级别资质的网络媒体。

作为互联网新闻传播的国家队、主力军，新华网将不断创新传播理念和发展模式，传播中国声音，讲好中国故事，加快建设成为具有广泛国际影响的一流新闻网站和强大实力的互联网文化企业。

二、积极履行正确引导责任

2015 年，新华网紧紧围绕党和国家工作大局，始终坚持正确的政治方向和舆论导向，认真组织宣传报道，妥善引导社会热点，正确开展舆论监督，弘扬主旋律、提振精气神、凝聚正能量，坚定履行引导社会舆论、传播主流声音的责任。

（一）认真组织宣传报道

新华网积极加强重大活动、重大事件的报道组织策划，不断探索网络传播新规律，创新网络传播新形式，形成多媒体发布、多终端覆盖的报道强势，凸显网络宣传主阵地地位。

1. 做好品牌栏目《学习进行时》，传播治国理政新理念新思想新战略。依托新华社权威资源独家打造"讲习所"等系列原创报道，以原创解读为特色，播发《习近平"两座山论"透露了什么信息》等重点稿件；"'平语'近人"系列按主题细分梳理习近平总书记系列重要讲话，数说图解系列以图解形式进行可视化呈现。这些报道均在新华网首页头条等重要位置突出展示，同时通过新华社客户端、"共产党员"微信公众号等平台予以展示。其中，"共产党员"微信公众号推送文章阅读数每期基本超过10万。

2. 推出抗战胜利70周年系列报道，树立主题报道新标杆。为隆重纪念中国人民抗日战争暨世界反法西斯战争胜利70周年，新华网制作推出大型融合报道专题《英烈祭 民族魂 中国梦》，权威性、丰富性、资料性均创下专题制作之最，传播效果良好，获得广泛认可，被誉为媒体融合环境下创新主题报道宣传的示范标杆。3D动新闻《七七事变 开辟东方主战场》、交互产品《全景抗战纪念馆》、电子图书《新华社记者笔下的抗战》、影音重现《穿透炮声的经典回响》等一批特色创新报道，以精良的内容品质和优秀的用户体验吸引社会广泛关注。

3. 圆满完成2015年全国两会报道，引领网络舆论场。2015年全国两会期间，完成直播报道27场，组织网络访谈90余场，推出集成态专题36个、图解新闻40个、原创网评67篇、原创视频19期，组织网上调查25个，征集互动活动18个，3000余万网民参与社区互动。两会报道总浏览

量超过 58 亿人次，日均在线人数 1300 余万人，其中李克强总理作政府工作报告直播报道最高在线人数达 5000 余万人。

4. 精心解读"四个全面"战略布局，全方位展示国家发展进程。通过组织系列访谈、原创网评、制作数据新闻、漫画等方式，多角度、多语种、多媒体解读"四个全面"战略布局，多角度、全方位展示国家发展进程。具体包括：14 家中央新闻网站总编辑畅谈"四个全面"战略布局系列

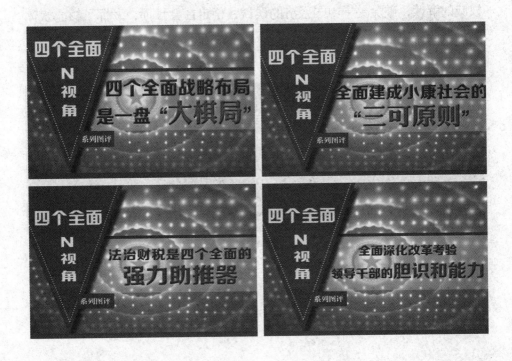

访谈；《图说全面建成小康社会》等 4 篇数据新闻和 10 篇"四个全面"漫画作品；"四个全面'N视角'"系列图评和"'四个全面'离你有多近"系列网评等。

5. 认真做好经济形势宣传引导，充分展现经济活力和光明前景。深入宣传解读经济新常态的新亮点、新变化，着力阐明新常态下我国经济发展依然保持总体向好的基本面，紧密围绕经济增速、资本市场、人民币汇率等社会普遍关注的热点问题，有针对性地开展正面宣传引导。

组织"新经济是中国经济转型的新希望"系列报道，率先传播"新经济"概念，解读"新经济"内涵。《我国新经济发展正处于黄金机遇期》《唯有深化改革　才能为新经济护航》《如何融入新经济：让市场发挥决定性作用》等稿件平均转发过百条次。

在党的十八届五中全会期间，围绕"十二五"回顾和"十三五"展望，组织策划系列关于中国经济平稳健康发展的报道。通过缜密的分析和权威的解读，破除关于中国经济的误读，稳定社会预期，发挥了核心媒体的稳定器作用。

"十三五"待起航 专家学者建言中国经济"下一程"

十八届五中全会于今年10月召开，会议主要议程是研究关于制定国民经济和社会发展第十三个五年规划的建议。"十二五"期间，我国经济、社会、民生等方面的建设取得哪些成就？"十三五"期间，全面小康如何实现、转型升级如何进行、重大领域改革措施如何推进？新华网特约相关领域知名专家解读，推出"回眸十二五 展望十三五"系列访谈报道。

分享到:

围绕推进供给侧结构性改革这一战略部署，连续推出多篇综述报道。分别从产业、任务、百姓生活等角度展开论述，系统并深入浅出地诠释了供给侧改革的目的、方法、意义，受到社会各界广泛关注。

新华网财经部出品　探针

激活供给侧

（二）妥善引导社会热点

2015 年，新华网在一系列关乎国计民生、具有重大社会影响的事件和社会敏感问题上，及时展开深入解读，答疑解惑，在回应网民诉求、疏导过激情绪、化解舆论危机等方面发挥积极作用。

1.上海外滩踩踏事件报道引导网络舆论关注焦点。上海外滩踩踏事件发生后，《新华访谈》采访曾多次参与重大事故现场调查的专家，从不同侧面分析当前应急救灾体系存在的问题，并介绍国际前沿安全管理理念。报道紧扣舆论热点，回应网友关切，简明有力，客观公正，有效引领网络舆论回归理性。

2."东方之星"客船翻沉事故报道创新互动回应网民关切。"东方之星"客船翻沉事故发生后，网上舆论对救援相关信息的关切度非常高，部分网民对救援方式、力度等存在质疑。新华网对网民跟帖、留言及评论进行梳理提炼，将网民最关注的热点汇集整理，以系列问答专题的形式推出互动平台"网民 Q&A"，如《网民 Q&A——救援"东方之星"，难在哪里？》《网民 Q&A——为什么到第三天才把船翻过来？》等。目前，"网民

Q&A"已经成为一个固定产品，在各类社会热点事件发生时，及时组织网民参与，形成强有力的舆论引导力。

3."全面两孩"政策解读增进网民理解认知。"全面两孩"政策公布实施后，《新华财眼》和《财发现》栏目分别推出策划《二孩："娃经济"动力几何？》《想生二孩，你都需要准备些啥？》以及网民互动《咋看一孩二孩都可延长生育假？》，积极回应网民关切，做好解读报道。

（三）弘扬社会正能量

新华网认真组织正面典型宣传报道，弘扬正能量，唱响主旋律，营造出积极向上的舆论氛围。

1.开展社会主义核心价值观系列宣传活动，大力弘扬正能量。制作推出大型多媒体集成专题《培育和践行社会主义核心价值观》，打造核心价值观主题宣传的直接平台。推出《图说我们的价值观》和《新华微视评·梦娃——中国梦 我的梦》系列视频，用形象生动、可爱有趣的视频形态，集中展示了社会主义核心价值观。

2.精心组织系列典型人物报道，发挥榜样的力量。在日常新闻报道中对各行各业涌现出的先进个人、集体典型进行专题宣传，发挥正面典型的示范作用，用好榜样的引导力量。如"优秀县委书记风采""援疆干部讲述新疆故事""情系三农　履职在'八山半水'间""小个子片警汪勇：进千家门　解百家难""坚守信仰　扎根基层　无怨无悔""接力雷锋精神打造爱心驿站""武汉长江救援志愿队"等。

三、积极履行提供服务责任

作为互联网文化企业，新华网履行社会责任还体现在为广大网民提供信息服务、生活服务、精神服务方面。2015 年，新华网按照内容品质化、产品多元化、服务社会化的理念，通过内容、产品、技术等全面创新，有效服务社会各个阶层。

（一）提供媒体型智库服务

新型高端智库平台"思客"成长迅速。"思客"打造"媒体 + 智库"布局，目前已聚拢海内外高端智库 56 家，专家学者、行业领袖 1100 多位，规模和影响稳居新型智库行业前列。甄选名家观点、汇聚尖端思想，每天发表有关宏观经济、社会民生、国际形势、互联网行业的深度分析文章，打造互联网化的国家智囊。把媒体功能嫁接到传统智库，将海内外知名智库的研究成果公开化。把智库成果与舆情研判相结合，让有价值的思想成果有效服务公共决策。

（二）提供多样的信息服务和生活服务

新华网通过舆情、食品、旅游、健康等垂直频道，提供与公众需求密切相关的信息服务和生活服务。

1. 推出城市网络舆情服务，帮助政府实施科学管理。推出国内首个基于大数据挖掘的城市网络舆情评价应用"千城舆情"。该应用通过构建科学的网络舆情指数模型，利用海量数据分析，客观、实时呈现城市网络舆情的总体评价及演化状态等，为各级政府部门建立有效的舆论引导机制提供技术和智力支持。

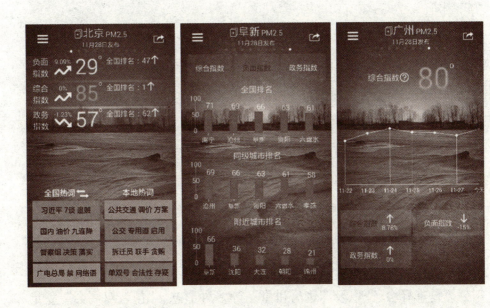

2. 发起成立"中国食品辟谣联盟"，促进食品行业有序发展。在中央网信办、食药监总局、农业部、质检总局等有关部门的支持下，联合食品行业协会、研究机构及行业工作者共同发起成立"中国食品辟谣联盟"，

有效肃清网络食品谣言，促进中国食品行业健康有序发展。

3. 推出大型原创视频栏目《健康解码》，提高全民健康意识。《健康解码》邀请专家解惑答疑，传递健康知识，倡导健康生活。自 2014 年 10 月上线以来，以其接地气的选题和生动新颖的表现手法引起了大量网友自发关注与转发，并获得了业界专家学者、主流媒体、网友的一致好评，提高全民健康意识，服务"健康中国"战略。

（三）组织开展社会性服务活动

新华网积极发挥平台优势，组织开展社会性服务活动，帮助群众解决实际困难。

1. 组织"代表委员对话职业病"系列研讨会。在全国两会期间，和"大爱清尘"基金联合主办 2015 年"代表委员对话尘肺农民"暨尘肺病问题公共政策研讨会，旨在通过全国两会代表委员与尘肺农民面对面交流的形式，进一步明确尘肺病农民面临的实际难题。

2. 帮助残疾人民乐团圆梦国家大剧院。通过公益音乐会的形式，帮助残疾人民乐团"山水乐团"圆自己多年的音乐殿堂梦，让更多人了解特殊群体的艺术形式，继而推动残疾人艺术事业发展。

3. "创客双周会"系列活动有效服务"双创"战略。围绕"双创"开展了丰富的社会性服务活动，包括"创客双周会""2015 中国新经济年会（夏季峰会）"以及"创客讲堂"等多种形态。"创客双周会"立足于搭建创客路演平台，为国内优秀的创业创新团体以及投资人、孵化器等机构提供沟通交流的渠道，全年举办 7 场线下活动，有效服务"双创"战略。

四、积极履行人文关怀责任

新华网在网络报道中坚持以人为本，不单纯追求新闻的效果，不片面追求新闻的市场效应，在报道中做到理性、专业、真诚、负责，避免失实、煽情、作秀等行为出现，体现作为主流媒体的人文关怀精神。

（一）灾难事故报道

新华网在灾难事故发生的第一时间，发出抢险救灾报道，快速、准确地传递党和政府声音。

1. 上海外滩踩踏事故发生后，用评论传递温暖和信心。2015 年新年来临前夜，上海外滩发生踩踏事故，致 35 人死亡 42 人受伤。新华网在紧密跟进事故进展的同时，及时播发评论，在疏导情绪、寻求事件真相的同时，给出"希望还在，明天会好"的愿景，体现媒体的温度和责任。

2. 天津滨海特大火灾爆炸事故报道，用可视化和无人机传播权威信息。事故发生当晚即推出新闻图解《天津市滨海新区发生爆炸》，全面介绍事故基本情况、提供相关信息，第一时间在新华网首屏头条摘要、数据区等重点展示，并不断跟进新闻进展，滚动更新数据信息。根据事态发展，增派新华网新闻无人机队于 14 日、15 日连续两天进入爆炸核心区，对现场进行航拍摄制，从不同角度还原现场场景，提供了传统报道手段无法获取的丰富信息，获得多方一致认可。

（二）公益慈善活动

新华网长期以来不遗余力地开展公益慈善互动，发挥网络媒体的传播优势和集聚优势，对推动中国公益慈善行业进步做出积极贡献。

1. 连续 6 年成功举办"中国网事·感动人物"活动。以弘扬社会主义核心价值观为宗旨，评选"起源于网，放大于网，互动于网，影响于网"的网络人物典型，用网民身边的感人事迹感动网民，为营造健康向上的社会风尚发挥积极推动作用。2015 年的活动进一步拓宽参与渠道，丰富投票方式，扩大社会影响力，最终评选出 10 位（组）感动人物，他们对善良、正义、梦想的坚守温暖人心。

2. 与"新华善举"基金联合打造大型多媒体互动公益栏目《公益中国九人行》。该栏目通过关注不同主题，每期邀请9位行业专家就公益热点话题、公益现象展开研讨，采集大量案例和数据并形成行业报告，通过不定期线上线下互动和新媒体融合方式发布，传播公益理念，引领中国公益发展方向。

3. 联合"授渔计划"启动"授渔缘梦一帮一助学行动"。计划在大凉山资助500名当地贫困学生，为符合条件的贫困学生提供教育援助。以5年时间，通过有计划的职业教育和成人高等教育，帮助大山里的孩子开阔眼界，走出大山，真正从思想上、经济上都实现脱贫。

4. 联合各类公益基金和公益机构发布多个公益行业报告。发布《中国自闭症教育康复行业发展状况报告》《中国公益从业者保障状况专题调研报告》《关注中西部留守女童粉皮书》等报告，用科学、严谨的理论和数据，真实地公布公益细分领域现状，彰显新华网作为中央重点新闻网站的社会责任。

五、积极履行繁荣发展文化责任

新华网自觉承担知识普及、社会教化、道德传承职能，践行社会主义核心价值观，一方面传承优秀传统文化，传播高雅健康文化；另一方面坚决抵制低俗媚俗行为，引领网络文化健康发展。

（一）举办 2015 "年度影响力图书" 阅读推荐活动，营造 "全民阅读" 氛围

连续 4 年发起 "年度影响力图书" 阅读推荐活动，助力推动全民阅读、建设学习型社会。2015 年，评选活动共推出 150 种候选书目，文学、历史、社科、财经、生活、少儿、主题出版 7 大类，满足了大众阅读、精英阅读和经典阅读的综合需求，先后有 60 余万人次通过新华网微信及网络专题渠道积极参与。

（二）精心打造网上科普传播平台，助力 "科普中国" 战略

倾注最大资源，发挥自身优势，传播科普知识，共同服务于国家发展战略。在注重科普内容的科学性、趣味性及普及性的同时，充分考虑用户体验，针对不同人群，制作形式丰富的科普产品。2015 年 11 月中旬，中央领导同志赴新华网调研科普信息化工作，充分肯定新华网新闻导入、网上科普的做法，希望科协与网站加强合作，让科普插上网络的翅膀，建设一流网上科普平台。

（三）提供在线教育服务，推动 "学习型社会" 建设

开发上线拥有自主知识产权的在线学习平台 "新华云课堂"，包含移

动端、微信端、电子商务、电子书、在线考试等功能模块，并与数十家教育公司建立合作关系，整合制作媒体类、党政类、时事类等精品课程近2000门，开放服务社会各类人群。

六、积极履行遵守职业规范责任

新华网狠抓制度建设和内部管理，强化层级分层负责制，做到守土有责、守土负责、守土尽责，确保遵守职业规范。

一是严格规章制度。制定和完善了《新华网关于加强转载稿件管理的暂行规定》《新华网关于撤稿、删帖的规定》《关于新华网员工外出（出京）采访的规定（试行）》《新华网关于记者证使用管理的暂行规定（修订）》《新华网终审发稿人管理办法（修订）》等一系列规章制度，针对转载稿件来源、编发审核流程、转载稿件撤稿删稿、记者外出采访活动、终审发稿人和持证记者管理等作出明确规定，并在日常操作中严格执行。

二是恪守从业准则。积极开展新闻采编人员岗位培训工作，制定《员工职业行为守则》，对采编人员行为提出明确要求，对有偿删帖、违规发稿等行为开展专项治理，确保了纪律的刚性约束，打造风清气正的职业化团队。采编人员严格遵守《新闻从业人员职务行为信息管理办法》和新华社采编业务规程，在新闻采编、报道评论、转载转播、广告刊播等各方面恪守从业准则，自觉抵制"有偿新闻""有偿不闻"等不正之风。

三是接受社会监督。按照有关要求，在首页显著位置公布举报电话，及时受理处理网民对新华网报道和记者的投诉举报。在网站显著位置设立专区，直接链入中国互联网违法和不良信息举报中心，为网民举报投诉提供导航。

七、积极履行合法经营责任

新华网严格遵守法律法规，履行合法经营责任，不断提升经营管理规范化水平。

一是坚持采编和经营"两分开"。明确采编和经营工作的职能职责，实现管理分开、业务分开、人员分开，采编人员不得参加经营活动，经营活动由经营部门负责，严格抵制商业取向影响新闻报道公正性而滋生腐败。

二是严格遵守税收法律法规。严格按照税法的规定，按时足额缴纳各种税费款项，报告期未发生工商、税务等行政处罚事项。

三是严格管理经营人员。禁止经营人员以新华社、新华网记者、编辑的名义从事经营活动，禁止以任何借口或不正当手段强行推销产品或发展用户，禁止代理、发布虚假、违规或误导消费者的广告和信息，禁止出卖或变相出卖版面、频道，禁止进行版面、频道、栏目、内容等方面的承包、转让、代理。

四是严控经营风险。增强经营安全和风险防控意识，完善制度，堵塞漏洞，排除隐患，严格业务合作程序，强化业务合作监管，推动经营工作依法、良性、可持续发展。

五是遵守市场经济竞争法则及公认的商业道德。公平、公正地参与市场竞争，信守合同，履行协议，未采用不正当竞争手段进行市场经营活动，未发生任何损害国家、社会和公众利益的经营行为和活动。

八、积极履行安全刊播责任

新华网严格履行安全刊播责任，安全状况整体趋于良好。

一是完善安全刊播制度。多年来在安全刊播方面积累了一系列规章制度，并在日常采编报道工作中严格遵守执行。每一篇原创稿件坚决执行终审发稿制度，把握不准的内容，特别是涉及领导同志、重大人事任免、突发敏感事件等坚决执行逐级请示送审。

二是发挥质量监控室保障作用。作为整个新华网内容安全生产中的重要一环，质量监控室于2014年11月设立，在2015年进一步明确工作重点，通过及早预警、及早发现、及早排查、及早提示、及早调整，为新华网内容安全构筑了坚实保障。

三是实行质量检测周报、日报制度。通过页面监控工作，坚持每周发布《新华网质量检测周报》、每天发布《质量检测日报》，对全网差错情况以及产生原因作出全面梳理和分析，确保新华网整体页面质量。

四是及时受理网民不良信息举报。设立违法和不良信息举报中心，向社会公布24小时举报电话、传真和邮箱，逐步完善工作机制，及时处置公众举报，总计受理举报电话、传真和邮件5000多件次，有效遏制了违法有害信息的网上传播，赢得了社会各界好评。

九、积极履行保障新闻从业人员权益责任

新华网秉承"以人为本"的理念，切实保障公司员工权益，真诚关心公司员工生活。

一是严格签署劳动合同。认真遵守并执行国家和地区相关法律法规，及时主动与员工签署劳动合同，积极保障新闻从业者权益。截至2015年12月31日，所有员工全部依法签署、续签劳动合同，全年无一例因劳动合同引发的纠纷和仲裁。

二是确保员工薪酬福利及社保。提供完善的医疗保障，着重提高员工门诊报销待遇，择优选择投保方案。结合新华网在全国各地业务量快速增长的现状，全力为员工因公赴京外工作"保驾护航"，统一为员工投保航空意外险。调整夜班补助和加班补贴标准，让员工切切实实"得

实惠"。

三是为新闻采编人员申领记者证。根据中央网信办、国家新闻出版广电总局和新华社要求，为符合申领新闻记者证的新闻采编人员办理申领新闻记者证相关工作，并于每年2月为目前持有新闻记者证的员工办理年检手续，包括审核资质、公示等步骤。截至2015年12月31日，新华网共有241名员工持有新闻记者证，在历次年检过程中未发生违规情况。

四是广泛开展员工培训。在市场营销、采编业务、产品推介、新入职员工引导等方面组织30多场主题培训，累计1200多人次参训，培训的范围、人员规模、效果均达到预期目标，员工培训满意率高达96%。推行"新员工导师"和"内部培训师"制度，经过考评和认证，建立了70多名新员工导师和40多名内训师构成的团队。

五是关怀职工日常生活。倾听基层员工呼声，关注困难职工生活，给予全方位帮助。开展特困帮扶和送温暖活动，获得职工广泛肯定。对非京籍职工所关心的子女医疗保险问题，积极与相关部门协商探讨解决方案。及时对不幸去世的江西分公司职工前往慰问，做好家属安抚工作，启动爱心救助金并组织全网职工捐款，公司领导和职工积极响应，共募集善款32万元。

六是丰富员工生活。充分发挥公司党组织及工、青、妇等群团组织作用，开展内涵丰富、特色鲜明、生动活泼、易于参与的活动。举办了公司员工才艺展示周、春季健步走等形式多样的文体活动，舞蹈、书画、摄影等10余个俱乐部定期组织多彩活动，乒乓球队、足球队、游泳队在各项比赛中屡获殊荣。

十、履行社会责任方面的不足和改进措施

（一）在履行社会责任方面存在的不足

2015 年，新华网积极履行社会责任，努力创造社会价值，但对照国家要求和社会需求还有很大的提升空间。存在的主要问题有：

第一，舆论引导的方式方法还不够丰富。在网络空间纷繁复杂的传播生态中，有些时候弘扬主旋律、传播正能量效果未能达到预期，面对社交化、移动化、视频化等行业发展趋势，传播力、公信力和影响力需要进一步提升。

第二，舆论监督的深度广度还存在不足。能够产生广泛影响、推动问题解决的代表性报道还不多，需要在人民群众关心、党和政府重视、具有普遍意义的问题上进一步加强舆论监督。

第三，服务公众的手段尚显单一。面对公众日益增长的信息消费需求服务，提供的综合服务有限，强新闻、弱服务的现象比较突出，限制了在更大空间履行社会责任。

第四，传播和践行公益慈善的创新能力还有待提升，履行社会责任与其他各项工作需要进一步有机结合、相互促进。

针对上述问题，新华网制定了改进措施。一是坚持正确的政治方向和舆论导向，不断创新内容形态，提升内容品质，提高履职履责能力。二是

引领内容建设重心向移动端、视频化等方向倾斜，扩大用户规模，增加用户黏性，切实提升传播力、公信力和影响力。三是加速构建新型互联网综合服务业态，围绕主业在金融、医疗、健康、养老等领域拓展信息服务，更好地服务人们的工作生活。四是将履行媒体社会责任情况纳入制度体系，作为内部考核评估的重要指标。

（二）今后努力方向

2016 年，新华网承诺在以下几个方面持续做出努力，切实践行社会责任。

1. 坚持正确政治方向和舆论导向，认真履行职责和使命，为决胜全面小康营造良好舆论氛围。

2. 坚持"权威声音，亲切表达"，进一步改进创新新闻报道工作，不断提升新闻报道的吸引力和感染力，提升网络舆论引导主力军、主阵地职能。

3. 遵守职业规范、恪守职业道德，坚决杜绝虚假报道、有偿新闻等不良现象，切实维护新闻工作者良好形象。

4. 提供贴近实际、贴近生活、贴近群众的服务，最大限度满足用户的信息需求，为用户创造价值。

5. 创新经营模式和经营业态，合法合规运营，实现持续发展，对股东、合作者等利益相关方尽责。

6. 依法保障员工合法权益，保障员工身心健康，重视人才培养和发展，优化职业发展通路，推动员工和新华网一起成长。

7. 关注公益慈善事业，传播公益爱心理念，打造公益服务平台，组织公益慈善活动，推动社会公益事业向前发展。

北京青年报

社会责任报告

一、北京青年报概况

作为北京团市委机关报，北京青年报始终坚持正确的舆论导向，认真履行媒体的社会责任，刊发了大量有影响力的报道，积极传播社会正能量。作为首批试点单位，北京青年报社紧紧围绕正确引导、提供服务、人文关怀、繁荣发展文化、遵守职业规范等目标开展工作，自觉履行媒体社会责任。

目前，北青集团拥有《北京青年报》《法制晚报》《第一财经日报》《TOP时空》《北青社区报》《河北青年报》《重庆青年报》《北京科技报》《BEIJING TODAY》《中学时事报》《北京少年报》《北京青年周刊》和《茜茜姐妹》时尚杂志、北青网、千龙网等报刊网，以及"政知局""团结湖参考""教育圆桌"等微信公众号组成的矩阵。

集团旗下有北青传媒股份有限公司、小红帽发行股份有限公司、中国网球公开赛体育推广有限公司、北青社区传媒公司、北京国际青年营有限公司、北青户外广告有限公司等多家下属公司。

2004 年 12 月 22 日，由北京青年报社控股的北青传媒股份有限公司在香港 H 股挂牌上市，成为中国内地首家在境外上市的主流媒体。

近几年来，北京青年报社在对现有业务体系进行梳理的基础上，提出了多元发展、反哺主业的转型策略，全力推进"1+6"战略布局。其中，"1"是母体，即北青品牌，是北青集团赖以生存的基础。"6"是北青集团正全力推进的 6 个业务板块（数字传媒、社区传媒、物流产业、体育产业、影视产业、教育产业），代表着北青集团的未来。

二、履行社会责任情况

（一）履行正确引导责任

1. 精心策划选题，创新报道模式，切实提高报纸内容品质。2015 年，北京青年报围绕中央和北京市委工作大局，圆满完成了全国两会、中央全会、北京市两会等重点报道工作。对于北京和张家口联合申办冬奥会这样的城市盛事，北京青年报特别推出海报版封面《2020 北京！》，并以 6 个整版的体量进行全景式报道。同时，在纪念中国人民抗日战争暨反法西斯战争胜利 70 周年之际，北京青年报推出"京华英雄""笺证"等系列报道，并出色完成"9·3"阅兵期间的各项报道任务。此外，对于"习马会"这样的历史性会面，专门派出记者赶赴新加坡会议现场，在新媒体平台进行滚动报道。同时，在 2015 年 11 月 8 日头版刊发的一张动感十足的两岸领导人握手的新闻图片，颇受好评。

此外，报道不仅在官微、官信以及北青网即时滚动，还抓住社交媒体的特点，在"政知"系列微信公众号平台专门制作了《习先生与马先生相似的 5 个 10 年》《国庆阅兵与胜利日阅兵有何不同？》《北京又赢了，知道他们怎么拿下奥委会的吗？》等报道，深受读者欢迎。

2.继续打造"微信公众号矩阵"，在新媒体平台认真履责。2015 年，北京青年报不断探索各种新媒体业务，巩固和发展特色新媒体平台，力争培育出特色突出、受众欢迎、成长性好的新媒体。以"政知局""团结湖参考""教育圆桌"为代表微信公众号矩阵，组成了覆盖主流人群的北青新平台。北京青年报社在新媒体平台坚守舆论阵地，倡导社会正能量，积极认真履行媒体社会责任。

"政知局"——截至 2015 年 12 月 31 日，以"政知局"为龙头，包括"政知道""政知圈"在内的"政知"系列微信公众号粉丝数量超过 50 万；在新浪微博以及网易、腾讯新闻等客户端的订阅户总数超过百万；在今日头条平台单篇文章的最高推荐阅读量逾千万人次，受到业界广泛关注和多方的肯定。

"团结湖参考"——截至 2015 年 12 月 31 日，"团结湖参考"的粉丝数量已超过 31 万，文章平均阅读量近 6 万人次，共产生了 10 篇 10 万人次以上阅读量的文章，影响力较大。同时，"团结湖参考"也受到了高品质广告商的青睐，取得了较好的宣传效果。此外，依托于"团结湖参考"的网络影响力，开辟了微信公众号"玩法"，既拥有高雅格调，又不失趣味，吸引了不少新读者。

"教育圆桌"——教育圆桌目前粉丝数量已超过 19 万，成为北京市影响力最大的教育类垂直产品之一。

此外，北京青年报各部门运营的微信公众号，如"财迷到家""很北京""体坛叨 sir""北青影像"等均发展势头较好，正在不断成长中。

3. 主动承担媒体社会责任，开展"京冀冬乐图"大型国画长卷创作活动，助力申办 2022 年冬奥会。2015 年，为助力北京市、河北省张家口市携手申办 2022 年第 24 届冬季奥运会，在冬奥申委新闻宣传部的支持下，北京青年报主办了"京冀冬乐图"大型国画长卷创作活动，同时，还面向广大市民开展了"冬乐照片"征集活动，共征集了 2000 余幅反映北京、河北冬季运动场景的照片，作为"京冀冬乐图"的创作素材。

北京青年报邀请多名当代著名画家，历时数月，创作了 20.22 米的"京冀冬乐图"国画长卷。长卷截取了北京天坛至张家口沿线的秀美景色与人物风貌，采取国画笔法中兼工带写的手法，汇聚成一幅"现代冬奥版"《清明上河图》。长卷完成后捐赠给了冬奥申委，意在展现北京与河北传统的群众体育活动、风情与习俗，展示中国繁荣富强、和平兴盛的面貌及体育运动深入百姓生活的场景，较好地展现了北京市和张家口市申办冬奥会强大的民意基础和良好的社会环境，为助力申冬奥营造了良好的社会舆论氛围。

（二）履行提供服务责任

1. 深入扎根基层，建设社区传媒平台，服务"最后一百米"。北青社区传媒深入扎根社区，服务社区居民，努力打造最好的社区服务平台之一。APP"OK 家"的注册用户已超过 100 万，社区驿站已建成 130 余家，《北青社区报》已创办了 29 份，每份社区报所有的微信订阅号，每日发布新闻与资讯，目前已有 40 万订阅量。同时，还举办了社区足球联赛、萌娃评选大赛、捐赠冬衣等活动，受到了居民的广泛好评。

2. 小红帽转型进军物流产业，服务"最后一公里"。小红帽公司获得顺丰速运增资后，成功进行战略重组，在做好原有报纸投递工作的基础上继续深入探索向现代化智慧物流企业转型之路，在"冷链仓配"和"社区O2O"等细分领域取得突破。目前，小红帽公司生鲜冷冻食品的冷链配送平台初步建成。同时，升级原有落地配服务，提升作业单价。其中，聚美优品业务单价在原价基础上增长30%；新引入的"百度外卖"餐饮配送业务单价超其他业务2倍以上，并已建成500多人规模的"百度骑士"配送队伍，日均配送量达万单。

（三）履行人文关怀责任

1. 发挥工会组织作用，关心慰问困难职工，举办各类活动凝聚人心。报社工会以"服务会员，关爱职工"为原则，对遇到困难的职工及时进行帮扶，在每年的春节前，由报社领导带队，上门看望慰问，重点关注生病、家庭困难和孕产职工。同时，组织开展多项文体活动，如举办乒乓球比赛、公园健步走比赛、主题摄影大赛等活动，促进员工身心健康发展，增进感情交流，提升集体凝聚力和向心力，受到了员工的一致好评。

2. 北青教育传媒积极开展教育培训，关爱青少年儿童身心健康发展。北青教育传媒运营的"北京国际青年营"项目，主打青少年户外生存训练、爱国主义教育，目前已在北京建成10个营地。2015年，共接待609批次，10.2万人次，得到政府、教育机构、家庭等多方面的好评。2015年8月，"爱在阳光下——2015年艾滋病致孤儿童夏令营"活动在密云营地举行，世界卫生组织艾滋病和结核病防治亲善大使等来到活动现场看望受艾滋病影响的儿童，并与孩子们亲切交谈、互动。

3. 关心青少年健康，传播艾滋病防治知识，《茜茜姐妹》在全国高校举办"红丝带健康大使青春校园行"活动。北京青年报旗下《茜茜姐妹》策划并启动了"美好青春我做主"红丝带健康大使青春校园行活动。红丝带校园行活动历时一年，从北京大学启动，在东北财经大学、南开大学、复旦大学、浙江大学、四川大学、厦门大学、武汉大学、清华大学等 18 所全国知名高校，举办落地宣讲活动 20 余场，直接听众 1 万多人，受众群体超过 40 万人次，在校园中取得了热烈反响。

4. 坚持以人为本，妥善做好社会热点新闻及突发事件报道工作。2015年，北京青年报在报道中坚持以人为本，刊发了大量直抵事件核心、影响力较大的报道。如"凉山最悲伤作文"系列报道，北京青年报社从"最悲伤作文"介入，但报道并未止步于此，而是持续追踪作文发布者被拘、支教老师遭遇持证考验，并最终走进凉山深处一探究竟。通过深入报道，关注社会弱势群体，引发了人们对社会治理方式的深层思考。

此外，北京青年报在灾难事故、突发事件报道中注重人文关怀，如天津滨海发生特大火灾爆炸事故，北京青年报编辑记者第一时间到达现场，报道从各方面较为真实地还原了事件发生的始末，引导社会重视安全、关爱生命，同时注意不渲染血腥和过度悲伤场面。国内外许多家纸媒、网站、微博、微信公众号纷纷转载北京青年报摄影部记者在现场拍摄的照片，并约稿、连线采访北京青年报记者。在报道内容方面，前期解读了"爆炸的威力为什么这么大"，后期追踪了"瑞海国际物流有限公司的安全评估和环保评估的机构""氰化钠的来源"等，解答了读者疑惑。北京青年报还由事故引导读者关注身边安全隐患，提供服务信息，刊发了《居住高层　学会逃生》《大爆炸　暴露多少住宅安全隐患》《添置逃生设备　远离居家灾害》等，传播效果较好，社会关注度较高。

（四）履行繁荣发展文化责任

1. 下大力气办好文艺评论，促进文化产业繁荣发展。北京青年报《文艺评论》专刊创办近两年的时间，始终围绕热点文化事件和现象，邀请名人大家、专家学者、新锐评论员及时做出专业、权威的评论。2015年，《文艺评论》共刊发98期、392个版面、约980篇文章，对于发生在电影、电视、戏剧、美术、文学等诸领域的热点事件、核心话题，均予以了密切关注，多篇文章得到读者和业内人士的高度认可，在业界引起很大反响。同时，其微信公众号的粉丝数量也已经超过5万。

2. 参与投资精品影视剧，举办文化演艺活动，繁荣文化市场。2015年，北青传媒投资了3部电视连续剧《巨浪》《三八线》《东方球王》和中国第一部科幻大制作的电影《不可思"异"》，其中，《巨浪》在北京卫视、河北卫视完成首轮播出，收视率排名为下半年各卫视播出的抗战题材电视剧中第1位，网络点击量突破3亿人次。

北青文化主办了许巍"此时此刻"巡回演唱会北京站，并承办了"中日友好交流大会文艺演出"活动。

（五）履行遵守职业规范责任

1. 开展员工业务培训，组织学习贯彻习近平总书记系列重要讲话精神。为进一步提高编辑记者的业务素养和把关能力，提高编辑记者对马克思主义新闻观和社会主义核心价值观的认识水平，北京青年报不定期组织马克思主义新闻观和社会主义核心价值观专题讲座，组织编辑记者学习贯彻习近平总书记视察解放军报社重要讲话精神，使编辑记者的政治思想水平和认识水平得到了进一步提高。

此外，北京青年报每年为新入职编辑记者开展业务培训，了解北青历史，并与报社资深编辑、记者进行经验交流，对新员工业务水平及职业操守等方面进行培训。

2. 加强警示教育，增强党员干部廉洁自律意识。北京青年报认真学习贯彻党的十八届五中全会和习近平总书记系列重要讲话精神，组织召开报社领导班子 2015 年度民主生活会，认真开展"三严三实"专题教育，通过配发理论书籍、汇编学习资料、编发内刊、邀请行业专家做辅导报告等多种形式，坚持开展党委理论中心组学习。

此外，北京青年报党委从加强警示教育、提升反腐倡廉意识入手，不断加强党风廉政教育。组织党员干部及时学习中纪委、北京市纪委有关会议精神，及时编发或转发中纪委、北京市纪委、北京市委宣传部下发的党风廉政建设、禁止有偿新闻等方面的重要文件。结合集团工作实际，多次召开报社有关涉案人员情况的通报会和反腐警示教育会，利用发生在身边的反面案例，向集团采编、经营人员进行深刻的警示教育，警醒大家切实提高廉洁意识、严格遵守相关法律法规和报社规章制度。

3. 严格执行编辑、记者准入制度，加强员工职业精神培训。北京青年报严格按照北京市新闻出版广电局要求，坚持新闻记者、编辑准入制度。新记者招聘坚持"公开、公平、公正"原则，通过社会公开招聘方式，层层选拔，吸纳高素质人才，进入报社从事新闻工作。对于报社在职记者，严格遵循采编人员持证上岗制度，严禁聘用有不良从业行为记录的采编人员。统一组织新闻记者培训课程，参加新闻从业人员记者证换发有关考试，保证从业人员有扎实的新闻基本功和过硬的职业素质。此外，2015

年，北京青年报还为本年度公开招聘的新记者举行了入职培训，培养他们树立正确的新闻理想和职业追求。

（六）履行安全刊播责任

北京青年报严格执行报社的新闻采访、编辑工作流程等规章制度，从制度上堵住导向不正确的新闻和可能存在的漏洞。实行三级审稿制度：严把选题关，在选题环节对可能涉及不正确导向的稿件予以剔除；严把审稿关，执行值班编辑初审、值班主编审稿、值班副总编辑终审三级审稿制度，对可能涉及导向问题的稿件进行甄别，一旦确认为不正确导向稿件坚决不用。此外，北京青年报严格遵守宣传报道纪律，及时传达上级单位宣传报道精神，积极引导采编人员自觉坚持马克思主义新闻观，树立社会主义核心价值观，坚定职业操守，做好新闻报道工作。

（七）履行合法经营责任

北京青年报实行宣传与经营"两分开"的模式，广告经营部门独立运营，属于北青传媒上市公司，严格按上市公司制度运营。宣传工作留在了报社，接受北京市委宣传部、市新闻出版广电局和团市委等上级主管单位的领导。同时，北京青年报不断加强广告审查，制定了切实可行的广告审查制度及审查流程，实行广告业务员、广告部门专职广告审查员、广告部门负责人三级审查制。通过层层把关，杜绝虚假违法广告和导向不正确的广告。

（八）履行保障新闻从业人员权益责任

北京青年报严格按照国家相关规定，针对各类岗位制定合理的薪酬和绩效考核体系，按时发放员工薪酬、福利待遇。按照相关制度规范，如《北京青年报社考勤管理暂行规定》《北京青年报社工资福利支付暂行规定》《北京青年报社员工奖惩办法》，保障员工合法权益。此外，北京青年报十分注重员工长期发展，定期组织讲座和培训，让员工进行相关专业知识学习，进一步提升员工业务素质。

三、履行社会责任方面的不足和改进措施

北京青年报在履行媒体责任方面仍存在不足之处，如服务意识还有待加强，与读者沟通的还不是很充分等。下一步，将着力改进工作中存在的问题。

一是提高服务意识。尤其是主动服务意识，在工作中切实做好以人为本，以民生为本，帮助群众解决实际困难。

二是注重人文关怀。作为新闻媒体，多与读者受众沟通，聆听他们的想法。多与读者受众互动，多组织开展社会服务性活动。

三是发挥新闻媒体舆论监督作用，促进社会进步发展。坚持正确导向，继续做好舆论监督报道，不断关注社会的发展及变化，更好地履行媒体社会责任。

2016 年，北京青年报将继续围绕履行媒体社会责任的要求，加大主题宣传力度，加强民生报道，不断提高舆论引导能力。同时，积极探索媒体融合发展新路，进一步提高传播力，扩大影响力，运用好传统媒体和新媒体两个阵地，履行好媒体社会责任，为读者受众提供更全面的服务。

天津日报

社会责任报告

一、天津日报概况

　　天津日报于 1949 年 1 月 17 日创刊。1948 年年底和 1964 年 7 月 29 日，毛泽东同志先后两次为天津日报题写报头。天津日报作为天津市委机关报，在中国报业史上留下了辉煌篇章，如在全国省级党报中率先由 4 版扩大为 8 版，率先自办发行，率先恢复工商广告等，是天津新闻界的一面旗帜。天津日报现有采编人员 196 名，有高级职称者 83 名。

　　天津日报在中央和天津市委坚强领导下，始终把正确政治方向和媒体社会责任摆在首位，贯彻落实马克思主义新闻观，牢牢把握正确舆论导向，围绕中心、服务大局，传播好党的声音、反映好人民心声、履行好党报职责与使命。2002 年 8 月 21 日，成立天津日报报业集团。2010 年 8 月 10 日，成立天津日报传媒集团有限公司，推进文化体制改革。2012 年 9 月，获"全国文化体制改革工作先进单位"称号。

　　近年来，面对媒体生态和舆论格局的剧烈演变，天津日报顺应新形势新要求，创新发展理念、改进报道内容、丰富传播手段、完善体制机制，踏上了媒体融合发展、建设新型主流媒体的新征程，提出"握紧舆论主动权、占领舆论新阵地"，实现"党报无处不在"。目前，天津日报基本形成了以全媒体采编集成融合平台为技术支撑，报纸、网站、"两微一端"为传播渠道，文字、图片、音视频为手段载体的多样态、多层次、多维度的新型传播格局。

二、履行社会责任情况

（一）履行正确引导责任

1. 围绕中心、服务大局，组织好重大主题报道。做好中央重要会议、习近平总书记系列重要讲话、天津重要会议的宣传报道和重大决策部署的理论解读。圆满完成党的十八届五中全会、全国两会等中央重要会议，习近平总书记系列重要讲话，天津市委十届七次、八次全会和天津两会等天津重要会议的宣传报道任务，落实"规定动作"，做好"自选动作"，起好标题提要，用好图片图表，翔实深入解读。此外，利用理论版和大讲堂版，围绕"'四个全面'战略布局""一带一路""全面深化改革""法治建设""天津自贸区建设""京津冀协同发展"等重大主题，邀请知名专家学者撰文解读。例如，邀请理论专家李君如撰文刊发了《用辩证唯物主义把握"四个全面"战略布局》，邀请党史专家石仲泉撰文刊发了《"四个全面"是实现中国梦的关键一招》《中国共产党何以能成为中华民族抗战的中流砥柱》《天之降大任于中华优秀传统文化》等文章，充分发挥了党报思想理论阵地作用。

做好天津自贸区宣传报道。天津日报在一版开设了《聚焦自贸区试验区》专栏，刊发稿件120余篇，生动报道了天津落实

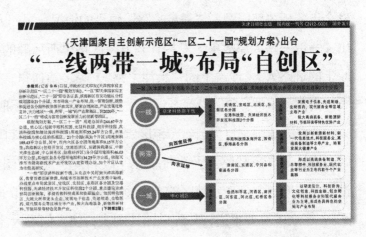

重大国家战略、推动自贸区建设的思路举措成效。2015年全国两会期间，联合解放日报、福建日报，在头版头条推出"沪粤闽津共话自贸区建设"专题，以记者专访的形式，反映了四地自贸区建设的特色做法。

做好京津冀协同发展宣传报道。2014年2月26日，习近平总书记在北京市考察工作时发表重要讲话，将京津冀协同发展上升为重大国家战略。天津日报早动手、早谋划，于当年3月全国两会中，联系北京日报、河北日报，同步推出《京津冀协同发展》专栏，取得很大反响。之后，三地党报建立了总编辑联席会议制度，2014年3月底、2015年4月和12月，分别于冀、京、津召开联席会议，签署合作纪要，从宣传报道到广告经营

展开合作。在 2015 年的春节报道、全国两会报道、国庆报道中，天津日报延续了三地党报互供新闻线索、共享新闻稿件的协作报道模式，与北京日报、河北日报同步推出"你在他乡还好吗""津采两会　协同发展""行走京津冀　协同写精彩"专题，引起广泛关注。同时，在一版《京津冀协同发展》专栏中，以记者"走转改"的形式，聚焦三地政策亮点、措施进展、协同成效，全景展现了三地协同发展的生动局面。

做好"一带一路"宣传报道。天津是"一带一路"中蒙俄经济走廊东部起点、海上丝绸之路战略支点，区位优势明显。天津日报一方面及时刊发全市各相关部门融入"一带一路"建设的情况；另一方面在一版策划推出《一带一路天津故事》专栏，刊发《底格里斯河畔的打井人》《东非草原上的筑路人》《沙漠上的"天津之路"》等多篇通讯，讲述了天津企业、天津人在"一带一路"沿线各地合作发展的动人故事，取得很大反响。

做好天津国家自主创新示范区宣传报道。建设天津国家自主创新示范区，同样是国家战略。天津日报在一版刊发了《本市出台〈关于加快建设天津国家自主创新示范区的若干意见〉》《"一线两带一城"布局"自创区"》等众多重要报道，并配以图片图表，使人们对天津自创区建设有了深入了解。

做好滨海新区宣传报道。滨海新区是天津发展的龙头，是区域发展的引擎。天津日报不仅做好滨海新区的新闻报道，而且于 2011 年 10 月推出了《滨海新区》专版，每周一期。2014 年 7 月起，加大宣传力度，增至每周两期，一直持续至今，成为宣传滨海新区、展示滨海新区的一扇窗口。

做好科技型中小企业宣传报道。天津把发展科技型中小企业，培育科技"小巨人"作为加快转变发展方式、提升创新能力的关键一招。天津日报对天津大力扶持、推动科技型中小企业发展的政策、举措、进展进行了全面报道，并在一版开设了《小巨人在成长》《科技英才创业故事》等专栏，刊发《"小不点儿"的"逆袭"》《领跑者的工匠之心》等典型报道30余篇，分享经验、直面问题、提供借鉴，引起广泛关注。

做好"三严三实"专题教育报道。天津日报在一版开设了《深入开展"三严三实"专题教育》专栏，刊发稿件70余篇，全面反映了天津"三严三实"专题教育的开展情况。2015年6月11日、17日、23日，用3个整版推出3期《书记们的党课》，摘编刊发了30多位党委（党组）书记专题教育党课的精华内容，受到好评。

做好其他重大主题宣传报道。2015年以来，天津日报还在一版开设了《共建美丽天津　共享美好生活》《美丽天津一号工程》《促发展　惠民生　上水平》《践行社会主义核心价值观》等专栏，以群众喜闻乐见的形式，全景呈现了天津全面深化改革、推进美丽天津建设的昂扬风貌，凝聚了力量，促进了发展。

2. 强化热点引导，稳定舆论，解疑释惑。研判舆情，明辨是非，澄清谬误。天津日报已形成一套舆情研判机制，一方面掌握各大网站、新媒体和主要报纸当天报道的新闻热点，另一方面了解网络论坛、贴吧内人们的所言所想，及时获悉舆情动态，筛选有用线索追踪报道，对不利于稳定团结的苗头性问题加以防范，并对传言深入求证。如《天津人均年薪14.5万？假新闻！》《ATM机会"吐"假钞吗？》《车辆违章影响征信属谣言》等众多报道，就呈

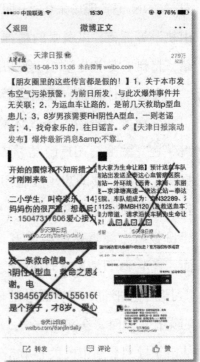

现了这样的特点。在天津港"8·12"瑞海公司危险品仓库特别重大火灾爆炸事故的报道中，天津日报的引导作用得到充分展现。事故发生首日，网上不实传言很多，天津日报官方微博"@天津日报"和天津日报微信及时发布辟谣文章《朋友圈里的这些传言都是假的！》，阅读量达261.3万人次。这一创新性"集中辟谣"模式被人民日报、天津广播等诸多主流媒体采用。新加坡联合早报网主编周兆呈在评论中说："在天津日报微信账号里，最值得称道的是，将各种'不靠谱的传言'集中在一起，然后澄清。这一点在网络碎片化和社交媒体大量传播各类信息、泥沙俱下的背景下，显得尤为清新。"此后，针对一系列公众关心的问题，记者通过深入采访，以最快速度在微博、微信发布了《新增27个氰化物排查点位》《专家组顾问：降雨不会引发毒气》《灾后环境安全吗？ 瑞海公司啥背景？》《是谁在耽误救援》等大量稿件，有效回应了社会关切。同时，对"CNN记者现场采访被围殴""爆炸致海河出现大量死鱼""高铁动车出轨"等谣言，以科学的精神和严谨的态度，一一戳穿，安抚了社会情绪，起到了安定人心的社会功用。

突发事件面前，及时发声、权威发声。做好重大突发事件的舆论引导，深度考验着一个媒体的担当和"政治家办报"的水平。天津港"8·12"瑞海公司危险品仓库特别重大火灾爆炸事故发生后，天津日报快速反应，立即启动应急预案，连夜派遣记者赶赴现场。"@天津日报"在事故发生后仅1小时，就发布了第一条爆炸信息。当天夜里，天津日报后方编辑始终与前方记者保持联系，6次撤稿、换稿、调整版面，直至13日清晨8时30分才签付印，成为全国唯一在13日当天首发"习近平总书记、李克强总理分别就爆炸事故作出重要指示批示"消息的党报。同时，在头版推出"津城同心 全力救援"专题，生动反映了从市领导到普通市民关心事态进展及现场救援的情况。在持续约一个月的密集报道中，充分利用全媒体手段，采编发播图文报道上千条。此外，"@天津日报"在瑞海公司董事长等负责人被抓、遇难者名单发布等多个重要节点性报道中做到了第一发布，8月23日22：20发布的《天津港"8·12"瑞海公司危险化学品仓库火灾爆炸事故遇难者名单》的单条微博阅读量，1小时突破100万人次，总阅读量达到368.6万人次。18天时间里，"@天津日报"的阅读量，超过50万人次的有10条，超过10万人次的有50余条，有力引导了社会舆论，得到了充分肯定。天津日报的做法和经验还在《三项学习教育通讯》《中国新闻出版广电报》发表。

3. 发挥评论力量，亮明观点，凝聚共识。天津日报评论注重思想性、思辨性、亲和力、影响力相统一，努力做到立意高、把握准、语言活、文字短、文风实、接地气。2015年，围绕天津市重点工作，推出"高标准启动'三严三实'专题教育""深入实施自贸试验区战略""激发青年学生创新创业活力"等多个系列主题评论，同时在一版《津报时评》《短评》等专栏中，针对时政热点刊发评论员文章100余篇，彰显了党报的评论引导作用。

（二）履行服务社会责任

1. 提供政策信息服务。衣、食、住、行、医疗、教育、就业、收入、创业等与百姓生活工作息息相关。天津日报充分发挥政治优势和信源优势，做到政策服务信息及时权威发布。民生政策类信息方面，刊发了《今年20项民心工程确定》《4月起最低工资标准提至1850元》《天津义务教育招生政策系列报道》《全面二孩政策将带来哪些影响？》《驾照可"自学"驾校丢"铁饭碗"》等大量稿件，对人们关心的民生政策进行了详细解读。创业政策信息方面，刊发了《在校大学生允许休学创业众创空间最高补 500 万元》《四大政策红包鼓励大学生创业》《支持鼓励社会力量开办众创空间》等大量稿件，及时发布创业利好消息，提振创业者信心。再如，企业政策信息方面，刊发了《每年 50 亿助力科技小巨人升级》《本市全力打造科技小巨人升级版各项政策解读》《"助小扶微"破解融资难》等大量稿件，翔实报道了天津帮扶中小微企业的政策利好，帮助企业及时获取信息。

2. 提供生活信息服务。及时发布天气、空气、出行、健康、办证等生活服务信息。例如，在天天健康版，刊发防病保健知识和就医诊疗信息。又如，针对一些普遍问题，通过实地调查，刊发了《瑜伽火了，怎么伤财伤身的多了？》《洋高考是升学捷径？其实不简单》《不动产登记：去哪办怎么办 好办吗》等大量文章，帮助人们走出误区。再如，刊发《本周多雨 哪些地方易积水》《买食盐如何辨真假？》等众多生活调查类稿件，为管理部门提供决策依据，为群众提供生活指导。

3. 帮群众解决实际问题。天津日报利用舆情采集网络，开辟直达天津市委市政府的信息通道，促进天津市委市政府深入了解群众需求，帮助解决实际问题。例如，针对群众反映集中的河东区中山门地区违章搭建板房、擅自经营、严重占路扰民问题，记者多次实地调查，刊发报道《友爱东道违建　何时清理》《中山门违建真的好难拆》。天津河东区区委、区政府对此高度重视，集中 7 个部门 3 个街道的精兵强将，配合中山门街道办事处，对违章建筑进行了集中清理，赢得居民一片掌声。又如，继帮助天津蓟县销售滞销苹果后，通过新媒体宣传和联手天津苏宁电器开辟销售专区等途径，再次帮助汉沽茶淀葡萄种植户销售滞销葡萄。再如，针对群众反映的非法销售机动三轮车问题，刊发报道《"电三轮"玩起"时间差"》，促进了问题解决。

4. 组织开展社会服务活动。天津日报还通过组织开展活动，服务社会、服务群众。2015 年 10 月 21 日，报社记者张俊兰和其他同志一起前往四川省凉山彝族自治州，继续捐助贫困学子。这是从 1997 年开始，张俊兰在 18 年时间里第 25 次走进凉山助学扶贫。目前，在凉山投入的助学扶贫资金已超过 4000 万元，兴建了 3 所希望小学，在 6 所院校设立了奖、助学金，建立了 50 多个孤儿班、女童班、女子班、教育盲区班、精英班，帮助和正在帮助数千名孤儿、贫困儿童完成九年义务教育，受到持续资助的贫困生、孤儿难以数计。再如，举办了全国中老年羽毛球邀请赛、2015 天津市首届幸福老年节、首届京津冀精英女性论坛、榜样天津企业社会责任榜评选等一系列体现社会责任的活动，得到社会高度赞誉。

（三）履行人文关怀责任

天津日报始终把"人"作为新闻报道的关注点，突出人文关怀，展现

对生命和人性的关照。

1. 灾难报道以人为本、关爱生命。在天津港"8·12"瑞海公司危险品仓库特别重大火灾爆炸事故的报道中，始终把笔触对准那些忘我奉献的无名英雄，展现普通人身上迸发出的人性光辉。在全媒体传播平台刊发了《最帅气，却最悲壮的"逆行"》《他们离危险最近》《"我属于这座城市，我要留下来……"》等大量充满人性温度的稿件，多篇新媒体稿件达到百万级阅读量。

2. 日常报道关注弱势群体，反映他们的意见呼声。天津日报的人文关怀还体现在日常报道对弱势群体的关注和服务中。每周二出版的海河之声版就是如此。针对读者反映的无行为能力老人房屋过户难问题，记者多次调查求证，刊发报道《无行为能力老人房屋过户难》，反映了无行为能力老人的心愿，推动主管部门出台措施。此类报道还有很多，如《家有老人孩子 小心"失联"》《谁泄露了我的房屋信息》《残疾人渴求高层次岗位》等。

（四）履行繁荣发展文化责任

1. 宣传弘扬社会主义核心价值观。天津日报把社会主义核心价值观宣传融入日常报道的点点滴滴。开设了《践行社会主义核心价值观》《提升市民文明素质大讨论》《津门好人榜》等专栏，报道身边典型，并对全市上下践行社会主义核心价值观的进展成效深入宣传，刊发稿件 100 余篇。还充分利用理论版和大讲堂版，邀请国内知名专家学者撰文，对社会主义核心价值观内涵深入解读。此外，在海河之声版，报道日常生活中的不文明行为，倡导文明新风尚。2015 年全年刊发核心价值观等公益类广告 39.01 个版。

2. 深耕文化报道，传播高雅文化。《满庭芳》版经多年耕耘，已成为天津日报的知名副刊品牌，是传播高雅文化的一个阵地。《文艺周刊》则是注重打造培养文学新人的苗圃，为他们提供展现才华的舞台。《人物》和《文娱新闻》通过刊发文化名人访谈等，阐述艺术内涵、传达文化理念，《严歌苓　文学是我安放灵魂的所在》《我与〈红旗谱〉之缘超越生死——访〈红旗谱〉主演、著名演员吴京安》《刘秉义　好歌唱不停》等诸多文章，深受读者喜爱。

3. 组织开展文化活动。2015 年，天津日报组织开展了首届中国天津滨海国际观鸟文化节系列活动，吸引了 200 余位国内外生态学家、鸟类学家，爱鸟护鸟机构人士、志愿者，摄影家、摄影爱好者参与，来自 30 余家中央和地方新闻单位及新媒体的近百人次记者到场采访报道。此外，还在天津日报美术馆举办了"共和国将军书画展""台湾当代名书画家义卖""胜兵如歌书画展""大美中华精品书画展""墨韵茶香书画展"等系列画展及笔会，吸引了大量市民。

（五）履行遵守职业规范责任

1. 加强学习，深入开展"三项学习教育"活动。天津日报始终严格遵守国家法律法规、遵守新闻职业道德和新闻纪律，2015年，结合典型案例，组织全体采编人员系统学习了《中国新闻工作者职业道德准则》《报纸出版管理规定》《报刊记者站管理办法》《新闻记者证管理办法》等行业规定，深入开展"三项学习教育"活动，牢牢坚持党性原则、群众路线，把握正确导向。

2. 加强采编人员和证件管理。坚决不派临时人员、无证记者和无职称的编辑执行采访任务或担任责编，不聘用被吊销新闻记者证且未满5年的人员从事新闻采编活动，不向非采编岗位人员和兼职撰稿人员发放记者证。

3. 采编人员严格遵守各项规定。采编人员严格遵守新闻真实性原则，不刊发没有可靠信源和未经查实的稿件。新闻报道与经营活动严格分开，杜绝新闻敲诈和有偿新闻，自觉抵制不正之风，全年无违纪违规案例发生。

（六）履行合法经营责任

天津日报始终坚持守法经营，不偷税漏税，遵守广告法规，特别是新广告法实施后，更是加强了广告经营管理。

1. 加强新广告法的宣传培训。加强新广告法宣传，组织开展培训，要求全体广告从业人员深刻领会广告法修订的重大意义，熟悉新广告法对广告刊播的具体要求，对照新要求认真排查自己经手的每一条广告。

2. 健全广告审查、请示报告制度。认真执行"五级"审核制度，强化对违法违规内容和广告品位的把关审核，发现问题立即上报。新闻版负责人在整版新闻签付印前，对随版广告进行最终审核，严格把关。

3. 强化发稿流程、加强广告档案管理。进一步完善了广告订版发稿流程与制度，严格执行广告发布规定，各环节层层审查，从根本上杜绝虚假违法低俗广告。同时，规范和加强广告档案管理，专人负责，存档至少一年。

（七）履行安全刊播责任

天津日报已建立起一套健全的新闻安全生产和报纸安全出版制度，如《天津日报报纸安全出版生产流程法》《新闻稿件流程管理规定》《关于大样审读、付印的管理规定》《天津日报关于消灭见报差错的规定》《关于审稿、发稿程序、发稿时间的规定》《天津日报编前会制度》《天津日报采前会制度》等。2015 年又进行了细化改进，并建立了落实监督制度，确保了全年内容政治安全、导向正确、无差错发生。此外，还制定了《新媒体内容安全生产制度》，保障了新媒体稿件刊播安全。

（八）履行保障新闻从业人员权益责任

1. 严格执行劳动合同法。除国家政策性安置、按照人事管理权限由上级任命及涉密岗位外，新聘用事业编制工作人员，一律面向社会公开招聘，签订聘用合同，依法享有"五险一金"和国家规定的工时制度、休假制度。

2. 严格规范证件使用管理。切实履行新闻记者证的申请、发放、使用和管理责任，及时为新闻采编人员申办新闻记者证，及时收回离职离岗人员的新闻记者证，办理注销手续，按时为新闻采编人员办理新闻记者证的年度审核和换发手续。

三、履行社会责任方面存在的不足和改进措施

（一）在履行社会责任方面存在的不足

1. 媒体融合发展还需大力推进。2015 年，天津日报在媒体融合发展上做了很多工作，初步完成了全媒体集成采编融合平台建设，在"两微"长足发展的基础上又上线了新闻客户端"新闻 117"，新媒体影响力在天津稳居前列。但是传统媒体与新媒体融合发展在高度、广度和深度上还有距离，有很多路要走。面临最大的问题与困难是由于缺少新媒体技术研发人才和营销人才，没能形成完整的新媒体产业链，因此不能形成有效的经营模式。

2. 新闻宣传的内容与手段还需进一步创新。近年来，天津日报不断创

新新闻宣传的内容和手段，利用全媒体平台实现了图、文、音视频的立体化传播，强调讲好故事、注重深度、运用图表、精做提要等，但与广泛而有效的传播要求相比，还有不小的提升空间。

（二）改进措施及未来展望

1. 推进融合纵深发展。深入研究新媒体规律和现代传播规律，做好新闻思维和互联网思维的有效结合，探索党报集团新的发展模式、经营模式、盈利模式，推动媒体融合上升到一个新的层级。

2. 进一步加强创新。适应分众化、差异化传播趋势，创新理念、内容、体裁、形式、方法、手段、业态、体制、机制，增强新闻报道的思想性、可读性，用更多更具吸引力的内容引导人、感召人。

3. 培养引进人才。大力气培养"全媒体记者""全媒体编辑"，引进新媒体技术人才，完善人才评价、激励机制，弥补人才短板。

4. 进一步规范广告经营。过去的广告经营中还存在不规范、不严谨的情况，随着 2015 年 9 月 1 日新广告法的实施，天津日报将按照新法规的要求，进一步加强管理，进一步规范广告经营行为。

河北日报

社会责任报告

一、河北日报概况及 2015 年履行社会责任概述

河北日报是中共河北省委机关报，创刊于 1949 年 8 月 1 日。现有在职员工 295 人，其中大学本科以上学历 251 人，占全部人员总数的 85%。获正、副高级职称人员 100 人，占全部人员总数的 34%。

2015 年，河北日报坚持团结稳定鼓劲、正面宣传为主的新闻舆论工作基本方针，不断强化"新闻立报，深度、观点、融合强报"的办报理念，努力打造具有权威性、引导力和影响力的全国一流省级党报，形成了权威、高端、主流的政经大报风格。围绕中央重大决策部署和河北省委、省政府中心工作组织开展了一系列重大主题报道，持续推出了学习贯彻习近平总书记系列重要讲话精神、"三严三实"专题教育、建设经济强省美丽河北、解放思想大讨论、推进京津冀协同发展、纪念中国人民抗日战争暨世界反法西斯战争胜利 70 周年等一系列重大主题宣传报道，唱响主旋律、打好主动仗，报道的高度、深度、广度、温度不断拓展和提升，为河北改革发展提供了有力舆论支持。2015 年河北日报发行量再创历史新高。

2015 年是河北日报与新兴媒体继续深度融合的一年。在集团强力推进下，河北日报官方微信订阅用户突破 40 万人，长期保持全省时事新闻微信公众号第一位，初步实现了在中国移动社交媒体平台"再造一个河北日报读者群"的目标；河北日报官方微博粉丝总量达到 221 万人，继续位居全国省级党报第三位；河北日报官方客户端"在河北"下载量已超 40 万人次，河北手机报拥有订阅户 240 多万，占据全省手机报市场 99% 的份额。借助新兴媒体，河北日报实现了在所有重大报道上的报纸与新媒体联动。2015 年，河北日报被国家新闻出版广电总局列为全国数字出版第二批转型示范单位。

二、履行社会责任情况

（一）履行正确引导责任

1. 出台《关于进一步坚持正确舆论导向确保新闻安全的规定》。2015年，河北日报报业集团出台了《关于进一步坚持正确舆论导向确保新闻安全的规定》。该规定分为坚持马克思主义新闻观、坚持围绕中心服务大局、严格制度严格程序等 11 个方面 38 条举措，成为包括河北日报在内的集团所有报刊社网站和新媒体的采编管理规范。

2. 实施新一轮改版。为适应报业发展的新形势和媒体融合发展的新要求，河北日报从 2015 年 11 月起开始谋划并实施了新一轮改版。在强化

"新闻立报，深度、观点、融合强报"办报理念的基础上，以"精准定位、突出重点、融合发展、再造流程、提升报相"为基本原则进行了改版，为实现精致、细致、极致的办报目标提供保障。

精准定位。牢牢坚持党性原则，报道方向重点进一步明确为：紧紧围绕中央和河北省委、省政府重大决策部署展开报道，服务于各级党委政府，服务于经济社会发展大局，服务于党报的读者群。

突出重点。报道内容重点进一步明确为：充分宣传好中央和河北省委、省政府的重大决策部署，强化理论评论的旗帜引导作用，深入报道好重大典型，做深做精重大新闻，多做调查类、深度类精品新闻。

融合发展。强化互联网思维，坚持传统媒体和新兴媒体优势互补、一体发展，坚持以先进技术为支撑、内容建设为根本，推动报纸和新媒体在内容、渠道、平台等方面的深度融合。

再造流程。出台了《河北日报采编流程管理规定》《河北日报出版流程管理规定》等规章制度，形成了分工明确、责任到位、运转有序的采编出版流程。

提升报相。对现有的报纸版式、字体、报眉等进行了优化调整，庄重、大气的版面风格更加凸显。

2016年1月1日改版后，河北日报的定位更加精准；常规版面设置分为要闻、深度、地方新闻和周刊4大板块，报纸层次更加清晰、分类更加明确，报道内容重点更加突出；版面分割、标题字体、版式架构更加顺应党报潮流、适合读者阅读。

与此同时，2015年，河北日报着眼于打造省内权威时政网络平台，深度整合旗下优质网站资源，与《河北日报》全新改版同步，2016年1月1日起，整合河北新闻网和燕赵都市网后的河北新闻网新版上线。全新亮相的河北新闻网设置有时政新闻、数字报纸、网络问政、网友互动、行业资讯 5 大板块，近 50 个频道。此次新版河北新闻网上线，是河北日报报业集团融合发展的重要举措。河北日报将以此为开端，打造基于移动互联网的微博、微信、客户端、手机报等多种传播形态全覆盖的新媒体矩阵，形成以报、网、微、端为引领的互联网传播新格局。

3. 积极传播正能量。围绕中心、服务大局，是党报舆论引导的主要职责。2015 年，河北日报牢牢坚持正确政治方向，连续推出一批重大报道，营造了团结稳定鼓劲的正面舆论强势。实行了社长审河北日报头条、建立重大报道"1 + X"媒体联动机制等多项采编管理措施，有效提升了舆论引导能力。全年没有出现重大新闻安全事故。

扎实做好重大主题宣传。综合运用消息、通讯、评论、理论、专家访谈等形式进行全方位、多角度、深层次报道，扎实做好深入学习贯彻习近平总书记系列重要讲话精神、"三严三实"专题教育、建设经济强省美丽河北、解放思想大讨论、京津冀协同发展、纪念抗战胜利 70 周年等一系列重大主题宣传报道，为河北改革发展提供了有力的舆论支持。在习近平总书记系列重要讲话精神宣传阐释中，刊发 17 篇专家理论文章；在解放思想大讨论宣传报道中，刊发各类报道近 200 篇；在纪念抗战胜利 70 周年报道中，刊发重点报道 60 多篇，推出专版 27 个，特别是两组"本报特稿"——《太行山》《大平原》和大型特刊《根据地》，产生了较大的社会反响。

深入推进典型宣传。依靠典型树立榜样、激发士气，依靠典型开启思路、推动工作，是党报服务中心、服务大局的有效途径。在典型经验方面，推出了"深化改革新探索""转型升级新脉动""传统产业转型记""解放思想百例"等系列典型报道，推出了大厂现象、宽城满族自治县教产城一体发展、"三条毛巾"转型记等深度典型报道，为各地更好地攻坚克难开启思路。特别是在解放思想大讨论中，推出了江苏宜兴、贵州安顺、广东佛山等 12 篇深度典型报道，为各地进一步解放思想、改革创新提供借鉴。在典型人物方面，推出了河北农业大学李保国教授、阜城县扶贫办主任李双星、河北医科大学服务基层群体、肃宁县公安局政委薛永清和辅警袁帅、省煤炭工业安全管理局谷孟平等人的感人事迹，激发了广大干部群众干事创业热情。

充分利用融媒体联动报道。积极推进采编流程再造，在全编辑部建立了向河北新闻网以及河北日报官方微博、微信供稿考核机制，形成"一次采集、多次生成、重要报道新媒体首发"的新媒体生产流程。适应新媒体传播规律，运用 H5 等技术手段对重要稿件进行可视化加工，推送发布到微信平台，并通过添加二维码方式，在全国省级党报中率先实现了用手机扫报纸看视频。目前，河北日报在重大报道上均运用了这一融媒体报道新模式。

4. 妥善引导社会热点。澄清谬误、明辨是非，是党报引领导向的重要职责。在当前激烈竞争、众声喧哗的媒体环境下，河北日报旗帜鲜明、全面客观理性地引导热点。

利用理论评论引导社会热点。在理论版开设《热点透视》专栏，围绕中央重大决策部署和河北省委、省政府中心工作进行理论阐释，推出《利用京津优质资源推动我省结构调整》《中国制造 2025 系列谈》等专家理论文章，成体系、有深度地阐示热点问题；利用《燕赵论坛》名专栏的影响力，及时谋划、刊发，推出《夙兴夜寐　激情工作》《马上就办　办就办好》等 26 篇评论。同时，时评版紧扣社会热点及时主动发声，用理性、客观、公正的观点和论述明辨是非，引导公共舆论，全年刊发稿件近 350 篇。

利用权威声音引导网络舆论热点。充分发挥党报公信力优势，河北日报官方微博、微信打造重点品牌栏目《权威发布》，第一时间对重大时政新闻进行权威发布和解疑释惑；以微信运营团队集体笔名"夜航君"名义，独家对拆分河北等传播范围较广的谣言进行专题辟谣。同时，河北新闻网慷慨歌时评频道，紧紧围绕河北省中心工作以及全国热点舆情事件，以理性的态度、严谨的逻辑和民生立场，持续进行网上舆论引导，净化了网上舆论环境。

5. 准确监督、科学监督、依法监督、建设性监督。舆论监督与正面宣传是统一的。2015 年，在出版 52 期内参的基础上，河北日报针对各地落实中央和河北省委、省政府中心工作中存在的问题，群众反映强烈的问题，认真谋划监督类报道，刊发时把握好时、度、效，推动问题解决、推动工作开展、维护社会稳定。

继续抓好《追访》专栏。《追访》专栏自 2013 年推出以来，河北日报主要针对政府部门出台的关系群众利益的政策措施落实情况、惠民承诺兑现情况等进行追踪报道，防止有令不行、有禁不止，有效提高了党报舆论监督的影响力。2015 年，围绕中央和河北省委、省政府工作大局，河北日报狠抓专栏选题策划，保证刊发力度，基本上以一周一期的频率，对有令不行、懒政惰政、行政不作为等行为开展明察暗访，刊发稿件 47 篇。推出了《疯狂的崖柏　哭泣的山崖》《限塑 7 年，缘何"令"难行》《安全中介造假，谁来管？》等报道，反映的问题得到有关部门的重视，推动了国家相关政策的落实和河北省委、省政府工作的开展。

继续办好《阳光理政》问政平台。河北日报、河北新闻网与河北省纠风办联合推出的《阳光理政》栏目，2015 年在问政形式、问政体制上不断创新，从线上受理到线下帮办，开启了政务"O2O"的帮办思路。该平台积极适应移动互联时代的传播规律，利用电脑、微信、客户端等吸引网民海量留言，通过公开监督促使政府部门角色在该平台转换为社会传播生态的共建者和服务者。目前，该平台聚合的理政单位从年初的 526 个增加到覆盖省、市、县三级的 1200 家网上为民办事机构，实现了政府和民众之间的及时沟通及电子化办事对接。2015 年共收到网民诉求 21658 件，符合办理条件的 10370 件，通过部门查办、记者调查等途径办结 8708 件，全年还利于民、促进相关部门增加投资将近 1 亿元。

（二）履行提供服务责任

1. 提供信息服务。准确提供政务信息，办好《权威发布》专栏。深挖省委、省政府和各部门会议、出台的政策举措中的新闻，突出刊发涉及群众利益的信息。该专栏一般安排在二版头条，全年刊发 131 篇，发布了大量政策信息，成为河北日报新闻立报的重要体现。及时提供生产生活信息，常年刊发气象、地质灾害、高考、健康、旅游等方面的信息，为读者服务。2015 年，仅气象信息服务方面就刊发稿件 79 篇。这些信息除在《河北日报》及时刊发外，还通过河北新闻网、河北日报官方微博和微信及时推送，服务更多读者。

2. 提供生活服务。利用《健康周刊》《民主与法制》《金融周刊》《保险生活》等专刊专版，积极为读者提供生活服务。2015 年，《健康周刊》增加了《医患之桥》《健康视界》《老年健康》等栏目，《民主与法制》设有《法眼》《就案说法》《提个醒》等栏目，《金融周刊》设有《财经观察》《一周热评》《金融资讯》等栏目，《保险生活》设有《权威发布》《提醒》等栏目。围绕读者关心的话题，这些专版专刊刊发了大量报道，为读者解疑释惑、提供权威信息、普及科学知识。

3. 组织开展社会性服务活动。举办"双十"评选。忠实记录河北发展年轮、积极弘扬燕赵人文精神，由河北日报发起的河北十大新闻、年度十大新闻人物评选活动到 2015 年已经是第十二届。2015 年的"双十"评选，精选候选事件和新闻人物，制作 11 个专版予以推介，并开通微信、微博

2015 "双十"评委会定评会

和网络投票。评选期间，收到 28 万多条公众网络投票，使评选的过程成为传播正能量的过程，成为弘扬时代精神、弘扬社会主义核心价值观的过程。

积极组织无偿献血系列公益活动。围绕"善行河北"主题道德实践活动等，2015 年，河北日报、河北新闻网组织开展了"传递善行大爱 致敬人间真情"善行河北无偿献血系列公益活动，走进企业、机关、农村和高校，上百家团体单位参与，共报道献血活动百余场，线上刊发报道稿件千余篇；为纪念抗战胜利 70 周年，致敬革命先烈、传承热血精神，8 月 28 日，河北新闻网组织"铁肩担道义 热血铸太行"河北网络媒体人无偿献血活动。200 余名媒体人齐聚河北日报报业集团参与活动，营造了无偿献血氛围。

开展"善行河北·网评燕赵最孝儿女"评选活动。由河北省文明办、

河北日报报业集团、河北省志愿服务联合会共同主办的"善行河北·网评燕赵最孝儿女"评选活动于 2015 年 5 月 19 日启动。活动采取各地市推荐，通过网络投票专题页面展示的形式，在全省宣传传承中华孝道文化、体现敬老孝老美德的典型。目前活动已顺利开展 3 期评选，共有 40 余万人次为 240 位候选人投票，网友评论达千余条，在全社会弘扬了尊老、敬老、爱老、助老的道德风尚。

发起"爱心鱼"团购活动。南水北调中线正式通水后，石家庄市市民将喝到汉江水。为确保丹江口水库清水北送，湖北省丹江口市渔民忍痛清理水库网箱，导致鲜鱼集中上市，渔民面临卖鱼难问题。得知这一消息后，河北日报主动承担社会责任，帮助库区渔民卖"爱心鱼"。河北日报策划推出"关注丹江口水库卖鱼难"专题，连续刊发 7 篇报道，介绍买鱼方式，呼吁人们帮助库区渔民；河北新闻网携手爱心餐饮企业共同启动

"共饮长江水·'爱心鱼'北漂计划"，运用河北新闻网"年货大集"、"吃在河北"QQ群、"在河北"客户端等多种渠道，号召河北人踊跃认购"爱心鱼"。经过集团不懈努力和爱心企业的大力支持，通过本报官方客户端认购的"爱心鱼"超过4000斤，加上河北人在淘宝网等电商平台购买及各地团购的"爱心鱼"，保守统计总量已超过2万斤。"爱心鱼"团购活动弘扬了党报承担社会责任、服务社会的优良传统。

河北日报职工踊跃购买"爱心鱼"

（三）履行人文关怀责任

人文关怀是党报道德情怀的重要体现。河北日报注重把笔墨更多地聚焦普通群众，把版面更多地留给普通群众，增加了报道的温度和品格，也缓解了社会矛盾。

继续办好读者热线。多年来，河北日报设有 24 小时群众热线电话，由专人接待群众来信来访。对于群众反映的合理诉求，及时梳理上报，适合公布的有新闻价值的问题，公开见报；不适合公开见报的问题，通过内参形式反映。同时，对一些涉及群众自身利益的个体问题，向有关部门单位发协助调查函，请相关部门单位调查解决。同时，河北日报官方微信和"在河北"新闻客户端，均与河北新闻网"阳光理政"问政平台实现了链接，群众通过手机微信随时可进行民生投诉，拓宽了群众反映诉求渠道。

帮助群众解决具体问题。河北日报把关注困难群体的生存状况、帮助他们解决实际问题作为履行人文关怀的重要内容，开设有《阳光问政》《阳光帮办》《民生直通》等专栏，帮助基层群众积极解决合理诉求。一年来，仅《阳光帮办》栏目就刊发《磁县西窑头村小学生乘校车不便》《永年县老两口身份证出生日期出错》《兴隆县赵杖子村村民吃水困难》等 79 篇报道，帮群众解决了许多问题。

注重研究深层次问题。2015 年，《社会观察》专栏策划推出的《关注老旧小区"吃水难"》《关注老旧小区物业管理难》《关注"入园难"》等深度报道，聚焦普通群众的生活困境，推动了有关问题的解决。特别是加大了对农民工问题的研究力度，组织了一批深度报道。《深读·调查》推出"关注农村基础教育系列调查"等系列报道，聚焦群众特别是弱势群体关心的切身利益，深入调查现状，分析问题原因，探讨解决思路。

（四）履行繁荣发展文化责任

做好文化宣传报道，是党报提升自身品位、成风化人的重要途径。河北日报在日常注重文化报道的同时，常年开办《文化周刊》和《文明河北》专版，传承优良道德，弘扬社会主义核心价值观。

推出全媒体大型纪行报道"记住乡愁——寻访河北传统村落"。为让读者了解河北省传统村落的历史和现状，呼吁人们保护好传统村落，2015 年 5 月底，河北省委宣传部、河北日报报业集团等单位联合启动全媒体大型纪行报道"记住乡愁——寻访河北传统村落"。该活动主要由河北日报、河北新闻网、河北日报官方微信联合推出，读者不仅能在河北日报上看到文字和图片报道，还能在河北新闻网、"在河北"客户端和河北日报微信、微博平台上看到相关视频、文字和报道。目前已经刊发稿件 38 篇，全面、立体地展现了河北省传统村落的现状和魅力。

推出大型文化系列报道"让历史照亮未来——守望燕赵"。河北省委宣传部和河北日报报业集团在 2015 年联合推出了"让历史照亮未来——守望燕赵"大型文化系列报道，选取燕赵大地上最具有文化标识、人文精神的文化遗产，梳理燕赵历史文脉，传承燕赵人文精神，守望中华民族的精神家园。目前已推出《泥河湾》《涿鹿记忆》《西柏坡感念》等稿件 40 余篇。

利用专版弘扬社会主义核心价值观。《文明河北》是以精神文明建设为主要内容的专版。2015 年，该版以弘扬社会主义核心价值观为根本，在落细落小落实上下功夫，努力传承中华优秀文化、讲好百姓善行故事。专版开设《燕赵乡风》《家庭·家教·家风》《志愿服务　燕赵先锋》等专栏，一年间出版 41 期，刊发稿件、图片 300 多篇（幅），润物无声地引领社会风尚。围绕河北省精神文明创建亮点工作，推出了《210 个省级美丽乡村塑造文明乡风》《我省多举措推进诚信建设制度化》等报道；围绕"善行河北"主题道德实践活动，以大兴互助、诚信、敬业、孝敬、勤俭之风为重点，推出了一系列先进人物典型，用道德模范、身边好人感染读者。

利用公益广告弘扬道德新风。继续利用公益广告弘扬道德新风，弘扬社会主义核心价值观，全年刊发公益广告 112.25 版。举办第二届河北省公益广告创意设计大赛，收到来自全国 20 个省、市、自治区的参赛作品 7253 件，内容涉及中国梦、社会主义核心价值观、"四个全面"战略布局、中华优秀传统文化等方面；涵盖漫画、剪纸、皮影等多种表现形式。活动期间，一批百姓喜闻乐见、内涵深刻的精品佳作，通过河北日报、河北新闻网及各设区市主流媒体广泛宣传，使创意设计大赛成为传递正能量的大赛。

（五）履行遵守职业规范责任

在继续公开监督电话、执行日常采编管理制度等措施的基础上，2015年，河北日报采取了一系列举措，促使编辑记者遵守职业规范。

成立河北日报新闻道德自律委员会。为规范河北日报（含河北新闻网）编辑记者职业行为，2015 年 9 月，河北日报成立新闻道德自律委员会。这是河北省平面媒体中第一个新闻道德自律委员会。委员会委员由专业水平较高的本单位代表和熟悉新闻行业的社会各界代表组成，承担教育培训、表彰先进、受理举报、配合纪检监察部门对违规违纪案件和相关人员进行调查等职能。成立以来，道德自律委制订了《集团"新媒体联动机制"成员公约》等规章制度，组织开展了"记者沉下去　深化走转改""新春走基层"等活动，组织推荐了优秀编辑记者参加河北省第二届"德业双优"新闻工作者评选。

开展采编与经营分开自查自纠工作。2015 年，河北日报组织编辑部各中心、部（室）和记者站对日常采编工作、经营行为进行了自查自纠工作。为防患于未然，对容易出现的问题，进一步加强了思想教育、重申相关制度，强调编辑记者必须严格按照有关规定开展采编或经营活动。2015年，河北日报、河北新闻网采编人员没有发生从事有偿新闻、新闻敲诈等方面的违纪违规行为。

（六）履行合法经营责任

合法经营是媒体发展壮大的基本保障。2015年，河北日报更加重视经营中容易出现的隐患，要求切实落实有关规定，严格执行采编与经营分开的要求，严禁采编人员从事有偿新闻和经营活动。

同时，规范经营部门经营行为，坚决杜绝一切虚假、低俗的广告宣传。不刊登导向不正确的广告，不刊登误导消费者的广告。为保障依法经营，每年对广告从业人员培训3次以上，学习相关政策和法律法规。特别是新修订的广告法正式实施后，河北日报认真组织学习，确保依法从事广告工作。严格履行审查职责，不发布证明文件不全的广告，特别是对于医疗、药品、保健食品等广告，严格查验审查批准文件等。加强广告内容的审核，对不符合要求的语言进行删改，不出现违规用语。

（七）履行安全刊播责任

出台河北日报采编流程出版流程管理规定。2015年下半年，在改版过程中，河北日报集纳此前各项有关制度，结合新形势新变化和实际情况，出台了《河北日报采编流程管理规定》和《河北日报出版流程管理规定》。采编流程管理规定对总体稿件审稿、记者站稿件审稿、新闻图片审稿等流程作出了明确规定，特别是对特殊情况下审稿流程作了清晰界定；出版流程管理规定对稿件入版面库时间、上大样时间等作出了明确规定。两个规定为确保《河北日报》新闻安全、出版安全进一步提供了保证。

加强新媒体管理。为强化新媒体管理，出台了《关于加强部门或个人开设的博客、微博、微信等自媒体管理规定》《河北日报官方微博、微信、客户端采编管理规定》等规章制度，进一步规范新媒体刊发、转载新闻稿件的审稿流程，确保导向正确、管理规范。

（八）履行保障新闻从业人员权益责任

河北日报坚持以人为本，保障员工的基本权益，关注员工的全面发展，努力打造政治坚定、业务精湛、作风优良、党和人民放心的编辑记者队伍，保障党报履行好各项责任。

保障员工基本权益。2015 年，在依法与编辑记者签署劳动合同等的前提下，按政策提高了职工基本工资标准及住房公积金缴存基数，为职工和离退休人员缴纳了补充医保。此外，还从改善办公、停车、就餐环境等方面入手，为职工办了多件实事、好事。

做好员工培训工作。建立重大理论重要部署学习培训机制，对于中国特色社会主义理论，习近平总书记系列重要讲话精神，中央和河北省委、省政府的重大决策部署等，编委会在编前会及时传达。利用年轻记者培训班、新闻故事报告会等形式培养编辑记者道德品质、提高编辑记者业务能力。2015年，共举办两场融合发展报告会，积极组织编辑记者开展了"好记者讲好故事"活动。

三、履行社会责任方面存在的不足和改进措施

（一）在履行社会责任方面存在的不足

在新形势新任务面前，河北日报在进一步创新方法手段提升新闻舆论的引导能力，提高新闻舆论的传播力、引导力、影响力、公信力，加速融合发展等方面，还有一定差距。部分记者深入基层、深入一线不够，采写的报道不够鲜活；部分记者调研采访不够扎实，稿件流于一般化、表面化，缺乏吸引力和感染力；部分采编人员特别是新媒体采编人员对新闻内容把关不够严格，存在安全隐患；面对传播形式和受众需求的变化，部分编辑记者不能及时创新内容与形式，削弱了媒体影响力；采编绩效考核制度不够完善，影响采编人员的工作积极性等。

（二）改进措施及未来展望

进一步强化政治意识、大局意识、核心意识、看齐意识，始终把坚持

正确政治方向摆在第一位。按照中央和河北省委关于新闻宣传工作的各项规定和要求，进一步强化政治意识、大局意识、核心意识、看齐意识，始终把政治方向摆在第一位，牢牢坚持党性原则，牢牢坚持马克思主义新闻观，牢牢坚持正确舆论导向，牢牢坚持正面宣传为主，时刻保持与中央和河北省委工作大局同步合拍、同频共振。切实加强媒体管理，确保河北日报、河北新闻网、河北日报"两微一端"等刊发的各类报道牢牢把握正确的舆论导向。

进一步聚焦党和政府工作大局，围绕主题主线，全力做好重大主题宣传报道。综合运用多种形式强力做好重大主题报道，引导人们把注意力聚焦到推动河北改革发展中来。深入抓好学习贯彻习近平总书记系列重要讲话精神、统筹推进"五位一体"总体布局和协调推进"四个全面"战略布局，以及党的十八届五中全会、河北省委八届十二次全会等新闻舆论工作，扎实做好建设经济强省、美丽河北，推进京津冀协同发展等重大主题报道宣传，打造舆论强势，营造浓厚氛围。

进一步创新方法手段，增强新闻宣传针对性和实效性。持续推进新闻报道的改革创新，不断创新理念、内容、体裁、形式、方法、手段、业态、体制、机制，增强新闻宣传的吸引力和感染力。多用讲故事方式报道，多用群众语言报道，多报道有价值的新闻。继续坚持"三贴近"，力行"走转改"，组织广大采编人员真正"沉下去"，反映广大群众在实践中创造出的好经验、好做法。对标兄弟媒体，进一步修订和健全各项采编管理制度，调动采编人员积极性。调整优化河北日报现有部门设置，以更契合新时期新闻舆论工作规律。

进一步强化融合发展意识，加快构建舆论引导新格局。适应分众化、差异化传播趋势，进一步加快媒体融合发展步伐。创新理念和体制机制，加快构建舆论引导新格局。着眼建立融合发展的技术支撑平台、用户聚集平台，打造跨媒体、跨部门、跨终端的全媒体多方位采集、协同加工、多渠道发布的"中央厨房"采编平台，改变新闻生产方式。建立完善全媒体新闻线索统一收集制度、全媒体新闻报道分级谋划制度、全员全媒体供稿制度。同时，整合资源，打造河北权威时政网络平台，打造"云端河北"移动媒体云平台，通过深度融合，努力形成以报、网、微、端为引领的互联网时代的舆论传播新格局。

进一步强化人才意识，加强新闻舆论工作队伍建设。把建设高素质干部人才队伍摆在更高位置上来抓，加快培养造就一支政治坚定、业务精湛、作风优良、党和人民放心的新闻舆论工作队伍。按照中央和河北省委的要求，继续深入开展"三严三实"专题教育和解放思想大讨论活动，开展好"两学一做"学习教育。进一步加强对媒体从业人员的马克思主义新闻观教育和业务水平培训，努力培养全媒型、专家型人才。以高层次新闻全媒体人才、战略性文化产业等急需紧缺人才的引进和培养为重点，统筹推进各类人才队伍建设。

内蒙古广播电视台

社会责任报告

一、内蒙古广播电视台概况及 2015 年履行社会责任概述

内蒙古广播电视台拥有国家新闻出版广电总局批准的 9 套广播频率、8 套电视频道。其中蒙语对外广播、蒙语新闻综合频道（蒙古语卫视）承担着对外宣传的重要作用。

2015 年，内蒙古广播电视台围绕内蒙古自治区党委、政府中心工作，助力"十个全覆盖"战略部署，以讲好内蒙古故事、树立内蒙古形象、打造北疆亮丽风景线、践行社会主义核心价值观为目标，坚持正确舆论导向，深入开展"走转改"活动，认真组织新闻报道，妥善引导社会热点；主动开展公共信息服务及社会性服务活动；民生报道坚持人本情怀，积极关注社会弱势群体；大力弘扬草原文化，积极传播正能量；在新闻采编、报道评论、转载传播、广告刊播等各方面恪守从业准则，自觉抵制行业不正之风；认真履行安全播出、合法经营职责，保障职工合法权益。

一分耕耘一分收获。2015 年，内蒙古广播电视台电视专题节目《百姓

热线·住在涵洞为讨薪》获得中国新闻奖一等奖。另有 25 件作品荣获内蒙古新闻奖，其中一等奖作品 8 件、二等奖作品 5 件、三等奖作品 12 件；还有 68 件作品荣获内蒙古影视奖，其中一等奖作品 20 件、二等奖作品 21 件、三等奖作品 20 件，优秀奖 7 件。

二、履行社会责任情况

（一）履行正确导向责任

2015 年是"十二五"规划的收官之年，也是内蒙古自治区深入贯彻落实习近平总书记考察内蒙古重要讲话精神和协调推进"四个全面"战略布局、打造祖国北疆亮丽风景线的关键之年。按照上级部署安排，内蒙古广播电视台圆满完成纪念抗日战争暨世界反法西斯战争胜利 70 周年、"三严三实"专题教育等各项宣传任务。时政报道注重创新形式，全国两会、党的十八届五中全会、内蒙古自治区两会和九届十四次全委会等时政报道实现全媒体采集发布；主题报道声势浩大，《总书记考察这一年》《走千村万户 讲精彩故事》《百家账本看民生》《小村故事》等 68 个新闻专栏，全面报道了自治区经济社会发展的新成就、新亮点；用生命守护草原的吉日嘎拉、优秀组工干部卢玉宝、感动内蒙古人物任明德等一大批先进典型报道鲜活生动，感人至深；3 月 3 日，电视新闻专题节目《新闻再观察》开播，与《纵横118》《新闻透视》《社会观察》等深度报道节目紧盯社会热点，强化分析解读研判能力，拓展了主流媒体舆论场，迅速形成了较强的舆论影响力。

（二）履行提供社会服务责任

全心全意为人民服务是主流媒体的重要职责。内蒙古广播电视台牢固树立服务意识，为群众及时提供各类资讯信息，满足百姓知情权，方便群众生产生活。

一是准确发布政务信息。在《内蒙古新闻联播》等多档时政节目中，开设《每周政策解答》专栏，定期发布群众关心关注的政务信息，让广大群众知晓政府的举措和作为。

二是提供生活服务。内蒙古广播电视台与自治区交通、气象、运输、农牧业、旅游等多个部门建立了良好的沟通机制，及时播报各类服务信息，并多次组织公益服务活动和主题直播活动，为广大群众的生产生活提供了便利和帮助。《天天3·15》和《高波有话要说》等老牌节目多年来始终坚持"服务百姓、解决问题"的宗旨；电视节目《生活早知道》《生活大调查》，广播节目《活力正前方》《百姓生活汇》《美食美客》《祝您健康》《经广帮您忙》等从天气、饮食、保健等方方面面助力百姓生活。农村牧区广播长年坚持为农牧民解决生产生活中的实际困难。

三是普及法律知识。内蒙古广播电视台针对受众需求，通过多档节目搭建起普法服务平台。《法治直播间》《法治先行》《法治专线》《健健康康长大·说法班会》等多档节目以普法宣传为核心内容，通过案例解析、新闻播报、知识竞赛等多种形式讲解法律条款，深入开展法治教育，给受众以启迪和警示，为推进依法治国尽责尽力。

四是倡导公共卫生安全。在做好公共卫生传播的同时，结合 2015 年 10 月 1 日实施的史上最严"新食品安全法"的学习贯彻，通过播发公益广告、专家访谈、典型案例分析等形式，加大食品药品安全法律法规的宣传力度，经济生活频道《都市全接触》记者与食药部门一起走访内蒙古自治区 12 盟市，对当地的食品、药品市场秩序进行调查，推出"食药内蒙古行"系列报道，打击曝光反面典型，总结推广各地好经验、好做法，倡导良好有序生产消费环境。

（三）履行媒体人文关怀责任

内蒙古广播电视台坚守媒体责任，坚持导向立台、新闻立台、深度立台、特色立台，正确处理广播电视的意识形态属性和商品属性的关系，正确处理社会效益和经济效益的关系，把受众满意度作为最高标准，不断加强公益宣传和教育服务功能，自觉抵制"三俗"，坚持生产制作内容健康的广播电视节目，满足受众日益多元的精神文化需求。

2015 年，记者带着责任和思考，采制播出的《被边缘化的金川》《黑校车何去何从》等一系列深度报道，推动了问题的解决，化解了社会矛盾，充分展现了主流媒体的责任和担当；道德公益类节目《福彩草原情》继续秉承"关注弱势群体，搭建互助平台"的宗旨，播出了"最美人物""自强之星""关爱留守儿童、空巢老人""第六届圆梦象牙塔——百万元福彩公益金资助贫困大学生"等 50 多期节目，在社会上形成了良好的效应；文化访谈栏目《马兰花开》通过访谈讲述大量代表人物的故事，启迪人生，催人上进；《有事您说》《绿野大喇叭》《塞外田野》等节目实地采访，积极帮助农牧民解决生产生活中遇到的问题，真正做到了急农牧民所急、想农牧民所想。

倡导真善美，记录爱无疆。内蒙古广播电视台充分发挥社会联系广、组织号召力强的优势，不断策划推出公益活动，用媒体平台彰显了公益的力量。开展的第十届"学习雷锋、爱心送考""温暖 2015 年红十字博爱送万家"等公益活动，不断凝聚爱心，汇成一股股暖流，向社会传递传播了正能量。

（四）履行繁荣发展文化责任

内蒙古拥有得天独厚的草原文化。电视品牌节目《蔚蓝的故乡》2015年度以草原文化及现实故事为基本内容，重新构架了《蔚蓝的故乡》纪实性文化栏目的总体格局，制定了"讲好精彩故事·打造亮丽内蒙古"的栏目定位，拍摄制作了一批立意新颖、视角独特、具有差异性和本土化的纪录片。其中《迁徙之路》获得 2015 年"金熊猫"国际纪录片人文类最佳纪录短片提名奖。

2015 年，内蒙古卫视推出一档季播栏目《这是我的家乡》，以展现多彩草原文化、民族特色及民风民俗、民族文艺为宗旨，与自治区 12 个盟市互动，在内蒙古卫视与《蔚蓝的故乡》形成亦动亦静的文化展示。

2015 年，内蒙古广播电视台先后策划录制了蒙、汉语"春晚"、第四届青年歌手电视大奖赛、第四届蒙古舞电视大赛、中蒙歌会等多场电视晚会及 20 小时的系列广播春晚《彩虹的故乡》，组织编创录制了多首乌力格尔、好来宝和蒙、汉语歌曲，为传承、发展和弘扬草原文化不遗余力。

（五）履行职业规范责任

2015 年，内蒙古广播电视台进一步规范各类工作人员的职业行为，切实抓好行业自律，促进广播电视事业和产业良性发展。

一是认真执行新闻例会制度。充分利用好宣传例会、新闻例会，传达党和国家、内蒙古自治区党委和政府的重大方针政策、重要会议及文件精神、领导批示、宣传报道重点提示等，把握新闻宣传的导向、内容、基调、平衡力度和强度。

二是严格执行三级四审流程。所有节目严格执行制片人初审、部门值班负责人复审、分管台领导终审的审稿审片制度。重大选题和重要节目须经分管台领导终审后，送台长、总编辑或自治区党委宣传部领导再审。重播节目必须重审。

三是认真执行重大主题宣传策划制度。精心策划重大主题宣传，及时制订报道计划，整合新闻资源，周密安排采访报道活动，保证重大主题宣传报道落实到位。

四是认真执行原内蒙古人民广播电台《安全播出管理规定》，认真执行原内蒙古电视台《安全播出管理制度》及补充规定，确保安全播出。

五是强化构建记者职业精神。通过业务学习、支部学习等多种方式，加强对编辑记者特别是年轻编辑记者马克思主义新闻观的教育，督促所有采编人员以"严"和"实"的作风做好新闻报道，确保采编队伍政治立场坚定、思想认识正确，从上至下坚决抵制有偿新闻、虚假新闻，坚决杜绝新闻敲诈和新闻炒作，全年无类似违规违纪事件发生。

（六）履行安全播出责任

针对安全播出面临的新形势、新情况，内蒙古广播电视台进一步加强全台安全播出责任意识和技术保障能力，坚决执行安全播出奖惩条例，有效杜绝了安全播出事故的发生。2015年，内蒙古广播电视台广播电视安全播出保障能力明显提升，《新闻天天看》实现直播；《雷阵语》实现当天录制当天播出；《李乐在说》实现日播。全年广播9套频率共播出66430小时，外出转播190多场，停播率为0秒/百小时。电视8套频道累计播出70080小时，停播率为0.07秒/百小时，符合广电总局要求。转播车直播36场，录制136场。圆满完成自治区两会、春节、全国两会等重要播出期的各项安全播出任务。

2015年，内蒙古广播电视台在全国省级台中首次提出了全媒体业务整合传输理念，设计并建设了广播电视编码传输平台，该平台采用先进的统计复用动态编码技术统一编码复用后送卫星、直播星、广电网络、发射台、IPTV平台、网络电视台等不同平台播出，真正实现了优质、高效的多媒体传输。

（七）履行合法经营责任

2015年，新广告法实施后，内蒙古广播电视台认真学习贯彻相关精神，制定并下发了《关于对送审广告手续初审的通知》《关于进一步规范广告审查流程的通知》《广告内容审查告知书》《内蒙古广播电视台在播

"五类"广告情况统计表》《广告审查批件提供情况表》等一系列新的广告审查规章制度和流程，规范了广告审查流程，为广告创收保驾护航。

在具体工作中，内蒙古广播电视台一方面对客户资质和批文进行严格审查，对不符合广告法要求的节目进行整改；另一方面采取"走出去，请进来"的办法，向国内专家和相关省台学习了解应对措施，并积极和客户一起研究探讨广告的新形式，在净化广告产品的同时，完成了广告创收任务。

（八）履行保障从业人员权益责任

2015 年，内蒙古广播电视台认真做好专业技术职务审核、报送工作，进一步完善全台薪酬绩效福利等方面的管理。一是根据有关文件精神，对2015 年应发 2014 年年休假补工资报酬进行了一次性发放。二是根据相关文件要求，对在编工作人员工资标准、退休人员离退休标准进行调整。此次调整将在编人员部分绩效工资纳入基本工资，并按上年度工资总额的12% 计算人均缴纳养老保险和企业年金。三是根据有关文件精神，对在编人员基础性绩效工资进行了调整补发。

2015 年，内蒙古广播电视台还完成了 1000 余位在册记者（含播音员、主持人）的证件换发和年检工作，并为 100 余位新注册的记者申请办理了记者证。

三、履行社会责任方面存在的不足和改进措施

（一）履行社会责任方面存在的不足

2015 年，内蒙古广播电视台努力践行媒体职责，在履行社会责任方面做了许多工作，但与党对新闻媒体发挥作用的要求相比，与人民群众的期盼相比，还存在着一定差距。

一是媒体融合需要进一步加快。基于经费所限，内蒙古广播电视台目前对新媒体投入不足，传统广播电视媒体占领新媒体舆论阵地的能力有待提高。

二是创新能力有待进一步加强。节目的选题策划、制作包装、宣传推广等多个环节，都不同程度地存在观念保守、方法落后等问题。

（二）今后努力方向

今后，内蒙古广播电视台将进一步解放思想，守正出新，力争在解决上述问题的过程中取得新成绩和新突破。

一是进一步强化对媒体融合发展的再认识，牢固树立全媒体联动发布

的理念，加快推进广播电视和新媒体的深度融合发展，完善跨部门的沟通协调机制，尽快培养一批全能型记者，实现全媒体采集，切实提高节目的传播力和影响力。

二是合理配置频道、频率资源，优化节目内容，打造品牌栏目，创新表达方式，转变话语体系，增强节目的吸引力、感染力、影响力。

包头日报

社会责任报告

一、包头日报概况

包头日报是中共包头市委机关报，创刊于1931年12月，1952年7月1日正式改为中共包头市委机关报。60多年来，包头日报从4开小报到对开大报，报业规模不断发展壮大，为包头市经济、社会发展做出了突出贡献。近年来，包头日报适应城市发展的需要，以打造全国一流地市级党报为目标，以"贴近铸就主流，责任彰显公信"为宗旨，从内容到形式不断创新，形成了权威、高端、主流的政经大报风范。在围绕中央、内蒙古自治区和包头市委、市政府中心工作组织开展的一系列重大主题报道和宣传战役中，实现了专题化、系列化、纵深化，在高度、深度、广度方面不断拓展和提升；同时，包头日报在报纸规模、办报质量、印刷质量、发行数量、经营创收等方面都走在了自治区盟市报业的前列，受到广泛的社会赞誉。目前，在报纸结构上已经形成母报带子报、网上电子平台以及移动互联网信息发布平台的格局。包头日报现在职人员244人，其中大学本科以上学历139人，研究生学历16人，获正、副高职称人员47人。

二、履行社会责任情况

　　作为包头市主流媒体、党和政府的喉舌，2015 年，包头日报紧紧围绕包头市委市政府中心工作，坚持政治家办报，以正确的舆论引导社会、服务百姓的办报宗旨，不断增强可读性和贴近性。在一系列重大主题报道和宣传战役中，唱响主旋律，打好主动仗，政务、经济、民生和文化报道形成专题化、系列化、纵深化，使党报在高度、深度和厚度上不断拓展和提升，较好地发挥了党报的舆论阵地和主流传播的作用。同时，包头日报编采队伍的素质和业务教育也得到进一步加强，通过各种管理制度从源头上遏制不正之风，营造良好的工作氛围。

（一）围绕中心，服务大局，坚持正确引导，弘扬主旋律，传递正能量，履行正确引导职责

　　2015 年，在包头市委、市政府的正确领导下，在包头市委宣传部的指导下，包头日报紧紧围绕中央、内蒙古自治区及包头市委、市政府的主要工作，认真组织宣传报道、重大主题报道，派出精兵强将组织策划，开设专栏，配发评论，唱响主旋律，打好主动仗，很好地发挥了党报舆论阵地

作用。重点报道包括"三严三实"、社会主义核心价值观、贯彻落实党的十八届五中全会精神、创建全国文明城市、贯彻落实自治区"8337"发展思路、"十个全覆盖工程"、大气污染防治及环境综合整治、经济转型升级、"大众创业万众创新"等内容。

1. 政务报道围绕党和政府的中心工作，通过精心策划、开辟专栏、配发评论，全面翔实地传达党的声音，充分体现党报的权威性和影响力。

为了让要闻版更多地刊发全市各项重点工作新闻，一版常常采用标题导读或一版转其他版的方式，以增加新闻容量，提高党报的信息量和可读性。除了日常性的领导会议及调研活动报道之外，配合全国、全市重要会议及重大宣传活动，充分发挥党报的舆论阵地作用，通过精心策划、开辟专栏、配发评论，全方位立体式报道，起到了较强的宣传效果。

2015年年初出色完成了包头市委十一届七次全委（扩大）会议的报道并进行了专版解读；策划了对包头市两会的报道，会前与包头新闻网、包头日报微信、包头晚报微信等新媒体一起联动策划了《两会连着你我他》栏目，征集广大网友的意见、建议，栏目引起了极大反响。围绕全市贯彻落实会议精神，对旗县区学习贯彻市委十一届七次全委会精神进行动态报道以及综述性报道，并开设《旗县区书记访谈》专栏。配合全市两委换届工作，开设了《两委换届进行时》专栏，适时跟进，为全市两委换届工作营造氛围。

2. 弘扬主旋律，推进全市重点工作。2015年在要闻版开设《推进"精准扶贫" 实施"十个全覆盖"》专栏，先后推出报道《扣响农牧民幸福门 "十个全覆盖"再发力》《石拐区让农牧民享有更好公共服务》《今年土右旗100个村实施"十个全覆盖"工程》等，共计14篇稿件。同时还开设《"5421"在草原》《扎实推进"十个全覆盖"工程》专栏。一、二版及民生社会版共刊发《走千家万户 讲精彩故事》等稿件100

多篇。

围绕全市经济工作，相继采写了《2015，包头行政审批改革再起航》《包头市深化行政审批制度改革再出大手笔》《我市启用工商注册登记信息网上推送和监督平台》《破立之间再创新——包头市全面深化改革综述》等一系列有力度的稿件，全面报道包头进一步深化改革的步伐，形成了良好的改革氛围。2015 年 10 月 8 日，内蒙古自治区十个全覆盖观摩督导组来包头观摩调研，为全面做好宣传报道工作，展示包头良好形象，推出 24 个版的特刊。10 月 8 日，首先见报的十个全覆盖特刊对全市旗县区的十个全覆盖工作进行了总结展示，通过特刊，读者近距离地看到旗县区的变化。10 月 9 日，强力推出的十个全覆盖特刊，从多视角，多方面对全市的十个全覆盖工作进行了全面展示。10 月 10 日，隆重推出的打造北疆亮丽风景线特刊，刊发了 8 个整版，《转型升级释放包头活力》《深化改革激发内在动力》《现代服务业点燃发展引擎》《信息化建设铸造"智慧"内核》《科技创新引领未来发展》《创业创新激扬城市梦想》《民生工程绘就幸福画卷》《强责任重担当勇啃硬骨头》等 8 篇深度好文。文章全面俯瞰包头发展，文图搭配得当，相得益彰，有大报风采，令人过目不忘。

2015 年下半年，重点围绕党的十八届五中全会，天下版推出专栏《迎接十八届五中全会辉煌"十二五"》，陆续转发了新华社《攻坚突破释放发展活力》等稿件，包头日报编辑部提前拿出策划方案，并进行安排部署。在积极跟进报道全市各地区、各部门学习贯彻落实党的十八届五中全会精神的动态情况的同时，围绕全会提出的目标、任务、理念，推出努力实现"十三五"发展目标本报评论员文章 8 篇，包括《推动率先发展　壮大综合经济实力》《加快创新发展　提高发展质量效益》等；围绕包头市"十三五"规划，在要闻版联系整版推出市委关于制定"十三五"

规划建议图解，对包头市"十三五"规划给予全面而翔实的解读。在包头市荣膺全国文明城市"四连冠"之后，及时推出了《四度折桂点赞包头 文明之城幸福接力》5篇综述，并策划了通版，将包头市文明之城的美名再度唱响。

3. 重点报道主题突出，开设专栏，配发评论，提升影响力。

深入报道了"三严三实"开展情况。自"三严三实"专题教育启动以来，政文部持续跟踪报道，及时准确完成了第一阶段报道，并与市委组织部合作开始了第二阶段《严以修身书记谈》栏目。

纪念抗战胜利70周年之际，推出了专栏《寻访抗战老兵》，并先后刊登了多期有关内容的公益广告。

2015年6月中旬，包头日报围绕"我们的价值观·我们的中国梦"主题教育实践活动，制订具体报道方案，进行集中宣传报道。在一版头条开设专栏《践行社会主义核心价值观》，并于6月24—26日推出《崇德向善 创新核心价值观载体》《全民思齐 尽责圆梦融入城市血脉》《让社会主义核心价值观植入人心》3篇系列报道。推出整版有关讲文明、树新风以及我们的价值观方面的公益广告，如《中国梦劳动美》《难忘草原小姐妹 最是英雄美少年》《一生吉庆有余 沿着勤善成长》等。开设专栏《寻找包头最美》，推出"责任担当服务圆梦""爱岗敬业实干圆梦""敦品力学成才圆梦""邻里守望互助圆梦""勤俭持家致富圆梦""诚信经营发展圆梦"等方面典型，以典型力量带动全社会。有《王永生：爱心让生命的花园芬芳吐艳》《"没有你们，我们不知道怎么过这道坎"》《高燕：七年坚守爱心相助》《不老车神赵玉斌重出江湖叫板吉尼斯》《志愿者李海峰：做了就是做了》等稿件。《稀土产业坐拥高端蓄势待发》《高新孵化基地成创新之源》《大众创业激扬城市的青春梦》等全面深化改革的报道，由经济部担纲，进行了全方位、多角度的报道，受到广泛好评。

经济报道加强策划。根据市委、市政府推出的重点举措，经济部精心策划，开辟《新常态下看包头》栏目，以 10 篇"述评＋记者手记"，如《稳增长"稳"出包头新底气》《改革改出包头新气象》等，在头版头条连续刊出，形成了较大影响。一版刊发"新常态下如何谋求新发展"系列评论。

围绕加强意识形态建设，在二版和城事版开设《践行社会主义价值观——好人 365》专栏，如《这群小伙子真是好样的》《斯琴，千锤百炼的老抄表员》《段托娅　贫困群众的贴心人》《好姑娘　郝秋晨》等。《文明包头》专版分别以"文明身边的包头好人""包头榜样""三德"工程建设为主题，编发 3 个整版。一版开设《鹿城小议》栏目，刊发小评论文章 10 篇。如《少一份任性，多一份和谐》《莫让报籍成摆设》等。在民生社会版继续开设《文明风景线》《曝光台》栏目。包头日报对潘志荣的先进事迹的报道引起自治区乃至全国的关注，为此，包头市以潘志荣先进事迹为素材，组织全市和全自治区宣讲。包头日报派出优秀记者洪彬全程参与了潘志荣先进事迹演讲团。

（二）及时传递实时信息，突出服务性，在经济社会民生等各个方面积极履行服务职责

2015 年，经济和民生报道紧贴包头市工作中心，策划不断，亮点频现，受到社会各界广泛好评。

11 月 26 日，经济部策划刊发系列报道《2015，奔跑吧我们的生活》年终系列，先后推出《寻找失落的阅读》《足球，让城市升温 1 度》等稿

件，给读者留下深刻的印象。12月，经济部策划推出了系列报道《"互联网+"下的新经济网约车在承压中探路前行》等。该系列报道紧贴生活，视角新颖，受到业界广泛好评。

紧跟社会发展脚步，倡导和谐文明又不乏个性的城市色彩，策划并推出"寻找包头最美"，寻找每个人身边最美的人、物、事，畅谈对"包头最美"的发现与感悟。主要内容包括：最美街道、最美社区、最美乡村、最美风景、最美劳动者、最美城市色彩、最美的你、最美教师、最美味道、最美城市色彩、最美建筑、最美好人、最美志愿者、最美瞬间、最美包头人等体现最美包头的一切元素。

为了加强民生新闻及社会新闻的报道力度，社会新闻部连续进行基层采访报道，采写了大量有深度、有力度、有高度，且具可读性及贴近性的稿件，包括《维和英雄回家了》《"80后"小官大贪的犯罪道路》《"行贿档案查询"为两委换届把脉》《维多利东河店丢失的"蓝胖子"找到了》《2亿元诈骗案昨开庭审理》《公交上的流动使者》《戒毒所里的"特殊节日"》《尖刀上的勇者》《"老赖"名单公布之后》等一系列稿件。特别是在下半年，民生社会版重点推出了"民生主题"及"秋冬话题"系列报道。其中，"民生主题"从"积极回应人民群众幸福期盼"为出发点，真实反映老百姓不断提升的幸福指数，"秋冬话题"以"一切的出发点、落脚点都是让人民过上好日子"为目标，从秋菜储存、秋冬养生、居民小区外墙保温工程、供暖、出租车改革等方面入手，采写了一组民生稿件。与此同时，紧扣民生、社会话题，推出一系列采访计划。主要内容包括"慈善超市""创业故事""冬季煤补""供热二次管网的老化及归属问题""包头水价迎来9年之涨""快递实名制""冬季健身热"等，先后刊发了《冷冷冷的冬天　火火火的社区》《"爱出行"开启新生活　包头公交步入"微时代"》等稿件，受到一致好评。

城事版经常性刊登一周停电计划、影院新片预告等，提供信息服务。养生版尽可能多传达养生保健方面的实用性信息。

（三）坚持以人为本，体现人文关怀，为百姓解疑释惑

包头日报始终坚持正确的、科学的舆论监督，推进工作开展，解决群众合理诉求。近年来，包头日报在民生社会版开设了党报热线电话，安排专职记者负责接线、调查采访和热线回复。党报热线切实解决了群众合理诉求，监督了社会工作。2015年，包头日报通过热线解决问题近400个，得到群众普遍认可和好评，有事可以拨打包头日报热线，成为许多人解决实际问题的途径之一。另外，为履行好党报的舆论监督责任，推动各项社会工作开展，在其他版面开设了《曝光台》及《曝光台回访》。

包头日报关注百姓生活，特别是社会弱势群体。自2013年北梁棚户区改造工作开展以来，就在北梁设置记者站，派遣优秀记者进行跟踪报道，至今，有关报道已经持续了3年，为棚户区改造工作鼓与呼，尤其关注棚户区老百姓的疾苦与需求，受到一致好评。

2015年春节前及春节期间策划了反映百姓生活变迁或节日生活的"春节故事"系列报道，反映春节期间坚守岗位、忘我奉献的人和事，以及老百姓的情感故事、生活变化以及浓浓的年味，富有生活气息。如《春运路上的"小候鸟"》《年货节"搅"浓年味》《过渡房里过春节》《过年了，把爱带给"星星的孩子"》《这个除夕爱上了"绿"》。

（四）及时提供生活信息，丰富群众文化生活，引导和传播高雅文化，履行繁荣发展文化职责

2015 年以来，专副刊部主要是在提高可读性上下了功夫。史事、网事、论坛等专版力求凸显思想性，用深邃的思想抢抓读者的眼球。为此，在选稿用稿时，着眼热点、焦点，着眼人们普遍的关切，以开阔的视野聚焦一个主题，发掘一个问题，诱导关注热点、焦点问题的读者进一步思考。文化、花雨等专版，也力求传达一种积极的向上的理念、一种高雅的温婉的情趣。各个专版都有比较鲜明的个性和特色，既有一定的高度和广度，又传递人文关怀。

为了做到专版更专，更具有可读性，责任编辑眼界再打开一点，以全国性的视角审视新闻，选择稿件；内容再新颖一点，的确把具有震撼力、影响力的稿件编排在版面上；编辑再精细一点，真正把大小标题做得精致，把图片搭配得抢眼，力求在更高的层面上把报纸做得更能满足读者需求。一直以来的坚持，专副刊的整体面貌更加显眼，精品版面不断涌现。经过精心策划的文化、花雨等版面多次得到读者好评。

（五）注重干部队伍建设，加强媒体从业人员的管理和约束，提高采编队伍自律性和自觉性，履行职业规范责任

2015 年包头日报社注重干部队伍建设，加强制度建设，增进与兄弟报社的交流，积极开展文化活动。包头日报全体采编人员除了参加市委宣

传部组织的大型全市性的新闻培训学习之外，在报社内部还组织了多次培训学习，特别是通过编前会和周例会加强学习交流。2015 年 10 至 11 月，先后接待了乌兰察布日报社、阿拉善日报社、广东茂名日报社的学习考察团，彼此进行了有关采编工作的深度交流。

2015 年共编辑出版了 10 期《媒体研究参考》，加大新闻队伍职业道德的教育和管理。

自全国范围的"走基层、转作风、改文风"活动开展以来，包头日报将此项活动与新闻队伍建设相结合，鼓励和带动采编人员，特别是一些年轻的毕业生，投身于田间地头、城市社区、厂矿企业等基层一线，记录百姓寻常生活，反映群众的真情实感。

（六）规范经营行为，履行合法经营职责

包头日报社旗下的日、晚报广告严格遵循广告法，本着真实、合法，以健康的形式表达广告内容，符合社会主义精神文明建设和弘扬中华民族优秀传统文化的要求，对所有广告严格审查，并配合工商管理部门定期安排广告审查员进行培训学习，制定严格的考核奖惩机制，以适应媒体广告宣传新形式。另外经营管理部门还定期督导学习，开展形式多样的学奖活动。在过去的几年中，曾连续荣获自治区级"重合同守信用单位"及包头市级"先进广告工作者"等荣誉称号。

与此同时，广告经营部门严格财税制度，给各经营部门制定相应的任务指标及上缴规定，单位合理照章纳税，做合法优秀纳税人。得到了各职能管理部门的广泛认可。

（七）积极履行安全刊播职责

1. 多年来，包头日报坚持五级编审制度和实行三级审校制度。遇重大活动、重要会议和突发事件，社长总编辑亲自把关。包头日报审校工作分别由编辑、校对、第一读者完成。要闻版的审校由编辑、主任、校对共同参与。

2. 实行编前会会审、打分、评报制度。包头日报每天下午 5 点召开编前会，由总编辑、编委及各部主任对当天已见报的内容及次日未见报内容进行会审，共同打分评报。总编辑在会上布置当天的采编工作，并对当天的版面进行逐一审核，并与各位编委及主任对当天的报纸进行打分评报，及时发现问题解决问题。

3. 实行总编辑带总班，编委轮值夜班制度。总编辑每天亲自带班，重点对次日见报的要闻版进行把关。日报每日有两位编委轮流上夜班，负责处理并审核要闻版及其他版面内容。如遇情况，及时与总编辑和社长沟通，第一时间得到处理。

4. 新闻每日阅评及时提出问题解决问题。包头日报社设有新闻研究室，负责每日评报，充分发挥了新闻阅评校正的作用。

5. 坚持重要稿件送审制度。多年来，包头日报始终坚持政务报道特别是重大会议及活动报道稿件送审，确保内容准确无误。

6. 实施应急预案制度。包头日报宣传报道工作始终与市委宣传部保持密切配合与沟通，并建立应急预案机制，如遇特殊情况，第一时间汇报市委宣传部，同时，及时采取措施，尽可能降低负面影响。

（八）有效保障新闻从业者权益

2015 年，包头日报 95 名采编人员办理了记者证。按照相关政策，所有采编人员都受到公平公正待遇，对于在编 187 人和聘用 57 人，按足额缴纳五项保险。

三、履行社会责任方面存在的不足和改进措施

（一）履行社会责任方面存在的不足

2015 年，包头日报虽然在履行社会责任方面尽到了职责，但与党对新闻媒体发挥作用的要求相比，与人民群众的期盼相比，还有一定的距离，有待进一步加强。

这一年，虽然针对重大采访组织过策划采访，但仍需进一步改进，特别是采访报道的角度和表现力有待提高，同时版式设计方面也存在许多不足。个别人员责任心不够，采编流程不够合理。

针对以上问题，今后将在重要版面选派骨干力量，并且定期进行相关业务培训。2016 年，将对现有版式进行调整，使其更加适宜阅读。针对目

前采编流程存在的问题，提出如下整改措施：一是进一步细化采编流程，加强各环节沟通；二是强化培训，以增加编采人员的政治敏感度；三是对上级部门的要求，传达到位，实现各部门全覆盖；四是针对发生的问题，严格惩戒措施，以防止再次发生。

（二）改进措施及未来展望

2016 年，我们将牢固树立政治意识、大局意识、责任意识、阵地意识，加大主题宣传，加重民生报道，加强主流舆论和正面引导。

进一步提升传播力。不断推进传统媒体与新兴媒体的融合发展，在办好官方网站、官方微信及新闻客户端的同时，用更多新媒体形式传播主流声音，为公众提供服务。

进一步提高服务能力。坚持"走转改"和记者基层联系点制度。编采考核向基层报道，向短、实、新的稿件倾斜。进一步与各个旗县区和委办局办好合办版，为基层群众提供更及时、更全面的服务。

辽宁日报

社会责任报告

一、辽宁日报概况及 2015 年履行社会责任概述

辽宁日报是中共辽宁省委机关报，创建于 1954 年 9 月，前身是《东北日报》。在 60 多年的发展历程中，辽宁日报以其权威性、公信力和影响力，确立了在东北地区的主流政经媒体地位。

1999 年 12 月，以辽宁日报为主体的辽宁日报报业集团成立。2006 年 7 月，辽宁日报报业集团更名为辽宁日报传媒集团。2010 年，辽宁日报传媒集团更名为辽宁报业传媒集团，更名后的辽宁报业传媒集团仍保留辽宁日报社名义。

辽宁报业传媒集团是中国十大传媒集团之一，是东北地区最具影响力的传媒集团，现有《辽宁日报》《辽沈晚报》《半岛晨报》《北方晨报》《时代商报》《时尚生活导报》《辽宁法制报》《升学指导报》《辽宁朝鲜文报》9 家报纸，《家庭科学》《记者摇篮》两种刊物，辽沈北国网、腾讯·大辽网、海力网三大门户网站，辽宁日报新闻客户端、辽沈晚报新闻客户端、辽宁手机报

和众多微博、微信等新媒体群落，北方报业传媒股份有限公司、辽宁日报新媒体集团、辽宁新闻印刷集团、航高传媒广告公司等20多家经营单位，形成了以辽宁日报为旗舰的媒体群和新闻出版、商务印刷、房地产投资、广告经营、楼宇经济、艺术品投资、股权投资等多元化产业发展格局。

2015年是辽宁报业传媒集团应对新媒体挑战、改革全面布局落子并初见成效的一年。

这一年，辽宁日报报道紧跟中央改革节奏，在一版头题位置及其他要闻版全面报道十八大以来党中央治国理政新理念新思想新实践，大大增强了党报的引导力；这一年，辽宁日报狠抓自主选题策划，年初改版成功，"中国东北角之文化抗战"等一批大型策划产生强烈反响，报纸可读性时效性显著增强，影响力大幅提升；这一年，集团内媒体融合迈出坚实步伐，辽宁日报新闻客户端、官方微信、官方微博吸附用户有了跨越式增长，微信粉丝量位居全国省级党报前列，全媒体格局已经形成；这一年，整个集团改革取得初步成效，非报产业逐步转型，子公司登陆新三版资本市场，形成多元化产业发展格局。

二、履行正确引导责任

作为党报，辽宁日报时刻把讲政治放在第一位，坚持正确导向、传达党的声音、反映人民意愿、引领舆论走向，是辽宁日报一贯的媒体形象。

2015 年，辽宁日报坚守舆论主阵地，精心做深做透正面宣传，引领主流舆论，弘扬社会正气，传播核心价值，践行社会责任。

（一）设置专版专栏，阐释习近平总书记系列重要讲话精神

2015 年，辽宁日报的报道紧紧围绕党中央的重大方针政策进行，每天在一版头题位置报道党中央的重大决策和习近平总书记的活动，同时开设专版专栏，充分做好习近平总书记系列重要讲话精神的宣传报道和理论研究阐释。1 月 1 日—12 月 15 日，在理论版开设了《认真学习贯彻习近平总书记系列重要讲话精神》专栏，共发表文章 260 余篇、23 万多字，同时推出 16 篇评论，深入浅出地解读习近平总书记系列重要讲话精神。同时在一版开设《认真学习贯彻党的十八届四中全会精神》《认真学习贯彻党的十八届五中全会精神》专栏。全年共发表文章 33 篇、9 万多字；解读宣传中央、省委总体要求、任务、部署及各地各部门贯彻落实情况的文章 55 篇、16 万多字。这些报道对于全省党员干部准确领会把握、深入贯彻落实党的十八届五中全会

精神，更好地推进"十三五"时期经济社会发展具有重要的指导作用。

10月26至29日推出的贯彻落实习近平总书记长春讲话精神大型策划，共刊登《当前和今后一个时期的重要政治任务》《用"金钥匙"全面开启辽宁"振兴之门"》《正确处理好"五大关系"开创振兴新境界》《在新一轮振兴中务必坚守"八项必须"》等重大报道，并完成《走四方 看扎实推进"四个着力"》特别策划，获得了各方好评。

（二）推出系列报道，唱响振兴主旋律

2015年东北老工业基地新一轮振兴战役全面打响，辽宁日报责无旁贷地担当起引领舆论主力军作用，在主要版面推出《新一轮东北老工业基地振兴》专栏，下设《市委书记访谈录》《调研录》等子栏目，陆续推出了《新常态 新思路 新作为——发展培育新增长点》《稳增长 大项目追踪》《让辽宁装备制造走出去走得远》等9大系列大型策划，推出报道全省重大事项改革的专栏《深化改革即时报告》《稳增长惠民生》系列，累计刊发稿件100余篇。这一系列报道为辽宁老工业基地全面振兴营造了良好的舆论氛围，鼓足了干劲，提升了士气。

特别策划《新起点新征程·走进》栏目，从8月27日起至今，总编辑、副总编辑、社委成员带领多个报道小组分赴辽宁省各地，及时追踪报道辽宁

各地、各行业在振兴实践中的新思路、新举措、新经验和新突破。目前已刊发 20 余篇有感情有温度的重磅报道，得到全省各地高度肯定和热烈反响。

（三）关注社会热点，弘扬主流价值观

党风党纪是群众关注的热点，重大时间节点上的热点宣传，是辽宁日报弘扬社会主义核心价值观、以手中的笔点亮群众心中明灯的自觉行动。

2015 年，辽宁日报"八个带头　八个自觉"系列策划报道紧密结合辽宁党风廉政建设实际，推动了"三严三实"专题教育宣传高潮，受到上级高度肯定。《高地——辽宁精神文明建设编年史 2014—2015》策划在全国精神文明建设工作表彰暨学雷锋志愿服务大会召开之际推出，共 4 个版 20 多篇稿件，运用多种新闻表现形式全面反映辽宁精神文明建设成就。2 月 18—25 日推出"新春走基层"特别策划报道《行进中国精彩故事·春节见闻》，从老业态中抓亮点、从新业态中寻引领，用精彩故事述说人间温情，用细腻笔触展现人的精神世界。特别策划《雷锋在 2015》于 3 月 5 日推出，8 个版特别策划报道，全方位、多角度对雷锋精神再次进行深度开掘。《辽宁好人》系列宣传报道共 9 期 80 篇，放大了"辽宁好人"的社会影响力，凝聚起弘扬社会主义核心价值观的精神力量，为推动辽宁老工业基地新一轮全面振兴提供了强有力的道德保障和精神支持。

（四）发挥党报公信力，承担舆论监督职责

辽宁日报作为党报，始终以党报的公信力，进行深入的调查，通过版

面和一系列评论栏目，发出舆论监督的强音。

1.《本报调查》版以深度报道的形式，很好地承担起了党报舆论监督的责任。《"谢师宴"忘初衷 "伪民俗"变身攀比宴》《医院为啥对日间手术不积极》《给电梯装上监控"黑匣子"》《把权力和人一起放下去》等，全年不间断地报道了大量读者在社会与经济生活中的热点、难点问题，以深度的调查揭示事件和问题的本质，总结出规律，找出经验教训，从而给读者启示，也为决策者提供决策参考。

2.《北方时评》《今日评》等多个评论栏目对社会热点及时发声。《刹四风须紧盯关键节点》《消灭"僵尸"政府网站不能只靠检查评比》《"电梯吃人"不能一赔了事》《"获救未道谢"的良知追问》《谁该为"辣眼睛"教室买单》《塑胶跑道无法检测是在推卸责任》等大量的评论，及时地对群众关注的问题和社会不良现象，发出权威强音，起到积极的舆论监督与引领作用。

三、提供社会服务责任

贴近群众，更好地服务社会，一直是辽宁日报坚守的使命。2015年，辽宁日报记者深入基层，关注群众冷暖，采写了大量鲜活的报道，及时为读者提供各种生活、精神等方面的信息服务。

（一）贴近生活，民生为本

　　辽宁日报报道始终以关注民生为重点。进入冬季，辽宁遭遇大面积雾霾天气，辽宁日报推出了《情绪化霾怨　驱不散雾霾》《保住暖气的温度　也要保住蓝天》《算算煤改气改电供暖的三本账》等系列报道，在给群众提供信息服务的同时，引导读者理性思考。对于读者关注的医保、出行、水费涨价、驾照自考等问题，辽宁日报采写了《异地看病医保结算在 10 个城市"漫游"》《在"倒贴医院"看病享受六免六减》《水价一涨　游泳洗车费也跟着涨吗》等稿件，及时为群众提供权威的资讯。

　　对于社会热点问题，辽宁日报作为党报及时介入，发出权威声音。面对在辽沈大地涌动的大众创业、万众创新的热潮，辽宁日报刊发了《东北大学成立大学生实体创业平台》《沈阳年轻人迷上 O2O 创业》《沈阳：创业工场点燃众创火种》等报道，把目光投向了坚守梦想、拼搏创业的年轻人，同时也为他们创业就业提供新信息、新思路。对于如火如荼的商场与电商的大比拼，我们及时推出了《搭车"双 11"体验式营销走进沈城三大商圈》《价格单挑商场祭出电商"撒手锏"》等报道。

（二）线上线下互动，开展社会性服务活动

　　2015 年 6 月 16 日，辽宁日报新闻客户端正式上线，标志着辽宁报业传媒集团在深化文化体制改革、推动传统媒体和新兴媒体融合发展方面迈

出坚实一步。辽宁日报微信公众号凭借系列活动的创新推动，用户数量目前已突破 55 万，位居全国省级党报前列。这一年，辽宁日报新媒体知名度和品牌价值得到进一步提升，对互联网舆论场的引导力和影响力进一步增强。

2015 年下半年，辽宁日报通过新媒体与传统媒体联手，开展了多项社会性服务活动。新媒体中心和辽宁省政法委合作的"辽宁好人·十佳最美政法干警"及"三有三无政治生态先进政法单位"评选尤为突出。活动共吸引数十万人投票，数千人评论；和沈阳儿童活动中心合办"画出你心目中的抗战英雄"绘画评选活动，吸引了大量的家长和儿童；"走进高校"巡回演讲活动，为同学们举办职业规划和学习规划、自主创业和心理指导等讲座，不仅增加了用户黏度，还为我们吸引到极具传播力

的年轻优质粉丝。

（三）关照贫弱，为贫困群众寻富路

建昌县素珠营子村是辽宁报业传媒集团的对口扶贫村，集团的驻村扶贫工作队不仅对特困户进行帮扶，还积极为当地群众寻求致富路，工作队准备启动月嫂培训、按摩师培训、中草药种植等培训项目，帮助村民拓宽致富路。

（四）刊发公益广告，弘扬正风正气

2015 年辽宁日报共刊发公益广告 106 版，内容包括培育社会主义核心价值观、规范道德行为、建设生态文明以及与人民群众生活关系密切的交通、食品安全等方面内容。这些公益宣传弘扬正风正气，激发奋进力量，为推动社会科学发展、和谐发展营造了良好氛围。

四、履行人文关怀责任

走进群众生活，踏访社会与人生，注重深入人的精神世界，以人文情怀写出带有感情的文字，这是辽宁日报人应有的精神能力和所要承担的责任。

（一）感知社会，发现美好

辽宁日报自 2015 年 6 月 16 日起，围绕家庭家风这一主题开辟《家的味道》专栏，通过讲述感人的家的故事，挖掘传统家文化中的有益养分，以此倡导良好的社会风尚。《家的味道》每期为一篇长篇通讯，记录生命中或温馨或心酸的瞬间。《遇到难处一家人一起扛咱不分家》《我以自己的方式解读父爱》《像女孩齐迹那样勇敢顽强》《听到自闭症孩子喊一声妈妈你有多高兴》《许多年在家的光影里我写字谋生》《我生命中的抵抗与纵容》等通讯，每个平实的题目背后，都有一个家庭感人至深的故事。这里有脑瘫患儿母亲以20多年含辛茹苦的经历所诠释的母爱，有丈夫失明后妻子20多年的相扶相守，有普通农村妇女三十年如一日与丈夫一起奉养两位老人和四个残疾的大伯哥的艰难，也有遭难时一家人抱成团的温暖……《家的味道》每篇报道都是记者深入偏僻农村的每个家庭实地采访的结果。这些报道既有浓郁的生活情调，又充满记者的人文感情，因而更有温度更有感染力。截至2015年年底，该专栏共刊发稿件20篇，文字总量10万余字。该栏目在读者中产生强烈反响，也受到省文明办等部门的充分肯定。光明网、搜狐网、中央文明网等多家网站转发了相关稿件。

（二）以人为本，凸显人文情怀

辽宁日报在报道中坚守媒体人文精神，关注普通人的生存状态，及时反映他们的诉求。2015年6月29日，凤城市石城镇太阳村的太阳大桥竣工通车，辽宁日报刊发了报道《终于盼到爱河有座桥》。这座桥是经过辽宁日报4年间的不断推动而建成的。2011年9月15日，辽宁日报以《盼着上学路上有座桥》为题，报道了太阳村小学的学生每天穿着救生衣，乘摆渡船上学、放学的艰辛。同年10月21日辽宁日报头版刊发了题为《梦见爱河有座桥》的报道。报道引起多方关注，最终实现石城镇几代人爱河上有座桥的梦想。另外如《鞍山五年要完成扶贫六大目标》《精准脱贫 看贫困县岫岩如何出招》等报道，关注各地扶贫工作，关心贫困群体的疾苦。

2015 年，辽宁日报刊发了关爱、帮扶残疾人的稿件 60 余篇。《我省首家残疾人阳光农场直营店开张》《全国首支专业导盲助残志愿者团队让盲人朋友快乐融入社会》《让爱的阳光点亮星星的孩子》等稿件，关注残疾人的生活与就业，报道社会各团体对他们的帮助，让他们感受到社会温暖的同时，也弘扬了社会正能量。

五、履行繁荣发展文化责任

辽宁日报立足辽宁深厚的文化历史底蕴，自觉承担起普及知识、教化社会的职能，践行社会主义核心价值观，传播高雅健康文化。本报精心策划的系列报道，以丰富的史料、多样的笔法、灵活的形式，对文化热点进行深度挖掘，弘扬中华优秀传统文化，重塑当代人文精神，引导社会道德风尚。

（一）宣传习近平总书记在文艺工作座谈会上的重要讲话精神，弘扬文化主旋律

从 2015 年 3 月起，辽宁日报文化新闻各版陆续推出学习贯彻习近平总书记在文艺工作座谈会上的重要讲话精神主题宣传，开设《深入生活扎根人民同期声》《精品辽宁》《文艺辽军》《深入生活扎根人民日记》《文艺

微评》栏目，刊发稿件过百篇。《深入生活扎根人民》专栏刊发稿件20余篇，专栏选取了有典型意义的文艺院团和艺术家下基层送文化的事迹进行深入报道，唱响繁荣文化主旋律。

（二）纪念抗战胜利 70 周年，大型策划振聋发聩

辽宁日报推出纪念中国人民抗日战争暨世界反法西斯战争胜利70周年大型策划《1895—1945中国东北角》。该策划从2015年4月27日到9月26日，共推出3个专题、5个主题、152个专版，刊发稿件530余篇，近百万字的篇幅，被誉为纪念抗战报道的"鸿篇巨制"。其中"经济抗战"系列写出了大量原创性报道，全面提升了东北抗战的地位和意义，填补了我国媒体抗战宣传的空白，同时，视角拓展至当今中日关系和国际格局，有助厘清当前的一些模糊与错误认识，具有较强的现实针对性。"文化抗战"系列已由辽宁人民出版社结集出版，相关报道资料及图书由沈阳九一八历史博物馆永久收藏。网络媒体纷纷转载，新华社、中央电视台、南方都市报等10多家媒体纷纷与辽宁日报联系，索要采访资源和新闻线索。

发现版还推出了纪念抗战胜利的战犯改造系列策划、抗战故事系列策划、寻找英雄系列策划、重访遗迹系列策划，重现历史真相，揭露了日本帝国主义的侵略事实。

（三）重读国学经典，弘扬传统优秀文化

辽宁日报基于自身在文化传播领域的优势，推出大量独家策划和专栏，做深传统文化报道，备受传媒同行与读者关注。

全年每周一刊的《人文讲堂》是 2015 年辽宁日报文化新闻中的精彩亮点。《君子居其位而必有其德》《君子所乐者说》《穿西服的孔子》《难道只有上天才解我孔丘吗》等对中国古典人文思想的解读，内容涉及《论语》《诗经》《孟子》《大学》《易经》等中国古代典籍，成为辽宁日报弘扬中华传统文化的经典版面，也被众多学者所推崇。文化观察版"重读经典"系列 4 月初以"重读《论语》"作为重读经典的开篇，共推出 28 部作品和人物。《2014 辽宁考古新发现》系列策划，独家发布 2014 年辽宁考古新发现，在"丹东一号"沉船打捞报道中独家采访国家文物局权威人士，给出最新解答。这一系列原创报道充分挖掘本地文化资源，稿件被多家网站转载。

（四）关注当下文化现象，传递正面价值取向

当前文化娱乐现象纷繁复杂，百姓关注的热点层面多样。辽宁日报始终在重要的时间节点和文化现象中把握正确的方向，引导读者的价值取向。

2015 年 2 月 9—11 日推出《望年》春节特刊，共 3 期 24 个版特别报道：《说年俗》梳理辽宁各地年俗文化，《回家路》透视当代中国人春节归家的复杂情绪，《送春联》展现传统文化重回百姓生活的重要意义。报道追索年文化、寻找年的味道，倡导传统伦理道德价值。《辽宁新乡贤完

全调查》策划分"识贤""举贤""用贤"3期共12个版，对创新发展乡贤工作这一重大的时代命题，从理论和实践层面进行深入梳理，用大数据思维做分析，海选数百个新乡贤信息，

精选出212个样本，范围涵盖全省14个市的60个涉农县（市）区，绘制出一个完整的"辽宁新乡贤文化地图"。

　　文化观察版推出《文化七日谈》发稿120余篇，话题涵盖文化领域的各个层面;《一剧一评》刊发电影、电视剧、综艺节目评论近50篇，解析了《智取威虎山》等20余部热门影片和《武媚娘传奇》等热播电视剧及综艺节目，篇篇评论旗帜鲜明地倡导社会主义核心价值观。

六、履行遵守职业规范责任

（一）践行"三严三实"，加强廉政建设

　　一年多来，辽宁日报狠抓对编采人员的培训，设立"新闻大讲堂"每

周五开课。课堂上，总编辑亲自上阵，新、老编辑和记者现身说法，生动而具体地对采编人员进行马克思主义新闻观、新闻职业道德与新闻编采业务知识的学习培训，收到了较好的效果。

从 2015 年 4 月开始，辽宁日报编辑部结合党员"三严三实"教育活动，对采编人员进行了一次全员廉政教育，要求党员认真执行中央八项规定、辽宁省委有关意见和法律纪律要求，在集团内部营造清正廉洁、积极向上的氛围。对新闻采编人员加强新闻职业道德教育，强化其政治意识、责任意识和大局意识，大大地提升了采编人员自觉抵制新闻行业不正之风的自觉性。

（二）严防腐败，重点加强对中层干部的管理和监督

集团要求中层以上干部每年必须填写一次《领导干部个人情况报告》，对自己的婚姻、房产、收入、子女就业就学等情况必须如实填写，如有重大变化事项，必须如实汇报说明，还要填写家庭和主要社会关系状况，以便纪律检查部门的监督。

（三）建立规章制度并严格执行

为了坚持新闻的党性原则和确保正确的舆论导向，集团实行规范化管理，制定了一系列管理制度，采编人员必须遵守宣传纪律、坚持新闻真实性原则、杜绝有偿新闻、恪守新闻工作者道德规范，同时自觉接受社会监督。如有违反，一经发现严格处理。

2015 年，辽宁日报严格规范新闻采编及发布流程，制定业务流程规范，新修订《采编出版流程大纲》及 12 个专项管理规定，从源头上堵住了采编人员以稿谋私的渠道。

七、履行合法经营责任

2015 年，在纸媒行业整体经济效益下滑的大背景下，辽宁日报的广告收入和报纸发行量实现了逆势增长；集团内的非报产业逐步转型；进军资本市场成为集团培育新增长点的重要抓手，2015 年 6 月 16 日，辽宁日报新媒体集团成功登陆新三板；新媒体经营已经起步。

辽宁报业传媒集团实行一系列经营方式的重大改革，是在确保社会效益、依法经营的基础上实现的。

为进一步加强广告经营管理，建立良好的广告经营秩序，保障报社的经济利益，维护报社的形象，辽宁日报广告部出台《关于广告把关工作的若干规定》《关于形象资讯的界定及出版管理办法》《关于广告经营

专业分工的相关规定》《关于广告公司代理业务的管理办法》《关于策划类广告的管理规定》等 16 个文件，严格审查所刊发的广告内容；建立广告业务的承接登记、审核、档案管理制度，确保广告审查、审核不流于形式。

广告审查员的职责也有明确规定，广告审查员必须认真审查广告客户的相关文件、营业执照以及必须进行行政审批的相关批文、批号；审查广告主体资格是否合法，广告内容是否符合法律程序规范，杜绝刊登虚假广告，认真修改和删除商业广告中的违禁用语和极限用语以及夸大产品性能的用语。

集团内的非报经营部门也严格依法经营，每个经营合同的签署，都由法务部门严格把关。

2015 年全年刊发的广告，没有出现违法违规现象，其他经营活动也没有出现违法事件，没有偷漏税行为，没有受到任何处罚。

八、履行安全出版责任

（一）提高编采人员素质，为安全出版打基础

为配合辽宁日报改版、实现持续提升辽宁日报质量的目标，编辑部每周都要对编采人员进行业务培训，并着重培养团队中的青年骨干，给他们以角色和舞台，使其业务能力、思想境界得到较快提升，充分发挥其带头和示范作用，为确保出版安全打下基础。

（二）完善出版规定，确保安全出版无漏洞

2015 年，辽宁日报新闻采编部门严格各项采编出版工作规范制度，补充完善操作的细节性规定并认真执行，彻底解决制度性漏洞和执行中的偏差，形成有效的预防关口，确保采编工作更加健康有序安全。

在采编工作中，辽宁日报形成了严格的出版制度，严禁使用不规范的表述，严禁随意刊发转载外部稿源，严禁对新闻图片进行影响事实的改动，严禁利用报纸达成个人目的，严禁脱离群众，严禁以单位名义开设个

人微博。除新华社等中央媒体稿件外，其他媒体稿件原则上不转载，如确需转载，必须进行认真核实并标明出处。对集团网站、媒体法人微博、微信等新媒体发布的内容，制定业务流程规范，对账号管理、选题策划、内容来源、发稿权限、跟踪处理等关键环节作了具体规定。

2015 年，辽宁日报还新修订《采编出版流程大纲》及 12 个专项管理规定，这 13 个文件，总字数达 2 万多字，包括《辽宁日报采编出版流程大纲（修订）》《辽宁日报稿件类别划定标准及记者工作量规定》《辽宁日报编采人员约束条例》《辽宁日报编辑部差错管控要求及处罚条例》等，实施这些制度和规定，有效地保证了辽宁日报的采编规范和出版安全。

2015 年辽宁日报没有出现安全出版事故。

九、履行保障新闻从业人员权益责任

（一）营造温馨企业文化，保障职工各项权益

辽宁报业传媒集团努力营造温馨的企业文化，增强新闻从业人员的归属感，让他们感受到来自集体大家庭的温暖。2015 年以来，辽宁日报广泛征求了采编人员的意见和建议，开展了 35 岁以下采编人员愿望诉求调查和新媒体采编人员薪酬调查，倾听采编人员的心声，并及时调整

各项规定，确保采编人员生存、发展的各项权益。有关部门还积极帮助大龄青年解决婚恋问题，新媒体采编人员薪酬偏低的状况也得到了及时调整。

（二）举办普法活动，让职工依法维权

2015 年，集团开展了有针对性的普法工作，举行了集团法律知识培训讲座。法律顾问结合多个案例，就新闻媒体报道、合同签订和网络媒体的法律风险与防控等方面的知识进行了深入浅出的讲解，让新闻从业人员掌握法律武器，并在新闻采编工作中依法维权。

为保证集团的各项工作都能依法进行，集团设立了法务部，确保集团的一切行为在法律前提下进行，同时也帮助职工维权。

（三）严格执行劳动合同，维护采编人员权益

目前，集团新闻从业人员分为事业编制职工和聘任制职工两个部分，集团十分重视聘任制职工的权益保障，集团人事部门与他们签订了规范的劳动合同，并为他们提供了"五险一金"的社会保障，还及时地组织业务培训，为符合条件的新闻采编人员申领、发放新闻记者证，采编人员劳动合同的解除也依法依规进行。目前，聘任制职工在职业晋升、社保待遇等方面，与事业编制职工基本相同。

十、履行社会责任方面的不足和今后努力方向

一年来，辽宁日报努力承担起应负的社会责任，在社会上产生了良好的反响，受到多次表扬，没有受到过任何部门的处罚。但我们的工作还远没有尽善尽美，在承担社会责任的方法、途径以及机制建立等方面，还需要继续创新、不断完善。2016年我们将加大改革、创新力度，来实现辽宁报业传媒集团的更快发展，从而更好地履行我们的社会责任。

2016年，我们将从以下几个方面着手，深化改革。

一是辽宁日报将继续坚持新闻报道"原发性、独家性、原创性"的原则，持续提升报纸质量，进一步扩大党报的感染力、传播力和影响力。

二是进一步做大做强辽宁日报已经在全国叫响的新闻策划品牌，围绕新的一年党中央和辽宁省委确定的中心工作与重大方针政策，创造性地开展策划报道，放大辽宁老工业基地新一轮振兴的声音和气势，同时加强对社会主义核心价值观宣传力度，更好地担负起辽宁日报引导舆论的社会职责。

三是以辽宁日报的品牌和影响力为基石，在报社全面推进"全员新媒体"工作计划，用新的考核机制和办法促进全员参与到新媒体的生产中去，深入推进媒体融合，积极占领更大的舆论场，讲好辽宁故事。

四是继续通过提升内容质量、组织互动活动等，增加新闻客户端用

户、官方微博粉丝和官方微信粉丝，扩大新闻客户端的下载量，将其真正打造成"移动党报"。同时，尝试运行经营新闻移动端的模式，为未来发展积累经验。

五是加强中层干部和业务骨干队伍建设，确保新闻作品的品质。同时，进一步规范和完善出版流程和编辑记者管理规定，加强新闻全生产型队伍建设。

六是积极探索新形势下党报经营模式创新，尝试多元经营，积极参与文化基金建设，立足生存，瞄准发展，开拓空间，为将辽宁日报建成具有更强实力和影响力的新型传媒集团而努力。

2016年将是辽报人全员拥抱新媒体、改革进入关键期的一年。

辽宁广播电视台

社会责任报告

一、辽宁广播电视台概况

辽宁广播电视台正式挂牌成立于 2009 年 12 月 18 日，是以原辽宁人民广播电台、辽宁电视台、辽宁教育电视台为基础，集广播、电视、网络等多种媒体于一体的新的传媒机构。目前拥有 8 个电视频道、6 个广播频率，以及瓢虫台、网络广播电视台、移动电视频道等新媒体播出平台。

辽宁广播电视台是党、政府和人民的重要喉舌，是辽宁重要的新闻舆论机构和重要的思想文化阵地，是辽宁省委、省政府联系人民群众的桥梁和纽带，具有传播新闻、社会教育、文化娱乐、信息服务等多种功能，是辽宁、东北乃至全国的公众获取信息的重要桥梁，是"让世界认识辽宁，将辽宁展示给世界"的重要窗口。

辽宁广播电视台始终坚守"新闻立台、导向立台"的方针，加快构建现代传播体系。2014 年 6 月 1 日，辽宁卫视实现高清上星播出，进一步提升了辽宁电视节目的传播力、吸引力、影响力和竞争力。截至 2015 年年底，全国能接收辽宁卫视频道节目的人口约为 9.62 亿，在全国省级卫视频道中东北地区排名第一，环渤海地区位居前列。

二、履行社会责任情况

2015 年，辽宁广播电视台在辽宁省委宣传部、辽宁省新闻出版广电局的正确领导下，认真学习领会习近平总书记系列重要讲话精神，坚持新闻报道与广播电视文艺的正确思想导向、价值导向和审美导向，紧紧围绕省委、省政府的中心工作，圆满完成了纪念抗战胜利 70 周年、辽宁省第四届全民读书节、辽宁好人等重大活动的报道，报道中准确把握舆论导向，积极创新报道方式，努力形成全媒体合力发声的宣传强势。

（一）履行正确引导责任情况

1. 纪念抗战胜利 70 周年等重大报道立体生动，出新出彩。2015 年是中国人民抗日战争暨世界反法西斯战争胜利 70 周年，辽宁广播电视台深入挖掘本省的历史文化资源，准确把握七七事变、九一八事变等各个历史节点，推出了《辽宁抗战爱国主义教育基地巡礼》《正义的胜利》《忏悔——为了不能忘却的历史》等一系列自主策划，高质量地完成了"勿忘九一八撞钟鸣警仪式"特别直播节目、"9·3"《正义的胜利》大型直播节目等各项宣传报道任务。在宣传报道过程中，将宏大的历史背景和生动感人的故事巧妙结合起来，切实做到了史诗性、故事性和新闻性有机结合，形成了全景式报道、全媒体传播的报道格局，唤起了人们对过去的铭记和缅怀，对和平的珍爱和坚守。

2015年以来，辽宁省经济下行压力持续加大，辽宁广播电视台先后推出了《新常态·新思路·新作为》《转作风·抓落实·促振兴》等专栏，加大了经济宣传力度，组织骨干力量深入全省各地挖掘鲜活事例和生动实践，采写出《"三驾马车"齐发力稳增长》《重生》等一批报道，营造攻坚克难、真抓实干、开拓进取的舆论氛围，大力唱响辽宁经济光明论。

"侨商辽宁行"系列报道，通过《辽宁成为海外归侨投资创业热土》《侨商侨资侨智　助力辽宁经济转型升级》等近10篇报道，向世界展示辽宁独特的地理区位优势、产业实力优势、科技文化优势和基础设施优势，大力引导和鼓励海外侨胞、特别是知名侨商关心、支持辽宁建设，为辽宁新一轮全面振兴凝心聚力。

2015年中国软交会、2015年绿公司年会以及2015年夏季达沃斯论坛先后在辽宁召开，辽宁广播电视台充分发挥主场报道优势，在时间紧、任务重的情况下保质保量地完成了多场录播和直播工作，更将绿公司宣传报道与辽宁省实际紧密结合，研究提炼了"辽宁与创变者同行"的主题，邀请参会的商界学界精英为辽宁振兴发展出谋划策。

2.热点事件引导有力，突发事件权威准确。辽宁广播电视台承担着主流媒体舆论引导的使命，对突发事件、社会热点的报道反应迅速、引导有力。周播节目《瞭望评辨天下》，每期都针对一个观众极为关注的热点话题，及时回应公众呼唤，实现舆论引导功能。比如对雾霾、公共安全突发事件及其他具有轰动效应的重大公共事件，通过深入剖析，勾连出更具广泛意义的社会问题。以具有权威性的表达廓清思路，以具有前瞻性的观察引领舆论，以观众易于接受的方式，完成了主流价值观的有效传播。《远离雾霾　何时不靠"等风来"》《两天半的周末　真的可以吗》《旅游指导价"真能杜绝"宰客吗》等节目都在社会上引发了良好反响。2015年8月，辽宁省连续发生食用野生蘑菇中毒事件，辽宁广播电视台紧急采制了报道《我省多地发生食用野生蘑菇中毒事件　已致5人死亡　省食药监局提示：慎重采食野生蘑菇》。以全台各频率频道积极响应、"两微一端"共同发声的大力度宣传，起到了让人民群众远离"毒蘑菇"危害的积极作用。

3. 聚焦民生舆论监督客观理性。辽宁广播电视台舆论监督聚焦民生，《新北方》《大海热线》《生活导报》《民生》等多档广播电视节目密切关注人民群众反映强烈的食品安全、假冒伪劣、霸王条款、环境污染等问题，客观评判，理性引导，积极促进问题解决。"3·15"期间，都市频道推出的《新北方消费者维权报告》，现场处理纠纷，受到广大消费者的热烈欢迎。新媒体同步推送"3·15"宣传，内容涉及"四大类消费陷阱"等多项百姓关注的焦点问题，点击阅读量超过5.6万人次。

（二）履行提供服务责任的情况

辽宁广播电视台积极主动履行省级电视台公共服务职责，不断加强自身社会服务能力建设。频道、频率定位、节目内容设置涵盖新闻、文艺、体育、影视剧、青少教育、经济、交通、乡村等各个领域。

1. 信息资讯服务及时实用权威便捷。辽宁广播电视台重点围绕春运、黄金周、重点节假日、新发布的政策法规、灾害性天气等，做好各类服务信息的发布。《辽宁新闻》的《视线》栏目紧紧围绕中央各项举措及省委、省政府中心工作，不是进行简单的评论报道，而是多角度、多层面地剖析问题、分析问题、解决问题。例如，5月29日《视线》播发《"互联网+"加什么？》，报道深入思考探索了辽宁在"互联网+"热潮中加什么、加在哪、怎么加，梳理了"互联网+"需要加品牌、加互联网思维、加服务、加规划等层面。

《辽宁人健康白皮书》首次发布，辽宁广播电视台推出"健康白皮书"系列报道，选取大家关心的健康问题，通过演示动画解读白皮书中的统计数据，如各种癌症的发病情况、新生儿缺陷发生状况等，请医生讲解预防、治疗知识，破除人们日常生活中的误区。报道具体生动、服务性强，受到观众的好评，在新媒体上也引起广泛关注。

教育·青少频道推出的《2015年和4G报考指南》每天播出近4个小时，共有26所国内高校的招生代表参与节目直播，节目以其时效性、权威性和互动性倍受考生、家长及高校的欢迎，被誉为"立体式招生简章"。

2. 媒体公益活动关爱民生影响广泛。辽宁广播电视台积极利用媒体平台发起公益行动，促进社会进步和个人命运改变。《大海热线》开展的"光明行"大型公益活动，行程已达1万多公里，为2万余人进行了免费眼病诊查，为1万多位家庭贫困的白内障患者免费做手术，解除了他们的病痛；交通广播开展的"日行一善爱接力"活动，将核心价值观研发成适应现代生活的"日行一善"小倡议，每天发布一条，引导人们从小处着手践行价值观，传递真善美；瓢虫台"我带盲童看电影"公益活动已经连续进行了4年，让声音成为盲童的眼睛，用心灵和双耳感受一场奇妙的电影之旅。

3. 积极开展科普和普法宣传。辽宁广播电视台积极开展科普、普法等知识普及宣传，倡导科学文明生活方式。《辽宁新闻》《视线》栏目针对最新发布的法律法规进行生动立体的宣传,《健康一身轻》积极倡导健康科学的生活方式。《新北方》栏目推出《眼见为实》专栏,选题涵盖百姓关注的生活现象,对传统习俗去伪存真,《白头发真的拔一根长三根吗》等一系列节目通俗易懂,受到群众欢迎。

(三)履行人文关怀责任的情况

2015 年,新闻、生活服务、道德建设、科教文卫等公益性节目的播出比重达到 38%,超过总局播出时长按周计算平均不少于 30% 的规定。周六白天剧场的动画片,晚间午夜时段的纪录片播出,每周均达到并超过 210 分钟,完成了上星频道传递人文正能量的规定动作。

1.《归来》聚焦留守儿童,传递温情正能量。2015 年,辽宁卫视季播节目《归来》主打公益牌,节目中由四位文体明星担任的爱心大使会充当临时爸妈,每人带着三位农村留守儿童自驾游,终点是父母打工的城市,结局是一场意外的团聚。全程连续拍摄时间长达两周,线路分布大江南北。欢笑、泪水、不安、新奇、矛盾,生活、交谈、疲累、碰撞、改变种种都将在路途中以及明星和孩子之间发生。国家新闻出版广电总局对《归来》在传播社会主义核心价值观,弘扬传统亲情文化,以真实情节打动观众上所做的努力,给予了表扬。

2. 关注弱势群体彰显人性尊严。辽宁广播电视台在日常报道中关注基层劳动者,注重反映弱势群体的精神诉求,坚持做有温度的新闻。

《行进中国 辽宁故事》,推出了《高铁养路工 越夜越精神》《我为机床穿"花衣"》《90后"东北猫"的"煎饼王国"》等报道,塑造了有血有肉的工人、创业者的形象。《"家·春秋"之"家·事"》特别策划,先后关注报道了外来务工人员、东北抗联老兵、农村贫困家庭、脑瘫儿童康复之家、在他乡漂泊奋斗的辽宁人等。感人的故事、新颖的形式、精良的制作在受众中引起强烈反响。一些抗战老兵的后代打来电话，讲述自己的家庭故事；一位大连观众看了节目后，专程前往盘锦脑瘫儿童康复之家，看望患儿并捐款捐物；东港孝心女孩丛欣的故事播出之后，北京的一家大型医院派出了医疗组专程前往东港为她的父母检查身体，并把他们接到北京接受系统治疗，而且还承诺资助丛欣上大学。

都市频道《新北方温暖行动》栏目先后播发《雪后环卫工：扫雪到午夜　怕借厕所不敢多喝水》《老孟的心愿：愿这个冬天不那么寒冷》等十余篇报道，并借势推出"新北方爱心联盟环卫休息站"活动，仅一周，全省就有536家商铺加入爱心联盟。

改善儿童弱势群体的生存环境是构建和谐社会的一项重要任务。教育·青少频道成立的"闪亮童星"少儿合唱团，为孤困、留守儿童圆了在舞台上尽情高歌的梦想。

（四）履行繁荣发展文化责任情况

辽宁广播电视台将核心价值观宣传贯穿始终，推出一大批公益性品牌节目和活动。

1. 新闻报道凸显社会主义核心价值观。2015年，"辽宁好人"共发布了7批近百人，《辽宁新闻》逐一进行了采访报道；从带领村民共同致富奔小康、鞠躬尽瘁的毛丰美到敢叫沙漠变绿洲、把一生献给治沙事业的"治沙书记"董福财；从一心为民、带病坚持带领全村发展致富的王桂兰到勇于担当、献身振兴主战场的好干部孙德忠，"辽宁好人"的善行义举，在社会各界产生热烈反响，成为诠释社会主义核心价值观的生动案例。

2. 主题活动构建传统文化传承平台。辽宁广播电视台积极弘扬优秀传统文化，辽宁省第四届全民读书节期间，辽宁广播电视台积极倡导全民阅读，建设书香辽宁，策划推出了"古典阅读""端午诵读会"等特色活动；《欢乐集结号》开展"我们的中国梦——文化进万家活动之'成语我最棒'"活动，唤起广大人民群众，尤其是青少年对成语以及中国传统文化的热情。

3. 影视剧纪录片传递人文价值。2015 年，在购剧预算有限，经费少、压力大的情况下，辽宁广播电视台努力提高购买准确率，让电视剧呈现出热播态势。2015 年，卫星频道黄金档播出首轮剧 16 部、二轮剧 3 部，在全国 50 个城市数据网收视排名第 15 位、收视率 0.33、市场份额 0.912%。

除电视剧之外，辽宁广播电视台还自主创作了《时间深处的真相》《苇海刀客》等一批饱含人文价值的纪录片。

抗日题材作品《时间深处的真相》记录了九一八事变之后一批留守在沈阳城内"守土抗战"的爱国知识分子，为揭露日军侵略暴行和谎言，冒死搜集证据，并辗转递交国联调查团的跌宕过程，该片成为辽宁广播电视台纪念抗战胜利 70 周年的宣传力作。

为拍摄纪录片《苇海刀客》，导演在盘锦冬季的芦苇荡里，同割苇子的农民工同吃同住近一个月，跟踪拍摄工人们每天的工作与生活，关注他们的生存状态和精神世界。全片既有对普通劳动者的赞美，也有对社会转型期城乡差距、贫富差距等现象的思考，是一部散发着强烈人文关怀的现实主义作品。

4. 大力倡导正确文化导向。辽宁广播电视台卫星频道、影视剧频道、综合频率、文艺频率各档文化综艺类栏目节目坚持正确文化导向和审美趣味，注重将社会主义核心价值观融入文艺宣传。自觉抵制低俗、庸俗及过度娱乐化倾向的文化娱乐节目和文娱资讯，拒绝有负面影响的演艺人员参与辽宁广播电视台节目。

《辽宁好人发布厅》《辽宁好人2015年度盛典》已经成为展示辽宁好人形象、引领社会风尚的重要窗口，传播正能量、宣传社会主义核心价值观、展现辽宁精神的重要阵地。"辽宁好人·时代楷模""辽宁好人·最美巾帼人物""辽宁好人·最美大学生""辽宁好人·最美工人""辽宁好人·最美政法干警""辽宁好人·最美老有所为"等10期《辽宁好人发布厅》在社会上引起强烈反响。

2015年《辽视春晚》组织导演与撰稿到基层、到百姓中间体验生活。大体量的语言类节目，浓郁的地域特色，有力诠释了社会主义核心价值观，再次力获全国电视节目同时段收视第一，网络视频点击率第一，成为拉动辽宁卫视收视的全新亮点。2015年2月底，《人民日报》在显要位置发表评论文章《辽宁春晚：节俭办会看点多》，对2015年《辽视春晚》予以高度评价。

新闻中心将"深入生活·扎根人民""结对子·种文化""我们的中国梦"文化进万家活动和新春走基层活动结合起来，2015年1月底至2月中旬，策划推出了"非常任务"系列主题活动，在辽东、辽南、辽西、辽北分别选取农村、社区、企业、军营进行文化共建。春节前夕，新闻中心的编辑记者和主持人组成4支小分队利用近20天的时间分别进行了满族文化传承、农民春晚组织、微电影拍摄、军旅歌曲创作等，满足群众的文化需求，特别报道播出后引起强烈反响。

5.围绕"中国梦"制作播出大批公益广告精品。按照相关规定，辽宁广播电视台各频率频道每天播出不少于8.46分钟公益广告的播出标准，

2015 年全台公益广告播出总量已远超总局规定的全年播出量。电视公益广告《我们代表中国》《一切为了孩子》和广播公益广告《纪念抗战胜利 70 周年之历史未曾走远》入围"2014—2015 年度国家新闻出版广电总局广播电视公益广告专项资金扶持项目",同时荣获公益广告专项扶持资金 30 万元。

(五) 履行遵守职业规范责任情况

2015 年,辽宁广播电视台认真履行遵守新闻从业人员职业规范,在新闻采编、报道评论、转载刊播等方面恪守从业准则,自觉抵制新闻界不正之风。

以专业培训、强化职业纪律培训以及"好记者讲好故事"为契机,我台对一线采编人员开展了深入持久的马克思主义新闻观教育,采编播人员的政治意识、大局意识和责任意识明显增强,新闻队伍呈现出新气象、新活力。辽宁广播电视台还通过进一步健全管理长效机制建设,严格规范从业人员在新闻采编、报道评论、转载传播、广告刊播等各方面的职业行为。

2015 年 11 月飞机"急救门"事件在全国持续发酵,主人公张洋的长微博点击率一路飙升。在对整个事件的发布中,张洋始终保持了一名记者客观、冷静的态度,并入选 2015 健康界年度影响力十大人物,得到的评语是"一名记者引发的院前急救反思"。

2015 年,辽宁广播电视台进一步完善创优机制,大力实施精品工程。数十件作品获省级一等奖,《人民的好代表——毛丰美》获第二十五届中国新闻奖专题三等奖。

（六）履行安全刊播责任的情况

辽宁广播电视台认真履行安全播出责任。系统播出、动力保障、信息网络、基础资源、业务应用等技术支持和运行保障系统安全稳定运行。《辽宁广播电视台违反宣传纪律处罚条例》《辽宁广播电视台合同签订审批规定》《辽宁广播电视台〈关于加强节目审查管理工作的规定〉实施细则》先后颁布实施。

各部门建立了严格的三级审稿制度，要求编播单准确、广告插播准确、导播人员认真负责、节目直播确保安全、节目带送播规范。重播节目，必须重播重审，对于时效性极强的政治问题时刻提高警惕，严把热线关、确立三级字幕监看制度等。

2015年，辽宁广播电视台进一步理顺工作架构、明确工作责任、加强值班值守，确保了播出安全；积极改造完善开发高清演播室的功能，提升了报道制作水平和栏目播出品质。2015年全国两会期间首次使用蓝箱虚拟技术，《辽宁新闻》的《视线》栏目和日常报道大量使用演示动画等新的呈现方式和手段，播出效果良好。

针对广播节目传输信号出现堵塞时，易引起广播节目信号质量下降的故障隐患，广播技术部组织技术骨干进行攻关，改造广播中心播控监测系统，增加各广播频率播出节目信号和发射覆盖的调频、调幅及卫星接收信号的比对异常报警功能，并实现广播播出信号在总控机房大屏幕显示的彩条报警功能，减少了技术隐患，保证了广播节目播出安全。

（七）履行合法经营责任的情况

辽宁广播电视台认真履行合法经营职责。从广告价格、长度、广告代理、广告审查、合同签订、播出、监听、停播等覆盖广告流程的各个方面进行全方位规范，不断加强与广告客户的沟通与引导，切实做到广告经营管理有法可依、有章可循，做到广告播前有审查，播中有监管，播后有备案。

2015年9月1日新广告法正式实施，辽宁广播电视台广告审查员在工作中严格按照新的法律法规执行，切实履行广告审查及监管职能，继续将医疗、药品、保健食品等广告作为监管重点。同时，将品牌广告植入广告纳入监管范围，防范监管漏洞和死角。

辽宁卫视从2015年上半年开始就缩减了近2/3的专题广告，舍弃了2.5亿元至3亿元的广告收入，使辽宁卫视成为全国广告内容最干净的卫视平台之一，媒体的公信力得到了维护，同时专题广告在已签约广告中的占比也降到了30%的红线以下。

广告经营一直是广播电视行业发生腐败问题的重要领域。为此，辽宁广播电视台加大了对广告经营工作的监管力度，进一步健全完善各项制度，并坚持将全年的广播电视广告时段实行公开拍卖。同时，通过建立广播电视广告监播系统，为广告运营筑起了一道防火墙，有效遏制广告经营中的腐败问题。

（八）保障新闻从业人员权益责任的情况

辽宁广播电视台不断完善事业、企业双轨制用工的管理体系，岗位管理日趋完善。进一步完善绩效考评体系，形成多劳多得的整体氛围。通过专家讲座、业务讨论等方式积极开展员工培训，不断提高员工的业务水平和整体素质。

辽宁广播电视台将职工利益放在首位。2015 年在全省率先完成离退休人员和在职人员工资标准调整工作；妥善完成全台职工养老保险缴费基数的调整工作，为事业编人员增加了职业年金，最大限度地调高了非事业编制人员的养老保险和工伤保险缴费基数；将医疗保险缴费基数调整为以省人社厅工资软件核定的工资标准，首次实现医保基数与职工工资一一对位，最大限度保证了每位职工的利益。

三、履行社会责任方面存在的不足和改进措施

2015 年，尽管我们在履行媒体责任方面取得了一定成绩，但仍然存在差距和不足。如辽宁卫视的定位和辨识度还不够明晰，在全国的排名亟待提升，频率频道广告构成比例尚需进一步调整等。

今后，辽宁广播电视台将继续加强改进广播电视工作，牢牢把握正确的舆论导向，围绕中心、服务大局，创造性地完成好各项宣传报道任务，忠实履行主流媒体职责使命。还要在舆论引导能力上下功夫，进一步提升辽宁广播电视台的权威性与影响力；还要在"时、度、效"和"短、实、新"上下功夫，进一步提高辽宁广播电视台的吸引力和感染力；还要在品

牌建设和精品创优上下功夫，进一步增强辽宁广播电视台的传播力和竞争力；还要在进一步整合资源、统筹谋划上下功夫，进一步推进媒体融合和全媒体建设；还要在加强监管、狠抓落实上下功夫，进一步建立健全广告管理监督机制和广告播出责任追究制度。同时，辽宁广播电视台也将通过"声屏靓化""增收壮力""精兵强将"3项工程的全面推进，争取在新的一年里更好地履行媒体社会责任，实现全国争上游、再创新辉煌的奋斗目标。

吉林日报

社会责任报告

一、吉林日报概况

　　吉林日报是中共吉林省委机关报。创刊于 1945 年 10 月 10 日，是中国共产党在吉林省创办的一份综合性报纸。创刊时称《人民日报》，由中共吉林特别支部创办。毛泽东同志曾于 1950 年 5 月和 1965 年 1 月两次为吉林日报题写报头。

　　吉林日报在抗日战争胜利的凯歌声中诞生，在解放战争的炮火硝烟中成长，在改革开放大潮中发展壮大，有着光荣的历史，记录了吉林大地 70 年的沧桑

1950 年 5 月毛泽东同志第一次为《吉林日报》题写的报头

巨变。70 年来，吉林日报坚决贯彻执行党的各项方针、政策，始终坚持正确舆论导向，高举旗帜，围绕大局，服务人民，改革创新，逐步建立了比

1965年1月毛泽东同志第二次为《吉林日报》题写的报头

较有调控能力的宣传报道机制，形成了善于策划、报网互动、集团联动的有自身特点的报道优势。特别是在重大主题、突发事件、敏感热点问题等报道时，充分发挥党报权威发布、引导舆论、弘扬正气、化解矛盾、服务群众的作用，得到吉林省领导、有关部门及广大读者的肯定，成为信得过、靠得住、用得上的吉林省新闻战线的排头兵。从2011年7月开始积极推进改版，以贴近现实、省情、民情为切入点，从内容、形式、版面风格上改进创新，得到上级主管部门及社会各界的充分肯定和支持鼓励。

在经营报社的过程中，吉林日报始终坚持改革创新，坚持"一体两翼"的发展方针，突出办报，加大发行和经营创收力度。近些年，不断深

吉林日报社办公大楼

化内部各项改革，创新资本运营方式，坚持用市场的办法提高经营管理水平，提高了广告、发行和其他经营创收能力。

随着吉林日报规模不断扩大，办报质量不断提高，经济实力也不断增强。2001 年 9 月 20 日，国家新闻出版总署批准成立吉林日报报业集团，成为吉林省第一家报业集团。经过 10 多年发展，集团规模不断壮大，形成了 11 报 3 刊 1 网站 1 手机报，以及吉林日报官方微博、微信和移动客户端的发展格局。

吉林日报社现有员工 756 人，其中：在编 460 人；聘用 218 人；集体经济管理中心出劳务 78 人。报社现有员工中，博士研究生 6 人，硕士研究生 25 人，大学本科毕业生 314 人。

二、履行社会责任情况

（一）履行正确引导责任

2015 年，吉林日报全面贯彻落实习近平总书记系列重要讲话特别是视察吉林重要讲话精神，按照全国、全省宣传部长会议安排部署，紧紧围绕吉林省委、省政府中心工作，牢牢把握正确舆论导向，大力宣传"五个优势、五项举措、五大发展"，为推动吉林新一轮振兴发展营造了良好舆论氛围。

办好报纸，唱响主旋律，打好主动仗，围绕中心、服务大局，是吉林日报首要的政治职责和安身立命之本。过去一年，是吉林振兴发展历程中具有里程碑式意义的一年，我们经历了一系列具有历史性、标志性、关键性的大事、要事、喜事。吉林日报坚定正确的政治方向，把握正确舆论导向，忠实记录吉林振兴发展的生动实践，较好地完成了各项宣传报道任务。

重大时政报道出新出彩。圆满完成了习近平总书记和李克强总理视察吉林、贯彻落实习近平总书记系列重要讲话精神、吉林省两会、全国两会、党的十八届五中全会、吉林省委十届五次和六次全会、全省落实年动员大会等一系列重大时政报道任务，发挥了重要舆论引领作用。特别是在报道习近平总书记参加吉林代表团审议时，创新推出消息、侧记、评论、综述、图片等"五位一体"报道模式，形成了报道合力。

习近平总书记、李克强总理来吉林视察，是全省政治生活中的头等大事。报社领导高度重视，总编辑挂帅，研究制订了周密的报道方案，选派骨干记者组成报道组，发挥集团传统媒体和新媒体优势，推出一批生动、鲜活的现场报道。尤其是习近平总书记视察吉林的报道，从 2015 年 7 月19 日开始，连续拿出多块整版，推出视察调研活动报道、回访报道、解读报道、反响报道，以及贯彻落实情况的报道；特辟套红通栏和醒目专栏，配发评论、图片专版，宣传方式多样化、立体化，深度报道、延伸报道密集厚重，得到社会各界人的充分肯定。

认真贯彻中央"八项规定"和其他相关规定，改进时政报道，从新闻规律出发，把权威性和可读性有机结合起来；下大力气做好经济、民生、社会等新闻报道。要闻版全年刊发省领导活动和会议报道 711 篇，占要闻版新闻稿件的比重为 17%；刊发民生、经济、社会等新闻稿件 3494 篇，占 83%。这些报道用事实说话，以数据证明，让群众表达，起到很好的宣传效果。

重大主题报道有声有色。重点推出了纪念中国人民抗日战争暨世界反法西斯战争胜利 70 周年、推动新一轮振兴发展、"三严三实"专题教育、全面深化改革、社会主义核心价值观、"吉林好人　引领风尚"、回眸"十二五"展望"十三五"等系列报道，声势大、氛围浓、效果好，充分体现了党报的权威性和影响力。在纪念中国人民抗日战争暨世界反法西斯战争胜利 70 周年报道中，吉林日报统筹报道力量，在多个版面开设专题、专栏、专版，进行集中宣传。在重大时间节点，推出大幅通版报道。刊发报道近 500 篇，形成了强大报道声势。特别是"弘扬老兵精神"系列报道，既见人物，又见精神，产生了以史励志的效果。

重点经济工作报道浓墨重彩。吉林日报精心策划，先后推出大项目巡检及回访、县域经济发展、聚焦产业集群、科技创新等系列报道。在报道全省重大项目巡检时，通过消息、侧记、综述、图片等多种报道形式，深度挖掘和展示吉林省稳增长、调结构，大力推进项目建设取得的成效，在省内乃至全国产生广泛影响，为推动全省新一轮振兴发展提供了强有力的舆论支持。自主策划推出了 15 篇"聚焦产业集群发展"系列报道，集思想性、政策性和指导性为一体，起到了促进产业集群发展的典型示范、舆论引导作用，对前一段时期"唱衰东北"的言论，用事实给予说明与澄清，提振了新一轮振兴发展的信心。

重大活动报道高潮迭起。圆满完

吉林日报自主策划推出的"聚焦全省产业集群"系列报道

吉林日报刊发的"吉林一号"卫星发射成功报道

吉林日报刊发的回击"唱衰东北"的评论员文章

成了"吉林一号"卫星发射、"最美高铁"开通运营、东北亚博览会、长春农博会等系列重大活动报道，内容丰富，精彩纷呈。在报道"吉林一号"卫星成功发射时，吉林日报提前策划，打破常规，充分运用消息、评论、通讯、图片，整版集中展现"吉林一号"卫星发射成功这一重大新闻主题，四版图片专版配合，形成报道合力，取得了良好宣传效果。在对长春农博会、东北亚博览会进行全方位报道时，探索全媒体融合报道，以传统媒体的内容优势、新媒体的平台优势，打造了一场新闻盛宴。吉林日报、中国吉林网、吉林手机报、吉林日报微博、微信、客户端，同步推出专栏，一线记者采写的报道即写即发，极大地提升了新闻的时效性。

理论评论旗帜鲜明、彰显深度。吉林日报不断加大理论、评论工作力度，特别注重发挥评论在重大主题报道和热点新闻事件中及时发声的能力，以思想深度彰显党报高度。针对"唱衰东北"这一论调，在关键时间节点，推出《"唱衰东北"值得商榷》

等多篇评论员文章和理论文章，予以有力回应和反驳，发出权威声音，引导了整个舆论场的正确走向，其中1篇被《人民日报》转载。连续推出14篇特约评论员文章，全面阐释"四个全面"战略布局和吉林省"五大发展"战略。2015年7月1日推出长篇评论《争当排头兵　勇做先行者》，引起较好社会反响。

理论宣传方面，在理论版开设了《推进"四项工程"》《与学者（大师）对话》《开放论坛》《吉林时评》《双赢工程》等栏目，邀请吉林省内外专家学者，以对话形式，对热点、重点问题进行阐释和厘清，帮助读者开阔视野、解答疑问、丰富知识。这些文章既有理论深度，又有实际内容，体现了坚持用马克思主义新闻观占领宣传阵地的理论自觉，也是贯彻落实吉林省委关于加强"四个平台"建设的具体体现。

（二）履行提供服务责任

服务是党报对社会的使命，也是媒体对读者的责任。吉林日报牢固树立服务意识，全力做好信息服务、生活服务、精神服务，同时组织开展社会性服务活动，帮助群众解决实际困难。

权威发布政策信息。把发布政策信息作为服务群众的重要内容，从每年两会和吉林省委、省政府及有关部门重要会议中，选取题材重大、思想性强、代表广泛、受众重要、为社会所关注的信息，及时集纳、整理、加工和发布，报道好、解读好这些权威信息资源，使读者从深度和广度上把握社会脉搏。

及时提供生活信息、服务信息和精神服务。在一版开设《为您服务》专栏，常年提供天气预报、雾霾预警、地质灾害预报、出行参考等相关信息。把办好专刊作为满足读者多方面信息需求、审美需求、服务需求的重要载体，为读者提供全方位信息服务，使之得到生活上的帮助、精神上的愉悦。例如：《法治》专刊主要普及法律知识，提供法律服务，通过典型案例为读者解疑释惑；《财经》专刊关注与百姓息息相关的经济活动、金融生活、企业融资、大众理财等方面，重点提供银行、保险、证券、理财等方面的服务信息；《健康》专刊，侧重普及健康知识，传播科学的健康理念和健康消费观。此外，还有《三农》《产经》《旅游》《教育》《文化》《体育》《摄影》等专刊，为群众提供各个领域的信息服务。

搭建社会性服务平台，帮助群众解决实际困难。通过读者来信、新媒体等渠道，了解群众需求，协调沟通政府相关部门，开展服务活动。2015

吉林日报刊发的"关注冬季供热"的报道版面

年冬天，寒流频频袭来，许多市民反映家里供热不达标。吉林日报把群众呼声作为"第一信号"，立即组成采访小分队，深入居民家里、供热企业、政府管理部门，了解问题产生的根源，探求解决问题的途径，先后推出《供暖季，您家暖和吗？》《冬季供暖那些事，不容忽视》等报道。这些报道，对政府职能部门和供热企业产生很大促动，妥善处理了群众反映强烈的供热问题。许多市民在网络和新媒体留言："温度上来了，家里暖和了，还是党报有力度。"

（三）履行人文关怀责任

在围绕中心、服务大局的同时，坚持以人为本的报道理念，把目光和镜头更多投向基层、投向群众，及时关注和反映弱势群体的心声，帮助他们解决实际困难，让社会更加和谐稳定。

灾难事故报道坚持以人为本、关爱生命。始终坚持正确的舆论导向，不刻意吸引读者眼球，不人为炒作新闻制造轰动效应，及时、全面、准确报道灾难事故，把关爱生命放在首位，找准报道与读者立场观点、思想情感的契合点，形成全社会同舟共济、共度时艰社会氛围。2015年，围绕"东方之星"号长江客轮沉没、深圳光明新区山体滑坡事故等重大灾

吉林日报刊发的重大人物典型金春燮事迹报道

难事故，及时报道事态进展和处置情况、救援现场的感人事迹、社会各界无私援助以及受灾群众的坚强乐观精神，体现了主流媒体的社会责任、人文关怀和价值取向。

日常报道尊重社会弱势群体，反映群众意见呼声。推出《百姓》《民生》专刊，每周至少一期，重点关注环卫工人、农民工、下岗工人、城乡低保人员等群体的生存状态，展现他们顽强不屈的精神面貌，唤醒全社会对他们的关心和帮助。2015年，围绕暖房子工程、棚户区改造、"三帮扶"、新型农村养老保险、看病难就医难看病贵等问题全面出击，反映百姓疾苦、倾听群众声音，传递党的声音。

做好弘扬社会主义核心价值观报道，深入人的精神世界、关心人的情感、启迪人的思想、激励人的全面发展。加强自主策划，创新报道思路，继续开设好《培育和践行社会主义核心价值观》《吉林好人　引领风尚》等专栏，深入挖掘报道了金春燮、崔光日等重大典型事迹，每天推出一篇吉林好人报道，发掘他们身上的闪光点，让读者从"好人"身上受到核心价值观教育。

（四）履行繁荣发展文化责任

以长白山文化为代表的吉林文化，丰富多彩，内涵深刻，有着鲜明的地域特色。宣传和弘扬吉林文化，是党报应履行的社会职责，也是体现报纸文化品位的重要途径。

吉林日报依托《东北风》周刊，加大对吉林文化的宣传力度。以吉林省文化专家、学者为龙头，邀请他们撰写文章，刊发了吕钦文的《二人转的美与生活艺术化》、曹保明的《传统村落的出路》、胡冬林的《聆听自然的七种方式》、张未民的《长春的松树与杨树》等文章，给人以启迪与收获，形成良好的学术研讨氛围。推出《抗战回眸》专栏，刊发了《不能忘记的民族之痛》《我亲眼见到张自忠将军中弹》《长春：那些闪烁的抗战光芒》等文章，引人泪下，催人奋起。《东北风》作者和读者队伍不断扩大，真正实现了"文化眼光黑土地，百姓情怀东北风"的办刊宗旨。

吉林日报《东北风》周刊

依托《文化新闻》和《文化周刊》，加大对吉林省文化体制改革、文化产业、基层文化、农村文化等文化大事的报道力度，推出了省农民文化节、省市民文化节、省优秀戏曲剧目进京展演、"吉林省二人转·戏曲小品艺术节"等系列报道，全面反映吉林省文化繁荣发展的现状。办好《文化周刊》，重点打造《文化专题》《档案吉林》《影视解读》《文化茶座》《文化沙龙》《文化在线》等品牌栏目，聚焦文化热点，挖掘吉林历史文化，展现吉林风土人情。

（五）履行遵守职业规范责任

加强从业人员职业道德建设，加强采编业务规范化管理，加强采编团队教育培训，全面提升新闻队伍的政治素质和业务水平。

一是恪守新闻工作职业规范和职业道德。严格遵守新闻工作纪律和要求，坚持正确的政治方向和舆论导向，宣传党的主张，反映人民心声，完善有关规章制度，加强职业操守教育，自觉抵制不正之风，没有发生违法违纪行为。

二是深入推进马克思主义新闻观教育培训。邀请省内外知名专家、资深编辑记者，对采编人员进行了4次集中培训；举办了"好记者讲好故事"演讲选拔赛，推荐出1名记者参加省里和全国选拔赛，并取得较好名次；组织30名新入报社的编辑、记者，参加了"全省新闻战线马克思主义新闻观"培训班；组织30名一线编辑、记者参加了中国记协组织的"好记者讲好故事"巡回报告会。通过教育培训，增强了采编人员的政治意识、大局意识和责任意识，推动新闻采编工作呈现出新气象、新活力。

三是深化"走转改"，增强与群众的深厚感情。将"走转改"活动与日常新闻报道有机结合，依托《行进中国·精彩故事》《新春走基层》等专栏，用真实具体的事例、有血有肉的人物、引人入胜的情节，展现吉林风采、记录吉林发展。社长、总编、副总编带头"走转改"，不仅组织策划选题，还带领记者深入基层、深入群众、深入生活，一大批鲜活报道连续见诸报端，产生了很好的反响。

四是2015年吉林日报获奖及社会评价情况。2015年，吉林日报的新闻报道有2件作品获中国新闻奖，其中一等奖1件；67件作品获吉林新闻奖，其中一等奖24件。

吉林日报社荣获第三届吉林出版奖优秀出版单位奖；10人获吉林出版奖优秀人物奖；1人获吉林省五一劳动奖；7人分别入选吉林省拔尖创新人才一、二、三层次。

（六）履行合法经营责任

严格规范经营行为。认真贯彻落实采编与经营"两分开"原则，从制度安排上做到组织机构分开、人员岗位分开、业务流程分开、财务安排分开、考核考评分开。采编人员和经营人员严格实行专岗专职，不得跨部门兼职，不得混岗；严禁将经营活动与新闻报道挂钩，采编人员不得从事广告、报纸发行、赞助等经营活动；经营人员不得影响干涉新闻采编工作，严格抵制以商业取向影响新闻报道公正性的行为；公开监督电话，建立违规违法行为举报制度，加强对新闻采编和经营行为的监督检查。

规范广告接发稿流程，严格遵守广告法及相关法规条例，严格执行广告三级审查制度，对准备刊发广告的客户的证明文件、广告内容，进行认真审核，确保广告信息的真实性；严格把关，基本上没有出现违反法律法规、违背社会道德、影响社会和谐稳定的广告信息见报；重合同守信用，与广告客户签订书面广告合同，按时、保质、保量刊发广告。强化版权意识，尊重和保护知识产权，未发生侵犯知识产权的事故或争议。

严格遵守税收法律法规，严格依照税法规定，按时、足额缴纳税费款项，没有发生偷税漏税现象。

（七）履行安全刊播责任

加强安全出版制度建设。多年来，吉林日报建立了一整套确保安全出版的规章制度，如《吉林日报采编工作管理规定》《关于防止出刊差错及奖罚办法》《关于进一步规范采编工作的意见》《吉林日报社印务中心岗位职责》《报纸质量管理办法》等，对各类差错及相应责任进行细化，明确职责，责任到人，杜绝可能出现的安全隐患。

强化工作流程管理，规范出版程序。认真执行稿件三审制度，所有新闻稿件的编发，都严格执行报社编采工作流程规范；拟刊发的稿件，必须经部门负责人审核签字后才能转给编辑室；重点、敏感稿件由部门负责人报分管副总编、总编审批后，方可转编辑室刊发。同时，优化编采、出版、印刷流程，实现各环节无缝对接，确保新闻出版安全。强化节假日和重要时间节点的值班制度，形成了务实严密的责任体系，全年没有重大差错见报。

（八）履行保障新闻从业人员权益责任

认真履行劳动合同法中规定的义务，与所有社聘人员签订劳动合同，缴纳"五险一金"。为所有在编人员缴纳医疗保险和住房公积金，在编人员的社会养老及失业保险，待吉林省相关政策正式出台后，将按规定予以缴纳。

根据《新闻记者证管理办法》，为 251 名在新闻采编一线的采编人员办理了新闻记者证。同时，按照省新闻出版广电局规定，每年按时为采编人员办理记者证年度核验，及时注销调出、调岗、退休人员，确保采编队伍真实、准确，保证新闻采编人员的采访权。

丰富职工业余文化生活，建立各种形式的体育协会和基层俱乐部，开展各项文体活动；组织开展送温暖、献爱心活动，对困难职工给予适当补助，增强集体的凝聚力、感召力和影响力。

三、履行社会责任方面存在的不足和改进措施

（一）在履行社会责任方面存在的不足

2015 年，吉林日报较好地履行了媒体社会责任，充分体现了党报的责任与担当，但与党的要求和人民群众的期盼相比，还存在着一定差距和不足，主要体现在：

一是舆论引导能力有待进一步提高，服务群众的能力有待进一步提升。

二是新闻报道特别是时政报道的亲和力、吸引力、感染力还不够强；监督功能发挥得不够好，批评报道比较少。

三是新闻资源整合力度不够，在新闻报道上的整体优势没有充分发挥出来，没有形成强大的报道合力。

四是媒体融合发展的步伐较慢，不能适应新闻宣传的新形势、新任务和新要求。

五是经营创收领域单一，创收能力弱，管理手段不够科学，经营管理水平有待进一步提升。

（二）改进措施及未来展望

办好报纸是吉林日报的核心竞争力，也是我们安身立命之本。今后，我们将不断加强新闻宣传工作，进一步改进创新，发挥自身优势，满足读者多样化、个性化阅读需求，尽职尽责履行好媒体社会责任。

一是进一步加强内容建设，推进《吉林日报》全面改版，提升新闻报道质量，把吉林日报办得更有高度、更有深度、更有厚度、更有温度、更有权威性、更具影响力。

二是进一步深化改革，抓住媒体融合发展契机，大力推进媒体融合，加强传播平台和终端建设，确保中央厨房等媒体融合项目顺利实施，提升吉林日报的传播力和影响力，努力打造新型主流媒体和媒体集团。

三是积极推进支撑转型发展的项目实施，推进手机报、党报覆盖工程，发挥吉林日报品牌、平台优势，积极介入与传媒关联度高的旅游、电商、品牌策划、创意等产业领域，开发非报经营项目。

四是加强顶层设计，争取 5 年内集团所属公司有一家能够上市。

黑龙江广播电视台

社会责任报告

一、黑龙江广播电视台概况

黑龙江广播电视台组建于 2015 年 1 月 28 日，由原黑龙江人民广播电台与黑龙江电视台合并而成。黑龙江人民广播电台成立于 1945 年 8 月，是新中国第一家地方人民广播电台。黑龙江电视台成立于 1958 年 12 月 20 日，是全国建台最早的三家电视台之一。

黑龙江广播电视台开办卫视、都市、影视、文艺、新闻、公共、少儿 8 个电视频道，新闻、交通、生活、女性、音乐、少儿、乡村、朝语、高校 9 套广播频率；拥有全国第一家网络广播电视台——黑龙江网络广播电视台、国家互联网新闻信息服务一类单位资质的龙广听友网。

2015 年，黑龙江广播电视台启动了体制机制改革，坚持事业、产业分类管理的原则，新闻宣传、公益节目等生产运营、各频率（频道）机构，节目播控传输及演播室、部分制作网等关键基础设施继续实行事业体制，将新闻以外可剥离的节目生产及广告、影视剧购销、纪录片、新媒体等可经营业务纳入集团市场化运营，成立了黑龙江广播影视集团有限公司。目前，集团所属公司共 36 家，其中包含龙广电广告总公司、黑龙江龙视星传媒股份有限公司（已在新三板挂牌）、龙广传媒公司（已在新三板挂牌）等一级公司 23 家，北京龙视万象传媒公司、龙塔旅游公司等二级公司 13 家。集团主要业务分为内容运营（含广播剧、动漫、电视剧、电影、综艺等各类节目）、广告运营（含广播、电视、新媒、户外、地铁）、新媒体运营（含 IPTV+ 互联网电视、互联网声音、龙小艺）、资本运营（含龙视星传媒并购、龙广传媒三板上市）、媒体延伸业务运营（含互联网＋绿色食品、基于全国广电联盟的电子商务平台、爱心手环、中国雪托邦、银发活力水城）等五大板块。此外还绝对控股黑龙江广播电视网络股份有限公司，该公司于 2015 年已实现了 "全省一网" 统一运营，有分公司 85 个，用户总数突破 700 万户，正在积极运作整体上市。

改革后，黑龙江广播电视台实行省广播电视台和广电集团 "一个党委、两个法人主体、融合发展" 的模式，黑龙江广播电视台与集团共同设置了办公室、总编室、组织人事部、计划财务部、战略规划部等 10 个综合管理部门。与此同时，实行了中心制与频道（频率）制相结合的管理体制。全台设置了电视传媒中心、广播传媒中心、全媒体新闻中心、卫视传媒中心、节目运营中心、新媒体中心、技术中心、广告经营中心等 8 个中心。中心为非管理实体。台对频道（频率）仍然实行扁平化管理，直接下达宣传任务、市场份额、广告经营、市场开拓等任务指标。

黑龙江广播电视台全天播出电视节目 192 个小时，其中自办节目将近1/4。黑龙江卫视通过中星 6A、中星 6B 双星并转，国内覆盖人口 9.42 亿；黑龙江卫视是 2009 年 9 月全国首批实现高标清同播的九家卫视之一，高清用户突破 1000 万；美国有 19 万用户、加拿大有 11 万用户可通过 IPTV接收黑龙江卫视节目；广播节目全天播音 178 个小时，覆盖全省 3800 万和省外、国外几千万人口。

黑龙江广播电视台坚持新闻立台，深化品牌战略，精品力作持续涌现。卫视、都市、交广等成为深入人心的品牌频道频率；《新闻联播》《新闻夜航》《新华视点》《乡亲乡爱》《早餐前后》《行风热线》《叶文有话说》等品牌栏目为业内和受众熟知并认可；一大批主持人、播音员为大家所喜爱；拥有龙视观众节、舞动龙江健康舞步大赛、我主荧屏主持人大赛、龙广爱心节、龙广植树节、龙广爱心车队、龙广义工服务联盟等一系列品牌活动和公益团队。全台共获得中国新闻奖一等奖24个。连续9届13部广播剧获得"五个一"工程奖，共有17部作品获国家"五个一"工程奖。对上报道一直保持省级台领先地位，每年在央视发稿都在2000条以上，6次获得央视优秀通联集体称号；2009至2014年，广播新闻对上报道连续荣获"十强"称号。

2015年，黑龙江广播电视台电视节目在哈尔滨地区市场份额达到26.4%，在黑龙江地区市场份额超过37%，省网排名前5频道占据4席，市网排名前5的频道占据3席，电视节目对省内收视市场保持领先。2015年黑龙江卫视收视在29省网排名前10，在71城市排第14位，收视继续领军东北。近几年，广播节目在哈尔滨地区听众平均到达率、人均收听时长、市场份额在全国省级电台中排名均居前两名。受多种因素影响，2015年，全台广告收入14.55亿元，同比降幅11.64%，其中，广播广告收入3.66亿元，同比增幅1.49%，电视广告收入10.89亿元，同比降幅15.33%。

黑龙江广播电视台技术力量雄厚，实现了数字化、网络化制播，技术系统高清化水平处于全国省级台上游。全台共有210套前期采录设备，其中高清160套，高清率75%。全台共有18套演播室系统，其中高清演播室8个，高清率44%。后期制作全部实现了网络化编辑制作，高清率

81%。全台电视转播制作系统共有4套，除一辆转播车为10讯道标清车外，其余转播系统均实现了高清化。

现有职工2445人（不含电视台属公司人员），其中，具有大学本科以上学历人员占全台总数的89.4%，其中，研究生以上学历人员占10.3%；具有高级职称资格人员占比26%。职工平均年龄36.7岁，编采一线职工平均年龄32.5岁，中层干部平均年龄41.8岁。享受国务院特殊津贴专家11人、获得"长江韬奋奖"5人、全国优秀新闻工作者5人、全国宣传文化系统"四个一批"人才3人、全国德艺双馨电视艺术工作者4人，优秀人才数量位居省级广播电视台前列。

二、履行社会责任情况

2015年黑龙江广播电视台深入贯彻落实党的十八大精神和十八届三中、四中、五中全会精神，在习近平总书记系列重要讲话精神的指引下，按照中央和黑龙江省委的战略部署，坚持"爱心、责任、服务、助力"四位一体的媒体定位，以服务中心大局为己任，以坚决维护党和人民利益为出发点，以加快改革发展为要务，守土尽责，锐意进取，较好地履行了正确引导、提供服务、人文关怀、繁荣发展文化、遵守职业规范、合法经营、安全播出等社会责任，在实现自身健康协调快速发展的同时，为区域经济社会更好更快发展做出了应有贡献。

（一）坚持正确舆论导向，坚守主流媒体阵地

坚持正确的舆论导向，是新闻媒体履行社会责任的重要内容。黑龙江广播电视台作为区域主流媒体，拥有广阔的覆盖面、忠实的受众群和较大的影响力。2015 年，黑龙江广播电视台立足自身优势，强化在宣传引领中的作用，围绕中心、服务大局，努力担当，认真做好各项宣传工作，确保导向正确，弘扬社会正能量。

1. 做好重大主题宣传报道，努力营造积极向上、健康和谐的舆论氛围。

按照中央和黑龙江省委、省政府要求和部署，发出黑龙江广播电视台有思想的独家声音，坚守主阵地，弘扬主旋律，创造性地完成了习近平总书记系列重要讲话精神、党的十八届五中全会、全国两会、全省两会和省委十一届六次全会、中俄博览会、绿博会、纪念中国人民抗日战争暨世界反法西斯战争胜利 70 周年、打造龙江丝路带等重大主题和重要会节宣传报道任务，一些具有黑龙江广播电视台特色的重要报道在中央台和全国其他一些媒体转发转载，得到了上级部门的充分肯定。

在 2015 年全国及黑龙江省两会期间，黑龙江广播电视台所属的《新闻联播》《早餐前后》等重点新闻节目分别开设了《两会印象》《代表委员风采录》《两会"最"新闻》《周邹"跑"两会》《两会"锐"观察》《两会"微"话题》等专栏，共计播发各类稿件 1000 余篇，制作公益近百条，在全台各频道、频率滚动播出，收到良好的宣传效果。

2015 年，黑龙江广播电视台紧紧围绕黑龙江省委、省政府"五大规划""十大重点产业""十大民生工程""大项目建设"等中心工作，超前

谋划，主动作为，推出一系列"有速度、有深度、有高度、有温度、有建设度"的大型主题宣传报道，为推动黑龙江改革发展营造了良好的舆论氛围。先后推出了《坚实地前行——回眸龙江发展路》《优化环境　促发展》近20个专栏、专题，对全省经济工作进行全方位深层次专题化报道。每天在黑龙江卫视《新闻联播》、黑龙江广播电台《新闻联播》《早餐前后》、经济频道《经济正前方》《话龙点经》等节目中播发，全年播发系列报道近50个，广播电视合计发稿500多篇。自制政论片《化茧成蝶》，全景式展现了黑龙江省实施"五大规划"的战略意义、推进举措和辉煌成就，播出后在社会上引起强烈反响。围绕省委、省政府重点工作推进中需解决的问题及黑龙江省适应新常态中出现的突出问题，推出了《地市委书记访谈录》《县委书记风采》等多个系列报道。针对个别"唱衰东北"的言论，推出专栏《我眼中的黑龙江》，以"海采"的民生化呈现方式，展现社会各界对龙江潜力和优势的肯定，对未来发展的信心。

为纪念中国人民抗日战争胜利暨世界反法西斯战争胜利70周年，黑龙江广播电视台与中国国际广播电台、俄罗斯塔斯社共同制作了纪念抗战胜利70周年特别报道——《战火浇筑友谊花》，回忆战火纷飞的难忘岁月，警醒后人珍爱和平。黑龙江卫视《新闻联播》推出《抗战记忆》《抗战丰碑》两大主题系列报道。各频率、频道还推出了《铭记与传承》《不忘历史、珍重和平》《石碑上的记忆》等10多组专栏或系列报道，

《和平的钟声交响诗会》演出现场

共播发新闻或专题报道 1000 多期。9 月 3 日、4 日，黑龙江卫视在晚间黄金时段推出纪念中国人民抗日战争暨世界反法西斯战争胜利 70 周年特别节目《胜利》。8 月 15 日，黑龙江卫视直播了《铁证 731》和《和平的钟声交响诗会》，此后高频次播出《和平的钟声交响诗会》碎片版小片，这一系列报道活动为中国人民抗日战争暨世界反法西斯战争胜利 70 周年营造了浓郁的氛围。另外，还排播了《筑梦中国》《记住乡愁》，纪念抗战主题歌曲展播，健康龙江行动等特别节目。

借助广播电视整合之势，黑龙江广播电视台自主策划的大型活动"中国龙　欢乐颂"，从 2015 年 2 月 18 日（除夕）晚间开始，共持续 7 天，总直播区间达到 150 小时，开创了国内省级卫视春节直播的先河。直播聚焦省委中心工作，体现媒体社会责任，通过典型人物和事件，宣传省委、省政府中心工作，全面生动地展现黑龙江冰雪旅游、绿色食品、龙江文化、科技成果转化等各项工作，得到省委领导的表扬和充分肯定。

"中国龙　欢乐颂"开创了黑龙江省广电历史上多项第一

2. 坚持传播社会主义核心价值观，让正引领、正能量占领传媒主阵地。

"爱心媒体、责任媒体"是黑龙江广播电视台的媒体定位，因此坚守社会责任，努力践行与传播社会主义核心价值观是黑龙江广播电视台的核心价值之一，始终在龙江大地高举爱的旗帜，弘扬向善的力量，把正能量向外播撒。

2015年，以"弘扬核心价值、引领时代风尚"为主题，黑龙江广播电视台面向全国高校和影视创作机构举办的"2015年黑龙江电视公益广告大赛"，征集3类作品近600件，作品覆盖全国16个省区直辖市。作品包括孝亲、环保等多个主题，获奖作品通过黑龙江广播电视台多个频道、频率高频次展播，弘扬了社会主义核心价值观。

2015年，黑龙江交通广播推出以弘扬真善美为核心的全新节目《好人就在身边》，连线、报道200余次（篇），通过广播为危重患儿和患者开辟绿色通道50余次，发布寻人、寻物启事千余条，为听众挽回经济损失千万余元，帮助走失的老人和离家出走的孩子最终与家人团聚。成吉思汗酒店捡到食客5万元现金，通过广播找到失主；叔侄两人深夜路上捡到2万元现金，在原地苦等失主；爱心企业为广播中走失的老人免费制作爱心卡……这些都让听众感动，让人坚信好人就在身边。

2015年，黑龙江广播电视台都市频道继续与黑龙江省委宣传部举办《寻找龙江好人》大型报道活动，通过大量的线索征集，将社会上的一个个凡人善举挖掘出来，以电视新闻的形式展现给龙江广大电视观众，发挥这些龙江好人的道德引领作用，带动正能量的弘扬和传播。

2015年，有两位平凡人做出的不平凡的事迹在黑龙江广播电视台的电波和荧屏上播出，感动了许多人。罹患脑瘤男童陈林去世后，他的父母决定将遗体全部捐献，使天津的两位病患重获新生。黑龙江省鹤岗市民警陈

黑龙江省文明办向黑龙江交通广播推出的朱占华颁发道德楷模证书

首杰在与歹徒搏斗负伤后不幸牺牲。央视《新闻联播》先后播出了《鹤岗民警与持枪歹徒搏斗牺牲》《陈首杰：我是警察冲我来！》等报道再现了陈首杰与歹徒搏斗的英勇场景，也将他在老百姓心中好人、亲人、能人的形象刻画出来。

3. 以服务中心工作为依归，积极参与省内重大活动的宣传和举办。

2015 年，黑龙江省先后举办了国际雪联"世界青年单板滑雪锦标赛"、2015 中国国际奶业展览会暨乳业合作大会、第二届中俄博览会、绿博会等重大展会活动，作为省级重要媒体，黑龙江广播电视台积极参与相关活动的举办，并通过全媒体宣传，扩大相关活动的影响力。

国际雪联"世界青年单板滑雪锦标赛"3 月在亚布力举行，来自 34 个国家的 277 名运动员参加比赛。这是中国首次举办世界 A 级单项滑雪赛事，黑龙江广播电视台不仅圆满完成赛事转播工作，还推出了与亚布力冰雪特色相契合的富有激情活力的活动及产品，打造了"激情亚布力"大型冰雪盛会，再一次让世界领略了龙江冰雪的魅力。

2015中国国际奶业展览会暨乳业合作大会4月在哈尔滨国际会展中心召开。黑龙江广播电视台整合广播、电视及微博微信等全媒体资源，深度介入大会的宣传推介和营销活动中。新闻广播《早餐前后》、交通广播《学徒》、都市频道《新闻夜航》等共20多档节目开辟专门报道板块，播发报道300多篇，时长达1500分钟。其中特别节目《北纬45° 嗨皮牛耶》将生活服务调查、健康专家现场解答、多媒体互动游戏等多种样态融为一体，全方位展示了黑龙江北纬45° 黄金奶牛带的产业链，有效唤醒了龙江奶中国高度的家乡荣誉感。

《北纬45° 嗨皮牛耶》把乳业盛会变成欢乐海洋

2015年上半年，与哈尔滨啤酒、黑龙江省环保局、哈尔滨市5所高校，联合开展"蓝天计划"植树活动。"蓝天计划"在高校中规划植树用地、种植蓝天林，并与校团委和学生会联手，共同实现蓝天林种植和后期维护工作。旨在唤起公众的环保意识，通过植树引导人们低碳生活，并将建立蓝天公益联盟，招募环保的传播者和践行者，进一步树立黑龙江广播电视台良好的公益形象。

（二）坚持以受众为中心，全面提供民生服务

为广大人民群众提供公共文化服务和其他民生服务，是新闻媒体义不容辞的重要职责。黑龙江广播电视台按照"爱心、责任、服务、助力"四位一体的媒体定位，坚持以民为本，创优服务内容，拓展服务平台，丰富服务载体，不断满足受众日益增长的文化需求，切实帮助他们解决实际困难和问题，受到广大受众欢迎和好评。

1. 发挥桥梁纽带作用，真心实意服务民生。办好受众需要的节目，是广播电视服务群众最直接有效的方式和载体。截至 2015 年，黑龙江广播电视台新闻广播、公共频道与黑龙江省委、省政府纠风办联合开办的政府部门领导现场接听和解答听众问题的互动直播节目——《行风热线》，已经坚持 12 年。2015 年《行风热线》周五部门上线大直播共举办 46 期，82 家中省直政府部门和行业窗口单位走进直播间，受理群众反映的问题 3800 余件，办结 3400 余件，办结率达 95.3%。问题回访 532 个，重点督办听取汇报 276 个。2015 年《行风热线》的主栏目设置更加贴近民生，策划播出了《关注旅游质量与安全》《关注生产和食品药品安全》《促进企业发展》《保障消费者权益》《规范医院诊疗行为》《关注通信服务质量》《关注落实农业贷款》《关注落实强农惠农政策》等专题节目，多家政府部门共同上线，打破因部门条块分割、职能交叉、百姓投诉无门的

难题。

跨频播出的《问城百事通》节目 2015 年以"幸福都市"为主线，针对城市生活的热点、难点，开展《关注供暖》《消费维权》《物业服务》等系列特别节目，共接到新闻线索近 3000 多件，涉及消费维权、户籍监管、交通出行、物业管理、教育咨询等，成为继《行风热线》后另一个百姓信任、职能部门重视、服务窗口熟知的监督服务节目。

都市频道连续 10 多年开展"为梦想插上翅膀"大型助学公益活动，共计帮助上万名贫困学生圆梦校园；公共频道《说和》节目深入基层、坚持履行人文关怀责任。在秉承"基层普法"的宗旨下，坚持"以理动人，以法服人"的原则，深入全省各县、乡、镇以及村屯，走进基层最普通的百姓家中，化解各类矛盾，解决各类民事纠纷几百起。

为创新典型宣传，弘扬时代精神，公共频道《帮忙》栏目开设专栏《谁不说俺家乡好》，对黑龙江省精神文明建设工作暨创建文明城市、建设美丽乡村的工作进行宣传报道，通过典型的人物与事件，激发群众的参与热情。

2. 以大型公益活动为载体，实现爱心引领。2015 年黑龙江广播电视台以事件性营销为手段，以品牌建设为方向，推出了一大批有影响力的大型公益活动，叫响"爱心、责任、服务、助力"的媒体定位，将主流媒体舆论引导、文化引领、文明示范、服务助力的功能定位落到实处，彰显了"龙"品牌价值，媒体公信力得到显著提升，创造了传统媒体变革转型的新模式，助力了黑龙江广播电视台产业、事业及全省中心工作顺利推进。

为纪念中国人民抗日战争暨世界反法西斯战争胜利 70 周年，少儿广播、都市频道于 2015 年 7 月承办了"重走抗联路·共铸民族魂"大型公益徒步活动，用脚步致敬历史，用行动传承丰碑。整个海选期间，共有上万名听众观众参与活动，经过层层选拔，最终选出 15 名队员，包括初中生、大学生、教师、工人、公务员、科研人员、退休老人、民营企业主，其中年龄最小的 15 岁，最年长的 63 岁。

与省体育局合作，黑龙江广播电视台文艺频道举办了 2015 年黑龙江省第二届全民健身运动会暨"舞动龙江"黑龙江省第三届快乐舞步争霸赛，活动覆盖范围达到 13 个赛区 18 个地市，直接参与人数达到十几万人，活动影响力覆盖近千万观众。作为省级文化惠民工程，"舞动龙江"快乐舞步争霸赛不仅丰富了龙江百姓的业余文化生活，更是弘扬了全民健身的健康理念。2015 年继续开展"咱家门口唱大戏"《欢乐英雄转》送戏下乡巡演活动，作为黑龙江省委宣传部主办、黑龙江省"三下乡"重点活动，2012—2015 年共在全省各地进行巡演 85 场，巡演里程超过 3.5 万公里，累计超过 130 万名观众在巡演现场观看了演出，切实做到了文艺为人民服务。

"舞动龙江"走遍龙江各地

黑龙江广播电视台依托节目资源和品牌影响力，近年来连续举办了龙广汽车文化节、龙广家博会、龙广婚博会、俄罗斯油画展等一系列服务民生活动，收到了一举多赢的良好成效。2015年，举办各类活动70多场，让数十万群众受益，直接带动相关行业销售额10多亿元。

（三）推动社会和谐建设，体现媒体人文关怀

广电媒体承载着传播信息、传承文明、引领文化、疏导受众心理、引导社会情绪的重要职能。黑龙江广播电视台在节目和活动中都一直坚持"三贴近"原则，关心百姓生活，关注精神世界，关切人的情感和思想，着力引导和激励人的全面发展，推动和谐家庭、和谐社区、和谐社会建设。

1. 发挥媒体自身力量，彰显黑龙江广播电视台的爱心文化。"回家的路"爱心手环公益活动是黑龙江广播电视台2015年加强社会主义核心价值观传播，实现正引领、传播正能量的全新媒体实践。通过报道多次老人走失事件，引申出"送爱心手环"关爱行动。2015年9月至2016年1月，活动历时4个多月，全台18个频率、频道都根据自己的节目定位开展宣传报道。活动吸引受众33万人，认购"爱心手环"1.5万余只，仅在黑龙江本省就帮助100余名走失老人安全踏上回家的路。"回家的路"爱心手环公益活动在全国率先引发了"关爱易走失老人"热潮，适时解决群众难题，不断增进全社会养老、敬老、爱老的共识，将社会关注、群众期盼、媒体担当较好地结合在一起，更好诠释了黑龙江广播电视台"爱心、责任、服务、助力"的媒体定位，充分体现了黑龙江广播电视台消费热点制造力、平台资源整合力、协同精进运营力、调动凝聚黏合力，形成了广泛、深远的社会影响。

《回家的路》大型文艺晚会现场

　　都市女性广播发挥自身特点，2015年开展了《最美全家福评选》网络票选活动，受到社会广泛关注，累积投票65421票，点击量达63万，吸引人群近70万，堪称龙江上空极具影响力的品牌活动。

　　2.增加直播类创新节目，贴近受众彰显影响力。2015年黑龙江广播电视台突出广播电视媒体的迅捷、立体优势，加大直播节目的播出力度，全年完成大型直播50余场，涉及内容20余项，日常直播连线累计直播时长达3000余分钟。包括在围绕纪念抗日战争胜利70周年推出的《铁证731》特别直播等；围绕绿色食品博览会和第二届中俄博览会举行推出的大型直播《绿色龙江》《中俄新丝路》；弘扬龙江精神的《送别英雄于尚清》《送别烈火英雄》《送别英雄杨文峰》《送别英雄陈首杰》特别直播；关注百姓生活的《哈尔滨市调整城市居民供热价格听证会》等。

　　3.充分利用媒体平台，发挥优势服务社会。2015年，少儿频道推出了以《葵花朵朵向太阳》《快乐嘉年华》等为代表的优秀少儿栏目，并根据黑龙江省少年儿童的自身特点，相继举办了"2015龙视少儿冰雪冬令营""关注留守儿童、关爱健康成长"和"全省小主持人大赛"等内容丰富的品牌活动。《我是园艺小能手》的大型活动，活动历时6个月，让孩子们走进农科院自己种植种子，浇水育苗，搭架拔草，感受收获的喜悦，知道了蔬菜、粮食来之不易。

为拓展单身男女的交友平台，服务龙江百姓，文艺频道以品牌相亲栏目《乡亲乡爱》和《大城小爱》为依托，在全省范围推出"龙视相亲大会"。节目组先后组织8次相亲大会，相亲大会内容丰富、环节精彩，几万人参与，为众多适龄单身男女解决了婚姻问题。

为更好地促进城乡女性就业创业，乡村广播2015年开办《城乡姐妹》节目，通过线上节目和线下活动，在全省范围内开展了"全省城乡女性免费技能培训"系列活动，先后在哈尔滨、安达、北安等地开办了母婴护理班、足疗灸疗班、鱼皮画班等十几个培训班，培训人员达4000多人次，

龙广高校台的"青年创业训练营"受到大学生们的欢迎

有效搭建了城乡女性培训就业的平台。

（四）立足自身优势特色，致力文化繁荣发展

　　媒体本身就是社会主义文化事业的重要组成部分，而且随着媒体产业功能的开发，媒体发展文化产业已经成为推动文化繁荣发展的重要内容和支撑。近几年，黑龙江广播电视台在发挥好舆论引导"主阵地"作用的同时，也积极开发文化产业，成为区域文化产业的"生力军"。

　　1.持续实施精品工程，精品佳作层出不穷。黑龙江广播电视台具有创作广播电视精品节目的历史传承和雄厚基础。在新闻作品创作、广播电视文艺精品节目创作方面，2015年，黑龙江广播电视台又推出了众多的优秀新闻作品和文艺精品，为广大受众提供了丰富多彩的精神食粮。

　　2015年，黑龙江广播电视台在新闻宣传中，继续把抓精品作为工作的重要内容，组织筛选优秀作品推荐到中国新闻奖、黑龙江省新闻奖等重要奖项的评选中。在2015年的中国新闻奖评奖中，黑龙江广播电视台报送的广播新闻作品《"藏粮于土"箭在弦上》《好人朱占华》、电视国际传播类节目《东北虎"串门"》获得一等奖。

　　2015年，黑龙江广播电视台继续强化纪录片、影视剧等文艺精品创作，并取得了良好社会效果。黑龙江广播电视台拍摄了纪录片《我们的1941—1945》《安重根》，其中纪录片《安重根》被韩国KBS放送买走播映版权，为黑龙江广播电视台纪录片市场化创出一条新路。为纪念世界反法西斯战争胜利70周年，黑龙江广播电视台制作了20集大型纪录片季播节目《恶魔的饱食》；制作了广播连续剧《乌拉草》；制作完成精品儿童广播剧《我有一把驳壳枪》；制作长书联播作品《少年的荣耀》，完成系

列微剧《最美龙江人》《中华国苑》《为爱奔跑》。2015 年，黑龙江广播电视台与相关影视制作机构合作拍摄了《黎明决战》《青谷子》《火线出击》《林海雪原》《刑事档案》等多部电视剧，2016 年将陆续播出。黑龙江广播电视台与八一电影制片厂合作拍摄的电影《战火中的芭蕾》，2015 年8 月在全国院线上映。共计放映 2000 场，网络点击量 3000 万次。该片被列为纪念抗战胜利 70 周年 10 部重点影片之一。

《战火中的芭蕾》剧照

2. 大力发展文化产业，培育优秀文化人才。作为共和国广播长子，黑龙江广播电视台积淀了深厚的历史文化底蕴，成为优秀文化人才成长的熔炉和摇篮。截至目前，黑龙江广播电视台共有 9 人获得"黑龙江优秀中青年专家"称号，29 人获得黑龙江省文化名家暨"六个一批"人才称号。

（五）自觉遵守职业规范，树立媒体良好形象

坚持正确的导向，制度是最重要的保障。黑龙江广播电视台一直坚持恪守新闻从业准则，执行严格的上岗培训制度，组织新闻工作者进行集中的教育培训学习，不断提高业务能力和职业素养。同时，按照节目管理和新闻报道的有关规定，对节目设置和报道内容进行严格的事前审核、事中监督和事后跟踪问效，按照规定进行严格的考评监察，并将新闻工作责任纳入目标管理体系，一旦发现问题将进行严肃处理，从而杜绝了虚假新闻、有偿新闻和有违新闻职业道德行为的发生。

黑龙江广播电视台新闻频道建立并完善了《新闻频道正确把握舆论导向手则》。将新闻报道中"正确把握监督报道的度"尽量量化到位，成为每一位编辑记者看得到、摸得着的标准。《守则》的核心标准就是要求正确把握舆论导向，提高节目品质和格调，拒绝色情、防止暴力。将正面报道做强，将负面报道做正，将监督报道做明，积极传递正能量，树立党和政府的权威形象，养浩然正气，行厚德大道。

（六）依法推进经营活动，打造绿色放心广告

2015 年，为实现黑龙江广播电视台广告经营的可持续发展，更好地发挥媒体引导力，坚持社会效益首位的原则，黑龙江广播电视台主动自律，提升广告结构、改善广告品质，切实履行媒体社会责任。

1.建立科学的广告监管流程。为加强管理，提高效益，确保经营活动

依法依规进行，黑龙江广播电视台建立"广告运营—广告监管—协调服务—责任担当"为主体的线性管理流程，并纳入《黑龙江广播电视台年度广告经营管理条例》，明确广告监管的主体、职责、流程及责任追究等。具体包括：广告播出必须严格依法依规进行。广告经营部门必须坚持审查员、经理、部主任（主管总监）三级审片制度。广告审片要建立审片记录档案并作为认定责任的依据等，从源头上对广告品质把关。

2. 严格遵守规程，创建绿色频道。为使广告经营持续、健康发展，黑龙江广播电视台提出创建广告经营绿色频道的目标，并以文件形式出台《黑龙江广播电视台调整结构、提高品质、创建广告经营绿色频道的规定》，规定中要求坚决停播涉嫌违法违规广告，明确规定涉嫌违法违规广告的整治重点，明确了涉嫌治理违法违规广告、创建绿色频道的责任主体、责任认定及奖惩办法，以目标责任制的形式，确保此项工作落实到位。

2015 年 9 月 1 日起，新广告法正式实施，全台广告经营切实履行媒体责任，严格遵守新广告法要求及职能部门广告监管政策规定，提升广告品质，调整广告结构，确保全台广告经营绿色可持续发展。

（七）建立健全工作机制，确保做到安全播出

作为新闻媒体，黑龙江广播电视台始终把播出安全作为工作的重中之重来抓，在全台上下树立"安全重于泰山"的理念，筑牢导向安全、技术安全的防火墙，确保有效的安全播出。在制度建设上，策划制定《黑龙江广播电视台宣传管理条例》《黑龙江广播电视台安全管理条例》等规章制度，实行"安全责任一票否决制"；在日常宣传上，严格执行"三级审稿"

制，以此来有效杜绝导向错误的发生；在技术层面上，积极进行技术设备的升级改造，构建安全播出的设备保障屏障；在消防安全管理上，建立安全员责任制和定期检查机制，并对安全状况实行自检周报制度，从各个层面消除安全隐患，确保做到防患未然，万无一失。同时，全台上下建立了完善的应急预案保障体系和完善的应急演练制度、技术系统培训制度，春秋两季各举行一次联动应急演练，科组级应急演练 30 余次，全年举办各类技术系统培训 20 余人次，形成了一支责任意识强、技术全面、保障有力的播控技术队伍。

（八）切实加强队伍建设，保障员工合法权益

黑龙江广播电视台一直注重干部职工队伍建设，把实现好、维护好、发展好广大新闻工作者合法权益作为工作的出发点和落脚点，千方百计为员工创造良好的工作条件和环境，千方百计为员工谋福利，千方百计实现员工的全面发展。按照有关规定，认真做好新闻采编人员记者证的申领、发放和年度核验工作，保障了全体采编人员依法进行采写新闻报道的权利。根据事业产业发展需要，结合每个员工实际，进行全员培训和个性化培训，全面提升员工业务能力和职业素养，为员工设计并创造条件帮助实现职业发展规划。不断完善干部选拔和人才使用机制，做到人尽其才，才尽其用。严格按照有关规定，认真做好职工保险工作、体检工作，认真落实职工的各项福利待遇。实行员工带薪休假制度。支持工会、妇联、共青团等群团组织开展工作，组织开展朗诵比赛、羽毛球比赛、拔河比赛、趣味运动会等文体活动，丰富职工业余文化生活，增强员工归属感，提升员工幸福指数。

三、履行社会责任方面存在的不足和改进措施

2015 年，黑龙江广播电视台牢固树立政治意识、责任意识、大局意识和服务意识，主动担当，锐意进取，较好地发挥了广播媒体"舆论引导、文化引领、文明示范、服务助力"的功能，认真履行了"正确引导、提供服务、人文关怀、繁荣发展文化、遵守职业规范、合法经营、安全播出、维护员工合法权益"等社会责任，在全社会树立了良好的媒体形象。但距离党和人民的要求，对于社会日新月异的发展，还存在差距和不足，一是两台宣传工作的融合还需进一步磨合，完善机制，提高效率。二是节目创新创优仍然存在差距，优秀节目不多仍然是制约发展的瓶颈。三是需要继续探索新形势下传统媒体"互联网+"的生存模式。四是在传统媒体普遍面临的严峻形势下，研究吸纳优秀专业技术、管理和经营人才，保证在激烈的竞争中不落伍。

为弥补这些差距和不足，我们确定 2016 年黑龙江广播电视台宣传工作的指导思想是：深化贯彻落实习近平总书记系列重要讲话精神。坚持党性原则，坚持团结稳定鼓劲、正面宣传为主的基本方针，精心组织好党中央治国理政新理念新思想新实践重大主题宣传；着力营造决胜全面建成小康社会的良好氛围，深入宣传五大发展理念，宣传适应和引领经济发展新常态的实践要求，加强热点难点问题舆论引导，提振精气神、凝聚正能

量；扎实推进社会主义核心价值观建设，弘扬伟大爱国主义精神；加强国际传播能力建设，推动传统媒体与新兴媒体融合发展，向世界讲好中国故事、传播中国声音。

（一）打造"宣传助力工程"，把宣传治国理政新理念新思想新战略、宣传五大发展理念作为宣传核心

1. 围绕"十大重点产业"、重大基础设施建设、产业结构调整等内容策划选题，全力助力中心工作。推出《产业项目建设进行时》《三大建设助力龙江发展》等专题、专栏性报道。

2. 以"龙江丝路带"建设为核心，做好选题策划，推出多视角宣传策划。策划推出大型全媒体新闻报道活动《龙兴丝路带》；策划拍摄大型纪录片《走向欧洲》，全景展示黑龙江省"龙江丝路带"建设给经济带来的变化。

3. 关注"大众创业、万众创新"，推出一批有影响的报道，打造一批有影响的栏目。报道以大学生、农民、科技工作者为主体的创新创业典型，采用"创业故事" + "创业者手记" + "导师点评"的三件套组合报道形式，使创业创新成功者的典型经验更具指导性和影响力。黑龙江广播电视台少儿频道经济节目时段，打造"大众创业"节目带。

4. 追寻黑土地上的红色足迹，做好中国共产党成立 95 周年和红军长征胜利 80 周年宣传。

5. 强化国际传播能力，做好与俄罗斯、韩国的媒体交流，讲中国好故事，龙江好故事。2016 至 2017 年，我国将与俄罗斯共同举办"中俄媒体交流年"活动，黑龙江广播电视台有 4 个项目列入 2016 年重点项目。黑

龙江广播电视台将全力开展好俄罗斯 2016 中国黑龙江电视周、与俄罗斯"洲际"电视台合作开办电视栏目、在俄罗斯教育台举办纪录片《大美黑龙江》展映、拍摄播出纪录片《第六个里程碑》等四项活动，进一步强化对俄媒体交流。

（二）打造"价值引领工程"，做好中国梦和社会主义核心价值观宣传的大文章

1. 策划推出"龙江人的中国梦"主题宣传报道，展示龙江人的昂扬向上的精神风貌。

2. 推出《点赞龙江》《好人就在身边》《寻找龙江好人》主题专栏策划。

3. 举办公益广告大赛，让公益的力量润滑心田，实现有效的价值引领。

（三）打造"舆论引领工程"，把握新媒体传播特点，提升新闻宣传的舆论引领水平

一是明确宣传的标准，做到心中有尺度，处理好"该不该报"的问题；二是妥善掌握特定报道的量与度，处理好"报多少"的问题；三是相关新闻报道拿捏好"适时"这一原则，处理好"何时报"的问题；四是及时掌握和了解特定新闻的导向，处理好"怎么报"的问题。

（四）打造龙广电"精品工程"，挖掘精品，实施创新，服务受众，丰富百姓文化生活

2016 年开始，黑龙江卫视全新定位"新鲜生活 绿色中国"，将通过"打造中国三个第一"即，中国第一绿色频道、中国第一生活服务卫视平台、中国第一互动服务中介平台，进一步增强黑龙江卫视在全国的影响力，为"讲好龙江故事、传播好龙江声音，努力为决胜全面建成小康社会营造良好的舆论氛围"。黑龙江卫视将首创国内第一家全天候大直播的卫视频道，打造"全陪伴"新理念电视服务平台，卫视中心在内容生产上突出 24 小时全媒体"客厅陪伴"特点。在节目方面，推出《开课啦》《冰雪星动力》《中国三餐》《中国达物秀》等一批全新的节目。

黑龙江广播电视台还将发挥纪录片创作的优势，在 2016 年推出一系列的纪录片精品，拍摄 6 集大型纪录片《国际特工》，该片以二战为背景，展示二战中亚洲战场上中日俄等国际特工的角斗，展现正义与和平的胜利；推出纪录片《犹太人在中国》，全景式地展示犹太民族在危难时刻受到中国人民的温暖拥抱。

（五）打造"创新工程"，推动手段融合，宣传创新，提升广电宣传和创作水平

1. 推动媒体融合，适应新兴媒体传播特点，强化用户理念，优化信息服务，强化流程再造，实现新闻宣传的手段创新。

2. 以提升业务本领为依归，做好队伍的建设，打造一支能战斗的广电队伍。

2016 年及今后一个时期，黑龙江广播电视台将全面加强自身建设，努力深化改革，解放生产力，激发创造力，增强公信力，提升竞争力。强化新闻宣传管理，健全考评监督机制，严格执行国家和省有关部门的管理规定。加强新闻从业者马克思主义新闻观教育培训，深入开展"走转改"活动，树立新闻媒体良好形象。同时将进一步调整和优化产业结构，大力推进数字影像声音创意、文化旅游、教育培训、新媒体、绿色食品电子商务等重点文化产业项目，进一步提升构建起产业融合、良性互动、持续发展的产业格局，为推动黑龙江文化大发展大繁荣贡献新的力量。

解放日报

社会责任报告

一、解放日报概况及 2015 年履行社会责任概述

解放日报曾是延安时期的中共中央机关报，报名为毛泽东同志题写。1949 年 4 月 29 日，党中央决定将解放日报报名交给上海，作为中共中央华东局机关报兼上海市委机关报报名。1949 年 5 月 28 日，上海《解放日报》正式创刊。

解放日报现为中共上海市委机关报，是一份大型综合型日报。作为上海新闻界的排头兵、领头羊，解放日报坚持正确舆论导向、坚持社会效益第一，积极探索融合发展，进一步提升传播力、公信力、影响力。

解放日报社被评为第四届全国文明单位、6 次获评上海市文明单位，并在上海市平面媒体中率先摘得全国精神文明建设先进单位桂冠、全国首届新闻出版行业文明单位。2014 年，报社作为全国首批 11 家媒体试点单位之一，公开发布年度社会责任报告。

身处传媒业融合变革的关键期，挑战和机遇并存。作为上海市委机关

报，解放日报坚持"导向为先、内容为王、受众为本、采编为宝"的理念，及时传递中央和上海市委声音，关注改革和发展大计，关注民生和基层建设，在做好新闻宣传舆论工作的同时，积极参与社会实践，产生了良好的社会溢出正效应。

2015年，解放日报在新闻宣传报道上做到四个"突出"。

一是突出引导力影响力，体现党报责任担当。围绕自贸区改革试点、科创中心建设、创新社会治理、司法体制改革等重大课题，精心推出一系列重大报道。例如，自贸区报道突出每个节点，多角度立体呈现；司法体制改革报道推出《上海方案》专栏，完整呈现改革试点的过程。

二是突出机关报定位，围绕中心服务大局。除及时准确做好"规定动作"，推出了许多"自选动作"。如"解放调查·探访全球科技创新中心"系列报道和《为科创中心建设献计策》专栏，多位重量级的专家学者和企业界人士，为科创中心建设提建议。

三是突出民生和基层建设，体现求真务实作风。开辟《补好发展短板，让上海更干净更有序更安全》《深入基层补短板》栏目，深入一线，采写了一批有分量的报道。对市民关切的民生问题，如交通拥堵治理、环境治理、缓解打车难等，给予充分报道，并寻求解决之道。

四是突出创新报道表达形式，力求更优宣传效果。2015年3月解放日报实施新一轮版面改进提升后，版面制作庄重大气，既不失传统与规范，又富有现代感，彰显新时期党报的特色和风格。

2015年，解放日报在媒体融合转型上做了诸多探索，成效初显。众多主题报道、典型报道、深度报道、观点言论，通过互联网这个载体，有了更大的传播力和抵达率。以上海观察为龙头，以解放网为枢纽，借力其他媒体平台，主流声音在互联网上得到更广泛传播，解放日报的内容影响力获得进一步提升。栏目《政务微信观察榜》和微信公众号"伴公汀"等已逐渐成为品牌。

党报是市民与党和政府间的桥梁。推进深度融合、整体转型，为解放日报提供了更大的空间和更具穿透力的传播力量。面对多元诉求和意见表达，党报不仅要成为发声平台，更要肩负起凝聚共识的责任，引导更多的人拥护改革、支持改革、投身改革，为深化改革、创新发展创造良好的舆论环境。

　　在"文明与文化同行"的主题下，解放日报积极开展公益讲坛、读者服务、媒体开放日、志愿宣讲、慈善微店、为爱圆梦、送课下乡、走访慰问同创共建、城乡结对等社会公益活动，部分特色品牌项目获得表彰。2015年，解放日报获评"全国文明单位"，并第六次获评上海市文明单位。

　　2016年是"十三五"开局之年，也是报社推进融合发展、整体转型的攻坚之年。作为上海市委机关报，在强化内容、打造精品报的同时，解放日报将更加自觉、更加主动作为，突出重点、破解难点、创新机制、精准发力，努力推进传统媒体脱胎换骨、新媒体腾飞发展的目标，率先向新型主流媒体转型。在转型中谋求发展，在创新中赢得未来，在发展中履行责任，解放日报使命在肩、责无旁贷。

二、履行社会责任情况

（一）履行媒体责任　做好新闻宣传

　　解放日报坚持"导向为先、内容为王、受众为本"，深入推动媒体融合发展、转型升级，凝神聚力，勇于创新，在重大报道、主题宣传、理论评论、版面呈现等方面精耕细作，充分履行正确引导、提供服务、人文关怀、繁荣发展文化等责任。同时，落实"采编为宝"、严格采编作风、规范发稿流程、强化管理监督，遵守职业规范、合法经营、安全刊播并充分保障新闻从业人员权利。

2015年，解放日报的宣传报道质量进一步提升，党报舆论阵地进一步巩固，一批作品得到上级部门和同行的表扬和肯定。19篇作品获中国新闻奖和上海新闻奖，还有多篇报道获上海市委宣传部典型报道优秀作品奖、"走转改"优秀作品奖等。

1. 履行正确引导责任，着力传递权威声音。作为上海市委机关报，解放日报始终坚持正确政治方向，牢牢把握正确舆论导向；始终履行党报职责，在宣传党的路线、方针、政策方面以及围绕中心、服务大局方面，主动作为、积极作为、创新作为。

党报姓"党"。2015年，解放日报围绕自贸区改革创新、科创中心建设、创新社会治理、司法体制改革试点等上海市委市政府重大课题，分阶段制订多个报道方案，并精心推出一系列重大报道。其中，《自贸试验进行时》等专栏、专版及《"小黄条不见了"背后的政府改革》等报道，关注改革创新、关注热点，以案例说话、通俗易懂，形成了报道声势；《上海街道转型记》围绕"政府工作职能让渡，基层社会怎样接住"这一主题，比较详尽地呈现了街道转型的过程，观点鲜明，有现实指导作用；记者赴闵行法院蹲点调查一个月，深入了解司改推进情况，采写的《人员分类，如何留人又留心》《独立审判，怎样保障办案质效》《案多人少，矛盾怎么解决》等报道，赢得好评。

围绕上海市委、市政府大力推进违法建筑拆除和环境综合整治工作，解放日报做好"补短板"相关报道，开辟《补好发展短板，让上海更干净更有序更安全》《深入基层补短板》栏目，迅速反应、及时跟进、深入一线，采写了一批有分量的报道。其中，《治"三合一"短板，杨浦敢"叫板"》《最严理念守护城市安全底线》《让人糟心的"喇叭路"终于变样了》等调查报道，对推进全市环境综合整治、营造良好舆论氛围起了积极作用。

强化言论敢于"亮剑"。解放日报在坚守底线的同时，敢于"亮剑"和发声，激浊扬清，发挥党报言论的力量，表达党报立场、观点和态度，积极引领社会舆论，在众说纷纭的社会语态中发挥"定海神针"的作用。

报社高度重视党报评论、理论的引领作用，多次进行专题研究，进一步明确栏目定位特点，改版后加强了评论专版、充实评论员队伍、落实栏目责任，确保重大突发事件及时发出党报声音。2015年刊发《申言》评论18篇、《新世说》20篇、《解放论坛》102篇，多篇评论被人民日报等转载。

重大事件善于发声。2015年元旦前夕，上海外滩发生踩踏事件。解放日报在及时、客观报道伤员救治、事件后续处置等情况的同时，推出《让"可以避免的"决不再发生》《铭记教训　牢记责任》等多篇评论文章，针对社会舆情进行有效引导。同时，解放日报各类新媒体（网站、微博、微信、客户端）充分发挥优势，推出《唯愿2015不再如此无常》《生命不可承受之重》等言论，有效引导网络舆情。

2.履行提供服务责任，着力弘扬核心价值。围绕中心、服务大局，是党报义不容辞的责任；传递正能量，弘扬主旋律，亦是党报不可推卸的使命。解放日报将培育和践行社会主义核心价值观贯穿到新闻宣传工作的方方面面，落细落小落实，主动承担党报价值引领的责任。

做好日常典型报道，注重细水长流。解放日报精心策划、深入采访、重磅推出的典型人物报道贯穿全年。记者发扬"走转改"作风，深入社会、深入基层、深入群众，用客观、丰富、有思考的报道，全面、生动地反映典型人物的感人故事和崇高精神，在全社会广泛传播真善美。《一封情书，一生坚守》《泪飞且为忠魂舞》《"我就是居民勤务员"》《小巷总理的"温情"与"泼辣"》等多篇典型报道、人物报道见微知著，抓住细节，体现本质。

做好重大典型报道，形成广泛影响。集中推出全国重大典型邹碧华先进事迹系列报道和长篇通讯，刊发《"法官当如邹碧华"》《他离去时眼角的泪，为谁而流》等作品，并配发《以行动凝聚法治共识》《因"纯粹"让世界更美好》等评论文章。这些作品通过故事和细节展现人物，感人至深，以润物无声的方式弘扬社会主义核心价值观，形成了广泛影响，引起了社会共鸣。

做好"三严三实"报道，抓住"关键少数"。记者深入采访"三严三实"干部典型，重点挖掘他们践行"三严三实"方面的亮点和特点。报道采用"一版导读＋二版通讯稿"组合拳的方式报道，图文并茂，重点突出，生动可读。例如，朱泾镇党委书记蒋永华，上任4年多来，带领团队为百姓筑桥修路、改造棚户、整治违建，解决问题、办理实事。相关报道刊出后，对广大党员干部践行"三严三实"，以高标准来"对标"自身起了积极作用。

做好纪念抗战胜利70周年报道，弘扬民族正气。解放日报成立专项小组，精心谋划纪念抗战胜利宣传报道，推出特稿，还与上海电视台纪实频道联合推出《重走战场》系列报道，连续数月重访二战东方主战场。同时，聚焦上海本土内容，独家报道上海一系列民间抗战地标特稿，并重磅推出专刊《从卢沟桥到黄浦江》，记录全国、上海各界人民英勇抗战的喋血图。

其中，《你所不知道的抗战》《90后的寻找》等特刊和《一个有出息的民族，永远对崇高有向往》等独家报道，得到历史学界、宣传部门的肯定与表扬，更获得读者的积极反馈，认为"从中读到了历史深处的感动和精神的力量"。

3. 履行人文关怀责任，着力关注民生民情。解放日报坚持面向基层、面向读者，从群众需求出发策划采访，及时回应群众关切，关注基层群众的生活状态，反映基层群众的合理诉求，在广大读者中引起共鸣。

坚持用事实说话，强化舆论监督。《百姓心声》版不惧"大牌名牌"，仗义执言。如：《苹果维修，为何见你一面那么难》，直陈苹果公司售后服务问题；《无人机上天，监管需落地》，关注新情况新问题，提醒有关部门及时完善制度空白；《考张驾照怎么变得如此艰难》，推动有关部门改革驾考规则；《治黑专车，靠罚款不如靠市场》等报道，为有关部门改进工作提供思路。

紧跟社会热点，回应民生关切。创新《解放热线》，以点带面、做深做透求实效。除了日常追踪社会热点外，"解放热线·夏令行动"特别报道与"12345"市民服务热线深度合作，在为群众解决现实生活中"急难愁"的同时，更深入触及带有普遍性的问题，剖析原因，研讨对策，推动同类问题的解决。此外，对于出租车调价、交通拥堵治理、环境治理等民生关注的热点报道，既反映了百姓呼声，也提供了解决问题的思路，很好地回应了民生关切。把脉时代变迁，记录身边故事。精心组织开展"行进中国·精彩故事"走转改大型主题采访活动，重点关注城市安全、环境改善、生活变化等老百姓身边的事，讲好中国故事、上海故事。如：调查报道《宝山南大转型记》，记录上海西北角曾经皮鞋工厂林立、废气污水不绝的宝山南大地区的转型；在"行进中国·精彩故事"春节版中，回乡记者用手中的笔记录下对家乡变化的新观察。

对接读者需求，创新版面呈现。整合专副刊，推出《解放周一》和《解放财经》，紧扣中心，进一步提升了可读性，增强了时效性。《硅谷正在想什么》等涉及创新的报道得到了上海市委市政府领导和武汉市委的高度重视，体现了解放日报在党和政府高端读者中的"智库"作用。

（二）积极拥抱变革　加快转型发展

主战场在哪里，党报就要在哪里。"互联网是主战场、是未来。"面对新媒体时代新的传播格局，解放日报坚定按照上海市委和市委宣传部要求，在巩固传统舆论阵地的同时，努力贯通网络舆论场，不断提高传播力、影响力和舆论引导能力，为文化繁荣发展贡献力量。

履行繁荣发展文化责任，着力实现融合发展。以"上海观察"为平台，讲好上海故事。作为上海报业集团成立后推出的第一个新媒体项目，"上海观察"紧紧围绕事关上海发展的重大问题、焦点话题提供有价值的分析、评述、观点和讨论，讲好上海故事，传递市委声音，通过议题设置和深挖内容，赢得网民肯定。一些作品，主打权威、深度、独家，获得了较好的传播效果，如《习近平的一天》获全网转载上千万次。

2015 年，"上海观察"三期上线。一方面，产品设计进行大幅度的优化；另一方面，针对"收费阅读"的规则做出重大改进，变单纯的"阅读收费"为"阅读收费"＋"增值服务收费"。在"收费阅读"这一道路上进一步做出探索，成为党报新媒体的一个范本。

同时，探索传播、运营新模式。2015 年 4 月 14 日，"上海观察"社区成功在上海广播电台"阿基米德"APP 上线，实现"上海观察"内容音频化。每天由主编和编辑录制的 15 分钟优质新闻评论类内容，经通过阿基米德平台播出，多渠道扩散"上海观察"影响力。5 月底 6 月初，又与蜻蜓 FM 和喜马拉雅 FM 对接，授权内容，分别开设上海观察频道和社区，扩大"上海观察"内容覆盖面。

以解放网频道"承包"为契机,激励内容生产。在"全媒体采编平台"顺利运行的基础上,国家一类新闻资质网站解放网做出了国内主流媒体罕见的融合举措——推行"采编部门频道承包制"。所有频道,根据属性和条线,完全由解放日报各个传统采编部门"承包",负责发稿、删稿的所有流程,权责清晰,考核明确。整个解放网从真正意义上成为了解放日报的官方网站,也成了一个促进转型融合的中枢平台。

报网融合发展初显成效,形成若干全媒体品牌。

——《韩正一周》。2015年,《韩正一周》专栏围绕市委书记韩正就上海各项中心工作进行的各种调研、会议和有关论述,通过对公开资料进行全面独到的梳理、聚焦和解读,在新媒体平台上充分传递市委、市政府重要声音、精彩观点,充分展现高层工作思路、透视上海工作大局。

专栏每周在解放网、上海观察客户端和微信平台上线后,均获得较高点击率,多次在当日、当周甚至当月点击率中排名第一,并多次被其他时政类媒体转载(新华社客户端、人民日报客户端等主流媒体予以转载,东方网均在第一时间转载);不少作品还受到海外媒体关注。

——《政务微信观察榜》。上海观察推出的政务微信观察榜每周推出一期,在上海的区县、委办局、高校、医院及相关政务机构引起持续关注,并有多家街镇单位提出合作,希望加入排榜。

同时,上海观察还与上海发布、复旦大学每周联合发布《上海微信影响力分类周榜20强》,每月发布《上海政务微信月度观察报告》,帮助各家政务微信运营者梳理热点、知晓微信传播规律等。2015年以榜单为主要依托,在各区县进行线下培训,目前已进行了近10场活动,广受好评。

——时政类微信公众号"伴公汀"。"伴公汀"充分运用新媒体传播手段、遵循新媒体传播规律,致力于在互联网舆论场打造一个传播党和政府声音的全新平台。

在创新全媒体内容生产的同时，解放日报还成功探索了一系列具有文化气息的主题活动。

——《解放书单》倡导阅读氛围。《解放书单》是全国首个以党政机关领导干部为目标受众的读书特刊，上海市委主要同志专门为首期《解放书单》撰文。每期《解放书单》都是组织上海资深出版人、理论界专家、文艺界人士、媒体代表，在茫茫书海中精选出来，内容涵盖政治经济、社会科学等各个领域。同时，特邀国内知名专家学者对每一本书进行深度解读，这对于领导干部提升综合素质有很大帮助。除了传统的书评形式，还开辟"书友会"，生动传播党政机关领导干部的阅读经验，既促进了领导干部之间的阅读交流，又在客观上向广大群众展示了领导干部爱读书、勤思考的正面形象。

——"文化讲坛""教育讲坛""健康讲坛"成为品牌讲坛，在内容传播上获得广泛的社会影响。如已经举办 70 届文化讲坛，邀请学者名家共论"传统文化，我们通向未来的路""乡贤文化的当代价值"等，主题具有时代性、文化性，获得不俗反响。第 68 届文化讲坛上鲍鹏山的演讲，一举获得百万级的网络传播量。

（三）强化使命担当　凝练企业文化

解放日报始终把"讲政治、管队伍、守纪律"作为政治要求和工作要求，坚持恪守新闻采编、报道评论、转载传播、广告刊播等方面的从业准则，加强新闻采编人员教育培训，狠抓制度建设和内部管理，不断增强员工在采编工作中的诚信观念与规则意识，自觉树立并维护党报的良好形象。

1. 履行遵守职业规范责任，着力打造诚信团队。针对队伍年轻化的特点，报社从多层次、多方面入手，强化采编队伍新闻职业精神教育。

一是强调新闻的真实性、权威性、公信力和影响力，树立底线意识、操守意识、把关意识。报社从平时着手、从小处着眼，利用采前会、编前会、业务会、组织生活会以及利用内网、微信等平台开展教育培训；在报纸创刊 66 周年之际，邀请老报人讲传统；举办"道德讲堂"，以身边人讲身边事，传递爱岗敬业、敢于担当、奉献社会等新闻职业道德理念；通过年度全员培训，提升员工业务能力和职业道德水平，凝聚共识和情感。

二是强调使命和担当意识，在实践磨砺中改进作风。采编人员深入一线"走转改"。领导干部率先垂范，多次带队深入基层、蹲点采访，倾听百姓心声，反映群众意愿，为年轻记者作出了表率，采写了一批鲜活生动、脍炙人口的新闻作品，自身也经受心灵洗礼，锤炼敬业精神。

三是强调自律他律，完善约束机制，自觉接受社会监督。报社梳理完善了有关新闻职业道德建设的多项规章制度，并重视社会监督，多次召开新闻道德评议员会议。通过全体同志的共同努力，报社采编工作人员的新闻道德判断力和新闻道德责任感有了明显提升。

2. 履行合法经营责任，着力规范广告经营。严格遵守广告法及相关法规条例，从严把关，严防不良广告误导受众。自上海市整治虚假违法广告专项行动联席会议对上海市媒体单位广告审查工作开展表彰活动以来，解放日报已连续多年被授予先进单位称号，位居报纸媒体前列。

3. 履行安全刊播责任，着力严把报道质量。解放日报注重安全刊播制度机制完善，坚持执行新闻出版"三审制"，坚持落实"姓党、为民"要求，一直保持良好的口碑。2015 年，报社积极探索采编联动机制改革，加强热点新闻监控，实施双重监控，并颁布"网络发稿手册"，规范发稿标准、程序，严格执行采编流程，形成了一整套确保安全出报的规章制度和较为完善的工作机制，保证了安全刊播。

4. 履行保障新闻从业人员权利责任，着力营造党报文化。解放日报严格遵守《新闻记者证管理办法》，规范执行记者证申领、审核、发放工作，保障从业人员权益。2015 年实施采编职务序列和薪酬考核改革，突出"采编为宝"，人尽其才，岗位贡献，共聘任 13 名首席人员，约 150 名采编人员进入 10 级岗位序列，为采编人员的成长搭建了通道。

报社着力营造党报特色文化，通过弘扬"解放精神"、开办"道德讲堂"、开展"读书沙龙"等活动，以文化凝聚队伍，激发队伍活力。重视人文关怀，重视发挥职工民主管理，做好沟通，鼓励积极建言献策，了解职工诉求和思想状况，充分保障职工的知情权、表达权、参与决策权和监督权。

5. 强化社会责任，着力推动文化共享。2015 年，解放日报荣获"全国文明单位"，并第六次获上海市文明单位。以此为起点，报社突出文明共建、文化共享，深化"文明与文化同行"，积极开展公益讲坛、读者服务、媒体开放日、志愿宣讲、慈善微店、为爱圆梦、送课下乡、走访慰问等党建联建、同创共建、城乡结对和社会公益活动，部分特色品牌项目获得表彰。

"3·15"为民服务获市优秀志愿服务项目。解放日报坚持 27 年服务民生，主动走进市民、倾听群众呼声、帮助排忧解难，与读者、与市民面对面交流、答疑、解忧，更为各大窗口服务单位、工商企业和市民之间搭建起一个面对面沟通、服务的平台，赢得社会广泛好评。2015 年，联合上海市消保委、60 余家企业，现场共接待和处理咨询与投诉案件数百件，得到广大市民的称赞，被评为上海市优秀志愿服务品牌。

"哎哟不怕"抗癌公益活动获群众喜爱项目。依托解放日报这一权威媒体品牌，"哎哟不怕"联手上海癌症康复俱乐部，联系上海各大医院，向广大癌症患者及家属传播癌症、健康方面的资讯，提供国内外重量级抗癌专家的访谈、国际上与肿瘤及健康相关的最新资讯、一线肿瘤专科医生的治疗建议，以及抗癌明星们的励志故事等内容，并与上海各大医院合作，组织"微门诊"、系列公益讲座等活动，先后为近千名患者进行了义务的医疗咨询，宣传防癌抗癌的科学知识，帮助解决治疗难题。2015年，"哎哟不怕"抗癌公益项目获上海市"群众喜爱的培育和践行社会主义核心价值观项目"。

　　城乡结对8年获多方好评。多年来，解放日报秉持"想村民所想，急村民所急"，找准需求，开展精准帮扶，为村民办实事，并通过文化凝聚惠及更多百姓。2015年，针对杨家宅村老年农民多、文化活动少等实际情况，报社除投入10万元专项帮扶资金参与修建村民综合活动中心，鼓励开展群众性文化活动外，还"送课下乡"，与贫困老人结对，多次上门慰问，给予关心、关怀，听取诉求。仅2015年春节期间，报社员工就为"关爱银发行动"捐款3万余元。同时，报社把贫困村作为编辑记者走基层、听民情、受教育的基地，多次组织采编人员到现场调研采访，写出深度报道。报社与贫困村的结对帮扶，多次受到上海市委组织部、上海市委宣传部的肯定和表彰。

　　主办国内首个"强直性脊柱炎患者梦想征集活动"。2015年3月14日，"强直强者，圆梦时刻"新闻发布会在解放大厦举行，3位强直强者脱颖而出，实现了各自的正能量梦想。本次活动为强直患者打造了一个展示梦想和人生的平台，旨在呼吁社会重视这一疾病。该活动共收到全国各地梦想130多个，上千人参加网络投票，并选出了3个"最动人梦想"和10个动人故事，线上线下推出集中报道，得到了良好的社会反响。

（四）附录：荣誉奖项

◎ "解放日报"再次被认定为"上海市著名商标"

◎多个集体获全国、上海市和宣传系统各类荣誉称号数十项

◎多名个人获"全国优秀团干部"、上海市"三八红旗手""上海市慈善之星"等各类称号和奖项

◎解放日报多篇作品在 2015 年度各类新闻奖评选中获奖

解放日报 2015 年部分获奖作品

作 品 名 称	奖 项
2014 年 5 月 22 日《解放日报》要闻 1 版	第二十五届中国新闻奖三等奖
《三年多没去上海了，看到大家，很亲切》	第二十四届上海新闻奖特别奖
《泪飞且为忠魂舞——记求真务实的好干部汤庆福》	第二十四届上海新闻奖一等奖
《小官孙国权》	第二十四届上海新闻奖一等奖
"亚信峰会"版面	第二十四届上海新闻奖一等奖
《20 年，寻觅高原岁月那些人和事——纪念上海援藏工作 20 周年》专题网页	第二十四届上海新闻奖一等奖
《上港集团七成员工当股东》	第二十四届上海新闻奖二等奖
《有底线才会有共识》	第二十四届上海新闻奖二等奖
《构建新主流党报的策略和路径》	第二十四届上海新闻奖二等奖
《笔写小平，心有大潮》	第二十四届上海新闻奖二等奖
《"海巡 01"轮侦听到脉冲信号》	第二十四届上海新闻奖二等奖

作　品　名　称	奖　项
《赝品》	第二十四届上海新闻奖二等奖
《"梁书记不能退休"引发的思考系列报道》	第二十四届上海新闻奖三等奖
《解放书单》第一期	第二十四届上海新闻奖三等奖
《从国际比较角度看上海医疗服务》2篇	第二十四届上海新闻奖三等奖
《70岁老帅徐根宝含泪告别中超》	第二十四届上海新闻奖三等奖
《有虫为证》	第二十四届上海新闻奖三等奖
《悍熊》	第二十四届上海新闻奖三等奖
解放周末　独家对话	第二十四届上海新闻奖名专栏奖

三、履行社会责任方面存在的不足和改进措施

对照党中央、上海市委对媒体融合发展的要求，面对新媒体传播优势，解放日报需要进一步创新理念、内容、形式、方法、手段、体制、机制，增强针对性和实效性；需要进一步适应分众化、差异化传播趋势，加快构建舆论引导新格局；需要进一步加强传播能力建设，增强国际话语权；需要进一步培养和打造适合媒体融合发展的高素质人才。

作为上海市委机关报，在强化内容、办好党报的同时，解放日报需要更加自觉、更加主动地推进媒体融合发展，突出重点、破解难点、创新机

制、精准发力，真正实现传统媒体脱胎换骨、新媒体腾飞发展，率先向新型主流媒体转型。

第一，坚持融合转型，探索发展新路，进一步提升引导力、影响力。强化解放日报品牌向互联网延伸，做深做快做宽《上海观察》，着力将《上海观察》打造成为市委在互联网权威发布的第一平台，上海市民及城市利益相关者深度了解上海第一选择的新媒体平台。

重点是权威发布上海市委声音，有效解读和传播上海市委市政府各项政策举措；及时提供上海政经、商业、社会生活、科技及文化新闻；报道和评论与上海发展相关的国内外重大资讯。做强一批内容频道、打响一批栏目品牌，第一时间发声、引导，履行好市委机关报新媒体使命。

第二，坚持导向为先，着力内容提升，打造精品党报。积极适应新媒体传播环境，兼顾不同读者需求，进一步改进版面、栏目和内容，更加聚焦上海、政经和城市治理现代化，在打造适应互联网传播环境下的新型党报上下功夫。

坚持"内容为王"，加强选题策划，抓好重大主题、重点工作报道，讲好中国和上海故事。继续强化特色，打造拳头产品。进一步发挥党报言论的力量，阐释党的路线、方针、政策，表达党报的立场、观点和态度，坚守底线，激浊扬清。

第三，坚持创新拓展，着眼品牌战略，推进持续发展。加强品牌经营，宣传解放品牌，提升品牌知名度、美誉度；不断拓展合作领域，促进解放日报在上海重大发展节点、重大发展事件中的直接参与度；培育更多线上线下品牌活动，确保活动品牌效益、社会效益和经济收益的多赢。

加强战略发展规划研究，制订好"十三五"期间报社发展规划。加强新架构下的广告、发行机制研究，探索新媒体产品的推广、开发、运营，推进全媒体整合营销。

第四，坚持从严要求，抓好队伍建设，推进融合转型。坚持从严治党，强化措施，认真抓好党建和党风廉政建设。进一步明确职责，加强教育，强化监督，完善机制，在抓落实中体现主动有为、敢于担当精神。

坚持"采编为宝"，完善采编职务序列改革后续工作。充分发挥好首席岗位作用，并在采编专业职务序列等改革的基础上，进一步优化调整考核机制，使之更符合新媒体生产规律，进一步调动采编人员的积极性和创造力。

新华报业传媒集团

社会责任报告

一、新华报业传媒集团概况及 2015 年履行社会责任概述

　　2015 年，新华报业传媒集团认真贯彻中央和江苏省委决策部署，明确主流定位，体现主流担当，高质量地完成了各项宣传报道任务。与此同时，积极推动新媒体资源、新闻资源和经营资源的整合融合，进一步提升了党报新型主流媒体的传播力、公信力和影响力，为建设"强富美高"新江苏提供了有力的舆论支持。

　　新华日报报业集团经原国家新闻出版总署于 2001 年 6 月 22 日批准正式组建。2011 年 4 月，经江苏省委、省政府批准和国家新闻出版总署同意，更名为新华报业传媒集团。目前，集团拥有 14 报 8 刊、一批网络媒体及 16 家经营性公司。报纸主要有《新华日报》《扬子晚报》《南京晨报》《江苏经济报》《江苏法制报》《江南时报》《扬子经济时报》《扬子体育报》《大学生村官报》《昆山日报》《靖江日报》《海门日报》《东台日报》等，刊物主要有《传媒观察》《党的生活》《精品健康》《精品阅读》《幸福

老年》《培训》《动漫》等，新媒体主要有中国江苏网、"交汇点"新闻客户端、新华报业网、扬子晚报网、视觉江苏网和江苏手机报，以及一批官方微博、微信。同时，集团有新华日报传媒有限公司、新华传媒投资实业有限公司、新华房地产开发有限公司、新华文化艺术投资有限公司、新华传媒信息发展有限公司、新华报业印务公司、九九递送有限责任公司等16家经营公司和单位，参股和投资一批股份企业。新华日报、扬子晚报品牌号召力、传播覆盖率和广告投放价值连续多年位列全国省级党报和晚报第3名和第4名。在第二十四届（2013年度）中国新闻奖评选中，集团5件作品分获中国新闻奖一、二、三等奖，其中一等奖2件，二等奖1件，三等奖2件。在第二十五届（2014年度）中国新闻奖评选中，集团共获2个一等奖、2个二等奖、1个三等奖，创历史最好水平，获奖数在全国省报集团中名列前茅。

二、履行正确引导责任

为切实履行正确引导舆论的责任，集团一是紧紧围绕中央和江苏省委的中心工作，创新重大主题报道，加大宣传引导力度；二是抓住社会关注的热点、难点问题，及时回应，加以引导；三是加快推进媒体融合发展，巩固和壮大党的舆论宣传阵地。

（一）围绕中心、服务大局，重大主题报道有序有力

2015 年是全面深化改革的关键之年，也是全面完成"十二五"规划的收官之年，这一年重大主题报道数量多，活动多，场场都是硬仗。新华日报精心策划组织，推出了一批高质量的大型新闻行动和系列报道。据不完全统计，2015 年，新华日报组织策划的新闻行动和系列报道共计 60 多个，专版、特刊 100 多个，产生了广泛的社会影响。集团其他媒体也围绕省委、省政府中心工作，精心组织了一系列重大主题宣传报道。省委省政府领导先后 15 次作出批示。

1. 习近平总书记视察江苏重要讲话精神的宣传报道贯穿全年。围绕学习贯彻习近平总书记视察江苏重要讲话精神，围绕江苏省委、省政府"迈上新台阶　建设新江苏"重大决策部署、协调推进"四个全面"战略布局、"五个迈上新台阶"工作会议等，新华日报组织开展浓墨重彩的主题宣传战役，形成持续不断的舆论强势。《牢记"两个率先"光荣使命　努力建设"强富美高"新江苏》《推动经济发展、现代农业建设、文化建设、民生建设、党的建设五个"迈上新台阶"》等主题报道和系列评论，产生广泛社会影响。

2. 两会报道浓墨重彩、新意迭出。江苏省两会和全国两会期间，推出了创新栏目《今天我主持》《图说两会》《影像两会》等，以新颖的手段、丰富的形式，及时生动地报道会议主要精神。其中，全国两会期间，新华日报推出专版《直通全国两会》共计 42 个，大型特刊《向两会报告》有 72 个版。

3. "正义之胜"大型新闻行动气势磅礴、彰显特色。集团于 2015 年 4

月启动"正义之胜——纪念中国人民抗日战争暨世界反法西斯战争胜利70周年新华报业全媒体行动",整个行动由8大板块组成。新华日报不仅派出骨干记者进行境内外采访,还精心设计推出主题专版72个。

4. 全面深化改革报道准确、扎实、充分。从2015年2月江苏省委、省政府召开深入实施创新驱动发展战略暨建设苏南国家自主创新示范区工作会议,对"推动经济发展迈上新台阶"进行部署,到12月召开江苏省经济工作会议,新华日报紧扣经济建设这个中心,经济报道不断深化。其中,"聚焦苏南国家自主创新示范区"系列报道等,以生动形象的笔触,令人信服的数据,对苏南人的创新精神进行了报道。

5. "一带一路"报道及时跟进、解读到位。2015年5月,继充分报道江苏省委、省政府召开的"贯彻落实'一带一路'国家战略,大力拓展对内对外开放新空间工作会议"后,新华日报接连推出了9篇"融入'一带一路'建设大格局高端访谈",对话省发改委、商务厅、交通厅等部门和连云港、徐州、盐城、南通等地市领导,介绍江苏省对接、参与"一带一路"建设的基础优势、战略谋划和思路举措,第一时间传递出江苏主动融入国家大战略大布局中的责任担当。

6. 党的十八届五中全会和省委十一次全会报道全方位多层次。为推动全省迅速以党的十八届五中全会精神指导江苏"十三五"发展的谋划和实践,新华日报开设《厅局长系列访谈》专栏和《专家笔谈》专栏。省委十二届十一次全会召开前,新华日报推出"辉煌十二五 奋进新江苏"系列专题报道和"数说十二五""行进江苏 精彩故事·我看这五年""读图看变化"等专题报道,从各地干部群众身边的变化、切身的感受切入,小切口、多维度地反映江苏省"十二五"经济社会发展成就和亮点。省委十二届十一次全会召开后,接连推出7篇贯彻落实全会精神的系列评论,10篇"新征程新理念新举措"全会精神解读,并开设《十三市市委书记话

"十三五"》专栏。

（二）回应热点、关注民情，舆论引导精准及时

面对新形势下纷繁复杂的社会现象和众声喧哗的舆论场，新华日报牢记党报的使命担当，坚持传递党的声音和反映人民意愿相统一，不断提升党报新型主流媒体引领舆论的影响力。

1. 评论言论站得高、抓得准、贴得近。围绕习近平总书记倡导的"马上就办"精神，连续刊发7篇系列评论员文章，有力提振全省干部群众干事创业的精气神。围绕协调推进"四个全面"战略布局，在头版先后刊发《践行"四个全面"继续奋力前行》等6篇评论。8月2日头版刊发《"快答卷"更须"答长卷"》，提出实现"建设新江苏、迈上新台阶"宏伟蓝图，既要有短跑的速度和效率，又要有长跑的意志与耐力。针对国庆假期"38元一只青岛大虾"事件、校园塑胶跑道有毒问题、南京200万流动人口告别暂住证、南京"虐童事件"、"东方之星"游轮翻沉等热点和突发事件撰写评论，有效引领了公众舆论。

2. 舆论监督报道常态化、品牌化。新华日报以《新华调查》《政风热线》等栏目为主阵地，建立新闻舆情数据库，实行舆情数字化管理，及时研判社会热点和发现新闻线索，初步形成舆情监测、反映、调查、处置一条龙舆论监督体系。全年刊发舆论监督报道百余篇，其中45篇被有关部门列为督查必办件。其中，对疫苗试验、搭车收费、供水改造、欠薪讨薪、环境污染等问题，既关注问题本身及其引发的公众情绪，也及时传播有关部门解决问题的决策、部署和决心，搭建沟通平台，促进良性互动。

3. 剖析网络热点体现公信和权威。《还原真相》栏目继续对网上不实信息给予及时澄清。如《"苏州警察对溺水儿童见死不救"？》《泼汤又泼面，我们的社会怎么了》《宝马肇事鉴定，该怎么看？》《法院"登报道歉"，不丢面子反加分！》《员工跪拜领导，竟是企业文化？》等有批判有观点，引导读者正确看待和分析热点事件，理性表达自身诉求。

（三）加快推进媒体融合发展

2015 年，集团加快推进媒体融合发展。"中央信息厨房"全面投入使用、媒体融合创新实验区成立、"交汇点"移动新闻客户端上线、扬子晚报双 APP 架构初步形成，重大主题报道融合创新力度进一步加大，集团媒体融合发展开启了崭新的一页，正从"相加"阶段走向"相融"阶段。在中国社科院新媒体研究中心、人民网舆情监测室共同发布的《2015 传媒集团"两微一端"融合传播排行榜》上，新华报业传媒集团位列全国传媒集团序列第六名，《扬子晚报》位列集团下属报纸序列第五名。

"中央信息厨房"，是集团办报、办刊、办网、办客户端的"综合新闻业务支撑平台"，覆盖集团所属各媒体和相关机构，同时建立了集团业务平台的统一入口——"超级门户"。该系统平台可进行文字、图片、音视频等各种多媒体内容的生产，实现了报刊、网站、客户端、微媒体等各种媒体形式的业务模式以及不同业务流程的灵活定制和全程管控。

举集团之力打造的"交汇点"新闻客户端，与新华日报、中国江苏网构成"三位一体"、互为协同、覆盖三代传播形态的江苏第一主流媒体矩阵。作为集团战略级产品，"交汇点"新闻客户端最大限度地聚合新华报业旗下各媒体的人才和资源优势，力争打造成"具有全国影响力的江苏移动媒体第一品牌"。

打造"交汇点"客户端的同时，集团组建了媒体融合创新实验区，在集团范围内整合各类资源，推进融合发展。一是重设组织架构。融创实验区是推进融合发展、转型发展强有力的支撑体系，其定位可以概括为"4个平台"，即媒体融合平台、产品打造平台、员工创业平台、数据开发平台。按照既着眼当前又兼顾未来的原则，成立了中央编辑、数字媒介、视觉传媒、项目规划、市场推广、技术研发、行政协调七大中心。二是再造采编流程。依托"中央信息厨房"建立了集团统一的内容平台，各媒体记者采写的稿件全部进入统一平台，"交汇点"和其他各媒体编辑部从平台抓取稿件后进行二次加工、深度开发，也可通过策划定制独家产品。三是改革考核体系。客户端各类稿件和栏目的打等评分，不再像纸媒那样纯粹根据各报考评人员的主观判断来确定，而是将点击量、停留时间、评论数、转发数等作为统一的硬性指标，同时对所有稿件的导向、格调进行严格审核，实行一票否决。2015 年，集团媒体融合创新实验区的成立和运行，真正做到了先"融"后"合"，为集团媒体融合发展打下了较好的基础。

扬子晚报加快媒体融合发展，形成了"扬子晚报"和"扬眼"双 APP 构架，扬子晚报网、扬子晚报官方微信、微博与扬子晚报纸质版联动创新，充分整合内容生产、信息渠道资源，加快新闻生产出版模式数字化转型，不断延伸内容服务，打造扬子云平台，以实现"1+N"的传播方式。根据各平台特征开展形式多样的网络活动，增强互动，强化黏性。扬子晚报官方微信粉丝近 30 万，官方微博粉丝达近 400 万，推出的江苏新媒体排行榜，已初步确立江苏新媒体界风向标的地位。

三、履行提供服务责任

新华日报在加强民生报道、服务性报道的同时，紧贴党报读者，打造特色服务性专版专栏。《讲坛》《e健康》《读书》等专版，推出了一大批集新闻性、知识性、趣味性、服务性于一体的文章，像《痛苦让我学会如何更好去爱》《新职业，社会和时代的风向标》《试管婴儿，你真的了解吗？》《广场舞，如何跳出不扰民的韵律》《白岩松新书〈白说〉探讨"温暖发声"》等，满足不同层次读者的多方面需求。与此同时，新华日报还刊发了大量民生报道。

扬子晚报在纸媒上刊发大量民生报道、服务性报道的同时，利用新媒体加强服务。专门上线了以服务为主要职能和特色的APP"扬眼"，成功打造了"钱眼""招考部落""扬子名医团""苏州教育""乐动族"等服务类优质微信产品。其中，专为股民服务的"钱眼"2015年粉丝达70多万。南京晨报打造了"小记者""乔医生""易理财""每日楼市"等服务类微信公众号，"小记者"平台全年开始各类活动200多场，特色夏令营活动通过报纸、新媒体同步推送宣传，效果显著。不到1个月时间，4个夏令营招募营员500多人。晨报"乔医生"平台在保持与南京20多家三甲医院合作的基础上，常年开展各类服务活动。

在纸媒加强服务的同时，随着媒体融合的发展，通过"互联网＋"加强服务成为一大特色和亮点。集团 2015 年推出的移动端主流媒体"交汇点"新闻客户端，以"新闻＋服务"布局总体结构，在一级栏目中专门设置了"服务"板块，包括违章查询、查水电气、交水费、交电费、交燃气费、有线电视、固定宽带、物业缴费、城市服务、预约挂号、客运购票、金陵图书馆、快递查询等 13 个生活服务模块和政风热线、招标信息、企业查询、自然人失信、法人失信、信用动态、信用法规、政务咨询等 8 个政务服务类模块，受到用户广泛欢迎。

四、履行人文关怀责任

新华日报推出一批体现人文关怀的稿件。比如，2015 年年初采写推出帮助"小书房"创始人漪然的连续报道。"小书房"是中国最早、影响最大的亲子阅读网站，也是一个公益组织。系列报道包括《帮帮她，病重的"小书房"创办人》《"小书房"主人漪然病危　请伸出您的援助之手》等，产生巨大社会反响，多个微信公众号的阅读量均达到"10 万＋"。在爱心人士帮助下，身患重病的漪然转入南京一家三甲医院进行手术。

到 2015 年，"扬子晚报利群阳光助学行动"已经连续 13 年助学。该行动旨在为当年被本科录取，且品学兼优、家庭贫困、阳光励志的高考新生提供帮助。入选的阳光学子，每人可获得 5000 元助学金。2015 年，"扬子晚报利群阳光助学行动"收到社会捐款达到 186 万元，直接资助寒门学子达 372 人。这 186 万元善款，来自江苏、上海、中国台湾和希腊、加拿大等地的爱心读者。一年一度的扬子晚报利群阳光学子大型报告会，引起社会各界的广泛参与，掀起一场场奉献爱心的公益高潮。经过多年助学，各地关工委、校团委、省有关单位驻各地的扶贫队、村镇干部、志愿者团体，对利群阳光助学行动已经相当熟悉，每年这个时候，他们就摸底走访，让贫困家庭的孩子了解利群阳光，帮助他们准备各项材料。有了扎实的群众基础，2015 年提交申请材料的贫困学子达到 800 多人。扬子晚报专门抽调人手，成立"助学直通车"工作小组，每年夏天利用双休日，到江苏各地贫困县乡走访。2015 年 5 月至 8 月，助学行动小组走访了灌云、滨海、仪征、宜兴、丹阳等数十个县乡，实地走访贫困学生家庭和社会爱心人士。2015 年扬子晚报利群阳光助学行动累计报道达 30 篇，投入数十个版面。爱心助学过程中，扬子晚报在重点版面推出了关注贫困学子精神面貌的 20 余篇系列报道，用正确的舆论引导人、激励人、鼓舞人，在读者中引起强烈反响。

"交汇点"客户端开设《水滴公益》栏目，多次组织爱心捐助活动，获得社会各界广泛赞誉。寒冬腊月，很多环卫工连一口热水也喝不上，有的工人虽然带了杯子，也多是不保温的玻璃杯或者塑料杯，非常辛苦。2015 年 11 月，上线不久的"交汇点"客户端水滴公益栏目因此举办了"一个保温杯"活动，旨在由小学生发起，让孩子们成为爱上公益事业的"小水滴"倡议人，将家中不用的保温杯捐献出来，送给环卫工人们，让他们感受到孩子的爱心与谢意，也感受到"交汇点"新闻客户端对环卫工群体的温暖与关注。本次公益活动募集 1000 个保温杯，价值超 10 万元，全部赠送给环卫工人。

刊发公益广告是体现媒体人文关怀的重要方面。据统计，《新华日报》2015 年全年刊登不同主题公益宣传广告累计约 75 个版，位居全国省级党报公益广告刊发量第二位。新华日报在使用大量版面进行公益广告刊登的同时，还精心组织设计团队创作优秀作品，争取在创意设计、表现形式上给读者耳目一新的感觉。2015 年，围绕弘扬社会主义核心价值观、抗日战争胜利 70 周年等重大主题所进行的公益宣传收获了良好口碑。

五、履行繁荣发展文化责任

媒体在文化建设中肩负重要职责。新华日报和集团各媒体按照中央和省委有关要求，认真做好有关宣传报道，取得良好效果。

2015 年 6 月，配合江苏省推动文化建设迈上新台阶工作会议，新华日报在 1 版重要位置连续推出 4 篇"贯彻落实推动文化建设迈上新台阶工作会议精神评论"，随后又以"透视江苏文化建设的新脉动"为主题，连续 3 天推出 3 个整版的自主策划报道，挖掘《意见》出台的背景故事和来自基层一线的生动实践。为全面提升江苏省媒体文化报道质量，改善文化报道生态，由新华日报倡导，省委宣传部支持，联合省文化记者协会向全省文化记者、编辑发出"做健康的娱乐报道，做有价值的文化新闻"倡议书，同时在江苏省党报、都市报进行"做健康的娱乐报道，做有价值的文化新闻"同题新闻竞赛。

新华日报的文化报道全面转型，主打文化评论和深度报道，以敏锐触角拓宽视野，加强学理性与专业化，与新媒体错位竞争又互动融合，走出了一条全媒体环境下党报文化报道的新路，表现在以下 3 个方面。

1. 拓宽视野，娱乐文化热点尽收眼底。网络时代、消费社会，各种娱乐文化事件日益增多，并呈现碎片化、散发性特点，新华日报作为主流媒体，在全媒体环境下，视野更加开阔，把娱乐事件、网络热点、文化现象等都纳入报道范围。

2. 文化审视，客观理性体现开放多元。新华日报关注文化、娱乐热点的时候，坚持两个视角：一是文化视角，体现专业化与学理性；二是社会视角，体现大众化与时代性。全媒体时代，各种媒体百舸争流，新华日报坚持"入乎其内、出乎其外"，窥一斑而见全豹，从一滴水中见太阳，审视各种文化现象和文化热点。2015 年 10 月，电视剧《琅琊榜》掀收视热潮，新华日报推出《超越宫斗权谋 追求人间正义》，指出该片用现代文明进行文化观照，诠释了人间正义，闪烁着人性之光。

3. 深度挖掘，研究性报道为行业探路。调查性、研究性文化报道，成为新华日报的一大亮点。2015 年 3 月底，"娱乐宝"喊出"100 元也能做投资人"，有超过 10 万网友在网上投资郭敬明导演的《小时代 3》《小时代 4》。新华日报推出《浪漫牵手后，路该怎么走？》的报道，详细调研了"浪漫牵手"的方方面面，材料非常翔实，论证非常严密，为行业发展提供了借鉴。

扬子晚报积极参与文化宣传和文化建设。结合国家政策和江苏特点精心策划制作的两会特刊《美丽乡愁恋江苏》，在两会会场和江苏各地都产生了巨大的影响。围绕江苏第一个"全民阅读日"，推出"走进名家书房"系列访谈活动。扬子晚报还打造了"我要跳舞""B座西窗""艺术苏州"等多个文化类微信公众号。"我要跳舞"最高粉丝数突破 8 万。"B座西窗"作为一个纯文学的账号，低调高雅富有内涵，在读者圈中建立了良好口碑，扩大了副刊在新媒体读者中的影响。"交汇点"客户端积极刊发集团各媒体提供的文化报道，集中推出"中国梦主题新创作歌曲展""江苏最美乡村"等多个文化类专题，开设了《昆虫记》《江苏有戏》《秀场》等多个文化栏目。其中《昆虫记》积极弘扬昆曲等传统戏曲文化，产生了较大影响，该栏目还以"私人订制"的方式组织了众筹演出"交汇点之夜·王珮瑜京剧清音会"，吸引了一批来自全国各地的戏迷。

集团在多元、转型、融合发展中将文化产业作为重要业务之一，整合南京河西新华传媒广场有关硬件软件资源，全力打造 369 艺术街区，组建了新华文化艺术投资公司，建立了全媒体艺术馆和全媒体展览馆，发展顺利，颇具潜力。此外，集团积极参加有关部门组织的文化建设活动，比如在"书香江苏"活动中，向江苏省 8 个基层书屋赠阅报纸、杂志，并利用省级主流媒体优势，宣传好江苏省全民阅读活动领导小组推荐的 12 本好书和首个江苏省全民阅读日活动。

六、履行遵守职业规范责任

集团制订和实施一系列规章制度，包括《关于加强集团系列报刊、网站新闻宣传管理有关问题的通知》《关于进一步加强和落实新闻报道岗位责任的意见》《关于加强舆论引导和采编流程管理的意见》《关于加强和完善媒体人员作风建设的规定》等。

集团各媒体严格遵守职业规范。一是强化马克思主义新闻观教育。通过建立健全制度、开展培训讲座、组织专题竞赛等手段，加强对新闻从业人员尤其是年轻编辑记者的马克思主义新闻观教育。二是强化正确舆论导向。集团要求，所有媒体、所有新闻从业人员，所有版面、板块、栏目、报道以及广告等，毫无例外都要坚持正确导向，完善三审三校制度，堵漏补缺，加强考核，实行问责制，把牢舆论导向关。三是强化正面宣传为主。把握好时度效，把舆论监督和正面宣传统一起来，既弘扬真善美、传播正能量，也鞭挞假丑恶、释放监督力。

引导编辑记者遵守职业规范，转作风、改文风是一个重要方面。新华日报从 2007 年 4 月起正式建立并实施记者基层联系点制度，并开辟专栏《来自记者联系点的报道》。这一制度延续至 2016 年已有 9 年，每年一轮联系点报道，每轮持续半年以上。联系点报道实现了地区全覆盖、人员全覆盖，即江苏省 100 余个县（市、区）全部覆盖，符合条件的记者全部参与。为增强新闻敏感，强化锻炼效果，联系点实行轮岗制，一年一调换。来自记者联系点的报道，成为近年来新华日报新闻宣传中的一个重要亮点，受到广大读者和社会各界的普遍好评。2011 年 8 月新闻战线"走转改"活动开展以来，新华日报结合相关要求，对"来自记者联系点的报道"进行了全面提升。集团深入开展新闻从业人员思想业务作风建设，宣传业内典型，发现身边典型，连续几年推荐记者参加江苏省及全国的"好记者讲好故事"活动，通过典型引路，对新闻队伍建设起到了十分积极的作用。

2015 年，新华日报《走基层　转作风　改文风——来自基层联系点的报道》刊发大量记者深入一线采写的鲜活报道，比如《"野味天堂"这样成了鸟天堂》《农协，让农民贷款多了话语权》《"三无老人"，在这儿吃上了免费午餐》《一只小喇叭，管住了村民陋习》《背靠饭店，爱心食堂众口好调》《"安康驿站"，环卫工的安康港湾》《大学生村医，先拜师傅学方言》《这里，农民小额贷款不再难》《情感慈善，滋润困难群体心》等。组织记者春节期间深入实际、深入生活、深入群众，采写生动感人的新闻，《行进江苏　精彩故事——新春走基层》栏目刊发大量报道，如《开山岛不再缺电了》《我们的团圆饭在车站吃》《寒风中，他们守护铁路安全》，等等。

七、履行安全刊播责任

2015年，新华日报和集团各媒体进一步加强岗位管理，确保刊播安全，主要包括以下内容：

1. 认真学习中央、江苏省委、省政府和省委宣传部领导关于加强新闻宣传的一系列讲话和批示精神，进一步增强各媒体负责人和全体新闻工作者的政治意识、大局意识、核心意识、看齐意识。

2. 坚持深入实际采访报道，大力加强正面宣传的报道力度，努力提高报道水平，不简单从网上或其他媒体上摘编、转载信息，对敏感、热点问题如房地产、股市、拆迁、教育卫生改革以及重要言论，切实实行选题事先向编委会报告制度，涉及重大选题的策划报道、言论和重要栏目的开设及时向党委汇报，听取意见。

3. 调整和改进编辑指导思想，不适合本媒体特性的栏目一律不办，适合本媒体特性、但存在有关问题的及时整改，明确稿源选择、稿件审核、消息刊发的相关制度。对于涉及党委政府的重要信息、重大决策、重要干部人事任免等，严格执行发稿制度。进一步加强广告的内容导向把关，各媒体编委会统一对刊发的广告从政治上负责审核把关。

4. 切实加强重大差错的处罚管理。重大差错类别包括：导向差错，即因各种原因造成的舆论导向错误；造假报道，即因主观故意造成的虚假报道；新闻失实，即因工作失误造成的与事实不符的报道；重大文字差错，即产生明显不良社会影响的文字差错；重大技术差错，即因技术设备操作不慎造成的各类重大差错。集团各媒体凡出现以上重大差错的，均根据不同情况追究相应责任，严肃处理。

5. 严格分清重大差错的责任对象。重大差错的责任对象分别包括相关的记者、编辑（含版面责任编辑、采访部门值班主任、编辑中心值班主任等）、出版人员、印刷人员、值班编委和值班总编。对涉及舆论导向问题、发生虚假报道、刊登不良广告和出版印刷产生错误的情况，做到责任清楚、量责明确。

6. 严格执行重大差错的处罚内容。凡出现重大差错，除视情况对相关人员给予相应的经济处罚外，还要视情况不同在以下几种方式中酌情选用一种或同时使用几种方式进行处理：取消评优评先资格、党纪、行政处分、调离工作岗位或辞退。

7. 建立完善重大差错的处理方法。出现重大差错，根据有关媒体采编出版流程，追查发生差错的相关环节，按照各环节失职人员的相应责任分别给予处罚；差错责任人涉及编委以下人员时，由各媒体根据本意见精神及本媒体有关规定研究处理，并将处理结果报党委备案；差错责任人涉及编委及编委以上人员时，由集团纪委会同新闻办和人力资源部相关人员组成工作小组，对出错情况进行调查核实，提出处理意见，报党委研究批准后执行。

8.调整和加强内部《编务简报》《新闻阅评》力量与力度，及时通报有关情况，对阅评、简报提出的问题，由各媒体及时提出处理意见，并将处理意见及时反馈给集团纪检监察部门和新闻办，重大问题向党委报告。

八、履行合法经营责任

在经营工作中全面落实党风廉洁建设工作责任制，由机关党委同各党支部签订责任书，真正把党建工作与业务工作同谋划、同部署、同考核，做到两手抓，两手都要硬。加强对广告易货、广告版面统计、招投标、艺术品收藏拍卖等领域的督查，建立相应规范和制度，依规办事，公开透明，杜绝漏洞。开展员工及其家属从业情况专项调查，重点整治员工违规开公司、靠山吃山、假公济私等问题。进一步畅通举报渠道，对违纪违规行为进行严肃查处，营造风清气正的良好氛围。

新华日报始终坚定不移遵守党报姓党的原则，不仅如此，新华日报对于所刊登的广告内容也是严格要求、规范管理、加强审核，主动提出"党报广告也要姓党"的要求，带头执行有关法规和纪律。在广告经营工作中始终坚决抵制夸大宣传、庸俗广告，规范医疗广告，加强对于各类广告的审核和监督，仅 2015 年主动拒绝刊登不符合要求的各类型广告约 500 多万元。在都市生活类报纸广告收入普遍下滑的情况下，扬子晚报进一步细化广告经营的规章制度，坚持合法经营，不刊登违规广告。对客户实行政策透明、价格透明、代理费率透明，不搞欺诈。严格区分新闻和广告的界限，不搞有偿新闻。新闻报道坚持客观公正，杜绝新闻敲诈。

新华报业传媒集团始终坚持把社会效益放在首位，力求社会效益与经济效益相统一。实践证明，社会效益与经济效益的关系处理好了，不但不矛盾，而且相得益彰。2015 年新华日报的经营收入逆势上扬。据中广协报委会统计，2015 年全国 31 家省级党报中，利润同比下降的有 15 家，持平的有 9 家，增长的有 7 家，其中盈利在 5000 万元以上的只有 3 家，新华日报 2015 年实现利润 8151.6 万元，同比增长 20.99%。江苏法制报实现利润超过 2100 万元，在全国法制报系统中名列前茅。

九、履行保障新闻从业人员权益责任

集团始终将维护员工的合法权益、确保职工健康与安全、保证聘用和职业发展的公平与公正、落实民主管理与民主监督权利、建设企业文化等作为保障员工权益的重要内容。

1. 严格员工招聘录用程序，落实各项福利待遇。根据相关规定及事业发展的需要，按照德才兼备的用人标准和岗位所需的专业、技能、资格等条件，以公开、平等、竞争、择优为原则，实行公开招聘，每次都经过笔试和面试，并依法签订合同和备案。切实贯彻有关法规，落实各项福利待遇。

2. 发挥民主管理作用。集团党委在 2014 年年底提出"向员工承诺、受员工监督、请员工支持"，以项目制推动集团各项重点工作落实。一年后，每位党委委员分别向员工汇报各自牵头项目的推进情况。为回应广大员工对加快事业发展、增强集团实力的关切，集团通过书面、座谈等形式广泛征求意见建议，2015 年 6 月印发了《关于落实"三严三实"回应员工关切的整改分工方案》，将开展"三严三实"教育与破解难题相结合，以项目为抓手，深入推进整改落实。经过半年时间的努力，26个问题的整改均有不同程度的进展。12 月，集团又连续召开两次座谈会，分别征求采编部门和经营管理部门员工对集团加快转型发展的意见建议。

3. 加强员工培训。集团实行双月报告会制度，2015 年先后邀请浙报传媒总工程师、澎湃新闻总编辑、网易移动互联网事业部总经理等新媒体专家，举办讲座，开展"互联网 +"专题教育培训。通过培训，提升了员工的新媒体素养和对集团加快媒体融合发展的认识。

4. 开展企业文化活动。在纸库空地种植蔬菜，每个支部一块地，打造"开心农场"，集团领导也亲临现场，积极参与。集团还举办阅读交流会，开展青年志愿者活动和"岗位业务技能竞赛活动"，举办员工书画展，参加省里组织的足球、围棋、象棋、乒乓球、歌咏比赛。集团足球俱乐部、羽毛球俱乐部等常年组织活动。

5. 关心员工生活。提升单位食堂运行水平，保障员工舒心餐饮。定期安排员工体检，发现健康问题及时给予帮助指导。充分发挥工会的作用，年终上门慰问或帮助因病或其他困难的在职和退休职工，及时发放困难补助、关爱困难职工。

十、履行社会责任方面存在的不足和改进措施

新华报业传媒集团虽然在履行社会责任方面尽到了职责，但与党对新闻媒体发挥作用的要求相比，与人民群众的期盼相比，在有关方面还有待进一步加强和提高。

新华日报办报水平还有待进一步提高，重大主题报道的传播效果还需要进一步提升，话语体系的改进力度还不够，在影响关键少数和面向普通人群之间取得平衡还需要进一步探索，传播力、影响力需要进一步增强。媒体融合的深度广度还不够，融合过程中新媒体与传统媒体的关系如何处理还有一些问题需要明确和解决，相关的制度建设还不完善，还存在明显的技术瓶颈。"交汇点"等新媒体的内容建设还需要进一步加强，具体报道、单项工作着力较多，但宏观和中观层面的规划还比较欠缺，大局观、系统性、方向感尚待进一步明确和强化，相关运行机制还不够完善。编辑记者的考核激励机制还存在不足，需要进一步研究完善，需要在新的传媒格局下进一步振奋精神、树立信心，员工创新创业的主动性、积极性还没有完全发挥出来。一些年轻记者的马克思主义新闻观教育还没有做到经常化、制度化，还需要进一步加强，职业素养、职业

道德建设还需要加强，还需要采取更多的措施推动记者贴近实际、贴近生活、贴近群众，新闻报道的人文关怀、对社会生活的干预力度、对社会主义核心价值观的宣传还需要进一步增强力度、提高水平。采编分开的工作还需要进一步强化，经营工作在制度建设上还需要进一步加强。集团媒体结构是否需要调整、如何调整，扬子晚报、南京晨报、江南时报等都市生活类报纸如何在新的传播格局下生存发展，理论上研究不够，实践上探索不够。

2016 年，集团将切实贯彻习近平总书记系列重要讲话精神，进一步提高工作水平，更好地履行社会责任。

一是进一步牢牢坚持正确的政治方向。坚持新闻舆论工作的党性原则，坚持党性和人民性的统一，更好地承担起党的新闻舆论工作的职责和使命。加强阵地管理，层层传导责任。新闻舆论工作在各个方面、各个环节都要坚持正确舆论导向，更好发挥主流媒体作用。

二是进一步加强改革创新。适应分众化、差异化传播趋势，强化媒体特色，精准定位受众，加快构建集团媒体和舆论引导新格局。推进"九个方面创新"，切实提高新闻舆论的传播力、引导力、影响力、公信力。主动设置议题，加强新闻策划，加强重大主题报道创新，新闻宣传中把握好"讲故事"与"讲道理"、"面向普通人群"与"影响关键少数"等各种关系。

三是进一步推进融合发展。正式启用集团统一的供稿用稿平台、加强技术建设、建立以"交汇点"客户端为核心的新媒体矩阵。尽快从"相加"迈向"相融"，着力打造新型主流媒体集团。

四是进一步加强新闻队伍建设。加强马克思主义新闻观教育和职业道德建设，加快培养造就一支政治坚定、业务精湛、作风优良、党和人民放心的新闻舆论工作队伍。深化人事制度改革，解决两套用人机制、两种人员身份带来的突出问题，增强大家的事业心、归属感、忠诚度。

浙江卫视

社会责任报告

一、浙江卫视概况及 2015 年履行社会责任概述

2015 年，在浙江省委、省政府和省委宣传部的正确领导下，浙江卫视坚持"新闻立台""导向立台"的办台宗旨，贯彻"围绕中心、服务大局"核心要求，坚定践行"新闻立起来、人文美起来、综艺强起来、剧场富起来"的发展目标，频道的舆论引导力、平台传播力和品牌影响力得到进一步提升。

新闻宣传上，浙江卫视新闻阵地再度拓展，重大主题浓墨重彩，大片力作气韵生动，舆论监督健康有力，连续 7 年实现央视《新闻联播》"平均一天一条浙江新闻"。节目创制上，多轮"现象级"节目贯通全年，老牌新品不断刷新电视收视、网络点击全国新纪录。从大型人文纪录片的精创播出到抗战、廉政动画片的开拓性研制；从公益理念的传承发扬到应急直播的无微不至，浙江卫视以"美'立'富强"的理念愿景激发创新创优正能量，扎实履行媒体使命，健康、持续推进事业发展。

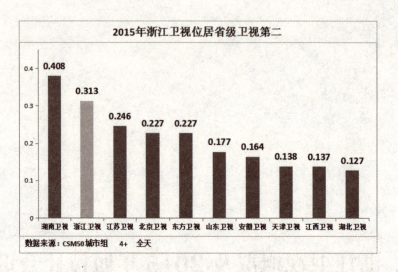

2015年，浙江卫视落地覆盖人口达 10.81 亿人，全国公共有线电视网入网率 100%，连续 7 年蝉联第一。全天收视份额在连夺 6 年省级卫视第三后，跃进全国前二。特别是浙江卫视以各类精品力作努力吸引作为社会中坚的中青年观众集体回归，使得曾经远离电视屏幕的中、青年观众逐渐成为浙江卫视最大的受众主体，为激发电视发展活力、提升传播效能价值、更好实现媒体社会责任，拓展出一片全新而广阔的天地。

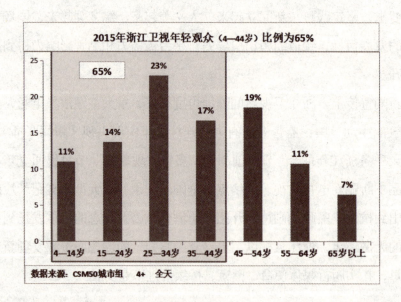

二、履行正确引导责任

（一）新闻布局加强完善，舆论阵地筑基固础

浙江卫视坚持"新闻立台"办台宗旨，始终将完善新闻布局、拓展舆论阵地作为频道建设发展的基石和准绳。2015年，构建完善"一圈一带"新闻宣传阵列，是近年来新闻品类最为丰富，黄金时段新闻播出时间最长的一年。

"一圈"是指以《浙江新闻联播》《今日聚焦》《新闻深一度》等成熟新闻品牌为主干，在晚间时段形成"一小时黄金新闻圈"。《浙江新闻联播》以时政报道、主题宣传等为重点；《今日聚焦》继续高举建设性舆论监督大旗；《新闻深一度》紧追热点焦点，引导舆论视听。2015年，浙江卫视在周一至周四晚间21：30时段，全新打造"黄金时段新闻评论带"，推出新闻评论节目《今日评说》，"让省委的重大决策部署家喻户晓、让群众百姓关注的热点话题得到及时回应、让纷繁复杂的社会舆情得到有效引导"。"一圈一带"以更强的阵容、更宽的视角，将党政工作的中心大局与群众关切的焦点热点紧密结合，凝心聚力，引导舆情，进一步彰显浙江第一新闻品牌的责任担当和传播实力。

同时，浙江卫视不断推进重大新闻事件直播报道常态化，全年非常设

时段新闻直播时长超过 40 个小时。其中,《直击"灿鸿"》并机直播达到 13 档共计 710 分钟,创下浙江广电集团直播时长和直播频率的新纪录,受到国家新闻出版广电总局(以下简称总局)的表扬及肯定。特别直播《丽水山体滑坡救援》对灾情的影响、救援及善后举措,做到权威发布、准确报道、如实反映,有力地引导了社会舆论。重大事件直播报道,业已成为浙江卫视引导社会舆论、展示新闻公信力的有力抓手。

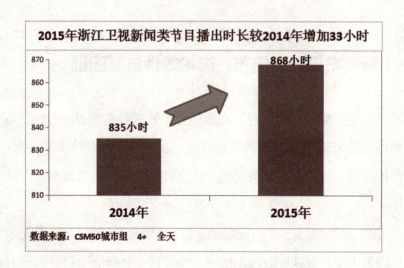

(二)重大宣传浓墨重彩,主题报道频创精品

2015 年,浙江卫视特别注重通过全频道联动,浓墨重彩壮大宣传声势,出色完成了党的十八届五中全会、习近平总书记考察浙江、纪念抗战胜利 70 周年、第二届世界互联网大会等重大宣传任务。

在纪念抗战胜利 70 周年宣传中,浙江卫视开辟黄金时段播出大型纪录片《东方主战场》;展播《胜利之歌》等大型纪念盛会;新创《地道战之英雄出少年》系列动画片;推出《歌声里的抗战》等新闻系列报道;制作《中国梦想秀》致敬抗战老兵系列节目，全频道聚焦，营造出浓郁的宣传舆论氛围。《地道战之英雄出少年》《歌声里的抗战》受到肯定和表扬。

围绕中心工作，2015年浙江卫视策划推出《"两山"路上看变迁》《干在实处永无止境 走在前列要谋新篇》《以"八八战略"为总纲 推进转型升级新跨越》《新丝路上的浙江人》《赢在转折点》等主题报道。以大规模、高品质的集群作业，为全省经济转型发展与社会和谐稳定提供强大的舆论支持。

尤其在新闻报道创大片、出精品上呈现精彩亮色。围绕习近平总书记"绿水青山就是金山银山"重要科学论断，精心打造同名政论片，以浙江的精彩实践，生动展现这一论断在经济、环境、社会发展中的重大引领和巨大成就，获得高度肯定。电视评论《"电商"与"店商"谁能争锋》，开掘电商与实体店之间"商战"背后的深层逻辑，荣获第25届中国新闻奖一等奖。

一年来，央视各频道总计播出浙江卫视独家或联合采制的新闻3000多条次，央视《新闻联播》一共播出372条，其中，头条单条8条，头条综合29条，单条83条，悉心描绘出一幅幅全省干群攻坚克难、聚力图强的生动画卷。

（三）深入调查监督有力，树立榜样崇德扬善

舆论监督是浙江卫视新闻报道的重要特色。2015年，《浙江新闻联播》新开《联播调查》板块，《新闻深一度》栏目强化《真相求证》《记者调查》专栏，推出了《暑期培训班火爆背后》《公共体育设施难开放》《给农药瓶找个"家"》等上百篇监督报道和社会调查。舆论监督栏目《今日聚

焦》紧紧围绕中心工作和群众关切，集中曝光了各地在发展中存在的突出问题，推出了一大批拔钉碰硬有影响力的报道，做到了让地方心服口服、获得了干部充分肯定、赢得了群众交口称赞。

崇德扬善是浙江卫视新闻报道的另一大鲜明主题。《浙江新闻联播》《新闻深一度》持续推出《最美浙江人》专栏，全年播发报道130多篇，以鲜活生动的"最美故事"，共筑浙江"道德高地"；创新推出《我们身边的正能量》专栏，以温暖感人的"小善大德"，感染弘扬社会文明风尚。周播常设《时代先锋》栏目，突出宣传基层党员、公务员、基层党组织的榜样风采，生动有力地传扬"务实、守信、崇学、向善"的当代浙江人共同的价值观。

三、履行提供服务责任

（一）用丰富的节目满足大众需求

电视节目提供的数量与品质，是电视媒体履行服务责任的主体所在。

2015年，浙江卫视营建新闻"一圈一带"；持续开办《人文深呼吸》等特色人文栏目，《华商启示录》《今日证券》等财经信息栏目；更新升级《中国梦想秀》《奔跑吧兄弟》《中国好声音》等综艺品牌。同时，锐意创新，集群出击，全年共推出《今日评说》《南宋》《一本书一座城》《我看你有戏》《原来是这样》《天生我有才》《一路上有你》《牵手爱情村》《燃烧吧少年》《挑战者联盟》《西游奇遇记》《掌声响起来》《出发吧爱情》《精彩好生活》《青春练习生》《全能极限王》16 档全新节目。这些节目涵盖新闻宣传、传统文化、生活纪实、职业体验、歌舞艺术、才智竞技、明星真人秀等多种品类形态，是省级上星频道中，新推节目最多、形态最新颖、传播效果最好的卫视之一。

由浙江卫视所属蓝巨星国际传媒有限公司投资并参与联合出品的《奔跑吧兄弟》同名电影、贺岁大片《寻龙诀》，分别于年初、岁末在电影院线引动观影热潮，频道文化产业发展链得到了新的拓展、取得了扎实的成效。

（二）用圆梦的主题助力百姓民生

2015 年，浙江卫视继续以"公益圆梦"为主题，用"百姓梦"唱和"中国梦"，汇集社会能量，服务大众民生。

开办 5 年的品牌公益栏目《中国梦想秀》，从季播节目强化升级为周日至周四黄金时间播出的日播型强档栏目。全年制播 210 期节目，数百位普通群众登台展示他们的家国梦想，接受来自社会各界的精神激励与各类帮扶，受到总局的肯定和表扬。

创业风投节目《天生我有才》展现青年创业者"互联网＋"业态创新的奇思妙想，在提供高端指导的同时，"众筹"到上亿元创新项目投资意向金。《华商启示录》栏目，邀集各界精英传递创业经验，为青年创业提供面对面指导，受到总局的肯定和表扬。

《中国好声音》《我看你有戏》等节目，热情为广大群众提供展现才华、实现梦想的舞台，帮助一大批热爱表演艺术的人实现了舞台梦想。

（三）用公益的理念强化公共服务

浙江卫视着力担当公共信息主平台的服务使命。《天气预报》《海浪预报》等常规服务占据晨间黄昏重要时段；遇突发性自然灾害，打破既定版面，全方位直播气象、交通、抗灾等最新信息；及时报道假日高峰省内外景区出行、安全提示。春运《温暖回家路》、抗台《特别报道》、防灾《特大寒潮来袭》等，为群众假日出行、防灾抗灾及时、充分提供各类信息服务支持。

高度重视公益类宣传片的创作播出。2015 年全年，浙江卫视播出的公益广告总时长近 8000 分钟，播出总量超过全年广告播出量的 3%。内容包括中国梦主题、中国梦歌曲、核心价值观、国防教育、环境保护等主题宣传片，还涉及日常生活中倡导"节约用水""敬老爱老""杜绝酒驾"等公德内容，播出数量、播出时段均符合规定要求。

积极参与"中国（浙江）电视观众节""风云浙商""浙江骄傲""最美浙江人"等大型公共活动的举办、推广。积极利用品牌节目的强大传播力弘扬公益理念，拓展公共服务。《奔跑吧兄弟》节目，联合新浪微博、中国扶贫基金会，发起"奔跑一小步、阅读多一字""阳光书屋"青少年助力行动，为贫困儿童募集跑鞋、器材和书籍。《人民日报》肯定其"节目将公益行为真正落到了实处"，央视《新闻联播》将其列为正能量优秀节目典型，对此进行了推荐报道。

四、履行人文关怀责任

（一）关注灾情，关爱生命

在重大灾害发生时，浙江卫视将及时关注灾情视作媒体天职，将关怀关爱生命作为报道要旨。

2015 年 11 月 13 日，丽水雅溪镇里东村发生山体滑坡。浙江卫视迅速作出停播频道综艺节目的决定，宣导社会关切，连续推出《丽水山体滑坡救援》特别直播，不断追踪灾情和抢险救援最新动态；严格按照"灾难报道凸显以人为本"报道理念，及时传递各级领导的深切关怀，真实呈现全力抢救的积极举措，折射出浓浓的人文关怀和情感力量。

2015 年 7 月，台风"灿鸿"进袭浙江，浙江广电集团整体联动，派出近 300 名记者、10 辆卫星车，以浙江卫视为龙头大时段并机直播《直击"灿鸿"》特别节目。播报台风动态，传播防灾警示，持续关注人员转移安置情况，充分展现浙江抗台"以人为本"的理念和成效。

（二）持之以恒，帮扶弱势群体

持之以恒关爱、帮助弱势群体，是浙江卫视履行社会责任的重要体认。

坚持 12 年开设《爱心浙江》栏目，展现残疾人的精神风貌，反映其呼声需求。共推出"爱心故事""自强榜样""爱心呼唤"150 篇，各类扶残助残、爱心救助资讯近 500 条。

再度联合时尚集团，举办"2015 芭莎明星慈善夜"活动，筹得善款共计 4170 多万元，让陷入困境的人们切实感受到了社会的温暖、生活的希望。

频道节目积极主动将帮扶弱势群体融入创制。《中国梦想秀》展开助力舞台，为双腿畸形、背父亲上学的大学生改善了生活境遇；为因身患癌症而就业处处碰壁的乐观青年找到了合适工作。《十二道锋味》将看望农村孤寡、空巢老人作为节目常设内容，演艺工作者用劳作和亲手制作的美食，为老人们带去情感温暖的精神慰藉。

（三）自尊坦荡，励志阳光

浙江卫视对弱势群体的报道帮扶，不猎奇，不苦情，注重精神激励，突出坚忍面对磨难的坦荡风采和带给人们的启迪感召。

在《中国梦想秀》舞台上，有过"盲童管乐团"的精彩演奏；有过"疮疤女子"舞姿灿烂不灭的艺术梦想；有过 90 后"袖珍女孩"拯救自闭症儿童的"小身躯、大志愿"；等等，他们一个一个生动展示了弱势群体坦荡健康的精神风貌和积极乐观的生活理念。在《爱心浙江》推出的残疾考生系列报道中，每一个高考奇迹，无不朴质动人地传扬着自强不息、突破自我的励志情怀。这些饱含阳光的特殊群体，成为跃动在浙江卫视屏幕上，感动人心、催人奋进的正能量。

五、履行繁荣发展文化责任

（一）大片树标杆，动漫创新篇

2015 年，浙江卫视持续践行大片战略，以高品质、强传播的节目阵列，成为推进我国电视文艺创新繁荣的领军频道、骨干力量。

经典品牌《中国好声音》历经四季常兴不衰，传播魅力再获大幅提升，创下近 10 年来省级卫视电视综艺收视纪录。新锐品牌《奔跑吧兄弟》声势浩大，以平均收视超过 4.6% 的传播佳绩，赢得收视、口碑双丰收。职业体验节目《挑战者联盟》、中华美食节目《十二道锋味》、青年励志节目《燃烧吧少年》等，在各类节目中崭露锋芒。全国省级卫视年度最受关注的前十位电视节目，浙江卫视力夺三席。

2015 年省级卫视综艺节目排名（NO.10）

排名	名称 / 频道	收视率 %
1	奔跑吧兄弟（第二季）/ 浙江卫视	4.829
2	中国好声音（第四季）/ 浙江卫视	4.611
3	奔跑吧兄弟（第三季）/ 浙江卫视	4.448
4	我是歌手（第三季）/ 湖南卫视	2.831
5	爸爸去哪儿（第三季）/ 湖南卫视	2.376

排名	名称 / 频道	收视率 %
6	快乐大本营 / 湖南卫视	2.317
7	笑傲江湖（第二季）/ 东方卫视	2.186
8	极限挑战 / 东方卫视	2.185
9	挑战者联盟 / 浙江卫视	2.157
10	偶像来了 / 湖南卫视	2.087

数据来源：CSM50 城市组 4+ 1930—2400

2015 年，浙江卫视在动画片制作这一特殊领域实现了新的突破。针对青少年爱国主义教育，创制推出系列动画片《地道战之英雄出少年》；在中纪委、浙江省纪委和省委宣传部的指导下，创制以"廉政教育""家风传承"为主题的系列动画片《郑义门》；由总局支持指导的社会主义核心价值观主题系列动画片，业已完成立项即将投拍。

（二）聚积人文优势，再铸精品力作

2015 年，浙江卫视保持和发扬人文追求传统特色，创新形态、锻造精品，大力创制、播出人文节目。

两度举办《中华好故事》中学生中华美德知识竞赛；新创汉字品鉴讲读节目《原来是这样》；推出系列人文纪录片《一本书一座城》；创制完成大型纪录片《艺术北纬 30 度》；继续开办《人文深呼吸》《华少爱读书》等人文栏目；积极排播《劳动铸就中国梦》《东方主战场》等优秀纪录片；在世界互联网大会召开之际推出浙江广电集团重点人文系列片《乌镇》；《浙江新闻联播》在其结尾处常规化推出《最美文化礼堂》《最美传统古村

落》等系列。《人民日报》《光明日报》等权威媒体，多次高度评价浙江卫视的人文特色和追求。总局对《中华好故事》《原来是这样》两档人文节目分别予以肯定和表扬。

尤其是 12 月 7 日起，浙江卫视历经 4 年锻造，推出 7 集大型高清历史人文巨制《南宋》，从中华文明传承和世界文明交融的宽阔视角，多维度呈现南宋王朝 152 年的历史真实，"还原"其辉煌的成就和重大的历史贡献，作品精美震撼，引起了各界的热情关注。

（三）严肃宣传管理，确保导向品质

在"三级四审"基础上，浙江卫视不断强化黄金档节目频道集体审片、非新闻类节目播前评审等管理举措，匡正导向，提升格调。

《中国梦想秀》精心挑选励志感人、热心公益的典型人物登上圆梦舞台；《中国好声音》展现追求艺术的动人魅力和奋力拼搏的坚韧坦荡；《挑战者联盟》借助"职业体验"传递敬业爱岗、劳动最光荣的健康风尚；《天生我有才》弘扬当代青年创新进取的精神风貌；《奔跑吧兄弟》努力追求传播效能与社会效益的统一，《人民日报》评论节目"是近两年来综艺节目收视的佼佼者，节目的精髓正在于以游戏的方式创造快乐、在娱乐的外表下传达简单真诚的生活态度和阳光励志的精神内核"。一年来，频道对迎合低俗、造假猎奇、宣扬"一夜成名"等社会关注问题持续进行严肃把关，是总局"专题表扬"多、"问题探讨"少，综合表现位列前茅的省级卫视之一。

六、履行遵守职业规范责任

浙江卫视扎实开展马克思主义新闻观教育活动；深入学习领会习近平总书记系列重要讲话精神；以"三严三实"专题教育"钉钉子""上发条"清风正气；不断增强员工政治素质、职业信念，夯实思想基础。

持续加强廉政教育和作风建设。逐级签订《党风廉政责任书》；完善高风险业务"廉政风险防控机制"大纲；定期定向对购剧、广告、舞美、剧务、技术等重点岗位人员进行"廉政督察"和警示谈话；依照《新闻出版广播影视从业人员廉洁行为若干规定》《新闻出版广播影视从业人员职业道德自律公约》严明规矩；严肃"三问（问导向、问改进、问廉洁）"等监督机制，不断锤炼员工职业操守，建设和维护好省级主流媒体的良好形象。

在新闻采编、报道评论、转载引用上，浙江卫视恪守新闻宣传工作纪律和国家相关规定，严把真实原则，严守公正立场；杜绝有偿新闻和以稿谋私；不擅自引用未经证实的网络报道。

在队伍建设上，着力营建清正、执着，追求极致，敢于争胜的频道风尚，涌现出一大批抗灾前线"女汉子"、舆论监督"真爷们"、敢拼一流"有血性"的优秀员工，为频道发展提供强劲动力。

七、履行合法经营责任

浙江卫视的广告营销严格遵守《中华人民共和国广告法》等法律、规章，积极主动接受工商、税务等管理部门的监督指导，始终坚持合法、诚信经营，依法足额纳税。严把广告内容关，确保导向正确、用语规范、相关批文完整，有效防止虚假违法广告的发布。全天广告总时长严守规章控制在 20% 以内。广告经营从合同签订、订单录入、实际播出、每月到款等各环节，全面公开接受上级审查监管。全年共缴纳主营业务税金及附加 4.96 亿元。全年未因广告内容或广告播出违规而受到管理部门处罚。

切实落实社会效益优先原则。不断优化广告结构，全面停播电视购物广告、养生类专题广告。在互联网理财产品广告风靡全国之时，保持清醒头脑，在有关规定出台前，断然停播、拒播"E 租宝"等同类广告，受到总局表扬。

专门组建"合作类节目评审小组"，对节目方案、合作公司等进行综合评估；强化经费管理，坚持"预算预审"，集体决策，有效控制经费支出。

浙江卫视所属浙江蓝巨星国际传媒有限公司，严格遵守企业经营有关法规和宣传工作纪律，规范实行业务活动。全年完成营收 2 亿元，同比增长 298%，国有资产增值取得可喜突破。

八、履行安全刊播责任

在播出安全上，浙江卫视不断强化"安全播出压倒一切"的理念。主要从固化管理流程，施行"管理强化月"等机制，细规章、明流程、狠抓岗位落实。针对重大突发事件编播调整，新推"应急备播"执行办法，预先上载 12 小时备播节目并定时更新，及时、准确应对突发事件发生时的特殊宣传要求。"中国蓝"官网、《大众电视·蓝天下》杂志及其官方微博、微信，按频道宣传内容同等要求施行规范管理，重点加强其"舆情监控引导"功能建设。2015 年，浙江卫视继续实现安全播出零事故。

生产安全上，牢固树立"万事安为先"的原则。推出"安全前置审批制"，节目"安全不过关，项目不上马"；梳理《节目安全检查 22 问》，用近百条细则盘查安全隐患；与消防机构合作，实施两年全员消防安全培训计划；对节目安保监管员进行 200 余人次专业轮训，全年确保消防、人身等生产安全无虞。

九、履行保障新闻从业人员权益责任

浙江卫视高度重视员工权益。始终依照劳动法和劳动合同法及相关法规严肃各类用工管理；积极有力维护记者采访报道各项权利；扎实履行主持人持证、注册上岗工作；依照"品质广电、幸福集团"总体要求落实"强台惠民"具体举措，切实提高服务员工质量水平。

广开学习渠道，持续完善"拜师结对""青年记者沙龙"等培训平台；选送三批业务骨干赴国外专业培训。推行"竞聘上岗""首席制""金牌制片人"多通道晋升机制，28 位青年员工得到提任，产生 46 位首席人员和 3 位金牌制片人，有效激发员工事业激情。

落实抓好"四谈一接待"制度，频道各级全年完成接待谈话近 600 人次，畅通群众联络；出台《困难帮扶基金实施办法》，为病困家庭、新进员工提供更扎实的帮助；提升广受欢迎的"加班有人服务""住院有人探望"等群众需求"十有"服务；举办"中国蓝"职工运动会、足球篮球联赛等各种团队活动，以真诚、丰富、扎实的行动，营建温暖友善、积极向上的团队氛围。

十、履行社会责任方面存在的不足和改进措施

（一）在履行社会责任方面存在的不足

1. 编播布局、内容结构尚需补强短板。2015 年，除新闻节目外，浙江卫视的节目主体和编播重心，主要集中在周五到周日，周间时段的节目内容相对单薄且缺乏整体布局的思路和设计。内容结构上，综艺、人文类节目较强，生活服务、科教文体等节目较少。不少节目对于融合新媒体创作、传播缺少创新突破。以丰富的电视产品服务大众，仍有短板，大有提升空间。

2. "现象级"高端品牌亟待创新突破。2015 年，浙江卫视节目赢得强大影响，主要依靠《奔跑吧兄弟》《中国好声音》《中国梦想秀》等既有强势品牌。这些已创办数年的节目，正在经历时间规律与受众心理的严峻考验。全年新办节目虽然亮点不少，但是将弘扬主流价值与强大传播效力完美结合的原创性"现象级"节目，尚未取得决定性突破。这是浙江卫视持续发展的关键，也是主流媒体理应担当的使命。

3. 人才队伍挑战需要主动应对、破解。随着新媒体崛起、民资大量涌入文化产业、社会制作机构日渐繁盛，人才流动日趋活跃，传统媒体、实力卫视都在面临骨干流失、队伍稳定的新挑战。浙江卫视也出现了个别管

理、创制人才外流的情况。对此，传统媒体需要加快媒体融合发展步伐；积极创新融合体制内外优势；采取有力措施强化人才聚集和培养。

（二）改进措施及未来展望

1. 浙江卫视积极谋划在周间时段开辟"实验节目带"的设想、举措，激励员工大胆创新，力争进一步充实、做热周间节目。

2. 浙江卫视将着眼于频道自身的创新变革，同时也着眼于中国本土精髓的厚积薄发，频道将继续广开平台，开放聚合各方力量共攀巅峰。

3. 在积极筹划政策机制优化突破的同时，浙江卫视主动出击，打破年龄、资历固有限制，大手笔全国发起"是兄弟，一起干"百名人才招聘行动，彰显主流媒体聚才纳贤，共现价值、共赢发展的实力和信心。

2016 年，浙江卫视将认真贯彻落实习近平总书记系列重要讲话精神，牢记职责使命，把党对新闻舆论工作的时代要求贯彻落实到新闻报道、节目创制、频道发展等各项工作之中，进一步扎实履行媒体社会责任，力争为繁荣文化事业、服务人民群众，努力创造新的更大业绩。

安徽日报

社会责任报告

一、安徽日报概况

安徽日报是中共安徽省委机关报，创刊于1952年6月1日，由《皖北日报》《皖南日报》合并而成，1周7刊68版，周一至周五每日12版，周六、周日每日4版。2015年，安徽日报日均期发量32万份。安徽日报现有在职职工160人，其中大学本科以上学历153人，占全部人员总数的96%；正、副高级职称人员75人，占全部人员总数的47%。

安徽日报始终坚持正确舆论导向，牢牢把握"团结稳定鼓劲、正面宣传为主"的宣传方针，与人民同心，与时代同行，唱响社会主旋律，弘扬社会新风尚，激发社会正能量，充分发挥党报喉舌作用、导向作用、阵地作用，彰显了主流大报风范。

2015年，安徽日报蝉联"全国文明单位"称号、连续10届获得"安徽省文明单位"称号。

二、履行正确引导责任

（一）高举旗帜，唱响时代主旋律

安徽日报不断强化责任担当，把深刻领会、深入宣传党中央治国理政新理念新思想新战略和安徽省委省政府的重大决策放在极端重要的位置，浓墨重彩形成舆论强势，充分发挥新闻舆论引导作用。

在党的十八届四中、五中全会精神和习近平总书记系列重要讲话精神宣传报道中，安徽日报在重要版面以消息、通讯、综述、评论等形式，宣传报道全省全面深入贯彻落实的进展、行动和成效，结合安徽实际，加强思想和观念上的引导。开设《推进"四个全面"建设美好安徽》《回眸"十二五"展望"十三五"》等专栏，将"四个全面"战略布局和五大发展理念与安徽各地的生动实践有机结合，提升了宣传效果。

在"三严三实"专题教育宣传报道中，安徽日报相继推出《聚焦忠诚干净担当　自觉践行"三严三实"》《三严三实在践行　三聚焦三查找三确保》等专栏，刊发报道近百篇，充分报道中央和安徽省委的重要部署，及时反映了安徽的创新举措，集中展现了各地的进展成效与典型经验。同时，推出系列述评、评论和18篇一事一议的小言论"'三严三实'系列谈"，有力推动了专题教育深入、扎实推进。

在纪念抗日战争暨世界反法西斯战争胜利70周年的报道中，安徽日报以"时空穿越"的思路、每周一个整版的频率，推出了大型专题报道《江淮热血　江淮魂》，同时推出系列时评，阐述抗战精神的时代意义，引导和激励江淮儿女积极投身美好安徽建设、为实现中华民族伟大复兴的中国梦而不断奋斗。

在安徽省委九届十三次、十四次全会的宣传报道中，安徽日报分别推出系列评论员文章，及时阐释精神要求。做精《实干兴皖　狠抓落实》《经济新常态　发展新动力》栏目，重点报道贯彻落实省委全会精神的新成效、新经验。省委十四次全会制定了安徽国民经济和社会发展第十三个五年规划的建议，安徽日报及时呼应，集中推出深度报道、权威解读，大力宣传打造创新型三个强省、全面建成小康社会的战略目标和重点部署、

创新举措，迅速在全省引起强烈反响。

（二）围绕中心，聚集发展正能量

2015 年，安徽日报积极探索新形势下做好主题宣传的路径，以策划促创新做强主题宣传，以"走转改"做活主题宣传，叫响了安徽改革发展的最强音。

2015 年 9 月，安徽做出了加快调结构转方式促升级的重大决策。安徽日报科学谋划，从动员大会消息见报之日起，连续推出 5 篇系列评论员文章，全面阐述"调转促"战略的重要内涵和科学抉择所在。在头版开辟系列专栏，报道各地各部门的新举措、新作为，逐项解读"调转促"的四大目标、十大重点工程以及五项保障措施。3 个月时间里，先后推出各类报道 70 多篇，推动形成全省上下贯彻落实会议精神的热潮。

推进媒体融合，打通"两个舆论场"，巩固壮大网上舆论主阵地。安徽日报强化互联网思维，积极建设新媒体，推动融合发展，主动抢占网络宣传主阵地，壮大主流舆论引导力。2015 年，策划唱响"安徽好声音"，推出"走进互联网＋企业""安徽'十三五'规划建议"等专题和 H5 主题互动页面，以网络特点、网民视角展现了奋进安徽的风貌。《情义江淮》栏目一年来推出平凡好人 300 多位，在网络上营造了崇德向善的浓厚氛围。一年来，新媒体推送的内容始终积极健康向上，没有编发过虚假新闻、有偿新闻，没有出现任何导向性错误。

（三）讴歌"好人"，弘扬社会主义核心价值

让安徽好人照亮道德的天空，让核心价值观之花绽放江淮大地。2015 年，安徽日报采取主打栏目和延伸栏目相结合、系列报道与重点报道相结合、宣传报道与公益广告相结合、报纸宣传与新媒体宣传相结合的方式，多角度宣传、践行社会主义核心价值观。开设《百姓故事》《核心价值观　安徽行动》专栏，报道平凡人的不平凡故事和各地践行核心价值观的亮点和经验。开设《安徽好人》专栏，以每周不少于 2 篇的频率见报。一年来，共报道近 180 位安徽好人的感人事迹。道德模范官东、时代楷模高思杰……声名远播的"安徽好人"现象，正转化为全社会共同践行社会主义核心价值观的"好人安徽"品牌。

（四）解疑释惑，积极回应群众关切

在党委、政府关心和百姓关注的结合点上切入，在务实有效推动工作

上着力，在正确引导社会舆论上作为。2015年，安徽日报加大《社情民意》《记者出击》《记者求真》《热点透视》《基层来信》等专栏专版的发稿力度，科学、依法、建设性开展舆论监督，有力促进了工作改进和民生改善，有效进行解疑释惑和舆论引导。

反映群众呼声，促进问题解决。2015年安徽一些粮食收购单位收购小麦不积极，导致农民售粮难。安徽日报及时推出了报道《卖粮难题如何解》，有关部门立即行动，难题很快得到解决。五河县读者反映，该县一条叫漴河的内城河污染严重。记者经过现场暗访，撰写了《漴河污染亟待整治》报道，促进当地进行综合整治。近日记者回访，群众公认治理已初见成效。

主动回应热点，引导社会舆论。安徽日报在热点问题上不失语不消极，及时发声掌握舆论主动权，有效发声释疑解惑明真相。针对网络有关黄山酒店房价逢节涨价的舆情，安徽日报派出记者深入走访，刊发了《三问黄山"万元天价房"》的报道，对此及时予以澄清。城市公立医院改革启动当天，记者赶赴多家医院，亲身感受医改第一天的新变化，推出了现场报道《"限时限号"了 看病难不难？》，及时消除了人们的担忧。

三、履行提供服务责任

（一）传递时政信息，满足读者了解大政方针的需求

围绕党和政府中心工作，依托《政策解读》《权威发布》等专栏，及时发布重大方针政策，及时发布与"调转促""全面深化农村改革""创新驱动""推动新型工业化、信息化、城镇化和农业现代化同步发展""单独二孩"等重要工作相关的政策信息，并以科学严谨的态度和直观易懂的表现形式，提炼政策中心内容，对政策背景、政策影响给予分析解读，帮助读者掌握和理解最新政策，及时指导工作和生活。

（二）通达服务信息，做好"民生"新闻服务百姓生活

在做好中心工作宣传和重要方针政策解读同时，安徽日报高度关注"基层医疗改革""三夏""秸秆焚烧""高考"等与百姓生活息息相关的事件和话题，用及时、准确的信息和互动式、体验式报道，实践"三贴近"，"行走中国最美高铁线""机器人世界杯赛"等报道，广受读者好评。

（三）加强基层调研，架起党和政府与百姓群众沟通桥梁

安徽日报重视加强对热点、难点问题的深度思考和报道，把基层群众的声音传递上去，让发展中出现的问题得到党和政府关注。为转型发展破难题、探新路，推出《经济新常态　发展新动力》专栏，"来自春耕一线的调查""从农民工进城看新型城镇化"等系列报道。

（四）提供具体帮助，促进解决群众实际困难

安徽日报认真扎实开展帮扶慰问活动，帮助安庆市望江县长岭镇板桥村和六安市金安区三十铺镇两个联系点提高自我发展能力，加快脱贫致富步伐。安徽日报微博、微信联动策划推出的"关注皖北滞销大白菜""促销三潭枇杷""促销肥西西瓜"等系列报道，引起社会广泛关注，在各界的帮助支持下，农产品滞销问题得到有效解决。

四、履行人文关怀责任

在履行人文关怀责任方面，安徽日报坚持以人为本，在新闻宣传中高

度关注弱势群体，以良好的职业操守和严谨的专业精神，采写刊发了一大批有情怀、有温度的报道，彰显了深沉的人文关怀和强烈的社会责任感。

（一）灾难事故报道尊重生命、关爱生命，贯穿生命重于一切的核心理念

2015 年，安徽日报先后对阜阳"3·14"地震、"东方之星"号客轮翻沉事件、霍山县暴雨洪涝等自然灾害和意外事故进行报道。这些报道快速、准确地传递出灾情预警和生命财

产损失统计等信息，及时、全面地传达了党委、政府和有关部门的应对举措和声音，生动、感人地反映了人们在面对灾难事故时不屈不挠的奋斗精神，坚定、有力地弘扬了"一方有难、八方支援"的传统美德。"东方之星"号客轮翻沉事件发生后，安徽日报及时组织力量采写刊发《宁国小伙潜水救人感动中国》《我省赴监利工作组正积极做好协助处置和善后工作》《生死之间的壮举》等稿件，从本土化视角，深入挖掘安徽籍子弟兵官东舍己救人的感人事迹，及时报道安徽籍幸存者、遇难者最新状况和党委、政府及社会各界的救援努力。特别是对官东的系列报道，以平实、质朴的语言叙事，真切感人，凸显了尊重生命、崇德向善的价值取向。

（二）日常报道关注社会弱势群体，积极帮助困难人群实现生存和发展权益

安徽日报开设《人生百味》版面和《百姓故事》《自强之歌》等栏目，面向普通人的日常生活和精神世界，深入探寻、讲好故事，以专业、有态度的报道关心人的情感、启迪人的思想，激励人的全面发展。其中，《人生百味》版面全年 40 余期，刊发稿件约 300 篇。《自强之歌》栏目以残疾人为报道对象，全年刊发稿件 40 余篇。残疾人创客崔万志开办的网店，在 5 年里做了数十万笔生意，年销售额达数千万元，被淘宝网评为"全球网商 30 强"。2015 年 8 月 12 日，安徽日报《自强之歌》栏目刊发系列稿件，深度报道全省各地身残志坚、努力创业的残疾人群体。一个个感人至深的故事，一段段曲折艰辛的经历，展现了残疾人决不向命运低头，用坚强意志挑战自我、逐梦人生的精神风貌。

五、履行繁荣发展文化责任

安徽文化底蕴深厚，源远流长。2015 年，安徽日报始终坚持为人民服务、为社会主义服务的"双为"方针，着力加强创新型文化强省宣传报

道，自觉承担知识普及、社会教育、道德传承的职责，努力践行社会主义核心价值观，传承优秀传统文化，传播高雅健康文化，抵制低俗媚俗行为，在促进文化繁荣发展方面发挥了积极作用。

（一）挖掘典型经验，探寻文化改革发展路径

创新文化报道的内容和形式，为打造充满活力的文化强省鼓与呼。2015年，安徽日报重点推出"解码文化强省"系列报道，连发《"八个强"打造文化强省"新坐标"》《文化皖军　跑出产业"加速度"》《凝魂聚气的"安徽乐章"》《强基固本　共筑精神家园》《向世界讲述"安徽故事"》5篇厚重报道，以百姓感受微观变化的方法、深入一线抓典型的探因析果和以数据说话的图表形式，全景式展现文化强省建设的生动局面和良好态势，让受众充分感受到安徽文化改革发展的澎湃活力，汇聚了人心、凝聚了力量。

（二）唱响徽戏品牌，展现地方文化独特魅力

2015 年是徽班进京 225 周年。从 4 月 10 日—5 月 16 日，安徽省精心组织的 7 台精品剧目相继登上北京各大舞台，在京引起热烈反响。黄梅戏是安徽地方戏曲中的一张亮丽名片。金秋十月，由文化部、安徽省政府主办的第七届中国（安庆）黄梅戏艺术节隆重拉开帷幕，全国多地黄梅戏院团汇聚安庆。对于这两大文化盛事，安徽日报选派精兵强将，运用消息、通讯、图片等多种形式，进行全方位、多角度、立体式报道，为读者奉上一道道精美的文化大餐。

（三）精做专刊特刊，传播高雅健康向上文化

副刊是报纸文化品位的重要载体。安徽日报开辟多个专版或专刊，自觉担当起宣传先进文化、传播知识、启迪思想的重任。《文化视界》版从大文化的角度，紧扣时代脉搏，透视社会民生和文化热点。《繁花长廊》版主打栏目《文化视点》关注全省文化类动态消息，刊发了《阅读驿站分享书香》《抗战文物　见证烽火岁月》《徽剧，我在未来等你》《皖产影视剧走出"国际范"》等反映各类文化现象的稿件。《艺苑 QQ》栏目坚持报网互动，选取文化领域的热点话题，邀请网友读者进行探讨，该栏目特点是话题新、观点新，受到读者好评。《黄山副刊》作为省内有影响的副刊版面，一直秉承着优良的用稿传统，刊发了大量有一定质量的文学稿件。

六、履行遵守职业规范责任

安徽日报一直将公信力、权威性作为报纸的生命，积极加强职业道德和从业准则教育，自觉抵制新闻宣传的不正之风。一年来，没有发生一起虚假报道和有偿新闻。

（一）加强教育，提高认识，遵守职业规范责任，树立正确的新闻观

2015年，安徽日报通过每周采编例会、专题会议、专家讲座、在线教育等多种形式，对采编人员进行马克思主义新闻观教育和新闻职业道德准则教育。对新进人员，统一安排进行职业道德准则集中教育、集中谈话，指派专人进行一对一帮助教育，教育时间不少于6个月。在宣传纪律教育上，制订宣传报道纪律，规定稿件要讲原则、讲大局、讲风格、守规矩，恪守纪律。同时，突出进行案例教育，对其他媒体发生的不遵守职业道德准则的情况，及时传达，并分析产生的原因，引以为戒。

（二）强化措施，健全机制，规范采编业务管理，完善工作流程和监督机制

规范采编工作流程，实行发稿负责制、编前会制、采编例会制。部门主任、版面主编、出版部主任、分管领导层层把关。建立违纪违规新闻从业人员档案制度，对违反相关制度的要做档案记录并报集团处理。加强通讯员队伍管理，对有发布虚假、夸大报道的，取消通讯员资格。建立责任追究制，对发布虚假报道的记者和部门，视情况给予社内通报批评、取消当年所有评优评奖资格、调离采编业务岗位等处罚。建立完善社会监督机制，设立值班电话和来信来访制，接受社会各界监督，做到每个举报都有结果，对造成很大影响的，在报纸上进行公布，接受社会批评。

（三）锻炼作风，增强本领，自觉抵制不正之风，树立党的新闻工作者良好形象

积极开展"记者下基层"和"一线调研"活动，组织年轻记者到基层一线与基层群众同吃同住同劳动，增长知识、锤炼作风。积极开展"转作风改文风"活动，推进党报新闻改进创新，增强记者编辑的社会责任感，提高主题宣传、民生宣传的报道质量，采编人员作风得到锤炼，业务本领得到增强，报道读起来更可亲、可信，也更有吸引力、感染力。针对新闻采访中存在的不严不实现象，开展"整治不正之风"专项教育活动，修

订、出台了《安徽日报杜绝虚假报道的若干规定》《建立"学习日"制度的通知》《值班岗位职责与重要稿件处理的规定》《严格把关防范差错的规定》《新闻图片采编杜绝虚假报道管理规定》《驻市记者站管理办法》《通讯员稿件把关十条》《编校把关暂行办法》等制度，督促记者、编辑自觉抵制不正之风，树立党的新闻工作者良好形象。

七、履行合法经营责任

安徽日报认真贯彻落实采编与经营"两分开"原则，严格遵守相关经营政策法规要求，建立健全广告刊登制度，加强对广告内容真实性、合法性的审查，严堵虚假、违法等不良广告，高度重视经营中容易出现的隐患，切实践行合法经营责任。

在经营过程中，安徽日报认真落实《大众传播媒介广告发布审查规定》，规范广告发布审查工作，完善广告内容三级审核制度。重点加强对金融、医药、美容、保健品及收藏品等广告的审查和管理，拒绝传播非法、低俗不良广告，不断净化广告市场。明确责任，强化员工责任意识，要求经营人员严格遵守现行规章制度，不得以记者、编辑身份拉广告，不得以开展新闻报道活动的名义拉广告。通过制度约束业务人员行为，规范广告业务流程，并明确回收款、广告合同等重点环节的责任主体，坚决抵制违法、违规及虚假广告宣传。

对于合作的广告代理公司，安徽日报社广告中心明确广告代理责任，坚决做到不与无法人资格的单位和个人签订任何形式的广告代理合同。要求代理公司严守法规，不得打着或冒用安徽日报名义招揽广告；一旦发现从事不正当经营活动、牟取私利的广告代理公司，一律取消其代理资格。

2015 年，通过国家工商总局广告监测，安徽日报社广告以"零违法"

的优异表现得到了各方的充分肯定，在全省广告媒体中起到了党报应有的率先垂范作用。

八、履行安全刊播责任

2015 年，安徽日报新闻报道没有出现一起重大差错或政策导向性偏差，实现了安全刊播"零差错"。对此，中国记协网专门介绍了安徽日报把关、防错的经验。

安徽日报在办报实践中建立了一系列行之有效的规章制度，确保导向不出偏差。一是强化制度的落实。严格执行"三级"审稿制度、新闻例会制度、报纸审读制度和差错奖罚制度、重大差错登记制度、责任追究制度，确保事故防范机制有效运行，保证报纸安全。二是做到靠前指挥。部门负责人为本部门工作的"第一负责人"，要消除管理上的"盲区"，把工作任务和质量分解到人，紧盯落实；总编、副总编对分管业务实行靠前指挥，组织指挥重大典型及战役性报道的实施工作，审看分管报纸大样，把握好新闻宣传的时、度、效。三是堵住管理漏洞。根据办报实践中出现的一些事故苗头，不断优化采编流程，杜绝稿出多门、把关不严等现象发生。四是确保出版安全。在报纸印刷环节，从版面的接收、拼版、制版到上机印刷、出报，印前、印刷、质检各环节职责明确、责任到人。

九、履行保障员工权益责任

根据《新闻记者证管理》办法，安徽日报相继制定了《新闻记者证使用和管理的规定》，认真做好新闻采编人员记者证的申领、发放和年度核验工作，保证全体采编人员依法进行新闻采写的权利。截至 2015 年 12 月 31 日，共为 135 名新闻从业人员发放了新闻记者证。

根据劳动合同法，与新闻从业人员中的 82 名聘用制员工签署了劳动合同，新闻从业人员全部参加了养老、医疗、失业、工伤和生育保险，并及时缴纳住房公积金。同时，积极创造条件，认真落实职工的福利待遇和有关权益，职工的认同感、归属感进一步提高。

十、履行社会责任方面存在的不足和改进措施

2015 年，安徽日报的新闻宣传工作取得了一定的成绩，在履行社会责

任方面作出了自己的努力，赢得了良好的社会形象。但是，与党和人民对媒体的要求、期待相比，安徽日报还存在着一些不足，比如，舆论引导能力有待进一步提高、队伍建设需要进一步加强、新媒体建设步伐亟待进一步加快等。

2016年，安徽日报将认真贯彻落实习近平总书记系列重要讲话精神，坚持正确政治方向，坚持以人民为中心的工作导向，尊重新闻传播规律，创新方法手段，切实提高新闻舆论的传播力、引导力、影响力、公信力。

1. 牢记职责使命，进一步提高新闻舆论引导水平。牢固树立政治意识、大局意识、责任意识，增强新闻工作者的责任感、使命感，不断创新理念、内容、体裁、形式、方法、手段、业态、体制、机制。时刻保持政治敏锐性和政治鉴别力，巩固和壮大主流思想舆论。同时，在坚持正面宣传为主的前提下，加强建设性舆论监督。

2. 推进媒体融合，进一步加快新媒体建设步伐。顺应互联网发展大势，安徽日报坚持"读者在哪里，受众在哪里，宣传报道的触角就要伸向哪里，宣传工作的着力点和落脚点就要放在哪里"的思路，勇于创新，积极变革。准确把握现代新闻传播规律和新兴媒体发展规律，在办好法人微博、微信的基础上，继续加强传播平台建设。

3. 加强队伍建设，努力推出更多有思想、有温度、有品质的好作品。媒体竞争关键是人才的竞争，媒体优势核心是人才的优势。安徽日报将进一步深入开展转作风改文风活动，提高编辑记者的业务能力，努力培养一批名记者、名编辑、名评论员。进一步加强队伍管理，深化人事制度改革，锤炼一支听党指挥、业务精湛、作风过硬、党和人民放心的新闻舆论工作队伍。

福建省广播都市生活频率

社会责任报告

一、福建省广播都市生活频率概况

福建省广播都市生活频率（简称都市生活频率）于 2000 年 12 月 18 日开播，隶属福建省广播影视集团，福州地区覆盖频率为调频 98.7 兆赫（简称 987），泉州地区的覆盖频率为调频 101.5 兆赫。频率以省会福州市和大闽南地区两个经济重心为中心，全面辐射海峡西岸经济发达地区，覆盖人口占全省的 3/4。

开播 15 年来，团队始终同心同德、开拓创新，在节目、广告、品牌营销等方面连创佳绩，在权威调查机构收听率调查中，都市生活频率始终排名第一。作为历史的见证者和时代的记录者，都市生活频率始终把自己的责任和使命与国家的命运、人民的福祉紧紧联系在一起，"爱心、责任、激情、奉献"是这个集体的八字箴言。

都市生活频率始终立足都市生活，紧扣时代脉搏，"不断创新"是第一动力。形成以《速度生活》《城市私家车》《私家车早上好》为主线全面服务有车生活的节目体系，内容多彩实用，风格轻松活泼，广受都市人的喜爱。多年来，都市生活频率创下福建广播的多个第一：连续获得前三届的福建新闻界十大名专栏奖，第一个说报说新闻节目，第一个脱口秀娱乐节目，第一个私家车听友互助节目，众多节目陆续成为全国各地电台学习交流的对象。

开播以来，都市生活频率不断在节目中倡导文明、责任、爱心，以987"i公益"为品牌的系列公益活动在社会上拥有强大的公信力和影响力：2008年，为"5·12"地震灾区奉献爱心的募捐活动，仅仅3个小时，即募捐到71万多元，创下了福建省红十字会成立以来当日零散募捐的最高纪录；连续6年组织为考上大学的寒门学子募捐大学学费的"绿丝带公益行动"，从第一年筹款10万余元到2013年筹集爱心善款358万余元，充分体现了一个媒体应有的社会责任感和历史使命感；2010年12月，都市生活频率举办了以倡导文明出行为主题的"文明集结"活动，在短短9天时间里，13142辆私家车贴上了文明车标，创下了大世界基尼斯纪录；2011年12月，都市生活频率联合福州市团委启动987"i公益"基金，在一周时间里为永泰山区多所小学筹集了46万多元的爱心午餐基金，成为团组织工作的典范案例，被中国青年报头版予以报道，免费午餐从2011年开始一直延续至今，听友及爱心商家纷纷自愿且热情地加入到这个活动中，目前已经覆盖永泰的5所小学；2012年，987"i公益"启动梦想新起点——实现山区孩子2012个梦想活动，帮助寿宁、罗源、永泰、闽侯、连江、闽清等地2012个农村儿童实现他们简单而美丽的愿望；2014年12月，987"i公益"再次联手福建团省委，共同推出青春助孤大型公益活动，号召社会用真心和温暖关怀全省7000多名的困难孤儿……

在新媒体的运用上，都市生活频率也是独树一帜：2015年11月，987官方微信关注数已接近15万！通过微信平台的使用，不仅拓宽了听众参与节目的方式，也增加了推广媒体自身的平台。都市生活频率在福建省首推微信实时路况，也是全国首批开通微社区平台的电台媒体微信公众账号之一。

二、履行社会责任情况

（一）坚守主流媒体阵地，履行正确引导责任

多年来，都市生活频率作为传统广播的领头羊，与时俱进，不断调整自身定位与方向，成为老百姓喜闻乐见的公众平台。时代在前进，始终坚持正确的政治导向、思想导向、价值导向、行为导向、审美导向依然是新闻工作者的基本原则；媒体在前行，认真组织宣传报道、妥善引导社会热点、正确开展舆论监督是新闻工作者的应尽职责。

1. 新时代，始终坚持正确的舆论导向。当前，媒体竞争激烈，媒体格局巨变。在飞速发展的过程中，都市生活频率作为主流价值媒体，肩负党的"喉舌"重要使命。频率要求每个员工通过个人自学、集体学习和专题研讨相结合的方式，深入学习贯彻习近平总书记系列重要讲话精神，紧紧抓住坚持和发展中国特色社会主义这条主线，始终高举中国特色社会主义伟大旗帜，在思想上、政治上、行动上与党中央保持高度一致，理解和把握正确舆论导向的精神实质和根本要求，将其作为开展工作的指导方针，它既统揽一切工作，又贯穿体制改革、节目创新、产业发展等每一项工作的始终。

都市生活频率严格政治纪律，宣传纪律，把坚持正确舆论导向作为宣传报道第一要务，科学规范工作制度，科学规范记者采访、节目审稿流程。2015年，运用古田会议、才溪乡调查、谷文昌精神等红色教育资源，结合全国两会、党的十八届五中全会、纪念抗战胜利70周年，开展多种形式的革命传统和民族精神宣传工作，对重大新闻事件迅速反映，做好舆论引导作用。系列主题报道深入基层，反映群众实践和呼声，推动科学发展，促进社会和谐，主动适应新常态，创造性地为福建生态建设做表率，不断增强频率的公信力和影响力。

2. 新形势，全面传播社会主义核心价值观。主流意识社会的思想形态，是对当下社会带有取向价值观的一种认同。都市生活频率以朴实的话语鼓舞人，以细致的提醒感动人，以周到的服务帮助人，以乐观的情绪感染人，传播社会主义核心价值观，在《私家车早上好》《城市私家车》《私家车家长会》《速度生活》等广播节目中以创新思维开展宣传工作，为党和政府分忧，为广大听众服务，整个节目流程保持了鲜活、生动、吸引人、与时俱进的状态，最大限度地满足了收听人群的需求，适应了社会变革受众细分化带来的需求多元化的现实。

新形势之下，新媒体的发展对主流价值观的传播环境、方式和效果都带来了巨变。2015年春节期间，都市生活频率首次在微信公众平台上通过H5页面推送了一组公益拜年信息，页面中呈现了警察、消防员、医生、公交司机、清洁工人等职工的工作状态，借此向节日期间依旧坚守岗位的劳动者致敬。该组拜年微信收到了广泛传播的社会效果；极具温暖互助的原创微信《满目疮痍！是虎纠棱，就一起顶住！！》在台风"苏迪罗"之后引起了广大福州人民的共鸣，点击阅读数超过20万人次；配合公安部打击拐卖妇女儿童犯罪的微信《今天恳请大家转发这条微信，让这284个孩子多一分回家的希望！》更是达到了115万人次阅读数，这些数据凝聚了群众的无穷力量，充分展现都市生活频率作为公众媒体传播社会主义核心价值观的责任感。

3. 新风貌，引导社会热点创新公益。都市生活频率策划以"真、善、美"为主题的各类公益活动，汇聚实现中国梦的正能量。"真"：关注每个重要日子，与广大听众分享生活中的"真情、真心、真爱"。2015年1月31日举办"温暖分享，快乐过年"；邀请生活在福州的外国友人和本地听众家庭一起龙情粽意过端午，弘扬传统文化；助力青运会、推广全民健身，成立了"i跑团"，当天超过600人参与公益跑。"善"：爱心传递，创新快乐公益。爱心午餐从2011年开始，一直持续为福州永泰贫困中小学生免费提供午餐，组织听众定期回访，让"免费午餐"落到实处；每年夏季推出绿丝带助学行动，帮助考上大学的寒门学子募集资金，完成学业。"美"：寓教于乐。公益植树从2005年开始从未中断，影响了许多人，2015年3月14日举办公益植树，累计200个家庭参与；2008年以来，消防及抗震演习受到群众的普遍关注，与福建省消防总队联手，普及相关知识，每年不断在参与形式及现场演习方面有所拓展，让更多人，尤其是小朋友参与进来，让消防演习及逃生演习常态化、规范化。都市生活频率在全城掀起一次次热心公益的浪潮，引导社会大众奉献爱心、回报社会，促进社会和谐，彰显媒体职责。

4. 新高度，把握社会舆论监督。舆论监督具有一种精神的、道德的力量，新闻媒体承担着尊重新闻事实和维护正义的神圣职责。都市生活频率从2004年开播的《速度生活》，创新打造了听众互助平台，随之，2006年开播《快乐早八点》后改名为《私家车早上好》，以上节目都持续至今，承载了广大听众视其为舆论监督利器的期待。每个听众的声音都体现着信任与渴望，民众的呼声有机会直接表达，给政府及职能部门施加了舆论压力。都市生活频率凭借着强大的社会责任感，记者深入基层，全面了解，为节目提供翔实的新闻报道，站在新高度审视，正确开展舆论监督，冷静理性地对待问题，化解社会矛盾，积极引导全社会向上向善和谐发展。

（二）坚持以听众为中心，全面提供民生服务

1. 全天全时段立体式提供服务。都市生活频率，由全天三大黄金时段为依托，辐射全天各个时段的服务内容，服务涵盖面广。在传统的广播节目中，从早间的新闻信息服务、路况信息服务，上午的纠纷调解服务，到午间汽车维修专题信息服务，以及下午时段的购物以及美食的信息服务，再到晚间的互帮互助式的生活信息服务，以及穿插全天的健康信息服务，不仅使得听众随时随地都能找到适合自己的信息，更让传统广播服务全面、无死角地覆盖到受众。各档节目中倡导的"人人为我、我为人人"价值观更是被听众广泛认同。

都市生活频率微信公众号拥有用户近15万，在福建省内媒体中遥遥领先，公众号每天3次向听众发送海量的新闻以及实用生活信息。填补了广播覆盖不到位的缺憾，用公众号来提供路况查询、违章查询等生活实用信息查询。各个节目更是用关键词回弹推送技术，作为节目提供信息服务的补充，弥补了广播节目时间有限、广播节目只能听到声音的不足。声音与画面相结合，使得服务更立体、更贴心。

2. 线上线下团结齐心，主动服务。都市生活频率的公益品牌"i公益"，探索以快乐公益履行媒体社会责任的新模式，尝试发挥媒体优势，整合各类资源投入服务活动。在线上线下一起打造强大的、有责任感的公益活动。

2015年，都市生活频率通过节目、线下活动、微博、微信的全方位推广，为987维持在福州市场上广播收听率第一、品牌影响力第一起到了很好的促进作用。全年将公益活动贯穿始终。

2015 年，都市生活频率获福州市人民政府颁发的"春风、春雨、光彩"行动（2012—2013 年度）社会各界捐赠兴办公益事业先进单位。

（三）推动和谐社会建设，体现媒体人文关怀

1. 灾难报道做到以人为本。突发事件，特别是突发灾难事件发生的时候，是最考验一家主流媒体在灾难报道和人文关怀方面作为的时刻。面对重大灾害等突发事件，都市生活频率恪守新闻伦理，以人为本，迅速而积极地承担起作为主流媒体的社会责任。上海外滩踩踏事故、台湾复兴航空空难、"东方之星"号翻沉这些引起全社会关注的新闻事件，都市生活频率都第一时间给予了关注。在节目方面，节目组打破常规节目环节，紧急加推特别关注板块，实时为听众刷新救援的最新情况；新闻采访组则负责同事发地的新闻媒体同行联系，通过电话连线、录音等方式，收集新闻发生地最新资讯并传递给直播间主持人，让听众可以从各个角度对事件进行全方位了解；与此同时，新媒体部也火速开辟了相关事件的微信直播页面，这种形式的新媒体报道在福建省属于首创。都市生活频率在微信直播页面中，加入了大量调频广播所不具备的图片、视频资料，并以每 15 分钟更新一次的速度进行着信息更新，让听众可以在离开了调频广播的情况下，继续通过新媒体的方式来了解事件进展。

对于发生在本土的灾难报道，都市生活频率更是行动迅速。新闻采访组记者 15 分钟内出发赶往现场，30 分钟内有第一次连线，南门兜华商楼大火、"苏迪罗"台风这些福州市民关注的热点新闻，都市生活频率的记者都冲在第一线，不仅从救援单位了解灾情和救援进展，也关注了受灾者的生活状态。在 2015 年"苏迪罗"台风之后，都市生活频率微信公众号

集合了记者采访素材和车友提供的图片资料，推出极具人文关怀的原创微信《满目疮痍！是虎纠楼，就一起顶住！！》，在短短时间内，点击阅读数超过了 20 万人次，引起了广大福州人民的共鸣，激发了大家共同抵御自然灾害的决心和信心。

2. 节目、新媒体、品牌活动关注弱势群体彰显人性尊严。"i 公益"是福建都市生活频率自主打造的一个公益品牌，旨在为福州周边山区的贫困留守儿童提供免费的"爱心午餐"。2015 年，"i 公益"项目再度启程，都市生活频率的记者奔赴罗源、永泰等山区探访留守儿童，通过节目电话连线、微信图文的方式，力争让更多城市中的听众了解到这些孩子们的生活状态，呼吁大家伸出爱心援手。都市生活频率还和众多爱心企业合作，推出"爱心一日捐""师恩难忘·情系畲乡""妈妈的爱心厨房"等公益行动，通过各种不同的活动方式，为"i 公益"基金募集善款，用于援助永泰山区贫困留守儿童专门成立的"爱心午餐"公益项目。不仅如此，都市生活频率还定期组织听众进行爱心回访，让献过爱心的听众们深入了解善款的使用情况，做到公益基金落到实处。

除了关注贫困留守儿童之外，都市生活频率携手福州市团市委推出"绿丝带公益助学行动"，圆寒门学子的大学梦。在每年最炎热的时候，都市生活频率都会一直坚守这个公益阵地，2015 年这个活动进行到了第七届。在持续一周的时间里，都市生活频率在 3 家中石油加油站进行零散募捐活动，每天早中晚黄金档节目中连线记者，介绍寒门学子的情况，同时记者到加油站现场连线，采访爱心车友、介绍零散捐款情况。2015 年 8 月 8 日，我们在中瑞省体影城举行"第七届绿丝带爱心助学公益活动"一对一现场捐助落地活动。虽然本次活动适逢"苏迪罗"台风登陆前夕，活动当天大风大雨，天气情况十分恶劣，但是在全员努力下，本次活动还是成功一对一捐助了 30 名寒门学子的 4 年学费共计 60 万元。

像这样的公益活动，都市生活频率还会继续往下做，因为它每一次的坚守会改变很多贫困儿童、寒门学子的命运，这也是作为一家社会主流媒体不可推卸的责任。

（四）立足自身优势特色，致力文化繁荣发展

1.承担知识普及、社会教化、道德传承职能方面责任。都市生活频率从 2000 年 12 月 18 日开播至今，在承担知识普及、社会教化、道德传承职能方面，一直都不遗余力。在知识普及和信息传递方面，全天从 7 点开始到 19 点开辟了 12 个整点的《私家车快报》，为听众梳理和播报最及时的新闻资讯，同时设置了 12 个整点的《天气预告》，为出行的人群提供天气参考，另外，在早晚出行的高峰期，派驻记者进驻到福州市 110 交通指挥智控中心，为出行在路上的听友播报实时的路况信息。频率还在日常的节目中设置了普及知识的环节，比如在早、晚出行高峰期的服务类节目《私家车早上好》和《速度生活》节目中设置《e 财经》环节，为听众普及财经知识和金融资讯，在新闻资讯类节目《天知道》中设置《萌科学》环节等。周一到周五每天中午 11：00—12：00 的《城市私家车》节目，连线修车达人吴师傅，他年复一年、日复一日且乐此不疲地为听众解答关于各类汽车疑难杂症的修车问题和普及日常养车的知识，节目开办至今已经为数以万计的听众解答了问题。

除了在节目中积极宣传之外，还举办各类丰富多彩、寓教于乐、群众喜闻乐见的科普活动，比如每年 11 月 9 日消防安全宣传日期间，频率都和福州市公安消防支队联合举办主题性消防安全宣传活动，不仅在节目播放消防安全公益宣传带、开办专题栏目积极宣传消防安全知识，同时还走

进社区、商场、广场等场所举办消防安全演练和体验活动。

2. 践行社会主义核心价值观。作为党和政府的主要喉舌，大力宣传和自觉弘扬社会主义核心价值观，积极推进中国梦的实现，是时代赋予广播电视的神圣使命，也是广播工作者义不容辞的责任。

公益广告是媒体传播社会主义核心价值观，履行社会责任的重要内容，都市生活频率开台至今，一支秉承着"帮助别人、快乐自己""人人为我、我为人人"的理念，服务于广大听众。2012年，中宣部、中央文明办开展"讲文明、树新风"公益广告宣传活动以来，都市生活频率更是积极响应，刊播了许多优秀的公益广告作品，达到良好的社会宣传效果。

频率开通全天24个整点的《报时＋公益宣传》的播出模式，每个月更换一批公益宣传带，把正能量最大范围地覆盖和传递给收音机前的每一位听众。

2015年，全年12个月，每月烘托一个主题，分别有"春天的牧场、敬请期待、电波侠听你的、每个人都是自己的英雄、简单七月、八月拼了、九月你好、夏季浅醒、动起来听你的、老福州的记忆"等，累计数量80余条，月均达到7条，不断推陈出新，以契合受众的审美取向，成为新时代媒体公益宣传的先锋典范。

3. 传承优秀传统文化。中华优秀文化和传统美德是中华文明的精神基因，五千年来一脉相承，积淀了中华民族最深厚的精神追求，是人类文明历史长河中最灿烂最光辉的组成部分，是我们祖先对世界文明最宝贵的精神贡献，具有永恒的价值。频率在端午节、中秋节等每一个中国传统节日期间，都专门录制和播出宣传传统文化和习俗的公益宣传带，并开展丰富多彩的传统文化和习俗的体验活动，让广大群众有更多的机会一起参与到传承优秀传统文化的队伍当中。比如在 2015 年端午节期间，举办了"987龙情粽意过端午"端午龙舟文化节活动，组织了广大听友和生活在福州的外国友人一起到金水湖畔观看中国传统的赛龙舟活动，大家一起动手包粽子、做香囊，体验端午佳节的传统习俗和龙舟文化。

　　除了积极宣传中国传统节日的文化习俗之外，频率也积极为本土优秀的传统文化发声，比如邀请福建省闽剧院院长做客节目宣传闽剧文化，为听众报时并录制闽剧片段在其报时后播出，在广大市民中引起了极大的反响，让更多人感受到了闽剧的魅力。连续 3 年在福州传统孝敬长辈的拗九

节来临之际，联合福州市妇联、三坊七巷社区等单位，共同举办感恩拗九粥派送活动，向市民免费发放，弘扬中华民族优良的孝道传统。

4. 传播健康文化，抵制低俗媚俗行为。致力于在广播中为广大市民传播高雅健康文化，同时举办深受广大群众欢迎的各类文化演出活动，如在 2015 年暑假期间，举办了儿童剧《你看起来好像很好吃》巡演，丰富了孩子们暑假的文化生活。2015 年 12 月 18 日（频率 15 周年台庆日），邀请理查德·克莱德曼先生莅临福州，举办了理查德·克莱德曼钢琴音乐会（福州站）。2016 年新年第一天，邀请北京天利爱乐乐团和厦门乐团，举办了拉德斯基进行曲——世界名曲新年交响音乐会等。

针对日常生活中出现和日渐兴起的各种网络低俗媚俗行为，频率在节目和官方微信中积极展开抵制宣传，呼吁广大市民一起加入到抵制低俗媚

俗行为的行列之中，形成一股以传播和践行高雅健康文化为荣的正能量之风。

5. 维护群众基本文化权益。推动社会主义文化大发展大繁荣在于满足两个需要，一是人民群众的精神文化需要，二是党和国家发展战略的需要。文化权益是人民群众的基本权益之一，是支撑和满足"人的自由全面发展"的基本指标。"保障人民群众基本文化权益"是一项需要党、政府、人民群众共同参与的复杂的系统工程，必须构建公共文化服务体系；加强社会主义核心价值体系建设；切实维护人民群众的文化权益。人民群众的基本文化权益包括：看电视、听广播、读书看报、看电影等，为了最大限度地满足广大市民听广播的基本文化权益，频率不断地加大覆盖区域，从开播只覆盖福州市区（调频98.7兆赫）到如今覆盖了莆田、泉州、厦门等地区（调频101.5兆赫）。在不断扩大覆盖区域的同时，频率还与时俱进、不断创新广播节目，为听众带来许多精彩的节目。

（五）自觉遵守职业规范，树立媒体良好形象

1. 强化制度保证，恪守从业准则。要遵守职业规范和职业操守，完善规章制度是不可或缺的保障。为树立从2000年12月18日开播以来始终保持广播媒体收听率第一的良好形象，都市生活频率严格遵守关于新闻工作的纪律要求，认真贯彻落实《关于严防虚假新闻报道的若干规定》《关于进一步规范新闻采编工作的意见》等有关文件精神，杜绝虚假新闻，严厉打击有偿新闻和新闻敲诈。

恪守从业准则，自觉抵制新闻界不正之风，也是都市生活频率一直所秉持的原则。在履行遵守职业规范责任方面，都市生活频率一方面强

化三级把关监管体系，打造安全与责任明晰的采编模式；另一方面通过加强内部管理，专门对《广播都市生活频率审稿制度》作出补充规定，严防新闻敲诈，同时严格执行采编播、经营工作分开的原则，防止在节目中出现买卖新闻、利用部门职权或节目表扬、批评进行变相摊派广告任务等现象。

2. 强化教育培训，提高队伍素质。为提高队伍素质，不定期强化对采编播人员的教育培训，从重点人群、重点岗位开始，分层次、分批次采用领导授课、专家讲座、分组讨论、业务交流、社会实践等多种形式，对主持人编辑记者进行集中培训，使采编播人员的政治意识、大局意识和责任意识明显增强。

3. 强化内外监督，开展警示教育。为有效监督频率采编播人员的职业规范，将频率的采编播工作置于全社会监督之下。

一方面，都市生活频率建立了听评员队伍，每个月对全台所有栏目所有主持人的节目进行监听，并汇总评报意见；另一方面，在节目里公布服务热线电话，电话 24 小时开通。此外，充分利用微信平台，增加与听众之间的全面沟通，在《私家车早上好》栏目跟《速度生活》栏目中，还专门设置《标标必答》《新闻超有料》等栏目，对听众投诉的问题给予公开答复，有错必纠。

事实上，都市生活频率正是在坚守责任与诚信中，坚定地履行着新闻媒体应当遵守的职业规范责任。

（六）严格执行各项规定，依法推进经营活动

作为福建省内主流媒体，都市生活频率坚持守法经营，把握了 2015 年

全年多个热点，充分挖掘市场价值和机会点，同时积极结合各类公益活动倡导社会责任，不仅在公益品牌方面持续提升影响力，也拉动众多商家和听友积极投入参与，实现了经济价值和社会价值双丰收。

都市生活频率的广告业经营多年来一直保持健康、较快增长，2015年达到了历史新高。虽然广告形式都是100%的品牌广告，但由于行业众多，内容丰富，在防止虚假违法和内容低俗广告方面的工作对一个媒体的社会责任形象塑造尤其重要。使用以欺骗和误导消费者的虚假广告，不仅挫伤了公众对广告的感情、损害消费者的利益及商品营销者之间的正当竞争，而且也从一定程度上损害了国家和社会利益，更为严重的是，部分虚假违法广告对人们的生命财产会造成很大的损害。

都市生活频率认真执行《大众传播媒介广告发布审查规定》，严格履行法定广告审查义务，自觉抵制违法违规广告，主要从以下几方面入手：一是加强思想工作，提高守法意识。频率定期召开班子会议统一思想，树立守法经营的大局意识，把抵制违法低俗广告作为常态性的工作内容反复强调。二是建立严格审查制度，做到有规可依，有章可循。频率认真落实三级审查制度，层层把关，严格参照广告法等相关法规要求审查相关广告各类证明文件，广告形式、内容、整体效果等内容，严防虚假夸大低俗违规广告内容，对难以界定或把握的广告坚决予以杜绝，不打擦边球，保证零失误。三是提高行业审查水平，提高从业人员的职业素养，建立广告法律法规培训制度。审查员素质的高低或程序的是否健全，直接影响广告审查的质量，频率经营部门定期每月召开广告培训会，从业务和守法两方面两手抓、两手硬，保证社会效益和经济效益双丰收。四是定期梳理所有广告时段，确保广告播出时间的合理分布和编排，关注听友的收听习惯和感受，保持净化，加强美化，提升媒体品牌和形象。五是落实监听制度，加强监听工作，把好最后一道程序，防范问题产生，增强自律意识和守法经营意识。六是发挥媒体监督功能，设立真正能够为消费者解决问题的投诉机制，对问题产品投诉坚决曝光，问题广告坚决封杀，搭建听众与市场之间相互信任的桥梁，促进经营和服务听友两方面相得益彰。七是坚决拒绝二类广告，坚持100%的品牌广告，不为短期利益所诱，对低俗广告不做任何妥协。八是在广告设计制作方面重点保护青少年价值观导向，使广播广告在设计、形象和格调上发挥正面向上的力量，促进社会和谐。

2015年全年未出现违规虚假广告。在经营创收工作中，都市生活频率严格遵守国家法律和集团有关规章制度，依照集团对经营管理的精神和要求建立严格定期自查。结合"八项规定"、党风廉政建设等相关活动，组织广播经营部门定期开会统一思想，学习交流，加强监管，促进公平公正的管理运营，提高职业道德操守。进一步加强完善经营管理机制和部门规章制度，提高了管理效率和公信力，遵守相关法规，未出现任何偷税漏税行为。

相信都市生活频率的广告在遵守法律法规的前提下，将继续制造传奇，健康稳进，达成其传播的目的和效果，促进经济和社会的繁荣。

（七）建立健全工作机制，确保做到安全播出

都市生活频率履行"安全播出压倒一切"的理念，严格遵守上级行业主管部门制定的各项规章制度，在日常编播和宣传管理相应环节，认真梳理各岗位工作规范，完善对接流程，明确职责、责任到人，有效杜绝了可能出现的安全纰漏。在新媒体传播环境下，针对微博、微信等新媒体平台，严格对照屏幕安全播出规定同等把关、同等要求。2015年年

中，都市生活频率还通过自查自纠、检查督办、整改落实三个阶段，重点围绕导向把关、消防治安、人员管理、舆情监控、合同管理、廉政建设、思想教育 7 个方面，进行全面梳理，开展安全排查，完善安全制度，取得积极成效。

都市生活频率党委建立和修订了《广播都市生活频率审稿制度》《广播都市生活频率二十二条军规》《广播都市生活频率导播岗位守则》《广播都市生活频率关于安全播出检查小组开展工作的有关办法》《广播都市生活频率网络与信息安全保障工作方案》等规章制度，为规范新闻采编工作强化了制度保证。

2015 年，都市生活频率紧紧围绕党和国家重大战略部署，根据年初制定的工作目标，创新提升、积极作为，把握正确舆论导向，确保安全播出，加强品牌建设，节目创优、广告创收、安全生产生活等各项工作都保持了积极健康向上的良好势头。都市生活频率领导班子带领全体员工认真开展安全目标管理工作，在抓社会效益和经济效益的同时，不忘抓安全，时刻居安思危，防患于未然，圆满完成了重大节日和活动的安全播出任务，实现安全播出全年无事故，全年无政治事件、无刑事案件、无火灾事故、无泄密事件，为宣传一线工作创造出了良好的治安秩序和工作环境。

（八）切实加强队伍建设，保障员工合法权益

都市生活频率本着对每一位员工负责的原则，坚持以人为本，关心员工生活、安全和健康；坚持公平公正，依法保障员工合法权益。

都市生活频率面向社会公开招聘人才，通过严格执行公开、公平、公

正的招聘流程把好进人关。严格履行劳动法和劳动合同法，按照有关规定，与员工及时签订劳动合同书，以维护员工的合法权益，并按时足额缴纳养老、医疗、失业、工伤、生育等社会保险和职工住房公积金。同时，都市生活频率每年为员工组织一次健康体检，每年组织员工参加省直单位在职职工医疗互助活动，发扬团结友爱、互助互济的传统美德，使有困难的员工及时得到救助；认真执行职工法定假期、带薪年假、病假、婚假、产假、丧假、工伤假等制度；每年为采访台风、地震等危险突发事件的记者和主持人购买人身意外险，以解除记者和主持人的后顾之忧。此外，都市生活频率针对岗位类型制定了一系列合理的绩效考核体系，完善员工特别是采编播部门员工的激励机制，坚持"向采编播一线倾斜、体现多劳多得"的原则，每月分等级评选优秀节目进行奖励，以激发员工的积极性和创造力。

都市生活频率现有员工23人，采编播部门的每位员工都被要求参加国家新闻出版广电总局组织的新闻采编人员岗位培训考试和播音员主持人资格考试，目前已有16人申领到了记者证，另有5人已通过了2015年国家新闻出版广电总局组织的新闻采编人员岗位培训考试，正等待申请办理记者证，14人申领到了播音员主持人资格证。都市生活频率每年根据新闻采编人员从业管理规定对记者证和播音员主持人证进行年检和核发。

都市生活频率注重队伍建设，严抓新闻宣传纪律，始终坚持新闻工作的党性原则，遵守党的政治纪律，时刻保持高度政治敏锐性和政治鉴别力，以强烈的责任感和担当精神，管好阵地、管好导向、管好队伍，切实做到守土有责、守土负责、守土尽责，牢牢把握广播宣传舆论工作的话语权。

三、履行社会责任方面存在的不足和改进措施

（一）在履行社会责任方面存在的不足

2015 年，都市生活频率主动担当，锐意进取，较好地发挥了广播媒体"舆论引导、文化引领、文明示范、服务助力"的功能，认真履行了"正确引导、提供服务、人文关怀、繁荣发展文化、遵守职业规范、合法经营、安全播出、维护员工合法权益"等社会责任，在全社会树立了良好的媒体形象。但距离党和人民的要求，对照其他媒体单位，工作中还存在一些差距和不足，比如，在围绕中心服务大局的策划上，还需要进一步增强主动性和创造性；一些新闻报道品质不够高、感染力不强，新闻创新还需加大力度；节目和活动提供服务的方式有待进一步创新；新闻事业和文化产业发展不够协调等。

（二）改进措施及未来展望

1. 认真学习贯彻习近平总书记系列重要讲话精神。都市生活频率将深入学习领会习近平总书记系列重要讲话精神，迅速把思想和行动统一到

习近平总书记系列重要讲话精神上来，做到思想上高度重视、工作上精准发力，全面提高新闻舆论工作水平。

2. 围绕"中国梦"宏伟目标，忠实履行主流媒体职责使命，坚持人民至上的新闻传播理念，通过栏目策划、节目定位、活动开展积极培养和践行社会主义核心价值观。全面加强公民道德建设和素质提升的宣传报道，宣传科学理论、传播先进文化、塑造美好心灵、弘扬社会正气，增强社会责任感。

3. 坚持贴近实际，贴近生活，贴近群众，以人民为中心，进一步维护和提升节目品质品位品格，坚持一流标准，坚持社会效益第一，以"人民群众喜不喜欢听"为评价标准，推动节目内容和形式创新，优化提升现有品牌栏目，创新推出一批新节目，实现媒体社会影响力的新提升。

4. 着力发挥媒体的公益平台作用，紧紧围绕培育和践行社会主义核心价值观，创作播出更多公益广告精品。继续办好特色公益活动，管好用好987"i公益"基金，发挥广电媒体及知名主持人的聚集效应，倡导和吸引更多公众参与公益慈善活动，把温暖传递给更多困难群众。为营造一个有爱心、有责任感的社会人文环境做出贡献。

5. 加大新媒体应用开发和整合力度，按照互联网思维统一运营新媒体，打造无缝对接的全媒体直播平台，实现节目在PC、手机、平板电脑，车载广播的全终端和全时段覆盖。为多媒体多元化社会更好地履行媒体社会责任守好阵地。

6. 逐步摸索建立一套将社会责任的组织领导、标准、评价、监督系统化、制度化的社会责任管理体系。

7. 力争在解决扩大频道覆盖的基础之上，希望能够跨地域发展，与地市台深度合作，甚至与外省台或外省的地市台深度合作。做到"先行先试"。

媒体社会责任报告

2016年卷（下）

中华全国新闻工作者协会 编

学习出版社

目录   contents

下 册

江西日报

社会责任报告

一、江西日报概况及 2015 年履行社会责任概述

　　江西日报系中共江西省委机关报，创刊于 1949 年 6 月 7 日，对开 12 版（周末 4 版），现日均发行 23 万余份，是省内发行量最大的报纸之一。

　　作为江西新闻界排头兵，江西日报始终秉持"方向凝聚力量"的办报宗旨，坚持正确舆论导向，坚持社会效益第一，坚持推进融合发展，致力为江西"发展升级、小康提速、绿色崛起、实干兴赣"提供舆论保障。

　　2015 年，江西日报按照中央和江西省委统一部署，学习贯彻党的十八大和十八届三中、四中、五中全会精神，学习贯彻习近平总书记系列重要讲话精神尤其是全国两会期间参加江西代表团审议时对江西发展提出的"一个希望、三个着力"重要讲话精神，学习贯彻省委十三届十一次、十二次全会精神，胸怀大局、把握大势、着眼大事，守土有责、守土负责、守土尽责，各项事业取得明显成效。

本报两件作品荣获一等奖

第二十五届中国新闻奖评选揭晓

江西日报社实现"七连冠"

新闻宣传再创辉煌。《项目审批"长征"698天 泰豪动漫变"动慢"》和《那山 那树 那人》荣获第二十五届中国新闻奖一等奖，这是本届唯一一家省级党报荣获两件一等奖，也是江西日报社连续七届荣获一等奖。

媒体融合突飞猛进。江西日报传媒集团公司属下的大江传媒成功登陆新三板，这是全国省级党报集团第三家挂牌的新媒体企业，为推进传统媒体与新兴媒体融合发展，做大做强传媒产业找到了一条新路径。目前，江西日报社已形成了报纸、杂志、网站、微博、微信、手机报、移动客户端等形态各异、载体多样的媒体集群，覆盖总用户超过 2000 万。

产业发展迎难向前。印务公司赣南分公司、地铁文化广告公司、豫章1号运营公司等成立成长，江西日报社已形成传统媒体、新兴媒体、户外媒体、文化地产、文化金融、文化创意六大发展板块。

自身建设不断加强。2015 年，江西日报荣获全国文明单位、全国版权示范单位、全国数字出版转型示范单位等称号；在第二届全国新闻战线"好记者讲好故事"演讲比赛中，江西日报摄影记者梁振堂晋级全国十佳。

二、履行社会责任情况

（一）履行正确引导责任

作为党报，舆论引导是江西日报责无旁贷的使命。在传播格局和受众需求发生巨大变革的环境中，必须与时俱进，主动适应新形势、新要求，创新内容呈现和表达方式；在遵循宣传规律的同时，必须贴近受众需求，增强引导艺术，把握时度效，增强亲和力、感染力和说服力；针对擅长的时政报道、经济报道，必须努力创新，提升传播实效。

1. 充分做好学习贯彻习近平总书记系列重要讲话精神报道，突出"一个希望、三个着力"，凝聚全省上下攻坚克难的强大合力。

2015年3月6日，习近平总书记参加十二届全国人大三次会议江西代表团审议时，对江西经济社会发展提出了"一个希望、三个着力"即"奋力取得新的更大成绩；着力推动老区加快发展，着力推动生态环境保护，着力推动作风建设"的要求，不仅给予江西干部群众莫大的关怀与鼓励，也为江西进一步做好工作指明了努力方向。

一年来，江西日报始终把"一个希望、三个着力"作为重点突出宣传

报道，开设《学习贯彻习近平总书记重要讲话精神　在新起点上开启江西发展新征程》《深入学习贯彻习近平总书记系列重要讲话精神》《老区振兴采访录》《建设生态文明　打造江西样板》《传承红色基因　保持优良传统》等多个专栏，运用消息、通讯、评论、图片、专题等多种体裁，不惜版面、不惜篇幅，把各项报道做足做充分。《书写老区振兴的时代荣光　打造生态文明的江西样板——习近平总书记参加江西代表团审议侧记》《在新的起点书写新的荣光》《奋力打造生态文明建设的江西样板》《红土地遍开"映山红"》《打造江西经济发展"升级版"》等一批重头文章见诸报端。据统计，全年刊发学习贯彻习近平总书记系列重要讲话精神报道多达 500 余篇。

2. 做好纪念抗日战争胜利 70 周年主题宣传报道，唱响主旋律、发出好声音。

2015 年是中国人民抗日战争暨世界反法西斯战争胜利 70 周年。对于这一重大历史题材，江西日报紧紧围绕中央部署，以强烈的政治责任感和使命感，坚持正确导向，精心策划，精细部署了一系列宣传报道。

特别是对"9·3"大阅兵的报道，江西日报用 8 个整版对当天纪念大会、大阅兵所有重大新闻进行精心编辑、精致包装，浓墨重彩、准确恰当地把这一高潮通过超常版面表达得淋漓尽致。其中，B1《大阅兵》、B2—

B3 连版《东风浩荡 大国利剑——聚焦胜利日阅兵新装备》、B4《民族脊梁 不朽荣光》以强大的视觉冲击力获得读者认可，被微信公众号"编前会"推荐为当天全国最佳版面之一。

据统计，江西日报共刊发相关报道 300 余篇，推出《映像》专版 4 期，《文化赣鄱》专版 12 期，《文艺评论》专版 3 期，公益广告 11 次 7 个整版。

3. 做好经济报道，突出"改革""发展"两大主题。

2015 年，是全面完成"十二五"规划的收官之年，也是全面深化改革的关键之年，做好全年经济宣传报道意义重大。江西日报紧扣"改革""发展"两大主题，精心组织重大主题典型报道，在舆论引导上发挥积极作用，获得各方肯定与好评。

开辟常设栏目《经济新视线》，围绕重大主题、重要节点推出系列经济报道。一年来，先后开设《经济新视线·共筑城市群 圆梦中三

角》《经济新视线·平稳开局看首季》《经济新视线·"一带一路"江西在行动》《经济新视线·关注稳增长 22 条》《经济新视线·攻坚克难看国企》《经济新视线·昌九一体化两周年巡礼》《经济新视线·年中聚焦看亮点》《经济新视线·"双创"江西在行动》《经济新视线·赣茶喜逢春》《经济新视线·抓项目扩投资稳增长》《经济新视线·国资国企改革进行时》等专栏，对"一带一路"建设、长江经济带、长江中游城市群及昌九一体化战略等给予了全方位深度透视，取得了良好的宣传效果。

从 2015 年年初的《用发展升级书写"江西答卷"》到 2015 年年末的《新常态的一份出色答卷》，围绕省委"发展升级、小康提速、绿色崛起、实干兴赣"十六字方针，经济报道贯穿全年；从《新常态，新江铜》到武宁县生态文明建设"五个好"的宣传，微观经济报道得到读者的好评。

（二）履行提供服务责任

媒体的服务责任应包括两个方面，一是为党和政府做出科学决策部署提供依据参考，二是为百姓提供具体资讯服务。一年来，江西日报不断创新方式方法，提高服务能力，倾情服务群众。

1. 8 篇评论员文章作为江西省重要会议材料下发，搅动全省解放思想头脑风暴。

2015 年 12 月 28 日，在全省经济工作会议上，省委主要领导点赞了江西日报 8 篇"我们向兄弟省市学什么"系列评论员文章，并向大家推荐。在当天全省经济工作会议上，"我们向兄弟省市学什么"系列评论员文章被集合成册，作为全省经济工作会议材料下发，供与会代表学习。在 2016 年江西省两会上，该组评论再次作为会议材料下发人大代表、政协委员。

强卫推荐大家读一读本报8篇评论

本报讯（记者刘勇、魏星）12 月 28 日，在全省经济工作会议上，省委书记强卫点赞了本报8篇"我们向兄弟的省市学什么"系列评论员文章。他说："此期，江西日报连续刊发了8篇学习兄弟省市经验的评论员文章，我这篇进行了修改，推荐大家认真读一读。"

在当天全省经济工作会议上，"我们向兄弟省市学什么"系列评论员文章被集合成册，作为全省经济工作会议材料下发，供与会代表学习。

会场上，大家认真研读，思考，再讨论，再讨论。与会代表表示，江西日报8篇评论在询问题不回避，篇篇击中要害，引人思变，让人思进，促人思干。参加了学习考察的党员干部深有感触地说，8个省市走下来，看了样本，听了核心要义，如同赴了一场盛宴，但吃不能吃完探核本身价值、消化、吸收，得转化为我们自己的力量。这8篇评论让我们可更深那次水到渠成。

强卫在经济工作会议上强调，"我们学习兄弟省市的制度好做法，最重要的是学习地们改革开放的勇气，创新发展的锐气、转型升级的朝气、干事创业的勇心，以进一步激发各级部分的斗志，弘扬实干兴赣的作风，越取加快发展的力量，切实把创造无愧业绩的精神支柱立起来、强起来。"

随时引玉、投新引凤。本报这组系列评论影响不仅仅限现于会场，近日来在全省广大党员干部中也引起了强烈反响。大家认为，这一组系列评论放了省委进一步解放思想的强烈信号，为我们学习兄弟省市的好经验好做法作了提纲挈领的点睛，让我们有了"等不起、慢不得、坐不住"的紧迫危机意识。我们要向兄弟省市学习，以敢于士断地的勇气，争相思想观念的束缚，攻克体制机制的顽疾，突破利益固化的藩篱，努力开创以"发展升级、小康提速、绿色崛起、实干兴赣"更加广阔的前景。

据悉，去年4月至今年12月，省委书记强卫、省长鹿心社率江西省党政代表团先后赴广东、浙江、湖南、湖北、福建、安徽、上海、江苏等8省市学习考察。在这一背景下，本报从12月21日至28日，在头版连续刊发了8篇"我们向兄弟省市学什么"系列评论员文章。"我们学习兄弟的省市不能前进（上海篇）》《不可放就不能生存（广东篇）》《不创新就不能上升级（江苏篇）》《不敢前行就不能形成龙头效应（湖北篇）》《不聚焦就不能强大（安徽篇）》《不拥抱市场就不能养潮市场（浙江篇）》《不进进一体化就不能融创市群（湖南篇）》《不拼搏就不能成功（福建篇）》

2014 年 4 月—2015 年 12 月，江西省党政代表团先后赴广东、浙江、湖南、湖北、福建、安徽、上海、江苏 8 省市学习考察。在这一背景下，江西日报从 2015 年 12 月 21—28 日，在头版连续刊发了 8 篇"我们向兄弟省市学什么"系列评论员文章。这组评论在全省上下引发热烈反响，各地市、厅局纷纷组织学习，进一步推动全省解放思想、实干兴赣。

2. 妥善处理读者来信来访，积极撰写内参，真实准确反映社情民意。

2015，江西日报编发《读者来信摘编》12 期，刊登 20 篇读者来信，其中省领导批示 17 篇次，批示率高达 85%。编发《江西日报内参》13 期，发稿 126 篇，共获省领导批示 9 篇次。内参报道反映的"南昌临空经济区企盼早日打通公路'肠梗阻'""'江西之旅'企盼有创意的'江西之礼'"等一批问题得到各方重视并顺利解决。

3. 权威发布信息，第一时间将省委、省政府的决策部署传递到读者中去。

《权威发布》是江西日报的传统栏目，旨在向广大读者发布省委、省政府的重大决策部署，发布涉及百姓工作生活的重要信息。通过《权威发布》这个栏目，读者可以了解到更多真实、准确、适用的信息。

2015 年，《权威发布》栏目共刊发各类稿件 30 余条。主要包括《我省出台贫困地区儿童发展方案 17 个特困地区县（市、区）农村儿童将在健康教育方面受惠》《半年三次降息影响几何？》《小额贷款公司迎来政策红利　符合相应条件可设分支机构和发行债券》等。

4. 积极推动媒体融合发展，实现线上线下联动，开展服务读者、服务社会的活动。

从 2014 年开始，江西日报"时政头条""重磅财经""文化赣都"等一批微信公众号陆续运营。2015 年，"时政头条"在内容和形式上作了新的探索，多次首发全省重要时政新闻，内容包括省委重大决策、重要人事变动、党建和廉政建设举措等。

2015 年，江西日报社全面推行"一岗双责"，即传统媒体的记者同时也是新兴媒体记者，同时制定了《关于落实"一岗双责"鼓励向江西手机报投稿的暂行办法》。在全国两会期间，江西日报社派出全媒体报道团队进行报道，充分利用多媒体、多平台的传播矩阵"围观两会"，为读者第一时间奉上全方位、多维度的立体"新闻盛宴"，凸显出全媒体传播的强大力量。

（三）履行人文关怀责任

江西日报始终坚守党报的责任和使命，在宣传报道中切实履行媒体的人文关怀责任，注重人的精神、关注人的情感，致力于启迪人的思想、激励人的全面发展。

1. 精心组织策划爱心活动，积极帮助困难群体。2015年7月13日，江西日报启动爱心助学行动，为省内品学兼优的寒门学子解忧，活动得到了中国石油江西销售分公司及社会爱心人士的大力支持，最终为17名考生每人筹集了6000元助学金。"谢谢你们，我一定会努力读书回报社会！""谢谢，我们家终于可以不用为学费发愁了！""谢谢你们，让我们有机会帮助有需要的孩子！"……在7月31日举行的助学

金发放仪式上，学生、家长、爱心人士的话语，让江西日报人深深感受到了"赠人玫瑰，手有余香"的向善力量，也激励着江西日报人继续做好慈善传播的坚定信仰。

一年来，江西日报还联合南昌市体育局推出"免费学游泳 南昌千名孩子的暑假礼物"爱心活动，发起"帮助烈士寻亲"活动等公益活动。

2. 将新闻报道向民生关切倾斜，积极践行以人为本、民生为本理念。

《党报帮你办》是江西日报近年来倾力打造的"面向群众 服务民生"的帮办栏目，旨在"倾听百姓呼声，解决群众合理诉求，化解社会矛盾"。一年来，《党报帮你办》栏目刊发 51 期，帮办稿件 200 余条，群众反映 120 余条，问题反馈 100 余条。"南昌西客站手机信号何时满格""为钟效培烈士寻亲""景德镇 18 名小学生被跳级"……一年来，帮助普通百姓解决了众多问题和困难。

正如《党报帮你办》一名专职记者所言，"我们的力量，来源于读者的信任和关注；我们的力量，也来源于相关部门正视问题，迅速行动"。帮办民生实事、传递向善能量，2016 年，我们继续在路上。

（四）履行繁荣发展文化责任

一年来，江西日报坚决贯彻习近平总书记在文艺工作座谈会上的重要讲话精神，以社会主义核心价值观为导向，弘扬美好，鼓舞诚信，激发责任，致力于做社会主义核心价值体系建设的思想文化平台，做凝聚、联系、吸引知识分子的桥梁和纽带，做传承、弘扬、吸收先进文化的精神家园。

1.《文艺评论》日臻成熟，江西文艺战线再添重要阵地。2014 年 10

月 31 日,《文艺评论》专版正式与读者见面,2015 年共出版 19 期。《文艺评论》坚持正确舆论导向,积极走进文艺现场、理性看待文艺热点、点赞江西文艺繁荣,组织了"学习习近平总书记在文艺工作座谈会上的重要讲话"特别策划《为人民挥笔 为时代泼墨》,"纪念中国人民抗日战争暨世界反法西斯战争胜利 70 周年"特别策划《绽放在硝烟里的文艺之花》,"中共中央关于繁荣发展社会主义文艺的意见"特别策

划《文艺繁花 网络争艳》,"关于支持戏曲传承发展的若干政策"特别策划《戏曲正在迎来什么样的春天》等大型策划,刊登了《明星真人秀,理应秀出高贵品格》《"乡土"的解读和思考》等一系列有态度、有温度、有深度的评论文章。

2. 南昌西汉海昏侯墓考古发掘宣传报道隆重热烈,江西文化再次享誉全国。南昌西汉海昏侯墓考古发掘各类文物两万多件,被国家文物局及专家评价为:文物保存完好、墓园及主墓内结构完整、墓园区及城池区布局清晰、出土文物品类数量丰富,具备申报世界文化遗产基础条件。

做好南昌西汉海昏侯墓考古发掘宣传报道,是江西日报 2015 年文化宣传报道中的重中之重。我们策划先行,制订详细的宣传报道方案,确保报道的连续性、可读性;突出处理,开设《揭开西汉海昏侯墓面纱》专栏,采取图文并茂的形式围框安排版面,在版式上做到大气、美

观；专业报道，除做好日常新闻报道外，还利用副刊阵地，刊发专家撰写的解读性报道；内涵延伸，在报道中，既注重海昏侯墓考古发掘的"宝贝"，更关心其背后的文化价值，拓展延伸考古文化内涵；全媒体跟进，微博微信客户端利用新闻媒体形式，及时推出相关报道。据统计，江西日报推出南昌西汉海昏侯墓考古发掘宣传报道200余条，图片100余幅。

南昌西汉海昏侯墓考古取得重大发现

这是我国目前发现的面积最大、保存最好、内涵最丰富的汉代侯国聚落遗址

（五）履行遵守职业规范责任

坚定职业信念，遵守职业道德，恪守职业操守，是做好各项宣传工作、履行社会责任的重要保障。

1. 以制度为保障，确保职业规范和职业操守的约束力。"无规矩，不成方圆。"在长期的新闻采编工作中，江西日报通过规范完善各项采编管理制度，既划定了江西日报编辑记者行动的边界，也为江西日报各项事业的发展提供有力保障。近年来，江西日报制定出台了《江西日报社改进作风实施办法》《江西日报社综合管理工作规则》《江西日报社新

闻职业道德规定》《江西日报重大新闻事件的应急和协调规定》《江西日报社记者外出采访制度》《江西日报稿件送审制度》《江西日报采编系统运行的若干规定》《江西日报社内部广告刊登管理规定》等规章制度，以制度为工作准绳，要求编辑、记者坚决按照规章制度从事新闻采编工作。

2. 以培训为抓手，巩固和提高采编人员职业道德水平。坚持开展马克思主义新闻观教育培训，强化对采编人员的教育培训，不断提高采编人员的政治素质和业务素质，在全媒体时代履行好党报的职责和使命。除报社自行组织的专业技术人员继续教育，还组织推荐了两批报社新闻采编一线的负责人、新闻采编重要岗位的编辑、记者，新闻网站、媒体微博、手机报等新媒体的负责同志和编辑、记者参加了复旦大学江西新闻高级研修班。

3. 深入开展"走转改"活动，在实践中锤炼职业道德、升华职业操守。继续深入开展"走转改"活动，组织采编人员深入基层一线，倾听百姓心声、反映群众意愿，发扬"传帮带"

的优良传统，社领导、采编处室负责人亲自带队采访，带动年轻记者夯实工作作风，在实践中锤炼职业道德、升华职业操守。2015年，推出《记者走赣鄱 行进2015》专栏，采写了《"饭来张口"的幸福——探访渝水区熊坑村老人颐养之家》《宜丰粮农的新"烦恼"》《不让贫困群众在土坯房

里奔小康——泰和县安居扶贫掠影》等100余篇接地气、有灵气，深受读者喜欢的精品力作。

（六）履行合法经营责任

江西日报作为自收自支事业单位，必须通过大力发展报业文化产业，实现创收盈利来反哺宣传，为做好宣传报道工作提供支撑。近年来，江西日报逐步健全完善经营管理、投融资管理等相关制度和机制，坚持发行、广告和印刷等主业稳定发展，加快推进报业文化产业多元发展，确保规范经营、依法依规经营。

2015年，江西日报根据《关于严格实行新闻媒体采编与经营分开的通知》文件精神和《关于对新闻采编与经营分开进行自查和整改落实的通知》的具体要求，重点抓好采编与经营分开工作，努力做到组织机构分开、员工岗位分开、业务流程分开、财务安排分开、考核评价分开。

在具体操作中，一方面制定规章制度，扎紧扎密制度的笼子。制定了《江西日报社新闻职业道德规定》《江西日报社广告经营管理的若干规定》《江西日报社广告监管细则》《江西日报编辑记者考核办法》等规章制度。另一方面，开展学习教育活动，在全社范围内培育遵规守纪的职业操守。报社严格按照"党的群众路线教育实践活动""三严三实"专题教育实践活动等要求，社领导以讲党课、作辅导报告等形式，要求报社全体编辑记者遵守新闻职业道德规范和操守。再者，严查严管严处，做到谁违规谁受罚，不遮掩、不手软。

（七）履行安全刊播责任

江西日报把安全刊播作为一项政治要求，按照主管主办责任、一把手主体责任、分管领导责任、值班负责人审核把关责任、责任编辑责任、记者采写责任、安全出版责任等"七个责任"要求，健全工作机制，加强版面、印刷等各环节的审核把关，确保不发生重大差错。

1. 把关制度化，建立报社、部门两级制度体系，形成了一套"从记者到印刷厂"的全过程报纸出版安全制度。近年来，江西日报制定并完善了十余个相关规定，对编辑记者、部门负责人、校对、总检查各岗位职责做出明确规定，严格执行"三审三校"制度，落实"关口前移、严防差错"的责任体系。规范了办事操作标准细则，对版式的分栏、标题、字体字号、色彩线框等版式因素作出数字化要求，实现了不因人而异的标准化操作。进一步完善了《出版部编校人员防止差错奖罚办法》《出版时间相关规定》《差错登记细则》三个规定，细化原有条款，在实际工作中更有操作性。

2. 防范常态化，在加强制度建设的基础上，特别强化采编人员对新闻出版安全"入脑入心"的责任意识。在采编人员中强化"新闻安全没有特区"和"不知者有过"的观念。各采编处室根据部门工作特点，均制定了详尽的部门采编流程，推出一系列各具特色的安全出版规定。比如，特刊部聘请专业校对人员对所有稿件进行最后总校把关；政教部要求部门每一个编辑记者能够默写领导名字，熟悉特定表述；都市新刊要求每位记者每天上午9点向当班主任报告当天采访选题；出版部要求值守新华社发稿编辑必须在新华社截稿后才能下班；等等。

3. 监管动态化，始终结合实际、紧跟变化，在新闻安全的监管中实现动态化。江西日报历来把及时、准确传达学习中央、省、市各项报道纪律要求、注意事项作为采编工作中的重点，形成了当日传达、当日学习制度。通过例会、选题会、编前会等多种形式，定期开展政治理论、党的路线方针政策和新闻业务学习，努力提高编辑记者的政治意识和责任意识。比如，及时总结归纳《江西日报社宣传注意事项》，作为全体采编人员的必修课。实施动态纠错，严防见报前差错，重罚见报后差错。每日梳理见报前差错，并对差错（记者、签发主任）进行张榜公示，同时在经济上进行相应处罚。

（八）履行保障新闻从业人员权益责任

江西日报把保障新闻从业人员权益，确保采编队伍繁荣稳定，作为新闻事业发展壮大的基石。坚持以人为本，关注员工的基本权益，关注员工的个性需求，关注员工的全面发展，着力打造一支政治强、业务精、纪律严、作风正的编辑记者队伍，保证党的新闻事业继续沿着正确的方向前进。

1. 把好进人关、用人关、考核关，保障员工公平竞争权利。近年来，江西日报面向社会进行了多次公开招聘采编人员，每次都由人事劳动处按照社委会有关规定，按照向社会公布招聘职位、接受报名、核查资格、组织笔试面试、开展岗前培训、安排见习考核等环节进行，经社委会研究后择优留用。2015 年，经过层层选拔考核后，新招聘的 5 名编辑记者走上工作岗位。近 3 年来，江西日报共招聘了 30 余名编辑记者。

2. 依法保障员工合法权益，注重关爱员工。严格履行劳动法和劳动合同法，制定符合国家规定的薪酬，针对岗位类型制定系列合理的绩效考核体系，完善员工特别是采编部门员工激励机制。按时足额缴纳医疗、失业、工伤、生育等社会保险以及按比例缴纳员工住房公积金。认真执行员工法定假期、带薪年假、病假、婚假、产假、丧假、工伤假等制度，为员工提供健康、安全的工作和生产环境。

三、履行社会责任方面存在的不足和改进措施

（一）在履行社会责任方面存在的不足

2015年，江西日报虽然在履行社会责任方面尽了最大努力，但在诸多方面还存在不足。

1. 服务党和政府中心工作的能力有待进一步加强。2015年，是全面深化改革关键之年，是全面推进依法治国开局之年，也是全面完成"十二五"规划收官之年，江西改革发展任务艰巨。在新闻舆论引导上，江西日报做了大量工作，但仍有进步空间，主要表现在重大时政新闻报道策划滞后、党的方针政策宣传呆板缺乏新意、运用新媒体宣传的本领不强等。

2. 经营创收能力有待进一步提升。2015年，传统媒体发展遭遇"寒冬"，支撑整个报业的重要经济来源之一——广告，遭遇"断崖式"下降，江西日报收入下滑，折射出在经济新常态下报社经营创收渠道不丰富、抗风险能力不强。

3. 媒体融合步伐有待进一步加快。2015 年，江西日报在媒体融合发展方面取得了一些成绩，但新媒体发展带来的创收难以弥补传统媒体收入下滑，寻找并做大新媒体盈利模式刻不容缓。

（二）改进措施及未来展望

2016 年，江西日报将按照习近平总书记系列重要讲话精神，牢牢坚持党性原则，牢牢坚持马克思主义新闻观，牢牢坚持正确舆论导向，牢牢坚持正面宣传为主，履职尽责，切实担负起党的新闻舆论工作的职责和使命。

1. 进一步提高舆论引导能力。坚决按照习近平总书记视察江西时对江西工作提出的新的希望和"三个着力、四个坚持"的总体要求，全面做好重大重点主题宣传报道，把广大干部群众的精气神凝聚到推动江西"与全国同步建成小康社会"的伟大征程中来。

2. 切实推动媒体融合发展。以江西省组建省属报业集团为契机，以"中央厨房"建设为抓手，扎实推进传统媒体与新兴媒体融合发展，打造一批具有传播力、引导力、影响力、公信力的新媒体平台，构筑多媒体、多平台的传播矩阵。

3. 构筑"一核多元"媒体发展格局。围绕传统媒体、新兴媒体、户外媒体、文化地产、文化金融、文化创意六大板块，以媒体融合为主线，以产业转型升级为重点，以项目实施为抓手，以体制机制创新为保障，以先进技术应用为支撑，加快报业经济结构调整步伐，通过融合发展、创新发展、转型发展、多元发展、协同发展，全力构筑"一核多元"的传媒发展格局。

齐鲁晚报

社会责任报告

一、齐鲁晚报概况

　　齐鲁晚报是由大众报业集团主办的山东省唯一的省级晚报，1988 年 1 月 1 日创刊，由邓小平同志亲笔题写报头。创刊 28 年来，齐鲁晚报始终坚持正确舆论导向，勇于担当媒体责任，以"服务读者、奉献社会、成就自我——办主流大报，树百年品牌"为核心价值理念，是全省乃至全国知名的文化品牌。齐鲁晚报是首批全国新闻系统精神文明示范单位之一，至 2015 年 10 月 23 日，齐鲁晚报已出版 1 万期。

　　近年来，齐鲁晚报担负起整合山东都市生活类报纸和行业报的重任，一体化运营临沂《沂蒙晚报》《鲁南商报》，菏泽《牡丹晚报》，整合《财富时报》刊号在东营创办《黄三角早报》，加上立足济南的生活日报，组成以齐鲁晚报为核心的齐鲁报系。同时，齐鲁晚报积极推进报网融合，通过整合门户网站、数字报纸、手机客户端、微博、微信等资源，打造全媒体矩阵。其中，齐鲁壹点客户端经过不断研发升级与市场推广，用户突破 100 万。

　　为适应传媒格局的深刻变化，齐鲁晚报按照大众报业集团部署并结合自身实际，确定 2015 年为"融合转型年"，以全面推进融合转型带动各项工作提升。其中，内容转型继续强化独特性和不可替代性，积极推进编采一体、组织一体再造，实现信息采集、内容生产、用户评价、传播渠道的全面融合，稳固报纸的内容影响力；经营转型通过创意营销、整合营销，提高报纸的比较优势和服务附加值，稳固报纸的盈利模式。

二、履行社会责任情况

2015 年，齐鲁晚报深入贯彻落实党的十八大和十八届三中、四中、五中全会精神、习近平总书记系列重要讲话精神，围绕习近平总书记对山东工作的新要求，牢牢把握正确舆论导向，公共新闻突出独特，本地新闻鼓励独家，在努力探索新闻生产的数据智能方式的同时，强化社会责任意识，全面认真履行正确引导责任、提供服务责任、人文关怀责任、繁荣发展文化责任、遵守职业规范责任、安全刊播责任、合法经营责任、保障新闻从业人员权益责任等，体现出主流媒体应有的社会担当。

（一）履行正确引导责任

1. 服务大局，精心策划报道党和国家领导人重要活动、中央重大会议和重要部署。党的十八届五中全会后，齐鲁晚报积极领会相关精神，拿出多个版面，将"十三五"规划建议中的扶贫、教育、社保、环保等方面进行重点报道，宣传中央精神；从 11 月 3 日起，齐鲁晚报根据"十三五"规划建议勾勒出的中国未来 5 年的蓝图，主动推出"奔向好日子——落实五中全会精神山东在行动"系列策划，从二孩放开、全面实施城乡居民大病保险、美丽中国、健康中国等方面，详解规划建议新要点。

2015 年 9 月，根据习近平总书记提出的"一带一路"发展战略，齐鲁晚报将"一带一路"总路线及其与山东的关系进行报道，推出"一带一路山东机遇"系列策划；2015 年 11 月 7 日，"习马会"在新加坡香格里拉饭店正式登场，中共中央总书记、国家主席习近平和台湾方面领导人马英九就推进两岸关系和平发展交换意见，齐鲁晚报进行了深入浅出的解读。

围绕政府工作报告提出的推动"大众创业、万众创新"，扩大就业、增加居民收入，促进社会纵向流动和公平正义，齐鲁晚报从 5 月起推出了《总理喊你来创业》栏目，深入挖掘山东省创业创新故事和典型案例，宣传丰富多彩的创业实践，展现催人奋进的创新者精神风貌，营造出了良好的创业创新舆论环境。

通过记者大量实地探访，《总理喊你来创业》栏目先后采写刊发了《小鼠长人皮，一只值八万》《27 岁小伙创业一年营收 6000 万》《三成创客爱"+"互联网，都成了吗》等几十篇有影响力的报道。这些报道中的新闻当事人有从哈佛归国创业的博士，也有一鸣惊人的草根创业者，在山东中小型企业群体中产生了良好的反响，为大众创新创业提供了强有力的舆论支持。依托《总理喊你来创业》栏目，齐鲁晚报策划推出了"齐鲁晚报创客团"活动，利用报纸、手机客户端"齐鲁壹点"、"创客齐鲁"微信平台和相关 QQ 群，聚合了来自全省各地各行业的 7000 多家中小微企业，定期举办路演、创客大讲堂等线上和线下活动，进一步丰富了创新创业新闻报道资源。

2. 做好主题报道，抗战胜利 70 周年系列报道贯穿全年。纪念中国人民抗日战争暨世界反法西斯战争胜利 70 周年系列活动是 2015 年我国最重要的政治活动之一，在这一活动的宣传报道中，齐鲁晚报高起点、早策划、大手笔，推出了一系列史料翔实、内容精彩、形式新颖的纪念报道。

齐鲁晚报抗战报道版面

2015 年年初，齐鲁晚报即推出了《烽火家园——山东抗战那些人那些事》大型系列报道，每周一期，重访山东抗日战场，追忆可歌可泣的典型人物。自 7 月 7 日起，齐鲁晚报在全民族抗战 78 周年节点上，又推出了《我们的抗战》系列报道，开设多个专栏，全景展示山东的抗战历史。一是绘制"抗战地图"展示山东 17 市的抗战全貌；二是用《烽火家园》栏目记录日军在山东的暴行；三是通过《凡人史诗》栏目再现英雄人物。系列报道给山东抗战的宏大历史提供了可触摸的细节，也再现了齐鲁儿女保家卫国不惜牺牲小我的爱国精神。

9月3日至4日，齐鲁晚报用40个版面报道了胜利日大阅兵盛况。一是"大国神器"图解装备。阅兵式当天用了9个版图解阅兵装备，内容表现上形神兼备，版面信息量非常大，成为当日一大亮点；二是"致敬老兵"专题纪念抗战老兵。提前采访了赴北京参加胜利日大阅兵的老兵，在为老兵授勋当日推出了山东省12位老兵、老支前的系列通讯，每人都配上头像素描，庄重大气；三是5个"关键字"读懂山东抗战。纵向和横向梳理了山东抗战的历史全景，提炼山东抗战的特点，让读者对山东抗战史有了清晰的把握。

3. 以融媒体创新两会报道形式。齐鲁晚报于3月初在北京成立"全国两会全媒报道中心"，前后方采编团队紧密合作，利用报纸、网站、客户端、官方微博、微信等5个渠道，以报纸为主媒体，网站和客户端为延伸媒体，微博、微信为次媒体，打造报纸端、PC端、移动端"三端互动"格局，推出知识性、互动性、故事性、专业性、权威性的融媒体报道，让读者、网友实现全方位的阅读、互动体验。尤其是创新性地推出了《小日子大改革》栏目，用拟人化写法，通过图文结合的版面表现形式，从小角度解读民生热点和百姓期待，把大政策说透讲活，生动、活泼地体现了改革的进程和成就。

4. 以特色栏目解读中央政策。在中央新政策的解读方面，齐鲁晚报也下足了功夫。新一届政府以行政审批制度改革为抓手大力推进简政放权改革，齐鲁晚报从2015年5月起，在进行深入调查的基础上，推出《简政放权冲锋号》栏目，力求揭开懒政、滥政怪象，为企业和百姓鼓呼，向政府部门建言；2015年10月18日，中共中央颁布了新修订的《中国共产党廉洁自律准则》和《中国共产党纪律处分条例》，齐鲁晚报为此推出《最严党纪在身边》栏目，对条例中部分内容进行详细解读，告诉大家条例究竟严在哪儿、党员的行为边界在哪儿。

（二）履行提供服务责任

1. 深耕"有用纸"，服务栏目创新做强，公益活动持续发力。2015 年，齐鲁晚报品牌公益栏目《凡人歌》走进第 4 个年头。《凡人歌》以践行和培育社会主义核心价值观为宗旨，扎根基层，发掘齐鲁大地上涌现的"平凡人、不凡事"。2015 年，《凡人歌》发稿百余篇，发掘基层典型人物近百位。其中，聊城茌平县卢庄村的爱心大娘群体，无私帮助流落村外的瘫痪女子刘小芳，不仅照顾其起居、为其治病，还为其牵红线；济南公交司机董丹面对持刀劫匪临危不乱，不仅让全车乘客安全下车，还协助民警成功制伏劫匪。

为了致敬这些做出不凡善举的山东好人，更广泛地弘扬社会正能量，在十大凡人善举评选活动中，齐鲁晚报特别邀请了文化大家马瑞芳，著名作家刘玉堂，表演艺术家薛中锐，知名体育人宿茂臻、巩晓彬、韩鹏，农民歌手"大衣哥"朱之文，全国道德模范房泽秋等，作为

2015 年度的候选人推荐嘉宾，为凡人善举代言。此外，颁奖典礼特意走进位于尼山脚下泗水县圣水峪镇的尼山圣源书院，赋予凡人善举新的内涵。

2015 年，齐鲁晚报时政新闻中心开设"法律公开课"公益活动，近 5 个月的时间，开课 15 次，邀请资深法官、律师、公证员等专业人士，围绕房产纠纷、继承、劳动争议等民生热点，通过现场讲座、微信在线答疑等形式，就用户关心的问题进行解答，吸引近千名读者、网友参与。"法律公开课"的衍生栏目《齐鲁法援在线》，在依法治国、依法治省的背景下，起到了为读者普法、引导读者守法的积极作用，受到了省司法厅和相关律师协会的认可。

2015 年 10 月 27 日上午，齐鲁晚报企业家联盟正式成立。联盟依托齐鲁晚报广泛的影响力和社会资源，为联盟单位整合政、学、媒、社等各种资源，帮助企业发展；定期举办联谊、商务交流、商务考察活动，协助联盟单位之间进行交流学习、促进企业间的交流与对话；为企业提供公益途径和支持，会员企业可通过联盟开展各类社会公益活动。

齐鲁壹点 APP 界面

2. 全媒联动分层传播，丰富读者获取新闻渠道。除了做好报纸原有的栏目，齐鲁晚报还通过全媒体平台的建设与实践，以多渠道传播提供优质新闻服务。

2015 年，齐鲁晚报组建技术队伍，旗下的日新传媒自主研发齐鲁壹点客户端，立足"实时互动 + 个性推荐"的目标，服务广大用户，用户突破100 万；齐鲁晚报智能数据库"蛙眼"正式投产，通过大数据库，对用户数据进行收集、标签、画像，对线索和稿件抓取分类，"全网搜索 + 个性推荐"的新闻生产方式变为现实。

齐鲁壹点 APP 四级内容体系

2015 年 11 月 27 日晚，泰安发生金店被抢劫事件，新媒体平台当晚进行即时发布、实时互动，点击纪录创新高。此外，齐鲁晚报时光邮局、抗战报道等实现了报纸发布、新媒体持续互动；青岛地铁通车、山东省人大质询会、济南 CBD 规划等重大事件节点都实现了报、网、端的分层发布，各具特色的多元传播满足读者的阅读需求。

齐鲁晚报全媒体平台还打通资源整合渠道，通过整合营销、全案营销，满足了用户专业化、个性化的需求。"晚报帮您上头条""OTO 购房节""东西南北大团购"等融媒体策划方案，受到客户追捧与好评。

3. 扎根社区，升级"张刚大篷车"，建立齐鲁壹家社区服务平台。2015 年 8 月 30 日，齐鲁晚报推出的齐鲁壹家社区服务中心正式开业，壹家手机客户端 1.0 测试版也举办上线仪式。壹家社区服务中心升级延伸齐鲁晚报品牌活动"张刚大篷车"，集社区新闻、社区服务、社区活动于一体，通过线上线下有效衔接，为社区居民带去高品质生活服务，是齐鲁晚报推动媒体融合、增强服务功能的新的重要尝试。

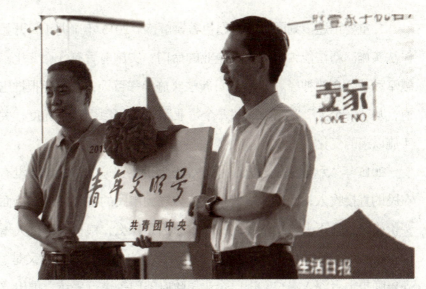

2015 年 8 月 30 日，共青团中央授予齐鲁晚报"张刚大篷车"全国青年文明号。

通过建立社区服务平台，"张刚大篷车"今后不再局限于流动的大篷车，可以在固定的根据地，为社区居民提供更多高品质的公益服务活动，弘扬主旋律，传递正能量，以先进文化引领社会风尚。社区服务中心强化报纸的服务功能，为百姓送服务、办实事、解难题，成为广大市民身边最贴心的社区管家；定期开展各类公益活动，2015 年在社区举办了济南市首届社区足球联赛、新年心愿爱心大行动以及健康、茶艺、国学、理财等多种形式的公益活动 200 多场；充分发挥连接政府职能部门和社区市民的桥梁作用，承接各级党政机关下沉服务职能，成为联系千家万户、践行群众路线的重要阵地。2015 年，"张刚大篷车"获评全国青年文明号。

（三）履行人文关怀责任

1. 重要话题策划既直指问题也答疑解惑。2015 年 1 月 1 日开始，新环保法实施。新法能否点中污染企业的命门？实施前后有什么变化？这些问题牵动着公众的神经。4 月 10 日新法实施第一百天，齐鲁晚报推出特别报道，从"一个人""一座城""一个行业""一个组织"4 个角度，关注新法实施以来的变化。

2015 年入秋以来，玉米、小麦等粮食价格普遍下跌，丰产没有转化成农民的直接收入，下跌的粮价也没能传导到市民的餐桌终端，让面粉、馒头价格跟着降下来。粮价变化的根本原因是什么，粮食进口量大增对国内粮食价格的影响几何，从粮食到餐桌消费品的价格传导机制又是怎样的？齐鲁晚报记者深入农户、进口企业、政府部门等进行采访，推出"粮价之惑"系列报道，解码粮价困局，分析未来前景。

随着网购成为许多人不可替代的生活方式，在 2015 年"双 11"购物节到来时，齐鲁晚报推出"双 11 七年之痒"策划。"双 11"在互联网的助推下，从青年自嗨的"光棍节"，变成全民的购物节，再到升级为消费的风向标。一路走来，"双 11"改变了很多人、企业、行业，也留下了诸多待解之问。齐鲁晚报这一策划，正是希望在狂欢、浮躁的一天之后，记录、解答身处其中的经历和疑惑。

2. 特殊人群关怀既突出新意又富含心意。2015 年 1 月 26 日,"孔子书包仁爱行"山东站活动正式启动,齐鲁晚报张刚大篷车获赠 7000 个"孔子书包"。在随后一年的时间里,张刚大篷车前往山东 17 市的 40 多个农村学校,将 7000 个"孔子书包"送到孩子手中,带去来自社会对他们的关爱和期望。

2015 年 9 月 10 日,全国教师迎来第 31 个教师节。但是,为学生解惑的教师群体,尤其是基层教师群体,却心存一些疑惑,诸如评聘职称、教师交流轮岗、人才流失等。面对这些新老问题,齐鲁晚报在教师节推出策划"师问",让基层教师群体说说自己的心里话。

2015 年 10 月 23 日,齐鲁晚报出版第 10000 期,推出《一路有你——齐鲁晚报万期特别策划》。64 个版的特刊中,首先明确了一个目标——感恩读者。一方面向读者征集与晚报的故事,展现广大读者的晚报情怀,筛选若干位金牌读者给予奖励;另一方面进行读者调查,"你想看到什么样的齐鲁晚报",让忠实读者表达他们的内心需求。关于读者特刊还有一个部分,征集梦想,通过个人梦想的小切入点,体现社会生活状态。正如特刊所现,日照小伙周飞

的轮椅,青岛理工男陈凯的婚纱梦,还有济南白血病小女孩要拍 MV,这些底层梦想代表着齐鲁晚报关怀弱者之心,也是晚报公益之路的另一种呈现。

（四）履行繁荣发展文化责任

1. 试水影视业，立体传播传统文化、儒家文化。2015 年 10 月 21 日，由大众报业集团联合中国中央电视台、英国雄狮公司、中国国际电视总公司等单位，拍摄制作的大型纪录片《孔子》国际版在伦敦举行了全球正式上线的新闻发布会。该影片是由齐鲁晚报旗下的齐鲁影业传媒有限公司参与制片和市场运作。

纪录片《孔子》国际版发布会

纪录片《孔子》是迄今为止中外合作拍摄的首部以孔子为题材的纪录片，两集 90 分钟时长的纪录片客观呈现了孔子的生命历程、思想体系及其对后世的深远影响。该纪录片在国家主席习近平访英期间上映，具有重要意义，既富有鲜明的中国元素和浓郁的中国风格，也体现了宽广的国际视野和丰富的世界表达。

除了拍摄纪录片，新闻报道对于宣传传统文化、儒家文化也必不可少。近年来，以儒学为核心的传统文化向普通民众回归，已经成为一种潮流。在孔孟之乡济宁，传统文化更是广播乡野，滋润民间。先师孔子不再是高高在上的圣人形象，儒学也不再是之乎者也的刻板说教。如何让儒学深入人心，走进普通人生活的点滴？2015年9月，齐鲁晚报集中报道济宁探索的"百姓儒学"之路，发掘为何儒学越来越被认同，并融入人们的思想和行为中。

2. 围绕"人文纸"，打造具有本地特色的副刊版。2015年，齐鲁晚报副刊版在文化宣传方面起到了桥头堡的作用。

突出重大题材报道：围绕纪念抗日战争胜利70周年，开设了《铭记历史　怀念烈士》《图说山东抗战》《名家说抗战》等一系列主题报道和专栏；紧跟出版热点不断解读和梳理前沿文化思潮和思想动态，采写推出众多名家专题。

继续提升名牌板块影响力和知名度：名牌板块靠名家专栏支撑。副刊各板块不断推出国内名家之作，随笔板块经常有新的名家专栏推出，王蒙、肖复兴等频频支持；读书板块《我的阅读史》依托省内的文化资源，一大批山东省内高校的知名人文学者和著名作家相继发稿，众多名家的出场大大提高了专栏的品位与影响力。

继续做好公益讲座活动：与山东省图书馆联合举办的"大众讲坛"坚持每两周举办一场大型公益文化讲座，邀请的讲座嘉宾为省内外各界研究专家；积极组织和参与社会上的各类文化活动，如"青未了·读书会"，山东省作协抗战纪念地采风等。

3. 塑造经典作品，让中国文化走向国际。2015年5月，齐鲁晚报记者陈文进拍摄的《微山湖放鹰人》获得"2015国际那不勒斯文化经典奖（摄影类）"，成为获得该奖项的首位中国摄影师。"国际那不勒斯文化经典奖"总部设在意大利，从2000年起每年都在世界各地的文学、电影、音乐、绘画、摄影、建筑等范围内评选出最优秀的艺术家和学者。评委会特别介绍，那不勒斯文化协会将文化经典摄影奖颁给陈文进，是表彰他和齐鲁晚报在推广中国文化方面做出的突出贡献。

陈文进拍摄的《微山湖放鹰人》，反映了中国历史悠久的渔猎文化在社会经济快速发展形势下的生存危机和执着坚守，将我国最大的放鹰人群落的生存状态原汁原味地记录下来，具有人类影像学和社会学方面的价值。

微山湖放鹰人

（五）履行遵守职业规范责任

齐鲁晚报重视采编队伍建设，把"党性修养、百姓情怀、职业操守"

作为着力点，推动采编人员继承和发扬党的新闻工作优良传统，树立良好的职业道德，自觉加强马克思主义新闻观教育，自觉遵守新闻职业道德，维护新闻的真实性，保持清正廉洁的作风。

继续完善《齐鲁晚报采编组校流程督察考评办法》，规定不得以变相新闻形式刊播广告内容，不得以新闻报道为条件拉广告、搞发行等。打造采编组校的全流程监控体系，进一步加强督察部职责，从记者采访到稿件编辑，报纸生产的所有环节都实现了可视、可控、可管。组织全体采编人员深入开展"走转改"活动，认真解决"为了谁、依靠谁、我是谁"的关键问题。

（六）履行安全刊播责任

为安全刊发新闻报道，齐鲁晚报无论是报纸还是新媒体的采编部门，都积极落实相关规定，没有出现安全刊播事故。

尤其在新媒体方面，齐鲁晚报出台"新媒体把关规定"，明确各级职责，严格规范采编秩序。记者投向各新媒体平台的所有稿件，均应符合齐鲁晚报采访发稿规范和标准，必须做到真实、客观、导向正确。记者要对自己采访的稿件负责，所采写的稿件须经所在部门负责人审核后才能提交，未经审核的稿件不得提交发布。编辑要严格执行有关把关规定，首先要严把稿件的政治导向关，要对自己所编发稿件负责，转发稿件必须有权威出处，必须查看新闻的最初源头，并认真评估内容的可靠性，严密防范导向错误和虚假、失实报道。不为抢发新闻而丧失判断力，对单一信源的新闻，要保持足够的警惕性，要坚持多方核实，权威发布。对重大突发事件和社会敏感问题报道，要严守宣传纪律，注意维护社会稳定，要以权威部门发布的消息为准，不信谣、不传谣，发布前须报主编、总编辑审核。

对于考评校对部门，严把出版质量关，按照晚报编委会发布的"关于认真执行相关规定、最大限度减少差错的意见"，对晚报编校环节的未见报差错进行督察，对每月末见报差错较多的人员，通知到本人及部门领导。

（七）履行合法经营责任

1. 采编与经营分开。按照《关于严格执行新闻媒体采编与经营分开的通知》的要求，齐鲁晚报认真开展自查自纠。尤其在组织机构设置和财务安排方面做到了严格分开。齐鲁晚报设编委会和经管会两个领导班子，各自独立开展工作。根据工作需要，设置独立的采编和经营部门，没有混编采编与经营、混编实行事业部制或变相事业部制。在财务方面，采编财务由集团计财处派驻，经营部门成立专门的广告公司并设置财务部门负责广告经营财务工作，业务不交叉。

齐鲁晚报规定采编和经营部门人员岗位严格分开，按照各自的业务流程开展工作。采编部门有编组校流程、三级把关制度、编辑大纲等完备的采编规范；经营部门有广告发布程序、广告审查注意事项、差错责任认定及处罚办法、广告客户部工作流程等细化的经营流程。

2. 严格遵守广告刊登流程。严格落实广告把关规定。在报纸方面，严格按照齐鲁晚报广告刊登流程图作业，从业务员接广告到品牌推广中心登记审核，再到编辑部安排版面，最终由品牌推广中心进行编辑校对，由值班人员签版后刊发。各科室根据自身职权进行运作，整个过程必须层层把关。在新媒体方面，齐鲁壹点客户端和齐鲁晚报官方微信等严格遵守相关规定，做好广告审核。同时，齐鲁晚报积极开展公益广告宣传，2015年刊登公益广告102个版。

（八）履行保障新闻从业人员权益责任

1. 保护采编人员著作权。2015年4月，国家版权局依据著作权法下发《关于规范网络转载版权秩序的通知》，通知对互联网媒体转载他人作品在著作名称、著作署名、支付报酬等多个方面作了明确规定，指出互联网媒体转载他人作品时，必须经过著作权人许可并支付报酬，并指明作者姓名、作品名称及作品来源等。为维护齐鲁晚报采编人员的合法著作权益，按照相关要求，齐鲁晚报所有采编人员签署著作权声明，保障自身合法权益。

2. 加大采编人员培训力度。党的十八大以来，结合部署宣传工作，在中层干部、采编业务骨干等不同范围内及时做好会议精神宣讲，确保把好舆论导向。思想教育要与实际工作结合得更紧密，继续落实采编工作联系群众制度，深入开展群众路线教育和"走转改"活动，在"党性修养、百姓情怀、职业操守"三个方面着力，加强社会主义核心价值观培育，提升员工的境界。

为积极推动报网融合，提高采编人员新媒体素养，齐鲁晚报举办多期讲座，邀请新媒体界的先锋人物进行交流、传授经验等。

3. 积极推动各项工会活动。齐鲁晚报工会在党总支的领导下，组织员工体检，举行羽毛球和游泳比赛，看望手术及住院员工，对去世的退休员工家属表达慰问。除了积极组织员工开展各种文体活动，还配合报系的"融合转型年"，联合报系文化建设学习小组，组织主办了"面对融合转型，我们该做些什么"主题演讲比赛地方版专场和总部专场两场比赛，共 37 位员工立足本部门工作，阐述了对融合转型的思考、探索和行动。

三、履行社会责任方面存在的不足和改进措施

2015 年度，齐鲁晚报在履行社会责任方面取得了一些成绩，但仍需加强，具体的不足和改进措施有以下方面。

一是舆论引导能力需要进一步加强。在移动互联网时代，主流媒体的传播力、引导力受到新媒体的挑战，齐鲁晚报需要进一步推进媒体融合，稳固提升报纸的影响力，提高舆论引导水平。

二是服务群众水平需进一步提高。尽管齐鲁晚报一直将服务群众作为报纸发展的根本要求，但采编人员仍需继续深入基层，到一线汲取营养，向群众学习，倾听和反映群众的愿望。

三是安全刊播方面仍有小的差错。在 2015 年度，齐鲁晚报虽然没有出现重大报道差错，但部分版面还是出现个别文字错误。下一步将加强采访编辑校对每一个环节的把关能力，把安全刊播规定落实到位。

四、2016 年目标和承诺

2016 年，齐鲁晚报将继续认真学习贯彻习近平总书记系列重要讲话精神，坚持正确政治方向，创新方法手段，切实提高新闻舆论传播力、引导力、影响力、公信力。

担负起新闻舆论工作的职责和使命，履行好社会责任。把政治方向摆在第一位，恪守党性原则，进一步强化政治意识、大局意识、责任意识，自觉在思想上政治上行动上与党中央保持高度一致，坚持马克思主义新闻观，坚持正确舆论导向，坚持正面宣传为主的基本方针，把方向和立场体现到每一次新闻报道、每一篇新闻作品中，把正确的舆论导向贯彻到新闻生产与传播的全过程。

创新方法手段，增强针对性和实效性。推进以技术为支撑的新闻生产变革，真正建立起"科技 + 智力 + 个性"的新闻生产新模式。以机器的精准和高效实现新闻线索和稿件全网抓取分类，通过人的智力投入实现内容的独特性和不可替代性。完善升级智能数据库，推进记者稿件库、新华社稿件库和网上信息库的三库合一，实现编辑流程初选、精编、策划、互动等多个环节的再造；利用技术手段追踪用户的行为和需求，根据用户的需求逐步实现新闻的"按需生产"，分发的定时、定点、定人群的精准投送。

继续打造政治坚定、业务精湛、作风优良的队伍。进一步增强政治家办报意识，牢固树立马克思主义新闻观，深入开展"走转改"活动，不断解决好"为了谁、依靠谁、我是谁"的根本问题，鼓励更多体现党的主张、反映群众心声、呼应群众关切的优秀报道。进一步加强业务建设，使采编人员既熟悉行业专业知识，又有独到观点和见解，既具备新理念，更掌握新技能。在海量的互联网信息面前，利用采编团队的丰富经验和独特个性，增强报道的原创性、本地化，满足读者多层次的需求，让报纸主流、权威、可亲、可信、可用。

河南日报

社会责任报告

2015 年，河南日报在经济新常态和舆论格局深刻变革背景下，坚持正确政治方向和宣传导向，坚持政治家办报，围绕"两个巩固"根本任务，落实意识形态工作责任制，主题报道精彩不断，充分发挥了舆论宣传主阵地、主渠道、主力军作用。同时，河南日报以坚定的主流媒体担当、丰富的人文民生情怀履行着社会责任，反映公众心声、引领社会风尚、彰显时代精神。

一、河南日报概况

河南日报是中共河南省委机关报，是河南省最具权威性、指导性的"第一大报"。河南日报诞生于 1949 年 6 月 1 日，由毛泽东亲笔题写报头。目前，河南日报共有采编人员 200 余人，2016 年征订发行量达到 54 万份，位居全国省级党报发行排行的前列。

2015 年以来，河南日报的媒体融合布局速度显著提升，初步形成了宽渠道、广平台的融合格局。河南日报的官方微博粉丝量达 570 万，官方微信订阅量突破 30 万；河南日报自办的新闻客户端正在积极筹建；各部室采编人员积极建设自媒体，"河南日报评论""中原风""星期八观察""茨园笑聊"等一大批部门和微信公众号脱颖而出，合力打造全天候、全媒体、全覆盖的新媒体服务体系；6月16日，河南日报与河南省纪委联合推出了"清风中原"微信公众号，目前粉丝26万多人。

作为省委机关报，河南日报坚持"时代高度、中原向导"的办报方针，着力提高权威性和影响力。在新的历史时期，河南日报坚持"将笔触对准基层，用脚板走出新闻"的理念，保证信息含量、树立评论旗帜、加强新闻策划、抓好重大报道，恪守使命，改革创新，以奋发有为的精神状态，全力以赴做好新闻宣传工作，为加快中原崛起河南振兴富民强省做出新的贡献。

河南日报是第四批全国文明单位，并通过2015年度文明创建资料检查验收。

二、履行正确引导责任

作为省级党报，履行好舆论引导责任是"第一要务"。2015年，河南日报"抓大事、抓策划、抓融合、抓改革、抓队伍"，着力提升党报核心竞争力。坚持策划引领，紧紧围绕河南省委、省政府中心工作，抓住积极融入"一带一路"建设、贯彻落实中央"四个全面"战略布局、全力推进三大国家战略等重大机遇，精心策划，创新报道。在坚持正确引导、深度引导、有效引导的基础上加强舆情分析研判，积极稳妥做好热点问题舆论引导，在舆论斗争中旗帜鲜明敢于发声。

（一）强基固本、凝心聚力，充分放大中央、省委声音

河南日报把党的十八届五中全会宣传报道作为阐释引导河南省改革发展实践、拓宽深化党报核心竞争力的重要途径。以"全会新词热词""五个发展"为脉络，推出党的十八届五中全会公报图解版，既忠于报告原貌，又简明清晰直观。推出《深入学习贯彻十八届五中全会精神》《回眸"十二五"、展望"十三五"》《五大理念引领发展》等专栏，唱响正面宣传主旋律；《紧抓重大发展问题不放松》系列评论，以小见大，鞭辟入里；《党的十八届五中全会精神解读》理论专版，深入浅出，权威厚重。

李克强总理来豫调研、上合组织成员国总理第十四次会议等报道，河南日报及早策划、统筹安排，前后方配合、多兵种作战，纸媒刊发的《大国总理握手大工匠》、官方微信推出的《10张最"强"笑容》等独家策划，阅读量、点击量和评论量都创下新高。

在全国两会报道中，集团首次组建全媒体报道中心，信息共享、立体传播。河南日报在及时展现大会全景盛况的同时，搭建读者与前方代表委员沟通对话窗口。河南日报官方微信公众号进行语音版微信播报，成为报道的亮点。

河南日报把"稳增长、保态势"作为贯穿全年的报道重点，特别是8月底以来，先后刊发60多期，准确传达省委的坚定决心和工作部署，

在全省上下激发起克难攻坚、团结奋进的强大力量，得到省委领导充分肯定。

（二）精心策划、全体联动，做强做精重大主题报道

2015 年，河南日报通过多平台联动、全媒体播报，实现重大主题报道的做强做精。

持续推出"四个全面大家谈"系列报道，全年共刊发 27 期。在这组系列报道中，河南日报编辑记者深入基层，解读战略布局"是什么"，倾听基层干群"说什么"，引导工作"怎么做"。"前台＋后台"联动，文字、图片、视频多维呈现，把宏大主题讲具体、讲透彻、讲生动。《中国记者》杂志对"四个全面大家谈"的经验进行了总结评析，赞其为"借力重大主题，形成媒体融合发展新突破"的举措，"探索传统媒体与新兴媒体融合的模式和路径"。

河南日报刊发的《让中原更加出彩的生动实践》等重磅报道，再次呈现教育实践活动深刻内涵。精心打造《践行"三严三实" 开展"三查三保"》等专栏，推出《心底要有"压舱石"》《为官避事平生耻》等系列评论，聚焦各地各部门开展专题教育的创新举措和工作成效，为专题教育提供理论指导和实践借鉴。发挥典型带动作用，推出长篇通讯《他走了，但从未离开——追记长葛市坡胡镇水磨河村党委原书记燕振昌》《他活在百姓的心坎上——记鞠躬尽瘁造福乡梓的乡镇干部马海明》等，亲切生动，以情感人，为践行"三严三实"提供精神标杆。

围绕纪念中国人民抗日战争暨世界反法西斯战争胜利 70 周年、红旗渠通水 50 周年、南水北调中线工程通水、"大众创业、万众创新"

等主题，河南日报挖掘生动细节，加强读者互动，推出亮点纷呈的报道。

（三）鼓舞斗志、坚定信心，精心推出重要经济报道

持续推出《一带一路　河南使命》《航空港这两年》《航空港观察》《聚焦郑欧班列特别报道》等特刊、专栏，推出系列新闻摄影专版，彰显了党报的品格气质，全面、准确传达了习近平总书记对河南的要求与期望，叫响了"河南为丝绸之路经济带多作贡献""让中原在实现中国梦的进程中更加出彩"的指示精神，受到了省委省政府领导多次表扬。

河南日报推出PPP模式系列报道，有思想、有分量、有文采，引起社会各界极大关注，有力推动了河南省各地重点项目建设和经济发展。报道刊发后，省财政厅PPP项目库新收到省直和市县申报PPP项目超过200个，行业领域、区域范围均有突破。

河南日报还密切关注全省产业集聚区建设观摩点评、"三农"工作，"智慧城市""美丽乡村"等热点事件与活动，创新相关报道，获省领导多次批示肯定。

三、履行提供服务责任

（一）准确及时发布政务信息

政务信息是党报重要信源。及时准确发布政务信息，能够体现党报的权威性，也有助于更好地履行公众服务责任。2015 年全年，河南日报共发布政务信息上千条。"@河南日报"微博的《政经》专栏，从省政府常务会议以及各组成部门召开的专项工作会议中选择读者需要的信息，精心编辑后奉献给广大受众。与河南省纪委联合打造的"清风中原"微信公众号，发布纪检监察工作信息、解读党纪法规、开展反腐倡廉教育、弘扬廉政文化，让全省广大党员干部接受廉政教育，增强全社会的廉洁意识，推动良好的政治生态建设。在报纸上，河南日报对有关房产、教育、社会保障等群众特别关心的政务信息密切关注，及时发布，把更多的有用信息呈现给读者。河南日报政教科文版与经济新闻版，每日保证有8—12条权威、准确的政务信息发布，让广大群众及时知晓政府的利民举措。

（二）反映民生关切

关注民生热点、关心百姓冷暖、回应群众关切的民生报道，贯穿 2015

年河南日报宣传报道工作的始终。

民声民情版持续通过《现场目击》《眼见为实》《社会视点》等栏目关注百姓诉求。如《对河南省自主创新型中小企业的样本调查》一稿，实地采访河南省多家创新型中小企业，通过记者的所见所闻，客观真实地反映企业创新发展中遇到的资金等难题及创业者的艰辛，小切口、大主题，新闻性、可读性较强，获得社会各界广泛好评。河南新闻版的《记者调查》栏目，以民生政策热点或民生细节为焦点，选题关注群众日常生活中的方方面面，切合实际、切准需求。如《多方援助，盲人能否畅游网络一稿》将视角投向盲人群体，反映他们使用互联网的种种困难，呼吁社会各界更多地关心这一群体，为他们提供更多实用价廉的互联网产品。

此外，河南日报还运用热线电话、电子信箱、热线 QQ 等多途径征集民生热点话题，并在《来函照登》《基层传真》等栏目中展示读者的观点与建言，为百姓提供"发声"渠道，为群众答疑解惑。据统计，河南日报全年处理群众来信、接待群众来访 1000 多次。批转读者来信、发河南日报舆论征询函 400 多封，对一些敏感信件及时上交有关部门，有效化解了社会矛盾，较好地回应了读者诉求，促进了一些问题的解决。

（三）有效开展舆论监督

2015 年，河南日报严把导向关，坚持科学监督、依法监督和建设性监督，勇于发声，加强舆论监督报道的议题设置，提高了舆论监督报道的针对性和实效性，推出了一系列有影响的舆论监督报道，起到了发现问题、解决问题、改进工作的良好作用。在民声民情版刊发头题稿件近百篇，相继推出"关注法治进程 维护合法权益""聚焦不作为、乱作为现象""关注农村基层医疗""土地流转中如何保障农民权益"等系列报道。许多报道如:《三门峡南站出租车管理混乱》,促进了省交通厅对各地高铁站出租车秩序的整治;《为啥治不了超载车》,推动了禹州市对超载超限车辆的整顿;《叶县老农驾车栽沟里 相关各方很冷漠》,刊发后受伤老农获得 32 万元的赔偿;《流动摊贩令人忧 卫生监管需加强》,刊发后郑州新区对龙子湖高校园区的周边环境和卫生秩序进行了综合整治;《请为城市美容师撑起保护伞》,刊发后新安县年老环卫工领到了生活费,改善了养老保障。

（四）其他形式的公益活动

——爱心助学。2015 年 5 月,河南日报的青年志愿者们与河南日报"豫米观察团"网友、多家公益组织爱心人士一起,分别来到郑州师范学院附属外语中学和平顶山市郏县薛店镇吕沟小学,面向农民工子女和农村留守儿童,开展"送安全进校园""爱心助学到基层"系列公益活动,彰显了党报的社会责任。

——文明帮扶。2015 年 10 月,组织帮扶队到文明单位结对帮扶村——巩义市小关镇张庄村开展文明帮扶工作。帮扶队一行为张庄村小学 7 个班级的 150 余名小学生发放了爱心书包和 1500 多册图书。所捐实物价值折合人民币 5 万元。

——服务消费者。2015 年 11 月,由河南日报联合相关行业协会成立河南二手车行业品质联盟,旨在为行业发声,规范市场环境,维护消费者的合法利益。

四、履行人文关怀责任

（一）在新闻宣传中关注弱势群体

河南日报在日常报道中要求记者关注普通群众的生活状况，关注他们拼搏奋斗的感人故事，关注他们自立自强的内心世界，营造全社会关心弱势群体、尊重弱势群体、帮助弱势群体的浓厚氛围。

2015年2月18日，正值除夕，百余名志愿者带着5000份"爱心水饺"来到郑州火车站、郑州长途汽车中心站，将饺子免费送给除夕仍然不能回家坚守岗位的环卫工们。河南日报于2月19日的头版，大篇幅地报道了这一关爱环卫工的善举，同时也呼吁大家关爱春节期间不能回家过年的环卫工人。

2015年6月，有一条突发新闻引人注目：来自通许县的菜农卖菜款被盗，郑州热心市民伸援手相助。河南日报反应迅速，6月25日在一版突出位置对事件的来龙去脉详细报道并配发今日社评，同日焦点网谈版及时跟进归纳整理网友声音，倡导了正能量，起到了党报正确引导舆论的作用。

（二）凡人善举传递人性光辉

河南日报注重发掘"河南好人"形象，以朴实的语言、诚挚的感情，讲述了一批凡人善举感人故事。

河南日报刊发的通讯《"感动中国"的陇海大院》，生动讲述了发生在陇海大院里一个个温馨感人的故事，用鲜活的事例凸显"互敬互爱、互帮互助、扶残助残、扶危济困"的陇海大院精神。

《爱的奏鸣曲——关于全国先进工作者郭春鹏事迹的口述实录》，通过主人公自述、主人公妻子的诉说、学生的回忆、校长的感叹等，塑造了一个爱事业、爱学生胜过一切的基层教师形象，郭春鹏用自己的一言一行诠释了什么是责任、什么是坚强、什么是爱、什么是善良。文章用朴实无华的语言把郭春鹏的事迹娓娓道来，带给读者极大的心灵震撼。

《绚丽的青春静静绽放——探寻孟瑞鹏舍己救人的精神密码》，通过孟瑞鹏大学同学及家乡父老的讲述和回顾，重温孟瑞鹏见义勇为、舍己救人的英雄事迹，盛赞他用生命谱写的青春之歌，让人们深切感受这位心中有理想、有大爱的 90 后青年充满正能量的精神世界。

河南日报推出的这些典型人物，接地气、动人心，读者愿意看、期待看，具有重要的现实意义。

（三）发掘平凡生活的闪光点

河南日报自 2015 年 9 月 25 日开始，在重要版面开设了《结婚照背后的故事》专栏，取得了良好效果。一个多月的时间里，共计刊发近 20 篇稿件，大都在头版或要闻版刊发，由社会提供作品，用百姓故事展示人间真情、反映时代变迁、折射社会进步。作品形式多样，有的讲自己的故事、有的讲朋友的故事，也有子女讲父母的故事，等等。

以 9 月 25 日头版刊发的《有一种爱叫坦诚相待》一稿为例，通过濮阳市两位老人跨越 40 年的两张合影照今昔对比，深入挖掘结婚照背后整个家庭的恋爱婚姻、家风家教、不懈奋斗、追求梦想的感人故事，赞美以两位老人为代表的人民群众对美好生活的向往，反映时代变迁，弘扬世间真爱，歌颂祖国发展。

五、履行繁荣发展文化责任

（一）关于"文明河南"的宣传报道

2015 年 2 月起，河南日报推出《文明河南　暖暖新年》专栏，将其视为培育和践行社会主义核心价值观的重要载体，一个多月的时间里，共计刊发 60 余篇稿件，10 余幅图片，多视角、全方位深入挖掘传统节日的中华文化内涵，着力营造了欢乐祥和的节日氛围，在欢乐喜庆中倡导文明新风。

6 月起，河南日报推出《文明河南　情暖端午》专栏，图文并茂地反映了全省各地欢度端午、送粽子表爱心的情况，传递正能量。此外，6 月

17 日刊发散记《端午时节，在古雅的文字里看草见花》，用文字抚摸草木田园，探寻回归自然、安顿内心的秘径；6 月 18 日焦点网谈版以《粽香端午莫忘家国情怀》为题，聚议端午节所蕴含的文化主旨。

9 月起，河南日报推出了"文明河南·浓情中秋"主题宣传活动，主动设置议题，精心开展策划，进一步挖掘节日内涵，普及节日知识，宣传节日活动，展示节日魅力，营造节日氛围。仅仅 4 天时间，共计刊发相关文字稿件 20 余篇，图片 10 余幅。通过专家谈节日内涵、市民忆今夕变化等方面，用小切口呈现大主题、小视角反映大变化、小故事体现大内涵。

（二）运用评论强化精神文明建设

2015 年，河南日报推出了"加强精神文明建设、推进文明河南建设"系列评论，先后刊发《始终坚持"两手抓、两手都要硬"》《牢牢把住核心价值观这一兴国之魂》《深入推进群众性精神文明创建活动》《传递榜样力量 争当文明公民》等，从不同角度深刻阐述加强精神文明建设和推进文明河南建设的战略意义及具体思路，有很强的现实指导作用。

（三）做好文艺副刊，强化文化责任

2015 年，河南日报继续做好"中原风读书会"，全年开展"中原风读书会" 10 余期，通过约访名家，与读者现场互动，以生动活泼的形式，将社会主义核心价值观传播开来，在全省文艺界及社会上引起了广泛关注和好评。

比如，2015 年世界读书日前夕，中原风举办读书会，邀请省内外文学名家单占生和马新朝对谈读书话题，分享读书真味；为读书会而作的散记《这一夜，文化的感召力唤我们来》，追问"为何读书""如何读书"这样的大命题，文笔灵动，引人思索。

六、履行遵守职业规范责任

抓好行业自律，是完成当前各项宣传工作、履行社会责任的重要保障。在长期的新闻采编、报纸出版工作中，河南日报坚持马克思主义新闻观，践行"走转改"精神，把握正确的舆论导向，恪守职业道德和新闻真实性原则，形成了一套相对完善的新闻采编人员管理制度。

（一）深入践行"走转改"

2015 年，河南日报做了很多"走转改"方面的积极探索与尝试，在提升报道质量、锤炼采编作风等方面都取得了明显效果。

2015 年年初，根据"行进中国·精彩故事"相关方案要求，河南日报开展了由编委会老总亲自带头的"走转改"活动。元旦期间，河南日报总编辑带领记者到郑州机场二期施工现场进行采访，刊发了鲜活的现场报道。专栏开设以来，一批内容有血有肉、带着泥土芬芳的一线报道呈现在读者面前，这些稿件用真实的故事、生动的人物、感人的细节、鲜活的语言，从不同侧面、不同视角宣传了河南的深刻变化，产生了广泛热烈的影响。

持续在河南新闻版上推出《走基层、转作风、改文风》专栏，先后刊发由各部门记者深入一线、深入基层，静下心、蹲下去采写出来的认真倾听群众呼声、认真记录基层事件、认真反映基层问题、认真展示基层亮点的稿件 30 余篇。

（二）推行系列规章制度

2015 年，河南日报进一步制订完善《新闻职业道德建设办法》《新闻宣传纪律手册》《违反新闻职业道德建设责任追究制度》《新媒体管理规定》等规章制度，确保在重大事件、敏感问题的报道中坚持正确导向不偏离，不动摇。继续加强"开展中国特色社会主义理论体系、马克思主义新闻观、职业精神职业道德"三项学习教育，确保广大采编人员受到教育，得到提高。

（三）加强采编人员业务培训

为提升从业人员业务素养、规范从业行为，围绕集团转型发展重大课题，领导班子成员分别率团赴广东、浙江、上海、山东、四川等地 10 余家报业集团考察调研。在浙江大学举办两期处级干部培训班。先后邀请文化名家二月河、人民日报社高级编辑曹焕荣、省纪委研究室主任杨蕾等人到集团作专题教育辅导报告和马克思主义新闻观培训等。通过一系列学习和培训，广大采编人员进一步坚定了马克思主义新闻观，提高了业务素质水平，增加了干事创业的积极性。

七、履行保障新闻从业人权益责任

河南日报坚持以人为本，营造团结和谐的工作氛围和浓厚的人文关怀，鼓励员工全面发展。在做好新闻采编工作的同时，大力加强精神文明建设，开设道德讲堂，提升员工精神修养与文化素养；举办经典诵读比赛，以文化人、用文育人。丰富业余文化生活，举办乒乓球赛、羽毛球赛、元宵喜乐会、摄影、书法比赛等活动，形成了领导带头参与，员工积极互动的良好氛围。

八、履行合法经营责任

河南日报高度重视在日常工作中履行合法经营责任，经营行为规范，不偷税漏税，不刊播违法违规广告。开展集中整改，清除道德失范、违规操作行为滋生蔓延的土壤。

河南日报作为河南省新闻道德委员会的成员单位，积极宣传和配合新闻道德委员会的工作。2015 年全年，河南日报逢周三在要闻一版上刊登省新闻道德委员会的投诉热线。

九、履行安全出版责任

河南日报高度重视出版安全，各类稿件都严格审核把关，坚决落实稿件三审制，加强对重大新闻报道的把关，做到万无一失。

2015 年，河南日报完善安全刊发制度，没有出现安全出版事故。

十、履行社会责任方面存在的不足和改进措施

（一）在履行社会责任方面存在的不足

2015 年，河南日报虽然全面履行社会责任的各项要求，但与上级党委的

要求，与人民群众的期盼，还存在着一些差距。特别是在媒体融合发展这场发生在传媒领域重大而深刻的变革中，面对复杂而陌生的技术性难题，存在"本领恐慌"，结合本职工作主动适应、有效融合的办法措施还要进一步丰富和强化。互联网思维入脑入心不够，运作传统媒体的思维依然处于强势；深入基层采访少、"解剖麻雀"少，"走转改"力度和频率还不够。2016年，本报将进一步创新思维，以更加行之有效的举措改进工作、逐步解决这些问题。

（二）改进措施及未来展望

1. 提升采编人员的素质。河南日报将继续深化马克思主义新闻观教育，深化"走转改"，通过各类培训，引导编辑记者进一步增强政治意识、大局意识、责任意识。深化"三严三实"专题教育，引导编辑记者用严和实的精神搞好新闻报道，敬畏白纸黑字，摒弃浮躁心态，不断提高新闻工作的质量水平。

2. 健全传播体系。河南日报将继续以"权威、深度、融合、服务"为主题，坚持"导向为先、内容为王、用户为本、融合为要、机制为重、人才为基"的基本原则，积极推动传播体系更加丰富、健全。通过研发客户端新产品，与全省各省辖市、省直单位达成深度合作意向，打造全新的立体化传播平台。通过使用新设计的全媒体数据中心，朝着"多点采集、中央汇聚、多平台发布、全时段传播"的目标迈进。

3. 挖潜增创，积极遏制报业市场下滑。河南日报将继续充分发挥党报核心竞争力，集聚优势资源，做大品牌影响，精心策划各类活动，守住广告收入高地。在全国报业市场大幅萎缩，发行步履维艰背景下，努力调整发行结构、转变发行方式、切实加强服务。

湖北日报传媒集团

社会责任报告

一、湖北日报传媒集团概况

　　湖北日报传媒集团是以湖北省委机关报——湖北日报为核心，拥有楚天都市报、楚天金报、特别关注和荆楚网等 11 报 12 刊 7 网站的综合性传媒集团。

　　目前，集团拥有 7 个百万级受众媒体，报刊期发量 1400 多万份，日均新媒体受众 3000 多万人，是湖北最大的新闻信息平台和外界了解湖北的重要信息窗口。其中，湖北日报日发行量最高突破 65 万份，市场发行量 20 多万份；楚天都市报发行量位居华中地区首位，品牌价值 73.49 亿元。荆楚网是湖北互联网站第一品牌和最大外宣工作平台。特别关注杂志期发量 431 万份，居世界华文期刊之首。

　　近年来，集团坚持新闻事业与文化产业并举，大力实施"全媒体、多元化"战略，加快推进媒体融合发展，努力建设世界知名、全国一流传媒集团。2015 年，继荆楚网之后，特别关注成功登陆"新三板"，成为华文期刊上市第一股。

二、履行社会责任情况

2015 年，是全面深化改革的关键之年，是全面推进依法治国的开局之年，也是全面完成"十二五"规划的收官之年。

这一年，步入"新常态"的中国经济增速持续放缓，国际国内形势依然复杂多变，媒体格局也发生了剧烈变革，新闻媒体被赋予了更多、更重、更神圣的时代使命和责任担当。

这一年，湖北日报传媒集团在湖北省委、省政府和省委宣传部的正确领导下，深入学习贯彻落实党的十八大和十八届三中、四中、五中全会以及习近平总书记系列重要讲话精神，按照湖北省委"建设全国一流党报集团"的要求，坚持围绕中心、服务大局，坚持改革创新，加快转型升级，积极推进媒体融合工作，不断提升宣传服务水平，自觉履行党报集团各项社会责任，集团传播力、影响力、服务力、公信力和竞争力进一步增强，品牌价值进一步提升。

（一）履行正确引导责任，牢牢守护"生命线"

舆论引导工作，事关旗帜和方向，事关人心向背、社会稳定，事关党和国家的前途和命运，是一项极端重要的工作。

新闻媒体是我党治国理政的重要工具，导向正确是对社会主义新闻工作者的基本要求。新闻媒体在履行社会责任时，必须将舆论引导工作深植灵魂，使其成为一种本能反应，时刻像守护生命线一样，牢牢把握正确舆论导向。

湖北日报传媒集团高度重视导向管理工作，始终坚持政治家办报（刊、网）原则，始终坚持正确政治方向，充分发挥党报集团的旗帜、喉舌和阵地作用，并将其作为一项首要工作常抓不懈。

2015年，湖北日报传媒集团进一步强化导向管理工作，在精准有力地抓好宣传报道导向的同时，建立健全了层层负责、环环相扣、全面覆盖、封闭运行的导向管理体系，筑牢了导向管理的思想基础和制度保证，确保了全年导向无偏差。

正确引导舆论，体现在坚定党性立场，坚持正确政治方向，及时、准确传达党和政府声音，坚决维护党的主张，与党中央保持高度一致。2015年，面对复杂多变的国际国内形势和日益多元化的社会思潮，湖北日报传媒集团各媒体坚定宣传党的理论和路线方针政策，坚定宣传中央、湖北省委重大工作部署和关于形势的重大分析判断。在全国两会、党的十八届五中全会、中央经济工作会议、中央全面深化改革领导小组会议等事关全局的重大会议期间，积极主动、浓墨重彩地推出宣传报道，为改革发展营造了强大气场。如全国两会期间，湖北日报紧跟热点推出了30多个专版；党的十八届五中全会前后，精心策划了《理念改变生活》《我看机遇期》《楚楚的"十三五"》等10个栏目，邀请各界干部群众参与，用虚拟漫画人物图说新闻，在读者中引起强烈共鸣。

正确引导舆论，体现在始终围绕党和政府的中心工作，始终坚持团结稳定鼓劲、正面宣传为主，为正确认识、适应和引领经济新常态，不

湖北日报 2015 年全国两会报道　　　　　　湖北日报"楚楚的十三五"报道

断传递正能量。2015 年，面对经济新常态，湖北坚定信心、竞进提质，跻身全国前八。这一年，为了给湖北经济不断加油鼓劲，湖北日报传媒集团各媒体精心策划，持续推出《坚定信心　竞进提质》《大众创业　万众创新》等 10 多个专栏，提神聚气、鼓舞人心。其中，湖北日报推出的"新常态新作为　重大项目擎楚天"大型系列报道，组织 50 多名编辑记者，采写刊发 40 多个整版报道，并将报道结集成册送到了全国两会代表委员手中；"湖北经济 30 问"系列专题报道，结合湖北发展实际，直面经济问题，回应社会关切，启发思考、激发力量，广受好评；联合河南日报、湖南日报、武汉大学推出"三省党报看临空"系列新闻宣传活动，引起湖北省和武汉市领导、相关部门高度重视。活动结束不久，湖北省政府批复了《武汉国家航天产业基地发展规划》。楚天金报发挥经济生活类报纸特色，对金博会、园博会、楚商大会等系列重大政商活动，作出了个性化报道。2015 年，集团各媒体一版稿件、导读，正面报道占比达到 99% 以上。

正确引导舆论，体现在高度重视党报评论理论旗帜引领作用，面对重大热点、舆情事件，关键时刻敢于发声、强势发声。2015 年，湖北日报在积极转发人民日报、新华社等中央媒体评论理论文章的同时，充分发挥省级地方党报特色，进一步做大做强《东湖放评》《时评》《理论前沿》《论丛》等品牌栏目影响力，围绕改革发展等重大议题，在一系列重要、关键时刻发出洪亮声音，起到了凝聚社会共识、引领主流舆论的作用。如在建党 94 周年之际，刊发社论《从严治党要敢于得罪"少数人"》，就全面从严治党的关键问题，强力发出主流媒体的声音；在"十二五"与"十三五"交替之际、湖北省委十届七次全会开幕当天，刊发长篇评论《支点路上，我们激情跨越》，全面梳理湖北"十二五"发展成就，为"十三五"加油鼓劲；围绕湖北改革发展中的热点焦点问题，连续在一版刊发《树立"隐患就是事故"的理念》《新的发展理念就是指挥棒》等多篇评论，受到省委和社会各界的高度评价，人民日报全文转载。理论宣传方面，着力于打开视野、直面现实，坚持问题导向，不断创新表达方式和呈现形式，推出了《认识新常态　适应新常态　引领新常态》《推进法治湖北建设　走在全国前列》等系列理论访谈稿件，力求写实、写活、写深，收到了良好传播效果。

正确引导舆论，体现在紧密围绕从严治党、依法治国等重大主题做好报道，充分彰显党和政府反腐倡廉、坚决维护党纪国法的鲜明态度和坚定决心。2015 年，湖北日报坚持问题导向，注重工作实效，抓住具体案例，精心打造《法治湖北》专刊，并在一版、二版等重要版面推出了《巡回督查看整改》《不让吃喝风回潮》《忏悔与剖析》等 20 多个专栏，全年发稿 1000 多篇，稿件可读、震慑力强。楚天都市报、楚天金报等子媒发挥市民报特色，推出了《省委巡视组在行动》《二月河说反腐》等个性化、接地气的栏目，受到广泛好评。荆楚网发挥各类新媒体平台及集团新闻资源优势，精心推出各类专题，收到了良好传播效果。

正确引导舆论，体现在面对重大突发事件快速反应，及时回应社会关切，让主流声音第一时间抢占舆论高地。在"东方之星"客轮翻沉、天津港特大爆炸、巴黎恐怖袭击、尼泊尔地震等重大突发事件报道中，集团各媒体稳妥把握报道基调，正确引领了舆论。例如"东方之星"客轮翻沉报道，湖北日报传媒集团作为事发地的主流媒体集团，采访中投入重兵、精兵，各媒体平台紧密联动，累计发稿 2000 多篇，成为全国媒体的最主要信息源之一，为搜救和善后工作营造了积极舆论氛围。搜救初期，面对持续发酵的负面舆情，集团各媒体及时、准确传递"国家救援"的各种信息，强化正面引领；及时回应社会关切，答疑解惑，围绕悲剧何以会发生、救援工作难在哪、船体何时扶正等问题，及时推出权威报道；畅通家属、群众信息获取渠道，每天将 3000 份湖北日报免费送给大家阅读，为抚慰家属心灵、稳定公众情绪、服务救援工作起到了积极作用。搜救结束后，湖北日报再度刊发了系统反映救援及善后工作的3 篇长篇纪实通讯——《江难无情　大爱如岳》《魂归故里　善举奇迹》《深创巨痛　爱的升华》，引起社会各界强烈共鸣。读者黄镇评价说："三大篇章气势恢宏，真实再现了监利人民在这次灾难事件救援善后工作中表现出来的责任和担当、大爱和大义，用爱字贯穿全篇，采访翔实，人物典型，描述深情，催人泪下。"读者丁军波说："一口气读完《江难无情　大爱如岳》，真实客观的呈现，诗意深情的叙述，读至文末，止不住泪水！"读者向能来说："我含泪读了三遍《江难无情　大爱如岳》，监利人做得好，记者写得好！记下了悲壮，记下了真情，传播了大爱，传递了正能量！"

6月3—5日，湖北日报连续3天头版头条
通栏刊发党中央、国务院的决策部署

楚天都市报"东方之星"翻沉报道封面

　　正确引导舆论，体现在抓住重大节点、热点，精心设置议程，策划主题报道，不断增强主动性和创造性。围绕纪念中国人民抗日战争暨世界反法西斯战争胜利70周年，湖北日报策划推出"湖北抗战湖北兵"大型系列报道，通过探访抗日战场，寻访抗战老兵，挖掘身边抗日故事，传承了家国情怀。9月3日，纪念中国人民抗日战争暨世界反法西斯战争胜利70周年大会在北京隆重举行。湖北日报联合楚天都市报、楚天金报、农村新报出版了《号外》，次日又推出8个版的新闻特刊，对"大阅兵"作了全景式反映。荆楚网策划的"抗战口证大抢救"系列报道，采访整理了全国各地30余位抗战亲历者的口证史料，先后被武汉革命博物馆、湖北省博物馆、中国人民抗日战争纪念馆收藏，填补了口证史料收集的空白。为庆祝新疆维吾尔自治区成立 60 周年，湖北日报连续推出 11 个版的大型系列报道"鄂疆飞鸿"，深情讲述民族大家庭的精彩故事。

湖北日报 9 月 4 日大阅兵特刊通版封面

正确引导舆论，体现在敢于、善于运用舆论监督武器，坚持开展科学监督、依法监督、建设性监督，弘扬社会正气。2015 年新年伊始，湖北日报抓住鄂州市制售假水泥屡禁不绝这一违法乱象，连续推出 10 多篇报道，以"踏石留印、抓铁有痕"的劲头，深挖黑幕，果断曝光，直指病灶，受到读者好评。楚天都市报针对各类社会丑恶现象，深入调查，强势发声，推出了"疯狂的绿松石""二手车内幕调查""渣土船江中'卸货'""张公堤黑油站"等一批重磅监督报道。楚天金报推出"三环线高架见钱眼开""揭开业主信息贩卖黑链""P2P 跑路风波"等报

湖北日报"湖北抗战湖北兵"大型系列报道
开篇截图

湖北日报"鄂疆飞鸿"系列报道开篇截图

道，引起社会各界高度关注，直接推动了相关问题的解决和部门工作的
改进。

（二）履行提供服务责任，坚持以人民为中心

全心全意为群众服务，是党报集团的重要职责。2015年，湖北日报传
媒集团各媒体积极通达社情民意，反映群众呼声，积极组织各项活动，为
群众提供实实在在的服务，帮助群众排忧解难。

一是做好新闻报道，通达社情民意。采编人员深入广大群众生产生活
一线，围绕衣、食、住、行、医、教、游等各个方面，反映群众呼声，搭

建干群交流平台。湖北日报选取交通、能源、金融等与百姓生活密切相关的行业，全年推出 80 多期行业版，提升了党报在具体领域和行业内的影响力；楚天都市报推出"厅局长接热线"和"武汉城区公安局长接热线"互动报道，为群众解决了 400 多个疑难问题；楚天金报推出"走进湖北优秀企业""探访湖北籍劳务大军"等大型策划报道，受到各界高度评价。腾讯·大楚网"今日报料"平台，已成为湖北网友最有力的报料和维权工具之一。

二是积极开展各类公益活动，切实服务广大市民。湖北日报"楚天名医大讲堂"活动创办两年多来，累计举办活动 100 多场次，40 多个专科、百余名医疗专家登上讲堂，为 10 多万人次读者提供了现场授课、义诊送药等服务。楚天都市报坚持每年举办资助贫困大学生活动，16 年来累计募集善款近 1.6 亿元，惠及 5 万多名寒门学子，其中 2015 年募集善款

湖北日报楚天名医大讲堂足迹遍布荆楚大地　　楚天都市报"十六助"活动，募集善款再创新高

达 2800 多万元，再次创下新高，帮助 5000 多名贫困学生圆大学梦；楚天公益律师团为社会弱势群众提供法律援助，帮助 300 多人获得赔偿金，讨回欠薪近千万元。楚天金报推出"请呵护大武汉文明城市名片""的士扮靓江城　文明与你同行""万人情缘会""金报帮你招员工"等大型公益活动，得到广大市民踊跃响应。腾讯·大楚网开设《湖北力量》公益栏目，探索"党报＋新媒体"公益模式，一年多来动员网友 16 万余人次，募集善款 540 多万元，救助了 44 个贫困家庭，树立了湖北"互联网＋公益"新标杆。

（三）履行人文关怀责任，新闻报道彰显温度和情怀

泰戈尔曾经说过，传媒的目的应当是向人类传递生命的信息。对于主流媒体、责任媒体而言，尊重生命的价值和意义，关注人的情感、生存状态、精神状态等，更应该成为一种道德准则和职业自觉。

2015 年，湖北日报传媒集团各媒体认真履行人文关怀责任，坚持做有温度、有情怀的新闻，体现了党报集团的责任担当。

一是重大灾难报道不渲染血腥、暴力，突出人文关怀，积极传递正能量。面对突如其来的天灾人祸，湖北日报传媒集团各媒体稳妥把握报道基调，客观报道灾情，避免渲染血腥、暴力，体现了对生命的充分尊重。例如"东方之星"客轮翻沉报道中，集团各媒体回避了遇难者遗体、家属哭泣晕厥等悲情画面，着重突出党委政府的决策部署，反映搜救人员的艰苦努力，传递社会各界的关心帮助，于无声处凝聚了强大正能量。在沉船整体出水报道中，楚天都市报一版刊发大照片《夕阳红　亲未归》，定格了夕阳下救援人员集结静默的特殊瞬间，视觉独特，意蕴深长，感动了无数

读者和网友。6月3日，楚天金报用整张救援图片作为报纸封面，并将报头下移至底端，体现了对生命的充分尊重。

楚天都市报刊发的"东方之星"船体出水照片　　　　　楚天金报"东方之星"翻沉报道封面

二是日常报道关注社会弱势群体，力所能及地提供帮助。湖北日报常年开设民生服务栏目《党报365》，通过"中国式讨薪""维护农民工权益在行动"等报道，关注弱势群体，回应社会关切，推动问题解决，化解了大量基层矛盾。楚天金报"乙肝门诊遭遇报销难"系列报道，推动武汉市26种重症（慢性）疾病门诊报销程序简化，方便了人量病患。荆楚网开设《微善行动》专栏，推出了一批"暖新闻"，例如联手鄂豫两地6家媒体帮助咸宁耄耋老人寻亲办户口，为孝昌残疾女孩张瑜募捐手术费用，等等。

（四）履行繁荣文化发展责任，弘扬优秀传统文化，传播社会主义核心价值观

新闻传媒单位，是我国文化产业的重要组成部分，对文化大发展、大繁荣负有不可推卸的责任。

湖北日报传媒集团作为湖北舆论的主流媒体集团，始终以繁荣湖北文化产业，弘扬中华民族优秀传统文化，特别是荆楚文化为己任，敢于担当，乐于担当，贡献了积极力量。

2015 年，湖北日报传媒集团各媒体在深根新闻主业、大力推进媒体融合的同时，坚持改革发展，积极助推湖北文化产业发展。

一是深根传媒主业，坚持改版创新，大力推进媒体融合，主动运用新媒体优势，巩固壮大主流舆论阵地。2015 年，湖北日报传媒集团加快"全国一流党报集团"建设步伐，加大改革创新力度，综合实力显著增强，旗下报刊期发量达 1400 多万份，其中湖北日报日发行量最高突破 65 万份，位居全国省级党报前列，作为党报集团的传播力、引导力、影响力、公信力进一步提升。此外，集团加快媒体融合步伐，目前旗下新媒体日均受众突破 3000 万，各媒体官方微博粉丝达 1800 多万，微信用户 100 多万，动向、神码、看楚天等新闻客户端用户达 400 多万，形成了网站、微博、微信、手机报、视频、客户端等多种形态的新媒体传播圈。其中，荆楚网作为全国重点新闻网站和湖北最大的互联网外宣工作平台，承担了传播社会主义核心价值观、引导网络主流舆论、发展和繁荣网络文化的重要使命。2015 年，荆楚网坚持改革创新，全年发布原创新闻稿件 9000 多篇、原创评论 3.5 万多篇、视频新闻资讯 1.5 万余条、新闻动漫近 3500 幅，制作网

络专题近 200 个，各类视频访谈和直播 70 余场，品牌实力、影响力充分彰显。在第二十五届中国新闻奖评选中，荆楚网获得两个一等奖，一个二等奖，是获奖数量最多、奖项等次最高的地方重点新闻网站。传统媒体和新兴媒体的一体化运作，放大了党报的网端声音，巩固拓展了主流舆论阵地。在"东方之星"客轮翻沉事件报道中，湖北日报官方微博相关话题浏览量达 3480 多万人次，《客船翻沉位置已经找到》单条微博获转评赞 6000余次；荆楚网首发的《高清航拍："东方之星"客船翻沉事故救援现场》，被 200 多家网站转载，点击量过亿人次。此外，集团各媒体积极开展跨界合作，楚天都市报与京东集团签约，合力培育"楚天—京东"社区产业平台。楚天金报与国内最早、目前拥有 1.6 亿用户的移动阅读平台——ZAKER 牵手，成为 ZAKER 在武汉唯一的合作媒体。

二是自觉承担社会教化、道德传承等职能，深入发掘草根典型，讲好身边人的感人故事，大力培育和践行社会主义核心价值观。2015 年，湖北日报传媒集团各媒体继续做好"荆楚楷模"的推介、评选和发布工作，每天都有相关栏目和稿件发布，每月推出了一批具有全国影响力的重大典型。这些典型人物事迹可亲可敬、可议可学，充满了感染力、感召力。例如 2015 年春节前夕，湖北日报、荆楚网推出"信义夫妻 生死践诺"系列报道，讲述了应城农民工工头何运香去世后，丈夫邓双生接力给工友结工钱的感人故事，引起社会各界强烈反响。4 月，湖北日报、荆楚网等媒体联合推出"谁来接棒'孤烛'老师"系列报道，唤起了社会各界对深山"孤烛教师"群体的高度关注，众多志愿者主动报名"接棒"。此外，楚天都市报还发掘了坚持 10 年为智残孩子送学的爱心公交司机组，俯身看病 13 年、亲观尿样 8 万份的肾科女医生陈文莉，6 年拽回 5 名轻生者的女环卫工涂晓珍等大批典型草根人物报道，产生了良好社会效果。2015 年 8月，荆楚网以"一城八面"为主题，集中报道了在武汉辛勤劳作、追求梦想的平凡人物，报道经集团各媒体平台立体化传播，综合点击率超过1000万人次。

湖北日报每月拿出一个整版刊登"荆楚楷模"事迹

荆楚网信义夫妻专题截图

　　三是充分发挥地方党报集团的优势与特色，积极传承和普及中国优秀传统文化，深入发掘和弘扬荆楚文化，维护群众基本文化权益，丰富群众精神世界。湖北日报作为省委机关报，始终立足荆楚大地，大力弘扬荆楚文化，展示荆楚魅力。湖北日报推出40期《绿满荆楚》专刊，通过踏访国有林场，深入发掘楚人"筚路蓝缕，以启山林"的开拓精神，受到社会各界高度评价。第二届湖北艺术节期间，湖北日报拿出20多个专版，在营造节庆氛围的同时，也关注了传统戏剧艺术后继乏人、演员难找、观众变少等深层次问题。在日常报道中，充分发挥《文化征程》《东湖》《万千气象》《乡里乡亲》等版面阵地作用，积极报道文化动态，助力文化繁荣，为广大读者提供交流、展示平台。新推出的《风物今志》专刊，全年出刊 36 期，成为展示地方风物特色的新平台。楚天都市报每周拿出 5 个副刊版，与文学艺术爱好者互动，活跃了文化氛围。楚天金报整合专副刊，在本埠媒体中率先推出周末版，倡导休闲人生、快乐阅读，引领时尚生活、彰显民生情怀。此外，集团各媒体紧跟文化热点，推出了《新书城香飘三镇》《缤纷夏日　文化消暑》《聚焦中国文化遗产日》《聚焦炎帝故里寻根节》《关注华中图书交易会》等 10 多个新闻栏目，为读者奉上了一道道积极向上、高雅健康的文化大餐。面对网媒肆意侵犯纸媒知识产权的现象，集团各媒体统一对外发布了版权声明。8 月，针对"今日头条"客户端长期恶意侵权行为，楚天都市报正式向武汉市中级人民法院提起了诉讼。

"绿满荆楚"报道代表作版面图

2016 年 1 月 16 日，"绿满荆楚"报道研讨会发言摘要

四是大力推进媒体"走出去"战略，向全国、全世界讲好湖北故事，传递湖北声音，提升湖北形象，不断增强媒体国际传播力和国际话语权。由湖北日报传媒集团承办的湖北省政府门户网站，积极打造湖北省多语种对外宣传平台，旨在建设一个集英、法、韩、日、德、俄等语言的多语种、综合性、全媒体的对外宣传平台，目前已经成功开通英、法文版，采集、编译信息 10 万多条，近 8000 万字。其中，英文版日最高浏览量达到30 万人次，日平均浏览量超过 10 万人次。湖北省外事考察团成员多次反馈，外方人员正越来越多地通过湖北省政府门户网站了解湖北。荆楚网开通中英文双语专题，经过多年精心打造，其海外影响力日益凸显，在中国香港、中国台湾等地区以及美国、加拿大、日本、新加坡、澳大利亚、马来西亚、英国等国家拥有广泛而稳定的读者群。2015 年监测数据显示，荆楚网新闻频道国外周访问量达到 18180 人次，页面访问量达 267937 人次。《特别关注》杂志拟分步出版英文版、法文版、西班牙语、阿拉伯语外语以及维语版、藏文版、蒙语版等少数民族语版本，向全球传播中华文化和华夏文明的精髓，扩大荆楚文化国际传播力、竞争力和影响力，让世界更多了解中国国情、历史和文化，促进世界文化的融合与发展。

（五）履行遵守职业规范责任，恪守新闻职业道德

人才是企业发展的核心力量。拥有政治坚定、业务精湛、作风优良的采编队伍，新闻媒体才能履行好各项社会责任，才能不负党和人民重托，不负时代使命。

2015 年，湖北日报传媒集团高度重视采编队伍建设，坚持完善各项采编制度规范，坚持学习各项新闻出版法律法规，持续开展马克思主义新闻

观教育，提高采编人员的政治意识、大局意识和责任意识，提升新闻职业道德素养，做到勤廉一体。

在新闻报道中，集团各媒体自觉维护报道对象的合法权益，尊重报道对象的正当要求，坚持做到不揭个人隐私，坚决防止对报道对象造成二次伤害；维护未成年人、妇女、老年人和残疾人等特殊人群的合法权益，注意保护其身心健康；维护司法尊严，依法做好案件报道，在法庭判决前不做定性、定罪的报道和评论。

（六）履行合法经营责任，从制度上筑牢防线

2015 年，湖北日报传媒集团大力加强党委班子自身建设，狠抓"两个责任"落实，扎实践行"三严三实"，严格履行采编经营"两分开"、严格广告审查、积极缴纳税款等合法经营责任。湖北省工商管理部门提供的监测数据显示，湖北日报传媒集团旗下子报（刊、网）违法广告占比同比大幅减少。

针对经营管理中存在的薄弱环节，集团持之以恒抓好制度建设，例如推行全面预算管理，以目标责任制为导向，强化预算管理刚性约束；清理政群经营实体，对于经营效益欠佳、社会效益不显著的果断实施"关停并转"；健全完善投资决策机制，强化法律风险防控，规范处置各类资产，加大清欠工作力度，严格履行招投标管理制度，等等，收到了良好效果。

（七）履行安全刊播责任，确保全年出版"零事故"

2015 年，湖北日报传媒集团以改版改革为抓手，不断完善体制机制、

规范出版流程，修订、出台了《湖北日报传媒集团媒体舆论导向管理暂行办法》《湖北日报传媒集团应急报道实施细则》《关于严格新媒体发稿的有关规定》《湖北日报校检工作改革办法》《湖北日报通讯员来稿选编流程规定》等数十个规章制度，确保了全年安全刊播"零事故"。

其中，湖北日报进一步优化采编流程，推动校检改革，强化各环节把关责任；进一步完善考核考评，加大报道差错责任处罚力度等，力求出版安全防控无死角。楚天都市报、楚天金报通过实施机构人事改革，优化人员配置，使生产链条更加顺畅、高效，权责更加明晰。荆楚网等新兴媒体，参照报纸审稿流程，建立了"全媒体记者　新媒体编辑　新媒体部门主任　相关领导"的审稿程序，对敏感信息和拿不准的信息，实行严格的逐级送审、请示制度，有效防控了风险。

（八）履行保障新闻从业人员权益责任，严格遵守相关法律法规

人力资源是企业最宝贵的资源。优秀的新闻采编队伍，是新闻单位发展的核心生产力。只有切实维护从业人员合法权益，以身作则遵守各项法律法规，让员工找到归属感、幸福感，才可能打造出"新闻铁军"，新闻媒体自身才更具公信力。

2015年，湖北日报传媒集团严格遵守相关法律法规，切实保障职工权益，为新闻从业人员全员签订劳动合同、办理"五险一金"保障；积极为符合条件的采编人员申领、换发记者证，年初组织273人参加由国家新闻出版广电总局主办的新闻采编人员岗位培训及考试；热情高效地做好职称申报和考核工作，根据员工职务调整情况相应调整基本工资及各项福利待

遇；在人事、薪酬等制度设计上，坚持"向一线采编人员倾斜"原则，不断改善和提高一线采编人员待遇，提供公平、高效的发展平台；等等。在集团文化体制改革及楚天都市报、楚天金报等子媒人事改革过程中，集团工会、法律事务室全程参与，积极维权职工合法权益，未发生一起纠纷、官司。

继续办好楚天传媒大讲堂和楚天传媒夜校，邀请了20多位专家、官员前来集团讲座、授课。授课内容涵盖媒体转型与融合、媒介产业与经营、公司上市与财务管理等，内容实用性和针对性强，受到广大职工的欢迎和好评。

此外，集团坚持开展职工运动会等各类文体活动，慰问集团困难职工，营造了温馨、和谐、幸福的文化氛围。

三．履行社会责任方面存在的不足和改进措施

（一）在履行社会责任方面存在的不足

2015年，湖北日报传媒集团认真履行各项社会责任，充分体现了党报集团的责任担当。同时，工作中还存在一些不足。

一是在新闻报道方面，还需要进一步增强主动性、创造性、创新性；一些新闻报道品质不够高、感染力不强，需要进一步创新表达方式和呈现

形式。

二是在媒体融合方面，还需进一步加大改革和创新力度，如新媒体平台影响力距离一流党报还有较大提升空间，各平台之间体制机制融合不够，盈利模式不够明确，等等。

三是在管理、经营方面，决策的效率和科学化还需要进一步提高，业绩导向制度还需要进一步强化，旗下子报（刊、网）还存在少量广告不规范的情况，广告审核还需要进一步加强把关，等等。

（二）改进措施及未来展望

面对新的国际国内形势，我国新闻媒体，尤其是党报集团，必须以更高标准、更严要求、更好谋划，积极打造新型主流媒体集团，自觉履行各项社会责任。

针对当前工作中存在的不足，湖北日报传媒集团将从以下几个方面着力改进。

1.进一步坚定党报集团职能定位，把握好新闻宣传导向和报道重点，增强围绕中心、服务大局的主动性和创造性。坚持把学习贯彻落实党的十八大和十八届三中、四中、五中全会精神和习近平总书记系列重要讲话精神作为宣传重点。继续把协调推进"四个全面"战略布局和"五个湖北"即：富强湖北、创新湖北、法治湖北、文明湖北、幸福湖北建设战略实施情况宣传好、服务好。

2.进一步深化"走转改"，创新表达方式和呈现形式，提升宣传报道服务的能力和水平。继续推进报纸改版创新，进一步提升策划和新闻报道水平；加大基层新闻报道力度，增强新闻报道的感染力、亲和力；策划推出更多的公益活动，与各界读者紧密互动。

3. 加快推进媒体融合工程，巩固党报集团的主流舆论地位。进一步整合集团全媒体资源，全力打造新型主流媒体平台；进一步推进体制机制改革，优化人员配置及薪酬办法，积极探索可行性盈利模式。

4. 进一步加强党风廉政建设，扎实践行"三严三实"，坚持压实"两个责任"。严把舆论导向，严格广告发布审查流程与制度，严控违规、低俗广告，严禁有偿新闻、有偿不闻，坚持营造"忠诚、团结、清廉、创新、卓越、幸福"的集团文化。

湖北广播电视台

社会责任报告

一、湖北广播电视台概况

　　湖北广播电视台（湖北长江广电传媒集团）是一家拥有广播、电视、电影、电视剧、新媒体、有线网络、报刊等资源的综合性传媒机构。2011 年 10 月，由原湖北省广播电视总台更名为湖北广播电视台，同时成立台属、台控、台管的湖北长江广电传媒集团，成功搭建起宣传性事业和经营性产业协调发展的全新体系。目前，湖北广播电视台内设综合办公室等 14 个职能部门，拥有湖北卫视等 11 套电视频道，湖北之声等 10 套广播频率，湖北龟山广播电视发射台等 9 个所属事业单位，湖北省广播电视信息网络股份有限公司、北京长江文化公司等 37 个全资、参股、控股公司，总资产 180.28 亿元。

　　2015 年，湖北广播电视台深入学习贯彻党的十八大和十八届三中、四中、五中全会精神和习近平总书记系列重要讲话精神，围绕湖北省委、省政府决策部署，"四个全面"战略布局湖北实施，"建成支点、走在前列"战略目标，深入践行"三严三实"，积极布局"1+4"发展战略，推进党建和党风廉政建设、舆论引导创新、精品内容生产、产业转型升级、媒体融合发展、体制机制改革等各项工作，事业产业发展取得了新的成效。湖北卫视全国 35 城市组平均收视连续 3 年跻身省级卫视前十，湖北经视全天时段收视率和市场占有率连续 15 年位居武汉市网第一，电视综合频道省网收视第一，省网份额同比上升 12.5%。湖北之声广播省网份额排名第一，楚天交通广播市网收听份额稳居第一，楚天音乐广播省市收听份额排名前二，经典音乐广播省市排名均跻身前四。2015 年，湖北广播电视台在湖北省网、武汉市网的收视份额继续保持前列；台（集团）营业收入同比增长 25.6%；利润同比增长 61.6%。

二、履行社会责任情况

湖北广播电视台始终坚持正确的政治导向、思想导向、价值导向、行为导向和审美导向，不断创新主题宣传方式，坚持唱响主旋律、传递正能量、提振精气神，将社会主义核心价值观融入节目生产中，报道有速度，立意有高度，内容有温度。

1.坚持高举旗帜，把握正确舆论导向，营造强大发展气场。围绕大局凝聚湖北发展能量。全年共推出"聚焦发力、建成支点"、全国两会、全省两会、社会主义核心价值观、长江经济带建设、学习贯彻十八届五中全会精神、精准扶贫、纪念中国人民抗日战争暨世界反法西斯战争胜利 70

周年等 40 多项主题宣传。推出"坚定信心　竞进提质"、学习全会精神、加快湖北发展等主题报道，着力营造湖北科学发展、跨越发展的强大气场。全年在央视《新闻联播》发稿 171 条，中国之声发稿 610 条，位居省级台前列。

　　围绕大势凸显湖北竞进气场。围绕党的十八届五中全会精神，推出《学习五中全会精神　谋划湖北"十三五"》《回眸"十二五"展望"十三五"》《跨越湖北、直播荆楚——广播记者市州行》等系列报道，反映五大发展理念在湖北的生动实践。加强经济报道，紧跟省委、省政府及省委宣传部门的宣传重点，重点策划播出了《精准扶贫　不落一人》《大众创业　万众创新》等报道，全力呈现出湖北经济发展的蓬勃景象。

"行进中国　发现新丝路"大型媒体行走活动

围绕大事营造主流宣传热潮。精心组织安排抗战胜利 70 周年特别宣传活动，台（集团）22 套广播电视频道以及湖北网络广播电视台等新媒体平台策划推出"抗战再发现""寻访身边抗战遗迹""我们的抗战""武汉会战""抗战胜利日大阅兵"等多个纪念抗战胜利 70 周年系列报道、专题节目、特别展播、全媒体报道宣传片等，将"胜利日"的舆论氛围推向高潮。

围绕大众弘扬社会主义核心价值观。聚焦文明建设，综合频道联合省文明办推出大型媒体行动"为你鼓掌"，彰显媒体作为社会"建设者"的力量。楚天交通广播"拔塞再行动"助推"文明湖北"建设。农村广播《田园交响》挖掘凡人小事中折射出的精神追求。资讯广播"楚天弘文尚德——湖北首届大学生孝道文化征文、演讲比赛"培育大学生的孝心、爱心。用感人事迹感召群众。发掘报道监利县民警刘勇、长江救援志愿队等英雄事迹，综合频道发布《荆楚楷模榜中榜》月度榜单，湖北卫视《荆楚楷模致敬礼》晚会，在全国引起强烈反响。

重大突发公共事件准确把握时度效。全媒体、多层次、多角度做好"东方之星"重大突发事件宣传报道。在"东方之星"沉船事件中，湖北广播电视台第一时间抵达救援现场，通过 24 小时直播、新媒体不间断报道，共进行电视直播 30 场，直播连线近 200 次，直播时长 2800 分钟，为中央电视台提供现场新闻发布会公共信号 400 分钟，有力抢占舆论高地，突出国家救援、发布权威信息、传递正能量，得到中央和省委领导肯定。

加强全媒体报道向世界发出湖北声音。围绕"一带一路"国家战略，创新推出"畅行汉新欧　精彩新丝路"全媒体采访活动，在新华网、今日头条、腾讯视频、长江云等发布图文视频 210 多篇次。大型媒体行走活动《行进中国　发现新丝路》入围国家新闻出版广电总局"丝绸之路"影视桥工程。音乐广播推出大型专题音乐广播《丝路欢歌——从丝绸之路上发

来音乐札记》，完成 28 组境内外连线报道。高质量、高标准地完成了第九届中博会、长江中游城市群、党的十八届五中全会精神宣讲团、反腐倡廉书记专访、精准扶贫等一系列重大主题外宣任务，获得省委、省政府肯定。湖北广播电视台在第九届中博会组织筹备工作中获省委省政府通报嘉奖。

2. 坚持站稳人民立场，不断优化服务质量。为区域经济社会发展服务。结合省委、省政府精准扶贫重点，发掘有代表性、有深度的报道，共发稿 235 篇。《武陵山连片特困地区扶贫攻坚分类推进》《罗田：探索"五位一体"扶贫新模式》等报道全面地反映了湖北省各地扶贫工作的成绩、目标和决心、措施。聚焦黄冈革命老区，推出《革命老区成项目建设热土》和《情系大别山、光彩耀老区——2600 亿元投资涌入老区黄冈》《大资本挺进大别山》等深度报道，在省内外引起强烈反响。围绕恩施州重点和中心工作开展系列宣传、支持活动，成功主办"2015 中国恩施大峡谷热

"2015中国恩施大峡谷热气球挑战赛"暨恩施热气球旅游节

气球挑战赛"暨恩施热气球旅游节，吸引近8000名游客前往观赏，为当地成功再造了一个旅游黄金周。

为民生关切热点服务。持续深入开展"走转改"，关注基层群众生产生活，服务大众民生。新闻广播部《政风行风热线》及"四位一体"平台全年接到投诉46061件，共转办有效投诉1048件，回复率达95.5%，一批群众反映突出的热点难点问题得到解决。垄上频道《打工服务社》栏目组织"关爱农民工2015年新春招聘"36场，提供就业岗位2000多个；"求职帮帮团"组织集结100多批次，帮助3000多名乡亲顺利上岗；《和事佬》栏目组织民间和事佬队伍50多人，参与现场调解1800多起，成功率超过78%。交通广播部进一步提升省应急广播和"爱心帮电台"的应急帮扶效能，全面升级应急救助服务，全年启动应急响应近200次，组织10场"湖北应急公益行"，深入社区、学校、车站等基层单位和一线窗口，打造全国应急公益品牌。

为地方党委政府重点工作服务。深度挖掘省直单位践行"三严三实"的新亮点和新成绩，做好"三严三实"专题教育宣传报道。深入开展法治宣传，增强全社会的法治观念，培育法治信仰。精心打造《法眼看天下》《调解面对面》《拍案惊奇》等一系列日常专题法治节目，《湖北新闻》《新闻360》《经视直播》《问新闻》等栏目全年累计播出法治新闻1200多条，着力培育尊崇法律、敬畏法律、遵守法律的浓厚法治文化，为法治湖北建设营造了良好的舆论氛围。与省纪委合作推出《督履职　促发展　惠民生——2015湖北媒体问政》大型直播活动，省网收视第一。《湖北省纪委到底有多忙》获得省纪委高度评价，并推荐省纪委各级部门组织学习。与省人社厅合作制作播出《技能成就未来——湖北省第四届技能状元大赛群英荟》《2015湖北省职业技能鉴定专业技能电视大赛》和《荆楚好技能争霸赛》等节目。

《督履职　促发展　惠民生——2015湖北媒体问政》大型直播

为广电媒体加快融合发展服务。创新新闻生产方式，融入全媒体概念。建成面向台内各媒体的"融媒体新闻生产云平台"，整合台内各媒体采编资源，实现生产流程一体化。2015 年 11 月，"融媒体新闻生产云平台"启动运行，成功实现全台新闻制播的多信源采集、多媒体编辑、多平台分发，标志着台（集团）新闻采编发布模式、新闻资源整合运作、新闻生产技术平台迈上新台阶。目前，平均每天数十条新闻报题、上百条音视频素材进入新闻汇聚平台，融媒体新闻生产实现良好开局。成功打造面向全省各厅局、各市州、各媒体的区域新媒体运营管理平台"长江云——湖北新媒体云平台"，与全省各市州、县区签订 50 多个共建合作协议。目前，已与黄石、恩施、罗田等市县签约开展合作。建设面向全国广电同行的"微摇——百台千县互动平台"。目前，已为 CCTV-8、CCTV-2、湖南卫视、江苏卫视、浙江卫视等 14 家卫视及全国 1000 家县级电视台提供微信摇电视服务。建设面向广阔农村的"幸福新农村——宽带网络互动电视平台"，已有 6000 多个村接入，该项目被省政府作为"光纤村村通"典型项目向全省推广。

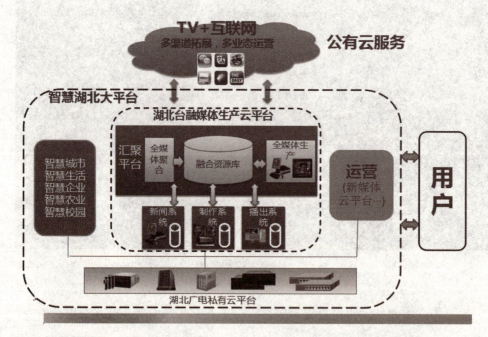

湖北广播电视台融媒体生产云平台

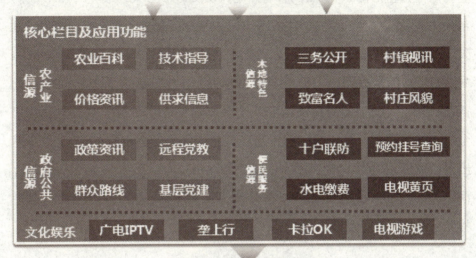

幸福新农村

3. 坚持以人为本，持续弘扬慈善大爱。关注基层群众冷暖疾苦。成功组织"送农民工兄弟姐妹回家过年"活动，惠及 35 万农民工，得到新华社、中央电视台、新华网等中央媒体和全国知名网站在重点版面大篇幅报道。湖北卫视《大王小王》栏目坚持"讲述中国故事，助力百姓梦想"为宗旨，先后帮助 600 多个家庭解决各式各样的困难，帮助近 2000 多位嘉宾，特别是 500 多位残疾人士走出困境，重塑积极乐观的人生态度，成为湖北广播电视台众多公益类节目的一个缩影和成功典范。

　　积极关爱救助弱势群体。广播工作部组织"用我的声音做你的眼睛"2015年湖北广电支教大行动，深入十堰等地支教、采访。交通广播部全年举办公益活动30多场，参与活动人次突破5万人，成立"1078大家帮公益基金"，筹集爱心助学款15万元。综合频道联合省人社厅发起"清欠大行动"，为省内外近2000名务工人员讨回工资1.18亿元，《新闻360》"为寒门学子送学费"为101名贫困学生每人发放5000元爱心助学金，"爸爸，我来了"公益活动邀请留守儿童共享团年饭。湖北经视谈笑爱心基金全意扶危济困，开办两家慈善超市，共计收到爱心物资7107件，共捐出爱心物资4570件，为特困家庭解决实际困难。截至2015年12月8日，谈笑爱心基金共收到捐款1417万余元，已支出爱心款884万余元，直接救助贫困家庭230余户。

谈笑爱心基金爱心助学季活动现场

热情关心青少年健康成长。在省委宣传部的指导下、联合省教育厅发起全省中小学"经典诵读"——践行核心价值观教育活动。湖北广播电视台组织30名湖北最优秀的播音员主持人录制完成全省"朝读核心价值观"经典篇目的范读版本，录制成25万张光盘，随秋季中小学教材发放到全省中小学12.2万个教室。全省中小学"朝读经典·践行社会主义核心价值观"教育活动《同上一堂课：诵读经典　照亮人生》、全省首届"读经典·践行社会主义核心价值观"全民阅读活动周启动仪式暨第二届全省中小学生经典诵读大赛《中华少年诵》等特别节目，受到省领导的充分肯定和全社会广泛好评。湖北之声"万朵鲜花献雷锋"新闻行动，向身边的"活雷锋"传递敬意和祝福，在全国形成声势。教育频道《同上一堂课：雷锋告诉我》为我省550万名中小学生上了一堂生动感人的思想教育课。

湖北省中小学"朝读经典·践行社会主义核心价值观"教育活动启动仪式

4. 坚持扎根湖北，着力打造荆楚文化精品。扎根人民群众、传承荆楚文化，影视精品好戏连连。史诗巨制《东方战场》被广电总局列为一类剧本扶持项目。《最后的国门之英雄宜昌》已完成后期制作，入选网易新闻"2015年度最值得期待的十部大剧"之一。电视剧《血誓》《圣天门口》、电影故事片《我的渡口》《风云1927》、广播剧《永不消失的鹰》获得湖北省第九届精神文明建设"五个一工程"奖。《汉水大移民》在央视九套黄金时间播出。深耕长江文化，制作了《君紫檀》《汉剧》《放濠》《村庄》《僵狮子》等一批兼具人文品位、思想意义、时代精神、史料价值的纪录片。

秉持家国情怀，传递温暖智慧，综艺季播节目全面升级。湖北卫视

重大革命历史题材剧《东方战场》

《我为喜剧狂》第二季全国同时段排名第二，被国家新闻出版广电总局《监听监看日报》专题点评肯定。《如果爱》第二季稳居周四晚间全国综艺第一名。《非正式会谈》打开"国际文化交流"类节目的新局面，被央视国际新闻、《意大利日报》国际新闻专栏、百度、腾讯等网站头条关注。联合韩国 CJ E&M 共同出品大型综艺真人秀节目《一起出发》，首创"综艺周播剧"模式。《我是传奇》第二季问鼎省、市网第一。《我爱我的祖国》精心挖掘中华文化的审美价值，彰显"中国情怀"的深刻魅力。《谁是我家人》以释放亲情为诉求，在轻松幽默中凸显家国意识。《纲到你身边》将传统文化融入现代综艺节目之中，深入挖掘明星嘉宾身上的闪光点。《桃花朵朵开》青春版省网收视排名跃居第一。《喜子来

《我为喜剧狂》第二季

《非正式会谈》主席团与外国嘉宾合影

大型综艺真人秀节目《一起出发》

乐》全新改版,《锵锵男人帮》收视在武汉市所有落地电视频道节目同时段排名前三。

引领风尚,精品创优,"好声音"传播社会正能量。湖北之声《焦点时刻》、楚天交通广播《城市新干线》、楚天音乐广播《环球音乐巅峰》节目,挺进新闻时政节目、交通节目、音乐节目综合收听率 TOP 10。创新打造武汉本土第一个音乐节——江湖音乐节,吸引观众 1.5 万人次,"江湖音乐节"品牌迅速传开。大型主题宣传《丝路欢歌——从丝绸之路发来的音乐札记》历时 10 个月,推送了数以百计的新媒体资讯,出版了大型画册《音乐 DJ 带你看丝路》,成功举办《丝路印象》特展,观展人数突破 7000 人次。

5.坚持忠诚干净担当,不断加强职业道德和业务能力建设。加强马克思主义新闻观学习培训。积极开展马克思主义新闻观教育活动。从重点人群、重点岗位开始,分层次、分期分批,采用领导授课、专家讲座、分组讨论、业务交流、社会实践等多种形式,对播音员主持人全员轮训,对编辑记者、制片人集中培训,加强对全体从业人员的警示教育。

加强新闻道德建设。始终坚持新闻舆论工作的党性原则,遵守党的政治纪律,严守新闻宣传纪律,严格执行《新闻记者证管理办法》《关于严防虚假新闻报道的若干规定》等法规。在新闻报道工作中,自觉遵守国家法律法规,遵守党的新闻工作纪律,恪守新闻职业精神,正确行使新闻采访权利,杜绝有偿新闻,拒绝虚假报道,剔除低俗内容,抵制不良风气,切实维护新闻工作者遵纪守法的良好形象。坚持不断规范优化新闻采编流程,明确采、编、审、播各个环节的工作责任制,坚持"三审三校",认真核实新闻来源和报道内容,确保新闻报道真实、客观、准确。

加强播音员主持人队伍建设和管理。先后开展《湖北广播电视节目字词差错专项分析报告会》《播音界与话剧界语言形态的交叉和互补》等培训讲座，邀请国内著名演员、专家授课，加强对播音员主持人队伍的业务培训。2015 年 1 月组织召开台播主委换届选举大会，选举产生新一届台播主委，并制定下发《播音员主持人品牌推广管理规定（试行）》，为做好全台播音员主持人的管理和服务工作提供了制度保障。组织全台播音员主持人参加"朝读核心价值观"经典篇目的范读版本录制、《为了永不忘却的纪念》音乐诗会等多场公益活动，展示了播音员主持人的业务素质和个性风采，有效提高品牌知名度和影响力。

严肃处理各类违规失范行为。组建监播评议中心，加强监听监看工作，撰写编发监播报告 269 期，总字数近 260 万字，指出错误 260 条，提出建议 135 条。"大众纠错"活动收到观众、听众短信和网络留言近 16 万条，其中有效信息近 1600 条。依据台《广播电视节目宣传差错处罚条例》，共处罚各类节目差错 1560 条。连续两年开展"查隐患、找不足、强基础"专项整治行动，2015 年发布整治通报 81 期，累计查处播音员念错音、画面不达标等不符合技术标准的工作差错 2434 起，共计处罚 46.2 万元。

6. 坚持把社会效益放在首位，大力推进产业转型升级。积极履行合法经营责任，倡导把社会效益放在首位，社会效益与经济效益协同发展。

始终坚持把社会效益放在首位，严格遵守新广告法，坚决杜绝虚假宣传和违法广告。按照新广告法的监管要求，着力强化对广告内容的监管与清理工作，主动优化广告结构。强化源头管理，及时组织广告经营人员和客户方共同学习领会新广告法精神，向客户方提出规范制作专题广告的合理化建议，在源头上避免违法广告的播出。加强广告审核，严格把握广告舆论导向，严格规范播前审核程序，严控违法风险。2015 年湖北省级电视类广告违规率比上年下降 1.13%；省级广播频率违规率比上年下降 1.77%。

加大公益广告制作播出力度，提升公益形象。统筹公益广告播出，按照总局对公益广告的用时要求，完成了湖北广电旗下 8 个电视频道和 11 套广播频率的公益广告的组织、编辑和上载播出。公益广告的主体涉及"中国梦""抗战胜利 70 周年""扶贫助困""公民道德教育""无偿献血""预防艾滋病"等诸多内容。认真落实国家新闻出版广电总局对公益广告的播出要求，电视全年共制作公益广告 114 条，总时长 49 分钟 15 秒，其中黄金时段播出 11680 次、1551 分钟；广播自制公益广告 9 件，总时长 360 秒，在黄金时间播出 7915 次，确保每套节目每天公益广告时长不少于其商业广告时长的 3%，在 19：00 至 21：00 黄金时间，公益广告数量不少于 4 条（次）。

推动所属企业不断强化合法合规经营。严格遵守《中华人民共和国公司法》及各项法律法规制度，多次举办台（集团）经营管理高级学习班和专业知识讲座，将建立和完善公司法人治理结构等工作列入台（集团）年度重点工作。制定《湖北广播电视台（集团）所属企业管理办法（试行）》《湖北广播电视台（集团）所属公司董事及委派董事管理办法（试行）》《湖北广播电视台（集团）所属公司监事管理办法（试行）》《湖北广播电视台（集团）所属企业领导人选聘暂行办法》等一系列管理制度，不断完善现代企业管理制度。严格遵守各项规章制度，依法纳税，主动承担、积极履行企业公民责任。

用"广电＋"拥抱"互联网＋"，延伸"广电＋"产业链，推进产业转型升级。积极推进"广电＋农业""广电＋电影""广电＋金融""广电＋团购""广电＋汽车""广电＋美食""广电＋旅游""广电＋教育""广电＋求职服务""广电＋创投"等"广电＋"产业集群的蓬勃发展。其中，交通广播长江汽车服务有限公司成功举办三批整车销售，全年创收 4200 万元；路客 APP 集聚用户 60 万人，创收 300 余万元。《经视团购会》格力电器和美的电器专场团购会，实现销售额近 2 亿元。《桃花朵朵开》婚恋生活馆正式开业，成为湖北省第一个以电视品牌节目命名的全新婚恋主题实体场馆。同时，《好吃佬》、《健康金管家》、电波兄妹公司、《鲜到家》等"广电＋"美食、健康、音乐文化、土特农产品等衍生服务产业链都在加快拓展。

7. 坚持"隐患就是事故"理念，确保安全刊播万无一失。2015 年，进一步完善台（集团）各项安播制度和操作流程，不断加强隐患排查和整改的长效机制建设。各技术单位在日常运行保障中及时发现并解决隐患 75 处，提升了设备设施安全系数和运行效率，解决了节目制播中的问题及需求。制定《湖北广播电视台（集团）安全播出事故、违规行为及宣传差错处罚规定（2015 修订版）》，不断强化安全播出意识，不断提升安全播出质量标准，杜绝隐患。

通过精心组织、周密部署、健全安播制度、强化管理措施等手段，有力保障了春节、全国两会、全省两会、"9·3"抗战胜利日大阅兵、国庆等重大节日、重点时段、重要节目的安全播出任务，实现了零停播，确保全年重大播出事故"零"发生。其中，广播电视中心播出的 11 套广播、13 套电视总时长近 19.4 万小时，全年停播 0 秒，卫星地球站湖北卫视上星传输 8750 小时，停播率 1.86 秒／百小时，10 套广播上星传输 92991 小时，停播 0 秒；龟山广播电视发射台 16 套调频电视节目播出总时间 12.6 万小时，停播率 1.57 秒／百小时；广播发射台 3 套中波节目播出总时间 23054 小时，停播率 0.07 秒／百小时；随州发射台 6 套调频、3 套中波广播和 3 套电视共 12 套节目累计发射 85605 小时，停播率 2.55 秒／百小时。停播率指标大大优于国家新闻出版广电总局的要求，圆满完成安全播出任务。

8. 坚持人才优先发展战略，切实保障新闻从业人员权益。严格按照劳动合同法和省、市相关规定，为编制外用工人员办理了社会保险，包括养老保险、医疗保险、失业保险、生育保险、工伤保险，使其能够正常享受各项保险待遇。同时，湖北广播电视台为了保障员工利益，积极向武汉市社保局争取政策，取得支持，为原湖北电视台等频道 1996 年后建立劳动关系的人员补缴了养老保险，确保了职工的合法权益。按照劳动法和劳动合同法等规定，对符合条件的每一位员工均签订了劳动合同。编制外用工人员在合同到期前 3 个月完成聘期内考核工作，对考核合格以上人员按期完成合同续签工作。积极组织记者证申报工作，于 7 月初开始第二批记者证申报工作。按照省新闻出版广电局的要求，严把审核关，积极跟进和协调解决申报过程中遇到的各种问题。通过资料收集、资格审查等环节，共向新闻出版广电局提交 220 人申报材料。其中，电视频道 175 人，广播频率 45 人。

三、履行社会责任方面存在的不足和改进措施

（一）在履行社会责任方面存在的不足

1. 围绕中心、服务大局的主动性、创造性有待进一步加强。新闻宣传服务湖北经济社会发展大局的职能发挥不够充分。主题宣传的创新力度不够，传播力、引导力、影响力、公信力有待进一步提升。

2. 体制机制改革创新力度有待进一步加大。市场化的经营机制、优胜

劣汰的用人机制、激发创造的精品生产机制等还有待完善。

3. 广电产业需要规模化突破性发展。产业实力偏弱，传媒产业链有待延伸拓展。在经营创收结构上，广告及网络产业比例偏大。能够带领湖北广电产业突围发展的市场主体不多。

4. 媒体融合发展步伐有待加快。各频道推进媒体融合发展的进展不平衡。"新媒体"人才匮乏，懂"新媒体"、懂"市场"的人才少；推动媒体融合发展的体制机制、资金投入和技术支撑，有待进一步加强。

（二）改进措施及未来展望

湖北广播电视台将按照党的十八大和十八届三中、四中、五中全会决策部署，深入学习宣传贯彻习近平总书记系列重要讲话精神，全力做好新形势下党的新闻舆论工作，加快构建舆论引导新格局，奋力打造拥有强大传播力、引导力、影响力和公信力的一流新型传媒集团。

1. 全面推进新闻宣传和舆论引导创新，壮大主流思想舆论阵地。始终坚持把政治方向摆在第一位，牢牢坚持党性原则，牢牢坚持马克思主义新闻观，牢牢坚持正确舆论导向，牢牢坚持正面宣传为主，深入做好五大发展理念和党中央治国理政新理念新思想新战略的宣传报道，继续深化对"一带一路"、长江经济带等国家战略在湖北生动实践的宣传，精心策划组织好"两学一做"主题教育宣传。围绕"四个全面"战略布局的实施，创新重大主题宣传，营造强烈的舆论氛围。创新核心价值观宣传，汇聚向善向上的力量。充分发挥新闻舆论精神旗帜、思想引领、文化导向作用。

2. 全面加强精品内容生产，积极培植和打造核心竞争力。紧跟时代、放眼全球，多设计融思想性、艺术性于一体的好栏目，多创办脍炙人口、寓教于乐的好节目。全力推进湖北卫视冲刺进位，加快开门办台的步伐，以更加青春、更具活力的内容助推湖北卫视快速成长。着力打造地面频道集群，以重民生、强娱乐、接地气、增互动为宗旨，进行全方位创新，以专业精神用心打造权威内容及产业拓展的核心竞争力。加强广播频率专业化发展，形成以内容为核心的产业链，推进线下产业多点开花、齐头并进，提升广播频率群市场竞争力和整体实力。着力将湖北卫视《我为喜剧狂》《如果爱》等大型季播节目打造成"现象级"节目。做好重大革命历史题材电视剧《东方战场》的播出工作；电视剧《宜昌保卫战》、电影故事片《你是我的葱姜蒜》的后期制作和宣传发行。精心打磨《长江》《苏东坡》《长江放漾》《村庄》《东方之轮》《荆楚社科名家》等一批高品质的大型纪录片，冲击全国"五个一工程奖"。深度挖掘湖北各市州文化资源，持续推进"一市一片"精品工程。

3. 全面升级"广电＋"产业链，重构媒体产业生态圈。大力推进企业上市，强化资本运营。北京长江传媒实施"产业＋资本"双轮驱动计划，争取跨越发展。长江垄上传媒集团加快实现企业上市的目标。加快推进长江文化投资基金项目。以"广电＋互联网＋产业"为发展路径，以"在播、在网、在场、在商"为发展模式，精心编制并实施"广电＋"三年行动计划，努力探寻符合自身定位的"广电＋"产业链。重点打造"广电＋农业""广电＋汽车""广电＋团购""广电＋金融""广电＋旅游""广电＋婚恋""广电＋教育""广电＋体育""广电＋游戏"等服务产业链，构建"广电＋"产业集群，不断提升造血功能和创收能力。加大对在播和存量优秀节目的市场推介，强化大型季播节目的版权营销，扩大版权营销渠道和销售收入。继续加强公益广告创作和播出工作。

4. 全面推进媒体融合发展，打造区域性生态级媒体平台。全面升级"融媒体新闻生产云平台""长江云移动政务新媒体平台""微摇——百台千县互动平台"三大平台，推动传统媒体和新兴媒体从"相加"到"相融"。畅通线上和线下两个渠道，全力打造区域服务超级产品"智慧湖北"APP，将"长江云""经视摇摇乐""路客"等打造成有影响力和竞争力的移动产品，加快延伸新的服务链和产业链。加快推进所有采编人员向全媒体记者转型；坚持所有新闻报道新媒体首发、电视广播跟发、专题深度解读的原则，全面开展融合报道，打好网络阵地主动仗，牢牢掌握新闻舆论工作主动权。

5. 全面推进管理体制和运行机制创新，不断激发创新创业的活力和动力。推进体制机制改革，激发创新创业的活力和动力。打造有利于创客成长的平台，营造"人人想创业、人人当创客"的氛围。深化独立制片人制改革，激活基本节目生产单元。推进人事制度改革，完善人员能进能出、能上能下、优胜劣汰机制。

湖南广播电视台

社会责任报告

一、湖南广播电视台概况

　　湖南广播电视台有从业人员 1.2 万人，下辖 10 个电视频道、3 个付费数字电视频道、8 个广播频率。其中，湖南卫视、金鹰卡通、国际频道、金鹰纪实频道通过卫星播出。

　　2015 年年末，湖南广播电视台资产总额、所有者权益总额分别达到 403 亿元、286 亿元，分别比年初增长 10.5%、8%，实现了国有资产的保值增值。2015 年总收入达 212 亿元，同比增长 15%，上缴国家各类税费合计 28 亿元，同比增长 60%，继续履行着一个企业公民的责任担当。

二、履行社会责任情况

湖南广播电视台党委历来高度重视履行主流媒体的社会责任，在湖南省委、省委宣传部的正确领导下，不断提升湖南广播电视台作为主流媒体、责任媒体的品牌品质。

（一）主动作为，唱响主旋律

2015年，湖南广播电视台深入贯彻党的十八大和十八届三中、四中、五中全会精神，深入贯彻习近平总书记系列重要讲话精神，紧紧围绕实现中国梦这一宏伟目标，大力弘扬主旋律、传播正能量，为团结人民、鼓舞士气、营造氛围发挥了重要作用。

1. 主题宣传引领舆论，助力经济社会发展。一是开拓宣传新领域，壮大主流舆论阵地。在办好湖南卫视《新闻联播》《经视新闻》，广播《全省新闻联播》等主新闻栏目基础上，2015年湖南卫视增加一档20分钟的《午间新闻》，打造卫视新闻宣传双平台。芒果TV建立《看湖南》视频专区，并在首页给予醒目位置推送。

二是创新报道方式，为经济社会发展凝神聚气。2015年，全台整合资源，精心组织开展全省和全国两会、"决胜全面小康""精准扶贫""纪念抗战胜利 70 周年""大湘东文化旅游经济带""大湘西旅游精品线路""回顾'十二五'"等重点宣传报道，服务基层，引领舆论，助推社会经济发展。特别是卫视新春走基层特别报道《直播惹巴拉》拓展"走转改"新内涵，得到网友和社会各界肯定。

三是精心打造"新闻大片"，传递核心价值。2015 年，湖南卫视大型电视系列报道《湖南好人》集中报道了老县委书记、老县长两袖清风、锐意改革的动人故事，向改革者致敬。《绝对忠诚》第四季聚焦我军作战部队一线指挥官感人故事，获得中国新闻奖一等奖。

四是影视剧、纪录片创作弘扬主旋律。2015 年芒果影视制作完成电视剧《战鼓播》；金鹰纪实频道推出纪录片《永远的丰碑》《用我一湘壮河山》；国际频道纪录片策划制作纪录片《47 天衡阳保卫战》。这些作品主题鲜明、制作精良，深受社会好评。

2. 舆论监督引导社会公序、正义。舆论监督报道始终坚持以事实说话，客观评判，理性引导。如经视的《经视大调查》不畏艰险，深入调查，坚持曝光违纪违法事件；《钟山说事》以个性形象、个性语言，针砭时弊，引导舆论，都深受老百姓喜爱。

都市频道大型信访维权栏目《信访调解进行时》聚焦民生诉求，突出正面引导，开辟了"电视信访"新渠道。2015 年，栏目共成功调解 75 件信访案例，半数以上信访人表示息访息诉。

广播传媒中心推出《长沙楼市调查报告》《惊魂记》《长沙有机蔬菜市场乱象透视》等多组有分量的舆论监督报道，用事实说话，为百姓解忧。

3. 正能量传播弘扬社会主义核心价值观。2015 年，湖南卫视公民道德节目《平民英雄》改版复播。栏目全新定位为"每个人都可能成为英雄"，运用"微电影"加新闻纪实等多种手法，创作了《五勇士大战银行劫匪》《沉船下的潜水英雄》等一批颇具影响力的精品。

经视频道《经视焦点》"凡人之美"、都市频道《都市晚间》"道德模范"等板块专栏把镜头对准身边的普通市民，将身边道德模范推上屏幕，在全社会梳理道德楷模形象。

制作播出公益广告也是湖南广播电视台宣传工作的重要内容之一。2015年，全台各媒体创新制作并高频次刊播"节约能源""保护环境""敬老爱幼""保护未成年人"等系列公益广告宣传片，汇聚了强大的向上正能量。

（二）服务国计民生

2015年，湖南广播电视台各媒体结合定位，在信息传达、普法救助、青少年教育等方面发力，制作了一批形式活泼新颖，内容寓教于乐的精品佳作。

1. 形式多样，信息资讯节目重在传达与帮扶。2015年，广播传媒中心继续推出《交警直播室》《帮帮您热线》《为民热线》等多档以受众服务为基础的特色栏目，为人民群众解决实际问题。

经视频道《经视新闻》以灵活创新的报道形式，生动解读价格收费改革、农村土地流转、乡镇区划调整、反腐倡廉等老百姓关切的热点问题，高度关注民生福祉。高招录取线独家发布直播，第一时间准确发布信息，受到广大考生和家长高度关注。

都市频道服务三农的售卖栏目《都市新鲜货》，以"电视＋微信"方式宣传售卖，搭建地方特产与观众间的通道。《都市惠民购》联动相关行业，建立"都市粉丝"生态经济圈，打造电视家装消费节。

2. 深入浅出，法制宣传注重普法救助。经视频道与省司法厅合办的《钟山说法》采取以案说案、专家评说的节目样式，阐述和解释老百姓日常生活息息相关的法律议题，呼唤公民的法律意识。都市频道普法援助栏目《都市调解室》，配备律师＋调解员的专业阵容，提供司法援助。2015年已调解解决民间矛盾纠纷 200 余起。《平安长沙》《长沙警务报道》等栏目不仅起到了震慑犯罪分子的作用，还与警方联手，帮扶救助 1000 多人次。

广播交通频道推出《新说法》栏目，以新闻的视角说法律故事；以新闻表达诠释法的精神；以新闻的速度服务需要法律帮助的听众。

3. 创新手法，青少年教育重在引导。湖南广播电视台多年来一直深耕青少年市场，以青春视角讲述青春的故事，展现向上向善正能量。无论是大型歌唱节目《我是歌手》，还是青少年亲子养成真人秀《爸爸去哪儿》；无论是 18 年长红的老牌娱乐节目《快乐大本营》，还是深耕多年的公民道德脱口秀《天天向上》，其出发点都是用青少年喜闻乐见的形式，把快乐健康、有梦想就去追求、有梦想就去努力实现的生活理念贯穿其中，潜移默化、润物无声。

湖南卫视科学实验求证节目《新闻大求真》推出全国中小学生安全教育特别节目，得到教育部的高度肯定。生活角色互换节目《变形计》以纪实的手法，挖掘人间大爱，成为广大青少年观众的心灵鸡汤。原创校园纪实节目《一年级大学季》聚焦中国年轻人努力拼搏与青春梦想，用艺术实践探索教育模式，用正确价值引导行业发展。

金鹰卡通频道坚持正能量表达，视引导青少年健康成长为己任。尤其是近两年承接制作的中国梦主题动画片《翻开这一页》《五子炮——渊子崖保卫战》等都获得了收视和口碑的双赢。

金鹰纪实频道和湖南卫视联合打造推出的《我的纪录片》栏目从年轻人的角度，记录他们为改变生活，改变世界而付出的坚持与努力，《乡村里的春晚》《"菜刀"老师的公益青春》等作品分获总局 2015 年优秀国产纪录片推荐目录、2014 年度国产纪录片及创作人才扶持项目"优秀短片"。

电视剧频道推出的《小戏骨》，节目取材于《焦裕禄》《刘三姐》等经典佳片，通过培训 00 后的小演员演大戏，让孩子从小就接受社会主义精神文明和传统文化正能量的熏陶。

娱乐频道也打造推出户外科普亲子真人秀栏目《奇遇大自然》，以全家探索大自然的形式帮助孩子了解科学的生态知识，开阔视野，传递环保理念。

（三）践行公益慈善　凸显人文关怀

湖南广播电视台坚持以人为本、关爱生命，积极担负主流媒体社会责任，践行公益慈善，凸显人文关怀。

1. 心怀慈善，爱满公益。作为国内第一个媒体公益机构，芒果 V 基金全面对接公益慈善资源，自成立以来累计募集、引进和发放的善款超过 3.5 亿元。2015 年募集使用善款超过 2700 万元。其中由芒果 V 基金牵头发起的"救急难"公益项目荣获第九届"中华慈善奖"。

湖南广播传媒中心原创公益活动"全国百城百台爱心送考"创新推出全国首个"爱心送考云服务平台"，为全国考生提供免费乘车、路况疏导等多项服务。

公共频道年度公益项目"湖南好少年"开展线下爱心活动 20 余场，

被评为"湖南省最佳志愿服务项目",入围中央文明办"四个一百"先进典型。频道主栏目《帮女郎 帮你忙》共解决群众求助 2000 余件。

广播传媒中心"一帮一爱心大行动"、2015"金秋助学·大兵义演"、湖南经视"送寒门学子上大学"等活动积极资助贫困大学生,帮助他们实现大学梦。

各媒体通过这些看得见的救助和帮扶,让观众切身感受到媒体的使命担当与社会责任。

2. 对口扶贫。江华瑶族自治县桐冲口村是湖南广播电视台对口扶贫点。为将扶贫工作落到实处,湖南广播电视台领导多次前往扶贫点进行调研,并制定三年扶贫规划,2015 年扶贫支出 555 万元。此外,湖南广播电视台党员、干部 2015 年开展"爱在瑶山,向贫困宣战"募捐活动,筹集善款 130 多万元。同时建立"互联网 +"特色的"芒果瑶"电商门户,有效帮助了当地农副产品销售打开渠道。

3. 对口支援。2015 年湖南广播电视台一如既往做好援藏援疆工作。2015 年援疆援藏支出 328.8 万元。不仅选派多名员工援藏援疆,还连续 5 年组织新疆广电业务骨干到湖南广播电视台交流学习,效果显著。

(四)繁荣发展文化

湖南广播电视台始终坚持"以文化人,以德润心",制作播出了一大批思想上有深度、价值观上有引领、内容形态丰富、人民群众认可度高的广播电视文艺精品。

1. 传承传统文化。湖南卫视每年推出的《小年夜春节联欢晚会》《元宵喜乐会》《中秋晚会》等一系列节庆晚会深度融合中华传统文化和当今的风尚指标，受到广大观众特别是青少年的点赞。

日常节目弘扬中华美德。湖南卫视《天天向上》《噗通噗通的良心》等一批节目创新形式，融入亲情孝道、礼仪文化，展现中华文明之美。《天天向上》之《中华文明之美》每期3分钟，每期1个成语故事，或者传统礼节，用古代学子跟随老师修习文化的形式呈现出来，生动有趣，润物无声。湖南都市2015年开办专栏《百善孝为先》，每周打造"最贤惠的媳妇""最懂事的孙女"等主题，弘扬身边的孝文化。

2. 传播中华文化。2015年，第十四届"汉语桥"以真人秀方式呈现，全新立意"一带一路，世界和平"主题，创新展示我国城乡面貌、旅游资源、发展成就和汉语言魅力。《文化中国　四海同春——全球华侨华人春节大联欢》已成为有全球影响的春节系列文化品牌活动。《爸爸去哪儿（第三季）》父子旅行地涵盖了傣族、维吾尔族、蒙古族、藏族等少数民族居住地，将具有鲜明中国特色、中华文化元素、中国风格、中国气派的文化向全球传递。

搭好平台，推动节目"走出去"。作为湖南省委、省政府对外宣传主阵地，湖南国际频道成功落地亚洲及美洲、欧洲、大洋洲、非洲大部分国家及中国台湾、中国澳门等地区的付费电视网络，并通过IPTV实现全球信号覆盖。海外用户数接近400万户，覆盖人群超过3000万人。同时，2015年牵手加拿大环球传媒集团，双方合作将进一步促进湖南与国际电视传媒交流，更好地向世界推广具有深厚底蕴的湖湘文化。

2015年，湖南卫视品牌节目《我是歌手》《爸爸去哪儿》《一·年级》《奇妙的朋友（第一季）》等节目相继走进中国台湾、中国香港和马来西亚、新加坡主流电视台；《快乐大本营》《天天向上》进入日本、阿联酋、奥地利、法国等航空公司，观众反响热烈。

3. 发展大众文化。湖南广播电视台着眼于人民群众对精神文化生活的新期待，通过多样化的题材、艺术形式和表现手法，推出了一批丰富多彩的文艺作品，推动大众文化发展。

融合本土文化，直播群众文化艺术节庆。2015年，湖南经视相继推出《2015新春音乐会》《六六山歌节晚会》《吉首国际鼓文化节》《中国老司城土家族舍巴节活动》《江华瑶族自治县成立60周年暨第十三届中国瑶族盘王节文艺演出》等多场晚会和直播活动，丰富了群众文艺生活，传播本土文化。

用老百姓喜闻乐见的形式，开展大型群众文化活动。2015年，经视频道推出《三湘读书月》晚会，金鹰卡通频道开展线下活动"麦咕读书会"，都市频道全民舞蹈大赛《湖南省全民广场舞大赛》以及公共频道《湖南省第四届少数民族文艺调演》等大型群众文化活动，人民群众参与踊跃，传播效果好。

（五）强化职业操守

1. 规范制度建设。2015年，湖南广播电视台相继出台《湖南广播电视台招标管理办法》《广告审查管理制度》《劳务派遣人员岗位职级入位办法》《湖南卫视外请嘉宾艺人管理实施细则》等规章制度，进一步完善了媒体节目管理、广告管理、招标投标、财务审批等规章制度。

针对芒果TV业务的迅速发展，通过多方调研，制订了全台新媒体内容管理的相关细则，完善了新媒体节目的报备、报批制度。2015年，芒果TV已构筑起较为完善的内容安全监管体系，充分保障了各平台终端的信息安全。

2. 规范职业行为。2015年，湖南广播电视台继续开办《马克思主义新闻观培训班》，加强对节目一线人员的全员轮训，严格规范从业人员在新闻采编、报道评论、转载传播、广告刊播等各方面的职业行为。与此同时，广泛开展"深入基层、扎根人民"主题实践活动，组织了新闻编辑记者下乡锻炼，《快乐大本营》等综艺制作团队走基层等主题实践活动，促使节目文化品质更饱满、时代气息更浓郁。

在规范新闻采编秩序方面，2015 年湖南广播电视台还在全台范围内开展了打击"新闻敲诈、治理有偿新闻"专项行动。严厉禁止经营人员利用工作便利"采访"、有效杜绝了搞有偿新闻或"有偿不闻"等不良行为。

（六）合法经营

湖南广播电视台以传播社会主义核心价值观为己任，在经营中同样恪守遵纪守法，诚实守信，合法经营。2015 年湖南广播电视台总收入达 212 亿元，同比增长 15%。

在经营方面坚持"无禁区、全覆盖、零容忍"的工作标准，用制度管人、流程管事、堵塞漏洞、规范管理。

2015 年重点狠抓合同流程、报账流程、广告订单审批流程、广告价格及经营政策审批流程以及广告特惠审批流程的落实。

进 步完善财务预算管理，修订《财务预算管理制度》，加强了年度经营计划的监控执行。

强化广告"三审制"，出台《广告审查管理制度》，严格依规发布广告，全年未出现重大违规问题，在确保完成创收任务的同时也保障了广告的安全播出。

（七）安全刊播

安全刊播是一个传媒企业的职责，也是使命。2015 年湖南广播电视台全年未发生任何重大安全播出事故，实现安全播出总时长 121631 小时，确保各频道常规直播 3869 场共计 11488 小时 20 分钟；大型直播 338 场共计 1064 小时。

2015 年，湖南广播电视台完成 11 个频道（电视剧频道、都市频道、娱乐频道、公共频道、金鹰卡通频道、国际频道一套、国际频道二套、金鹰纪实频道、快乐购物频道一套、快乐购物频道二套、快乐垂钓频道）高标清播出系统切割任务。

（八）建设和谐生态

1. 权益保障。记者证申领。2015 年组织新闻采编岗位 285 人次考试，新办理 2015 年版记者证件 267 本。

"五险一金"。按照国家相关政策法规为湖南广播电视台劳务派遣员工以上员工缴纳了医疗、工伤、生育、失业、养老保险及住房公积金，并为特殊岗位员工如高空作业人员、主持人等岗位人员办理了有针对性的意外伤害保险，加强了行业风险的防范。此外，针对非全日制用工等流动性较大的人员，湖南广播电视台每年为他们缴纳雇主责任险，在减少单位用工风险的同时也为非全日制用工在医疗、工伤等方面提供了保障。

员工培训。优化培训开发，树立芒果大讲堂学习品牌，2015年《芒果大讲堂》共计举办专题讲座31场，来自湖南广播电视台各个单位、部室的6100余人参加了培训。

2. 生活保障。践行群众路线，从员工的实际需求出发，加强了员工餐厅的餐饮管理。精益求精的服务理念，推陈出新的服务方式，得到湖南广播电视台职工的一致认可，全年接待就餐人员110万人次。

为解决员工收取"包裹难"的问题，为收件人提供自助收取快递的24小时便民服务终端"速递易"进驻小区，受到广泛欢迎。

关心职工身体健康，举办绿色环境健康讲座、冬病夏治、医疗诊所进小区等特色活动，受益职工达230多人。

交通班车线路根据员工需求作出调整，保证员工安全上下班。

同时，成立了篮球、乒乓球、羽毛球、足球及围棋等5个俱乐部，全年有计划地以各种形式开展活动，参加人数达到3000人次。

3. 环境保障。在评为全国公共机构节能示范单位后，湖南广播电视台继续以高度的社会责任感践行节能环保要求，2015年在湖南广播电视台业务量大量增加的情况下，汽油、天然气消耗量与上年度相比反而分别下降13.34%和19.64%，扎实履行了节能降耗减排的社会职责。

2015年正式开建的湖南广播电视台节目生产基地以演播厅群为基础，配套技术用房、团队办公用房、艺术家工作室、大型停车场，大型数据中心及美术馆等。项目总建筑面积约20万平方米，计划用3年时间打造全球最人的电视节目生产基地，成为一个国际性义化新地标。

为让节目团队的工作环境得到更好的改善，2015年湖南广播电视台改造工程项目13个，装饰改造面积9700平方米。并在改造过程中人性化地增加了厨房、健身房、员工休息室、母婴室及屋顶花园等配套功能区，被节目团队称之为一个功能全面、配套完善、人性化设计的"第二家园"。

三、履行社会责任方面存在的不足和改进措施

（一）在履行社会责任方面存在的不足

2015 年，湖南广播电视台未受到司法、行政、行业部门处罚，但某些方面仍存在短板和不足。

一是更加坚定地把社会效益放在首位。个别频道、个别时段、个别栏目节目存在"唯收视率""唯市场"的倾向，在某种程度上削弱了价值观引导的力量。

二是转作风、改文风有待建立长效机制。目前，我们的"走转改"尚不能形成工作常态；开展"走转改"的新闻团队比较多，文艺团队比较少；打开广播电视，来自基层的鲜活灵动的内容仍然太少。

三是媒体融合的有效路径还有待探索。在传统媒体上打造新媒体，实现媒体融合，还面临不少困难，如在融合格局上，离"你就是我、我就是你"的融合境界还相去甚远；在宣传功能上，新媒体的主流宣传还有待加强；在新媒体体制机制创新上，我们还没取得实质性突破。

（二）改进措施及未来展望

1. 强化导向管理责任。深入贯彻落实习近平总书记在党的新闻舆论工作座谈会上重要讲话精神，更好履行媒体政治使命和社会责任。近期，台里将实施《湖南广播电视台进一步加强媒体导向责任管理实施办法》，把导向管理作为班子和干部目标管理的重点内容，严格落实到位；在内容导向管理上，将一如既往地坚持"导向最高""导向全覆盖"和"导向全流程"原则，坚持将社会责任作为节目考核和评价第一的标准，将导向管理全面覆盖所有媒体、所有节目、所有时段，贯穿媒体节目生产的策划、选题、采访、编辑、制作、审稿、播出等各个环节，不留盲区死角，严把导向关口。

2. 做好正能量宣传。传承"孝"文化，讲好"凡人故事"，褒扬"身边好人"。湖南卫视大型孝道类真人秀《旋风孝子》播出后，深受好评，目前已正加紧策划第二季节目；《真正男子汉》第二季将强化全民家国情怀、传递社会正能量；《汉语桥》《四海同春》等品牌节目继续讲好中国故事，展现中华文明之美；精心制作系列报道《湖南好人》，并将每周在湖南卫视、湖南经视、湖南都市、广播传媒中心播出；湖南都市《都市1时间》开设"书香湖南"板块，倡导全民阅读风气。同时，加强公益宣传片的制作和播出，设立芒果公益广告专项扶持基金。

3. 抓好精品创作。策划生产一批聚焦中国梦、弘扬优秀传统文化的重点项目，推出更多有思想、有温度、有品质的作品和创新节目。金鹰纪实纪录大片《岳麓书院》《大美湘西》、金鹰卡通长篇动画片《翻开这一页》（第二季）都在精心策划制作中，国家新闻出版广电总局已将《翻开这一页》确定为献礼建党 95 周年的重点题材动画片；精心制作播出倡导和谐邻里关系，服务新农村建设的电视剧《我们村的堂客们》。

4. 加强队伍建设。进一步加强马克思主义新闻观教育培训；坚持深化"走转改"，建立节目团队"走基层"长效机制；驰而不息抓好正风肃纪，认真贯彻落实新闻从业人员"十不准"要求，重点防范新闻敲诈和新闻"三假"等现象。

同时，大力完善人才培养和激励机制，促进芒果生态圈的共生型改造，促进更多青年才俊脱颖而出。

5. 推动媒体融合，壮大主流舆论。目前芒果 TV 已逐步加强了对重大主题宣传的介入力度，同时，新闻中心团队也正在积极策划酝酿"芒果新闻"客户端。通过这些举措开辟湖南广电在新媒体上的主流舆论阵地；2016 年湖南广播电视台还要继续进行芒果 TV 第三轮融资，借助资本力量，探索新的体制机制运行方式，促进新媒体进一步做大做优做强。

2015 年，湖南广播电视台坚守主流、融合发展，生态转型、率先突破，从战略上构筑了建设新型主流媒体的平台高地，形成了面向未来的共同语境。

未来，湖南广播电视台将朝着舆论引领者、IP 创造者、平台竞争者、渠道建设者、价值实现者"五位一体"的目标，努力建成最具创新活力和全球影响力的新型主流媒体集团。

南方日报

社会责任报告

一、南方日报概况

南方日报是中共广东省委机关报，1949 年 10 月 23 日创刊于广州，报头由毛泽东同志亲笔题写。南方日报是南方报业传媒集团的旗舰媒体，是广东省委、省政府指导全省工作的重要舆论阵地，以其权威性和公信力，确立了华南地区主流政经媒体的地位。

南方日报日均出版 24 版，按内容分为 8 大板块：封面、要闻板块、时局板块、广东新闻、时事板块、南方深读、新闻周刊和观察／视窗板块，版面结构愈加清晰、成熟。截至 2015 年年底，日均发行量连续 30 年居全国省级党报之首。

南方日报采编部门由要闻编辑部、时政新闻部、经济新闻部、文体新闻部、地方新闻部、珠三角新闻部、视觉新闻部、专刊新闻部、理论评论部、机动记者部等部门构成。截至 2015 年，南方日报干部、职工共计 740人，其中采编人员 524 人。大学本科以上学历 613 人，占全部人员总数的82.83%；获正、副高级职称人员 42 人，占全部人员总数的 5.68%。

二、履行社会责任情况

2015 年，南方日报始终坚持正确的舆论导向，准确传达广东省委的决策与部署，深入反映人民的呼声与愿望，积极充当党和人民之间的桥梁与纽带，巩固壮大主流思想舆论，为党和政府改革发展大局营造良好的舆论氛围，在正确履行社会责任中赢得读者、赢得市场。

（一）履行正确引导责任

2015 年，南方日报围绕中心，服务大局，不辱使命，不折不扣履行好机关报职责，牢牢把握舆论导向。

1. 浓墨重彩做好主题宣传。2015 年，南方日报相继围绕党的十八届五中全会、习近平总书记视察广东三周年、"四个全面"、"一带一路"、创新驱动、全面深化改革、全国两会、生态文明建设、经济形势和经济工作宣传、广东设立自贸区、"三严三实"专题教育、粤东西北振兴发展、纪念中国人民抗日战争暨世界反法西斯战争胜利 70 周年等重大主题和重要会议、重大活动，推出一系列精品力作。在习近平总书记视察广东三周年之际，推出长篇通讯《勇做中国特色社会主义排头兵——写在习近平总书记考察广东三周年之际》，文章大气磅礴、视野开阔、富于创意，获得上级主管部门高度肯定。同时推出署名为"广州大道讲习所"的动漫短片，引起网友热捧，以立体化的正向传播提升党报舆论引导力。5月开始推出的纪念中国人民抗日战争暨世界反法西斯战争胜利70周年系列报道，以"家国七十载 山河寸寸金"为报道主题，重点抓好华南抗战、海外华侨这两大系列报道，70多个整版报道，挖掘出一系列鲜为人知的历史故事，浓墨重彩献上南方的纪念。在"9·3"大阅兵报道中，南方日报紧扣9月3日大阅兵这一高潮节点，以前所未有的"双特刊"形式引爆舆论热点，9月3日推出8个彩版特刊，侧重盘点广东抗战光辉历史，4日推出16个彩版特刊，聚焦重大活动，全面梳理大阅兵精彩亮点以及国际评价、广东回响，格调高雅，文图精美，气势如虹，浓墨重彩，展示了大国风范、南粤激情，新华社述评认为是"此次大阅兵报道中的精彩答卷"。在贯穿全年的创新驱动发展战略系列报道中，南方日报投入100多个版面充分报道，通过论坛、会展等线下活动推进工作，先后两次获得中宣部表扬。在集团实施的"1+X"采编联动机制中，南方日报发挥主导作用，调动集团各报、刊、网，全年实施30多组联动报道，其中习近平总书记视察广东三周年系列报道、广东省委全会报道、创新驱动发展报道等大型联合报道，在社会上产生了巨大反响。此外，《领导过问案件"打招呼"先登记》《再寻沉默的道钉》《工商登记排长龙持续半年未解决》和《毛主席警卫员回乡当起"牛司令"》4件作品获中国新闻奖。

2. 评论紧扣主题"顶天立地"。南方日报一向重视评论的舆论引领作用。全年围绕党的十八届五中全会、中央经济工作会议、中央城市工作会议，省委全会、习近平总书记视察广东三周年、习近平总书记访美访英访非以及出席联合国大会、出席气候变化巴黎大会等重大主题和新闻事件，南方日报及时发声，速度快，质量高。《论五大发展理念》是全国较早全面系统深入论述五大发展理念的重要评论，也是南方日报历史上第一篇整版、篇幅长达万字的评论员文章，详尽、透彻地论述了党的十八届五中全会提出的新的发展理念和发展思想。《改革要在解决突出问题上下功夫》《时代呼唤更多的好干部》等7篇评论文章被人民日报转载，重要报道、评论被新华社转载40多次，这在南方日报历史上是第一次，在各地方党报中也绝无仅有，成为众所瞩目的"南方现象"。国家主席习近平访美系列评论在各主要网站和客户端的浏览总量超过5500万人次，由此开拓了一条地方媒体报道习近平总书记外事活动的创新之路，国际评论渐成南方日报的特色和独家内容，我们的努力和成效得到了上级的高度肯定。

3. 舆论监督卓有成效。在舆论监督报道上，南方日报牢牢把握正确导向，积极探索新时期党媒建设性开展舆论监督的方式方法，整合运用新闻、舆情等产品，全力做好突发性、群体性事件的舆情预警，关键时刻发挥了舆论压舱石的作用。全年在深度调查、舆情作品等方面均卓有成效。广东江河水污染治理备受瞩目，一直以来都是舆论热点话题。南方日报积极谋划，主动发出南方声音，联手省人大环资委、省环保厅等权威部门，与南方都市报、南方杂志、南方网等联动，记者与专家分赴全省江河明察暗访，推出"跨界治水AB面"全媒体报道，从"党和政府明令禁止""人民群众深恶痛绝"的结合点上寻找舆论监督突破口，将人大法律监督、媒体舆论监督、社会公众监督三者有机结合起来。11月，《佛山观察》刊发的《工厂围校何时休》，得到省委主要领导的重要批示，推动佛山加快整治"工厂围校""毒气袭校"问题。七八月间，就"宽带提速"这一热门新闻话题，南方日报前后历时两个多月策划推出了"三问广东宽带""宽带入户难调查"两组原创调查报道，以个案典型调查、追踪的方式聚焦宽带入户难问题，报道获得广泛好评，并推动了问题的有效解决。

（二）履行提供服务责任

2015 年，南方日报按照集团"深耕主业、多元开拓、加快转型、融合发展"战略部署，一手抓纸媒改革创新，一手抓新媒体建设，大力促进两者优势互补、此长彼长、一体发展，满足人民群众不断增长的精神文化需求。

1. 传统纸媒改革改版取得重要成果。10 月 23 日，南方日报启动新世纪以来的第 12 次改版，调整优化了版面体系，进一步提升报纸内容品质，提高围绕中心服务大局的能力；实施流程再造，逐步形成了适应于报、网、端、微博微信、LED 和南方全线通等终端传播需要的内容生产流程；升级南方日报绩效考核体系，将南方快报、南方日报官方微博、微信公众号、手机报、南方舆情、"南方+"、LED、全线通全部嵌入绩效考核，促使每一位员工积极转型，改版成效显著。

2. 报网融合发展取得新进展。2015 年，南方日报与南方网在前年已实现平台渠道、体制机制初步融合的基础上，在日常报道中加大内容融合生产力度，在全国两会、广东省两会、广东省国际咨询会等重大活动中合作顺畅，融合报道做法获得省主要领导的赞扬。在南方日报和南方网的分别努力下，还大力推进南方网地方频道、行业频道改版工作，10 月成功推出南方网移动版和地方频道移动版，更加紧密服务于广东本地用户。通过深度融合，党报党网影响力和经营效益均大幅提升，"1+1>2"效应日益凸显。南方网全球流量排名从 2 万多位跃升至目前基本处于 600 多位，最高峰达到 300 多位，呈现新的跨越；南方日报的内容产品网站转载量和新闻搜索指数在全国所有党报中名列前茅。10 月 23 日，南方日报联合南方杂志、南方网、推出了"南方+"客户端，打造"一报一刊一网一端"新型舆论阵地组合。

3. 将自身信息优势转化为服务社会的资源优势，努力提升服务质量。2015 年，南方日报适应形势发展需要，在提供服务责任上不断创新观念，创新内容，创新方式，取得了显著实效。由南方日报与省总工会联手打造的"工人在线"突出维权主业，12 月，"工人在线"获评"2015 年度公共服务最佳实践"奖。2015 年广东职工大讲堂影响进一步扩大，邀请到李肇星、俞可平、钟南山等名师名家先后开讲，演讲主题既紧扣时事热点，又结合民生实际，满足了职工的各类学习需求，为职工提升素质提供有益平台。2015 年年初，省总工会、省文化厅、南方报业传媒集团联合创立广东工人艺术团，在全省范围内开展"中国梦·劳动美"送文艺进企业活动，将"精神食粮"送给 300 万一线工人，全年共演出 40 场，现场观看表演的职工超过 10 万人，从各种渠道观看并关注活动的人员超过 300 万人。针对年内股市波动剧烈、各种声音纷杂的情况，南方日报组织大量专业报道进行冷静分析，获得了金融界与股民的高度肯定。国家先后 5 次降息 4 次降准，南方日报正确解读政策，剖析降息对经济、民生的影响。针对楼市结构调整的大势，《南方楼市》策划采写了"2015 新年楼市怎么看"系列报道，对房地产形势和趋势进行了全方位的展现和研判。

4. 积极组织各类公益活动。南方日报充分发挥自身优势，用实际行动践行社会公益，为社会带去积极、健康的正能量。全年共举办 12 场广东职工大讲堂。与团省委、省民政厅、省青基会、省福彩中心等共同推出的"培英工程·福彩爱心助学子"活动，招募了 50 名贫困大学新生，提供每人 5000 元的一次性资助，帮助这些贫困大学新生顺利入学。与加多宝集团发起"加多宝·学子情"爱心助学活动，在广东地区帮助 80 名寒门学子顺利入学。还成功发起"寻找广东十大茶乡"系列评选活动，以全媒体报道形式宣传广东的茶文化，在广东乃至全国茶叶界都引起极大反响。

（三）切实履行人文关怀责任

南方日报坚持团结稳定鼓劲、正面宣传为主的新闻宣传工作方针，把服务人民作为新闻工作的基点和归宿。

1. 在灾难事故报道中树立民本意识。2015 年，南方日报稳妥开展公共突发灾难事件报道。4 月 25 日，尼泊尔加德满都发生里氏 8.1 级地震，急需国际社会的帮助，南方日报派出 3 名记者奔赴尼泊尔，刊发《尼泊尔灾区有了流动的"中国医院"》《尼泊尔地震中的中国救援》等充满温情的稿件。10 月 4 日国庆期间，第 22 号强台风"彩虹"在广东省湛江市坡头区沿海登陆。南方日报记者迅速奔赴前方采访，除了呈现台风登陆的惊险过程和灾情报道外，还刊发《一个看守所的紧急转移》《风眼中的坡头：渔民盼保险保驾护航》等调查性稿件，为解决渔业安全隐患寻找理性建议。12 月 20 日，深圳市光明新区凤凰社区恒泰裕工业园发生山体滑坡，南方日报紧急成立 30 余人的前后方联动报道小组，进行客观理性的报道，既紧跟党委政府的救援、调查等权威动态，又及时发回不放弃救援、灾民安置等温情现场，刊发《生命的握手》等极具现场感和冲击力的高质量稿件，在灾难事故报道中树立民本意识，给事故救援和灾后安置等营造了良好的舆论氛围。

2. 在日常报道中关注人的视角。为了时刻呼唤社会对于弱势群体的关注，南方日报从没有遗忘媒体的人文关怀责任。南方日报相继推出了多个以基层人物为报道对象的系列策划。其中《广州·寻梦》系列贯穿全年，共书写了超过 30 位外来务工人员在广州为实现梦想而拼搏的真实故事。

报道紧紧围绕"中国梦"等主题，通过深入采访挖掘群体的奋斗历程，激励更多在广州的务工人员坚定人生方向，积极前行。此外还推出了"创新驱动·科技牛人传"系列故事报道，专注讲好人物故事，突出报道的知识性、趣味性，让主题报道见物见人。

3. 及时反映基层群众意见呼声。民生无小事。为了更好地反映基层群众的意见和呼声，南方日报从主报到各地观察都设置"舆情版"，依托舆情平台信息抓取技术挖掘、分析舆论热点，并据此进行内容生产。2015年年初广东省实施汽车国五排放标准，由于政策实施过渡期短，导致了市场各方强烈反弹，南方日报推出了《粤汽车流通业疾呼：设国五缓冲期，松绑"限迁"》，传递各方舆论，最终促成该政策暂缓至年底实施，受到行业的极大关注和外界赞誉。2015年年初，记者深入清远农村采访，推出了《清远农村综合改革试点启示录》系列通讯，清远农村综合改革成为国内农村改革的地方样本和热门话题，其改革经验受到国家相关部门领导的肯定，年末被写入国家层面的农村综合改革方案之中。

（四）履行繁荣发展文化责任

南方日报始终坚持为人民服务、为社会主义服务的方针，自觉承担社会教化、道德传承的职能，在推动社会主义文化大发展大繁荣的进程中发挥了应有的作用。

1. 扎根基层，反映基层文艺工作动态。2015年，南方日报积极围绕习近平总书记在文艺工作座谈会上的重要讲话精神，策划了一系列专题报道、特刊和版面。12月，南方日报在要闻版推出"文艺工作者在基层"的系列报道，推出《广东画院基层采风，共探龙门农民画发展之道》《专业赛事开门办，舞台劲刮生活风》《优秀节目将进行惠民巡演》等 8 篇反映基层文艺工作动态的报道，在社会上引起了良好的反响。为了给广东文艺创作提供一个作品展示平台，催生更多优秀的文艺作品，推动广东省文艺创作繁荣，南方日报还开辟了"深入生活　扎根人民——广东文艺新作展"专版，目前已推出作家黄金明散文专版，省纪委反腐话剧精品《沧海清风》文艺评论专版等。

2. 讲好广东故事，传播好广东声音。围绕习近平总书记 2013 年在全国宣传思想工作会议上强调的"讲好中国故事，传播好中国声音"的要求，南方日报在 2015 年打造"讲好广东故事，传播好广东声音"的报道体系，筹备组建全球华文媒体广东供稿中心，联系调研了海外约 300 家华文媒体。其中，亚洲 53 家、欧洲 70 家、大洋洲 27 家、北美洲 54 家、南美洲 16 家、非洲 5 家。共收到来自美国、加拿大、英国、法国、匈牙利、俄罗斯、德国、日本、印度尼西亚等国的 30 余家海外媒体的回复回应。南方日报与印尼商报的合作，是推进全球华文媒体广东供稿中心项目进展的关键一步，不仅将南方声音传播到广大印尼侨胞之中，更在海上丝绸之路战略中，为促进广东文化及广东企业在印尼传播发展，搭建起一座桥梁。

3. 倡导全民阅读，助力建设"读书型社会"。为贯彻"全民阅读社会建设"战略，由广东省委宣传部指导，南方日报主办了"阅读改变人生——广东阅读达人读好书"评选活动，并在南方日报《读书》版对 16位"读书达人"进行了连续报道。该报道对于提升广东全民阅读社会的质量，对广东建设"读书型社会"意义重大。8 月，推出"南国书香节"系列报道，办好"2015 南方国际文学周"活动。文学周以"文学与未来"为主题，以"让每个读者领略文学的美好与感动"为口号，以"文学活动策划 + 系列报道"的组合模式，在书香节期间营造了良好的社会氛围。

4.传播优秀广东文化，擦亮广东文化品牌。围绕习近平总书记"家教家风"建设的指示精神，南方日报自 5 月 21 日起推出《百姓寻根——我的祖先我的根》系列报道。报道从岭南姓氏文化的发端，到客家、广府、潮汕等地的名门望族，深入挖掘岭南先贤们在开拓南粤热土过程中留下的优秀家风家族文化。截至 12 月底，系列报道已经推出 27 期。12 月 7 日，由省委宣传部主办的第二届"广东文艺终身成就奖"在广州举行颁奖典礼。当天，南方日报推出 16 个全彩版的大型系列报道，向读者宣传了获奖的 15 位老一辈艺术家们辛勤耕耘、执着奉献的高尚情操，潜心钻研、不断进取的拼搏事迹，用文艺大家的成才之路阐释习近平总书记在文艺工作座谈会上的重要讲话精神，弘扬先进文化和时代主旋律，促进广东文艺事业繁荣发展，擦亮广东文化品牌。

（五）履行遵守职业规范责任

南方日报作为党的重要宣传阵地，始终坚持党管媒体原则不动摇，过去一年，报社大力加强班子建设、队伍建设、思想建设，牢牢把握舆论引导工作的领导权、主导权。

1.大力加强干部队伍建设。在省委组织部、宣传部的指导下，南方日报顺利完成新一轮竞聘上岗工作，75 名政治强、业务精、作风正、纪律严的干部走上新岗位，成为推动南方日报改革发展的骨干力量。同时，还选拔了一批优秀采编骨干到舆情研究中心轮岗，加强把关能力，强化采编综合素质，打造出一支导向正确、纪律性强的新闻队伍。

2.大力加强队伍思想建设。坚持和完善专题学习制度，领导干部带头"讲学"，全体党员带头学习，以习近平总书记系列重要讲话精神凝聚党员干部共识。通过深入浅出的案例剖析、理论分析，要求全体采编人员以高度的省委机关报意识，增强政治定力、责任定力、纪律定力，履行好省委机关报的使命、责任与担当。

3. 狠抓作风建设。严格实施责任追究制度。2015 年，南方日报全面部署、全面检查，突出重点，加强对要害部门、关键环节的排查治理，从全流程防范违规违法行为的发生，使南方日报社的新闻职业道德建设走上制度化、规范化、常态化的轨道。同时，深入开展"三严三实"专题教育，将专题教育和报社改革发展重点工作、巡视整改结合起来，建立作风建设长效机制，取得显著成效。

4. 加大培训力度，提高采编人员业务能力和专业素养。南方日报将提高新闻队伍素质作为基础性工程来抓，加大融媒体培训，2015 年开展了多次全媒体技能培训，邀请了集团内外的业界学界专家、学者来报社开讲，引导广大采编人员向全媒体复合型人才转型，为采编队伍更好地履行职责奠定更坚实的基础。

（六）履行合法经营责任

在经营方面，南方日报在社会效益为先的前提下，努力提高经济效益。

1. 规范经营行为。南方日报始终牢固树立合法经营意识，深入学习国家关于企业特别是国有企业经营行为的规章制度，并以学促用，自觉用规章制度指导实践工作。同时建立健全管理制度，杜绝不良经营行为。经营人员严格按照公司法和所有制工业企业法及其他相关法律法规开展经营工作，诚实守信，合法经营，自觉抵制不正当竞争行为，以实际行动擦亮南方日报的金字招牌。从 2006 年至今，已连续 9 年获得"广东省诚信示范企业"荣誉称号。

2. 自觉履行纳税义务。企业实行财务委派制度，由财务人员真实、准确、完整地按照《中华人民共和国企业所得税法》及其实施条例、《中华人民共和国税收征收管理法》及其实施细则以及其他税收法律法规的相关规定，按时填报和缴纳各种税费。

3. 不刊播违法违规广告。南方日报严格遵循广告法、《大众传播媒介广告发布审查规定》、"两品一械"广告审查规定等法律法规。新广告法出台后，在第一时间组织培训，学习新广告法内容，自觉学习新广告法，并在制度上制定了高于行业要求的"广告出版三审把关制度"，建立了一支专业的审查团队和一套严谨的审查流程，对广告稿件进行严格的审查把关。自觉抵制虚假违法广告，对于侵害消费者合法权益的医疗、药品、保健食品广告实行零投放，在社会公众中树立了良好的形象。

4. 积极做好公益广告刊播工作。南方日报以社会效益为重，认真落实中宣部的文件精神，把"讲文明 树新风"公益广告宣传作为一项重要任务来抓，充分发挥新闻媒体的媒介作用，为营造文明和谐的社会氛围而努力。据统计，全年发布的"讲文明 树新风"公益广告共有 79 次，合计近 40 个全版版面面积。

（七）履行安全刊播责任

2015 年，南方日报按照集团"制度落实年"的要求，抓好科学管理，不断完善制度体系，以钉钉子的精神、全方位、全流程抓好制度落实，坚持用制度来约束人、管理人、培育人，切实保障安全出报。

1. 进一步完善《南方日报采编工作规范》。多年来，南方日报已建立健全了一整套确保安全刊播的规章制度，包括《南方日报审校工作规范（试行）》《南方日报出版发行流程管理规定》《南方日报采前会、南方日报采编协调会、南方日报编前会制度》《南方日报微博管理规定》《南方日报三审把关制度》等，形成了较为完善的工作机制。2015年南方日报继续完善《南方日报采编工作规范》，对南方日报采编工作的基本原则、流程管控、把关要求、岗位责任等进行了全面梳理，明确了选题、采写、编辑、审读、终审、刊播等内容生产流程各个环节、每个岗位的职责要求，健全了层级把关、责任追究、考核培训等规定，并建立了详细的责任清单，确保了每一个业务流程更规范，每一个工作岗位的责任都有记录、可追溯，为规范新闻采编工作，杜绝新闻不良行为提供了制度保证。

2. 坚持采编经营"两分开"制度。南方日报一以贯之地坚持采编、经营"两分开""两加强"制度，保证了整个新闻产品产业链条的完整与安全。地方记者站确立了构建"平台制组织、创业型团队"的总体方向，推出主笔工作室制等创新制度，出台了办事处采编人员薪酬考核管理办法的试行方案，从考核制度上确保实现采编经营"两分开"。

（八）履行保障新闻从业人员权益责任

南方日报本着对每一位员工负责的原则，始终注重维护员工合法权益、保证聘用和职业发展的公平公正，同时制定符合国情和单位实际的薪酬体系，开展员工培训，提升报社凝聚力，提高人才队伍素质。

1. 公平公开公正招聘员工。每年通过开展校园招聘活动，在全国高校公开招聘应届毕业生，并坚持向社会公开招聘人才，通过严格执行公开、公平、公正的招聘流程把好进人关。

2. 不断完善薪酬体系。南方日报薪酬制定符合国家和广东省规定，针对岗位类型制定较合理的绩效考核体系，不断完善员工特别是采编部门员工激励机制。2015 年，为适应南方日报转型需求，本着"向采编一线倾斜、体现多劳多得"的原则，制定了全媒体考核细则，对官方微博、微信公众号、南方舆情、"南方 +"客户端等新媒体端口采编作品进行考核，稳步提高采编人员稿费和编辑费标准。

3. 认真落实员工的各项福利待遇。严格履行劳动法、劳动合同法。按照有关规定，与新员工及时签订《事业单位人员聘用合同书》，为每一位在职员工按时缴纳"五险一金"。认真执行职工法定假期、带薪年假、病假、婚假、产假、丧假、工伤假等制度，保障员工享受应有的假期及福利。同时严格按照《新闻记者证管理办法》，为 304 名采编人员办理了记者证。进一步加大"困难员工帮扶基金"筹款和帮扶力度，帮扶困难员工29 人。

三、履行社会责任方面存在的不足和改进措施

（一）在履行社会责任方面存在的不足

2015 年，南方日报在履行社会责任方面尽到了职责，在实践中建立了

良好的社会形象，但与党对新闻媒体发挥作用的要求相比，与人民群众的期盼相比，还存在着一些不足：一是舆论引导水平有待进一步提升；二是服务群众能力有待进一步增强；三是传播手段还需进一步改进；等等。

（二）改进措施及未来展望

2016 年是"十三五"开局之年，南方日报将进一步履行好省委机关报的职责使命，深化品质传播，加强内容创新，集中力量打造拳头产品，加快支撑媒体转型的体制机制改革，以实实在在的行动赢得转型发展的主动权，努力当好媒体融合发展的排头兵。

1. 在做好主题宣传上下功夫，不断增强舆论引导能力。在媒体格局发生深刻变革的当下，南方日报将秉持省委机关报的职责使命，围绕中心，服务大局，深入学习领会习近平总书记系列重要讲话精神和中央、省委的重大决策部署，高举主流舆论引导大旗，牢牢把握正确导向，旗帜鲜明地弘扬主旋律、传播正能量，进一步提高主流媒体舆论引导水平，提升宣传服务水平。同时，进一步加强理论评论，做有高度、深度又不失温度的评论：在中央、省委的重大决策部署、中心工作，国际国内省内重大事件以及关键时间节点上以社论、评论员文章的形式及时发声，及时作出解读，形成舆论引导上的一锤定音；倾听人民的呼声，关注人民群众普遍关心的热点、难点问题，引导舆论。进一步开展建设性舆论监督，加强与各级权威部门的合作，通过内参、舆情产品提升对党委、政府的参谋服务能力。对一些党委政府明令禁止、群众反映强烈的民生热点问题，以及"四风"问题和侵害群众利益行为，进行暗访曝光，进行建设性的舆论监督，推动问题解决。

2. 在提升服务能力上下功夫，加快融合转型步伐。党的十八届五中全会提出，大力实施网络强国战略、国家大数据战略、"互联网＋"行动计划。2016年，南方日报将积极运用互联网思维、一体化思维来思考问题、谋划工作，全力加快内容创新、业态创新、体制机制创新和创新人才培养，推进生产、传播、服务全面转型。集中力量打造拳头产品，强化业态创新和服务创新。应对新的媒体环境与挑战，抓住媒体融合发展的重大历史机遇，主动作为，"南方＋"客户端，要力争成为发布广东新闻最权威、最及时、最具影响力的移动端产品，加快迭代升级，实现在互动中服务，在服务中引导，打造广东在移动传播领域的主阵地，以此来提升服务中心工作的能力。一方面，将进一步深耕线条资源，将专业资源转化为生产力，创新产品开发模式，加大对互联网垂直产品的开发力度。另一方面，通过发布创新指数，进一步提高南方日报对政府工作的服务能力。同时，启动全球华文媒体广东供稿中心，和暨南大学新闻与传播学院共建海外华文媒体实习基地，更进一步"讲好广东故事，传播好广东声音"。

3. 在加快体制机制改革上下功夫，营造激励创新氛围。在媒体转型变革大潮中，只有加快体制机制改革，创造良好的经济效益，才能留住人才、用好人才、造就人才。南方日报将进一步加强各部门的内部管理，建设学习型组织，加强行业"名记名编"的包装，通过栏目经营，报网端融合传播，培育一批在业界有影响力的名记者、名专栏，在报网融合的探索实践中建立起一支适应媒体转型的"融媒体"采编团队。在体制机制、专业认可、薪酬体系等方面给专业采编人员更多的成长通道和空间。还要加大组织优化变革力度，建立健全支持新媒体新产品新服务的供稿、考核、分配机制。继续完善考评机制，在培养融合型人才方面有所侧重，对致力于视频、公众号、舆情、客户端等新媒体业务转型的采编人员，给予鼓励和考评保障。围绕报网融合的理念和创新发展的思路，对报题、选题、采编沟通、用稿、回访等深度报道全流程进行标准化。

南国都市报

社会责任报告

一、南国都市报概况

南国都市报是由海南日报报业集团主管主办的综合性都市报，于2001年1月1日创刊发行，4开32版，期期彩报。

南国都市报奉行"市民的需要第一"的办报宗旨，以"说市民话，办市民事，帮市民忙，进市民家"为办报思路，长期坚持贴近实际、贴近生活、贴近群众的办报原则，着力丰富和满足海南地区市民和游客的精神文化生活，内容积极向上，为当地市民和游客所喜爱，成为海南省发行量最大的都市类报纸。

南国都市报在办报过程中主动承担媒体的社会责任，多年来的表现也得到了读者和社会的肯定。

二、履行社会责任情况

（一）履行正确引导责任

2015 年，南国都市报继续坚持以邓小平理论、"三个代表"重要思想和科学发展观为指导，深入学习贯彻习近平总书记系列重要讲话精神，坚持党管新闻和政治家办报的原则，坚持正确的舆论导向和出版方向，积极准确宣传党的路线、方针和政策，强化正面报道、深度报道，积极宣传海南改革、开放和现代化建设。

1.及时准确报道党委和政府的中心工作、民生工作。南国都市报根据海南省委、省政府的工作部署重点围绕政府中心工作和特色民生工作进行准确、及时报道。除了省党代会、省两会、博鳌亚洲论坛、全省经济工作会议外，年度内的一些党委政府重要工作及重大新闻事件，南国都市报也会牢牢把握基调浓墨重彩予以宣传报道，如全省重点工程百日大会战、环岛高铁通车、西南电厂和昌江核电厂并网发电、学习乐东经验、"抓好'一带一路'重大机遇 讲好海南科学发展故事"、关注东寨港红树林自然保护区、解放海南 65 周年特刊《丰碑》、"不能忘却的历史——纪念抗战胜利 70 周年"等。期间还配合海口市"双创"工作连续推出大型系列报道"文明与你同行，创建从我做起"；配合政府菜价调控推出的关注菜价系列报道；配合政府打击违建推出"打击违建海南在行动"系列报道；针对"互联网+"的宣传推出"大众创业，万众创新"大学生创业在海南系列报道等。同时还加强与食品药品监督部门的合作，对食品药品安全问题进行了关注，推出了校园"五毛食品"系列报道、手工作坊食品加工隐患问题等多篇稿件，均取得了较好的社会反响。

2. 以正确舆论导向为基础做好舆论监督工作。舆论监督是南国都市报承担社会责任的一个主要抓手。历年来南国都市报都在坚持正确政治导向和思想导向的基础上成功组织开展了许多舆论监督报道，其中包括产生过重大影响的"大米书记"和"公章主任"等。2015年南国都市报继续围绕社会热点难点加强舆论监督报道，引导社会关注，并有效推动了问题的解决，如"万宁百年重阳古树被砍倒"事件等。

2015年从中央到地方均加大了反腐工作，南国都市报也紧跟热点做好相关报道，充分发挥媒体的监督警示宣传作用，对净化社会风气改善工作作风作出了一定贡献。在开展舆论监督工作时，南国都市报都牢牢遵循相关工作规范，严格执行相关工作程序，必要时在第一时间加强与涉事单位的交流沟通，建立健全交流沟通的相应机制，从法律层面确保舆论监督的正确导向。

《南国都市报》2015 年有影响力的本地舆论监督报道

序号	日期	舆论监督报道
1	5 月 25 日	万宁百年重阳古树被砍倒
2	5 月 28 日	海屯高速违规车辆一个月被罚 4 万还不悔改
3	6 月 8 日	海口一考点前路段多个井盖被掀开
4	6 月 15 日	海口丘贤园绿地成了放牛场，满地是牛粪
5	6 月 30 日	10 多公里万泉河河道，6 艘钢船连夜疯狂采砂
6	7 月 25 日	公路路基成采砂点

序号	日期	舆论监督报道
7	7月29日	灵山镇仙月仙河成了臭水沟
8	8月5日	海口火车站"黑车"猖狂依旧，谁来管管?
9	9月27日	"黑车"在执法人员眼皮底下拉客
10	11月9日	琼中中平:疯狂盗稀土,大山伤筋骨
11	11月13日	拉客仔比"黑车"还黑
12	11月25日	小偷开冰箱喝饮料,还穿走业主衣服
13	12月22日	违建农贸市场紧挨小学而建

3.传播和弘扬高尚的价值观念、审美观念和行为观念。弘扬帮扶精神点赞凡人善举是南国都市报履行舆论引导责任的一个重要方式，多年来报社在这方面做了许多卓有成效的工作。2015年报纸继续及时报道各类好人好事，做好对社会主义核心价值体系的宣传报道，如《7万元失而复得，失主感动落泪》等，传递了社会正能量。此外，报社还联合阿里公益推出了"天天正能量""公益上头条"等公益活动。

《南国都市报》2015年有影响力的弘扬社会正能量报道

序号	日期	弘扬社会正能量报道
1	5月14日	4300元分文不少交失主（点赞拾金不昧精神）
2	5月24日	曾经的大学教师现在要找工作（帮扶报道）
3	5月25日	敬老院里开荒种菜（点赞帮扶精神）
4	5月30日	"小事"解决老人满意（弘扬公仆意识）
5	6月2日	群众遇到危难,我们不管谁来管?（弘扬见义勇为精神）
6	6月15日	协警英勇制止被割断手筋（点赞见义勇为精神）
7	6月23日	小小的他肚子肿如篮球（帮扶报道）
8	7月27日	7个多月孕妈妈挺着大肚子流落街头（帮扶报道）
9	9月15日	爱让残友"站"起来
10	10月6日	7万元失而复得,失主感动落泪（点赞拾金不昧精神）

（二）履行提供服务责任

1. 做好副刊版面，提供更实用的生活资讯。2015 年南国都市报顺应形势想方设法做好副刊版面，将原有的周刊《家周刊》《悦周刊》《星周刊》整合，增加生活类版面——乐活、彩票、拍案、@我、星闻、娱情、健康、乐活、情感、婚恋、成长、早茶、史事、悦读、椰树、习作、真的吗、奇趣事等版数，在保持以往风格的基础上，抓住当前新闻热点，增强版面内容的服务性、实用性、故事性、趣味性、互动性，为读者提供更实用、更生活化的资讯。

《南国都市报》2015 年主要生活资讯服务版面

序号	版面	提供的信息内容
1	@我	关注网络上与生活接近的热点
2	早茶	以轻松的风格刊登史料、故事
3	椰树	精选本地作者的文章发表
4	成长	从家长的角度关注孩子
5	习作	每篇文章由著名老师点评，帮助孩子提高作文水平
6	悦读	站在生活的角度说感受
7	乐活	介绍"潮职业"
8	情感	以话题带出情感故事
9	健康	介绍医疗、养生、保健知识

2. 加强全媒体融合，健全信息服务体系。近些年，新闻宣传渠道、读者获取信息的途径等均在发生着变化。为更好向读者提供服务，让广大读者获取新闻资讯更加便捷，2015 年南国都市报加大对新媒体平台的搭建、

宣传力度。通过努力，南国都市报微信公众号粉丝增长近 3 倍，新浪、腾讯两个微博的粉丝数超过 170 万，感动海南客户端进行了升级开发，更多实用功能成功升级上线，实现了传播正能量、增强服务用户能力的目标。报社要求全员参与微信新闻的选择与编辑，强调原创，鼓励策划，把新闻做好看起来，新闻多次取得阅读量"10 万＋"的好成绩。粉丝评论、点赞数量也一直呈上升趋势。微信公众号在原有的推送新闻、自动回复、查找会员等功能基础上，又逐步开发出微网页、超链接等功能，扩大了展示空间。海口市委宣传部也选择在南国都市报微信公众号做"打造有温度的城市"微网页，开展了多个活动，有效扩大了本报新媒体的影响力。微信公众号还经常启动给粉丝送福利的活动，如抢电影票、演唱会票等，以及利用新的第三方平台推出大转盘、一战到底、微信路由、浇花小游戏、微助力、幸运水果机、砸金蛋等几十种趣味互动游戏。这些工作增加了粉丝黏性和活跃度，也起到了更好地吸引粉丝和服务读者的效果。

3. 开展"琼中女足影像展"，为青少年学生提供励志精神服务。2015 年10 月 21 日至 11 月 25 日，在海南省委宣传部精心指导和大力支持下，南国都市报成功举办了历时 35 天的"风雨拼搏、足球铸梦——琼中女足走进校园励志影像大型巡展"活动。巡展内容为：以琼中女足近 10 年来的成长历程为主线，从《南国都市报》历年积累的上万张摄影作品中筛选出百余幅视觉感染力强的作品制作成 60 块可移动的展板，编排成"领导关怀""建队之初""艰苦拼搏""追逐梦想""精神传承""收获希望""夺取冠军"等 11 个章节，翔实讲述琼中女足的成长故事以及全面直观地宣传她们身上吃苦耐劳、勇于追梦、顽强拼搏的"琼中女足精神"。巡展先后在海南中学、景山学校、国科园实验学校、海师附中、灵山中学、琼海实验小学、三亚凤凰中学、海口一中、临高中学、琼中中学等 5 个市县的 10 所中小学校展开，共计有数万名中小学生现场参观展览并与女足队员们交流互动。同时，南国都市报全程跟踪报道巡展活动，先后刊发了近 20 个整版共 50 余篇新闻报道。南国都市报还通过官方新媒体平台（微博、微信和客户端）实时跟进，进一步拓展了巡展活动的宣传效应。巡展每到一处都受到了广大师生的欢迎，引起了所在学校师生的强烈共鸣和热烈反响，让同学们深切感受到了她们身上蓬勃进取的精气神以及所散发出来的正能量。"琼中女足精神"因此成功植根于全省中小学校广大大学生的心中，更辐射到了校园之外，成为广大青少年励志向上的榜样。此外，这次巡展活动是在海南省大力发展校园足球的背景下举办的，期间南国都市报多次组织琼中女足队员走进校园与中小学生进行足球友谊赛，还共同召开主题班会、座谈会等多种形式的互动交流活动，极大地培养和激发了许多年轻学子对于足球运动的兴趣，也有效地推动了海南省校园足球运动的发展。

4. 开展社会性服务活动，帮助群众解决实际困难。2015 年南国都市报开展了大量的社会性服务活动，同时也帮助群众解决了一些实际困难。

《南国都市报》2015 年开展的主要社会性服务活动

序号	活动名称	活动简介和影响
1	记者编辑进社区	记者编辑走进社区，多角度、多方位和普通市民联系，现场倾听他们的声音，力所能及地为他们排忧解难。
2	资助高考特困生"圆梦行动"	南国都市报连续多年成为团省委、省希望工程办资助贫困大学生"海南省希望工程圆梦行动"的合作伙伴。从 2003 年以来，"圆梦行动"每年都得到很多的企业和个人捐款赞助，累计帮助超过 2 万名海南贫困学子实现了大学梦，并在全社会掀起了捐资助学的热潮，成为海南省宣传效果最好、社会参与面最广、社会影响力最强、资助人数最多的慈善工程。2015 年"圆梦行动"为 97 名学生筹集了 111 万余元爱心资助款项。

序号	活动名称	活动简介和影响
3	"南国情缘俱乐部"多项活动	俱乐部目前共有会员近 1600 名。2015 年俱乐部除日常接受读者来访、会员查联、定期回访外，还通过报纸不定期地刊登消息，开通了《会员情报站》《会员小故事》《约会进行时》《喜喜报传来》等栏目。另外，还开通了南国情缘俱乐部官方微博、微信，与读者即时沟通互动，更好地为单身读者服务。
4	"南国万人相亲大会"	2015 年 11 月 29 日，在海口骑楼老街成功举办大型活动"2015 南国万人相亲大会"，现场人头攒动热闹非凡。"南国万人相亲会"已经成为海南省单身男女交友和婚恋的重要平台。
5	"南国卖报小行家""军事拓展夏令营"和"第四届中小学生手抄报大赛"	继续针对广大小读者推出了"南国卖报小行家""2015 走进绿色军营军事拓展夏令营""第四届南国中小学生手抄报大赛"等一系列品牌活动，其中"南国卖报小行家"吸引了千名中小学生报名参加，有 577 名中小学生参加了"军事拓展夏令营"。这些活动不仅增加了青少年学生的知识，也增强了青少年学生的体质，还锤炼了青少年学生的性格，培养了青少年学生的人文素养和审美情趣，实现了帮助青少年学生更好成长的目的。俱乐部和夏令营人气十足，学生非常喜欢，家长也非常满意，它们已成为南国都市报服务读者的重要平台。

（三）履行人文关怀责任

南国都市报非常关注和尊重社会弱势群体，并在日常报道中侧重反映他们的意见和呼声。2015 年春节前夕，南国都市报发起了"爱心年夜饭"大型公益活动，呼吁社会爱心人士为需要帮助的困难人群送上一餐温暖的年夜饭，全省各地有上千困难群众（包括孤残儿童、孤寡老人、困难家庭、留守儿童、单亲困难母亲、贫困大学生、环卫工人、投递员、小区保安以及外来务工人员等人士）应邀参加年夜饭活动。"南国爱心年夜饭"活动秉持的宗旨是搭建爱心桥梁、传递社会爱心，让社会大爱陪伴困难群众度过美好节日。"爱心年夜饭"期间，南国都市报每天用一到两个版进行宣传报道，版面挂起了红灯笼，披上了红缎子，迎面而来的是春节气息，喜庆、热闹、和谐、吉祥。南国都市报记者通过镜头的真实捕捉，用简朴的文字记录每个参加活动人员的笑脸、温暖、喜悦。"爱心年夜饭"公益活动及相关宣传报道就像冬日里的阳光，它凝聚着海南社会各界爱的力量，温暖了那些需要帮助的困难群体，同时也充分宣传了正能量，感动了整个社会。

（四）履行繁荣发展文化责任

南国都市报为繁荣海南省文化教育事业、弘扬社会主义核心价值观发挥了重要作用。

1. 建设"南国阳光书库"，积极承担知识普及和社会教化的责任。南国都市报于 2006 年 1 月 13 日开始成立"南国阳光书库"，截至 2015 年年底已建立了 44 个，遍布全省各个市县，送出各类图书超过 15 万册。"南国阳光书库"不断发动社会各界参与到捐书行列中，并将图书送给那些需要知识、渴望成长的乡村孩子们。"南国阳光书库"传递爱心、普及知识，它凝聚着南国都市报人的梦想和爱心，也给农村孩子带去了读书的乐趣和生活的希望。目前，第 45 个阳光书库正在筹备当中。

2. 承办"感动海南"评选活动，主动扛起弘扬和践行社会主义核心价值观的责任。南国都市报全面贯彻党的十八大以来的路线和方针政策，在全社会大力弘扬无私奉献的社会正气，倡导与时俱进的时代精神，褒奖鼓舞人心的传统美德，传递爱心，传播文明正能量，打造海南人民的精神偶像，激发广大人民群众热爱社会、建设海南的激情，推动海南精神文明建设，为海南国际旅游岛建设和绿色崛起注入更强大的精神动力。

从2012年开始，南国都市报连续承办了四届"感动海南"十大人物评选活动，成功推出了一批凡人善举，展示了海南省新时期公民道德建设的丰硕成果。为适应传播格局的变化，南国都市报除了继续用好纸媒平台外，2015年还以创建、推广"感动海南"新闻客户端为突破口，同时大力加强官方微博、微信公众号新媒体平台建设，以媒体融合创新宣传方式，促进传播效果最大化。其中"感动海南"客户端是传播正能量弘扬社会主义核心价值观的移动新媒体平台，于2015年5月上线，12月又实现了升级，界面更美观，使用更方便，功能更强大，可以开展互动活动，广大读者都给予了好评。

2015年1月16日，南国都市报举行了"感动海南"2014十大年度人物颁奖典礼，2000多名观众无不为先进人物和典型事迹感动落泪。第二天，南国都市报用了20个版面的规模报道了颁奖盛况，此后还用10多个版面进行了追踪报道，最大化地宣传凡人善举和高尚品德，让更多的市民群众从他们身上感受到海南省精神文明建设成果以及坚定践行社会主义核心价值观的信心。许多读者认为，"感动海南十大人物"都是从普通的基层干部和平民百姓中产生的，但他们的义举和精神感动了每一个人、感动了全社会，他们的美德是对社会主义核心价值观的生动诠释，体现的是友爱、诚信、执着、奉献的人间真情，也给美丽海南增添了人文之美。读者们还认为颁奖晚会"感人至深，催人奋进""非常有意义"，他们感谢媒体工作者对于凡人善举的发掘报道，表示要以"感动海南十大人物"为榜样，"从我做起"，自觉践行社会主义核心价值观。

在南国都市报的努力下，"感动海南十大人物"评选活动影响力越来越大，获得了社会的强烈关注，现已成为海南省挖掘身边好人好事、表彰先进典型、传播社会正气、弘扬社会主义核心价值观的一个重要舆论宣传平台和一项重要品牌活动，被百姓称为"海南人自己的年度精神史诗"，多位感动人物候选人入选全国道德模范及提名奖。应邀主持活动的央视著名主持人撒贝宁、海霞等都对活动表达了敬意。

2015 年全年，南国都市报继续深入挖掘候选人物的事迹并及时进行报道，推出了勇于拼搏奋力逐梦的琼中女足、守护生态培育稀有树种红榄李的工人王式军、在万泉河边坚守 10 多年见义勇为的"竹竿老人"魏文贤、昌江核电站大学生青年群体等 50 个人物（集体）典型。他们的事迹全部展现在"感动海南"客户端平台上，接受读者在线投票和评论。2015 年度"感动海南"十大人物评选活动颁奖典礼安排在 2016 年 1 月举办，相信会再次推动海南省学习先进人物乐于助人无私奉献的新高潮。

（五）履行遵守职业规范责任

2015 年，南国都市报结合自身情况，利用党的群众路线教育实践活动、"三严三实"专题教育、党支部活动等机会加强对职工职业操守的教育，还根据海南日报报业集团的安排开展了一些自查自纠工作。以下一些新闻从业人员的职业规范都得到了职工较好的遵守和落实：一是具有政治意识、大局意识和责任意识，贯彻正面宣传为主的方针，把握正确舆论导向，支持改革开放和现代化建设。二是遵守党的新闻宣传纪律，维护党和国家利益，维护人民群众的根本利益，严格保守党和国家秘密，依法维护公民个人隐私权和报道对象的合法权益。三是在公开采访时出示记者证，刊发稿件实行实名制，采访过程坚持真实、全面、客观、公正的原则。四是新闻采编人员发扬实事求是、敬业奉献的精神，深入实际、深入生活、深入群众，调查研究，求真务实，努力改进作风和文风，不断创新报道内容、形式和手段，使新闻报道贴近实际、贴近生活、贴近群众，增强新闻报道的针对性、实效性和吸引力、感染力。五是与采访报道对象具有亲属关系、好友关系、利益关系或直接地缘关系等时实行回避，并不得对稿件的采集、编发、刊播进行干预或施加影响。六是杜绝各种有偿新闻行为，不利用采编报道谋取不正当利益，不接受可能影响新闻报道客观公正的宴请和馈赠，不得向采访报道对象或利害关系人索取财物和其他利益，不从事与职业有关的有偿中介活动，不经商办企业，不在无隶属关系的其他新闻单位或经济组织兼职取酬。总的来说，在 2015 年报社没有发现职工有违反法律法规和职业规范的情况。

（六）履行合法经营责任

2015 年南国都市报严格执行国家新闻出版广电总局、国家工商总局相关法律法规以及海南日报报业集团的管理规定，规范广告、发行、创收等经营行为，确保有效履行媒体合法经营的社会责任。作为海南日报报业集团的一分子，南国都市报坚决执行采编与经营两分开的基本管理制度，报纸发行、广告经营、财务管理等都交由海南日报报业集团相关部门整合经营或管理，报社亦不允许采编人员跨部门从事相关之活动。因此，报社的经营行为一直在法律和规定的轨道内开展。

（七）履行安全刊播责任

2015 年南国都市报采取以下措施履行安全刊播责任：一是加强采编人员职业培训、提高安全刊播意识。二是加强对于采编系统硬件和软件的维护，确保出报过程顺畅。三是强化采编出版全流程安全保障，在各个环节进一步完善和健全管理制度，明确责任到岗到人，有效杜绝可能出现的安全纰漏，确保各尽其责。四是实施《南国都市报社采编流程》等制度，形成选题、采访、编辑、终审、刊发等全流程无缝对接的工作管理体系。日常报道的选题须在采前会、编前会上报题，经值班编委同意方可实施；重大选题要报经编委会批准；对稿件进行严格把关，刊发前稿件须经过责任编辑、部门主任、值班编委、副总编辑乃至总编辑审核，未经终审发稿人签字确认稿件不得刊发。五是细化责任，加大对关键节点、薄弱环节的排查力度，不留盲区，不存死角，同时强化问责，每月都编发差错通报，对差错人员进行经济和行政处罚。2015 年无重大差错见报。

（八）履行保障新闻从业人员权益责任

南国都市报成立后一直本着对每一位员工负责的原则，坚持以人为本，关心员工生活和安全健康；坚持公平公正，依法保障员工合法权益；坚持报社文化传承，开展员工培训，提升报社凝聚力，提高人才队伍素质。

2015 年南国都市报采取多种措施保障职工的权益。除了及时、足额发放劳动报酬和改善职工福利水平外，还通过组织员工参加海南日报报业集团专业培训、自行购置图书、组织员工分小组学习等方式，给予职工继续学习和提高自我的机会。组织职工体检和参加各种文体活动（如海南日报报业集团运动会、省新闻界运动会等），保障职工身心健康。对于患病职工报社都会安排人员进行看望和慰问；对于因病导致生活困难的职工，还会发放补贴，有关职工都感受到了报社的关怀和温暖。

为进一步健全人事管理工作，南国都市报严格执行国家劳动法和劳动合同法等法律、法规及海南日报报业集团的相关规定，对于新聘用人员，及时签订劳动合同，首次签订合同期限为一年，包括试用期在内，合同期满后，经请示海南日报报业集团，与员工续签劳动合同。新聘员工通过试用期后，每月都会及时缴纳"五险一金"。报社认真执行职工法定假期、带薪年假、病假、婚假、产假、丧假、工伤假等制度，为职工提供健康、安全的工作和生产环境。

新进报社满一年的在职采编人员，南国都市报根据海南省文体厅及海南日报报业集团的规定及安排，及时通知没有新闻采编资格证的采编人员参加培训、考试，而后统一向国家新闻出版管理部门申领记者证。针对已经持有记者证的采编人员，每年也会根据安排及时办理其记者证年检，确保采编人员顺利开展工作。

三、履行社会责任方面存在的不足和改进措施

2015 年南国都市报虽然在履行社会责任方面尽到了职责，但与党对新

闻媒体发挥作用的要求相比，与读者的期盼相比，与职工的愿望相比，在诸多方面还有待进一步加强和提高。

南国都市报将在今后办报和管理过程中采取措施予以改进。南国都市报将继续加强新闻采编工作，忠实履行媒体职责使命；加强依法依规开展报纸出版工作的制度建设和责任落实；加强人才建设和制度建设，进一步维护和提升报纸的品质品位品格；深化"走转改"活动，发动更多的编辑记者亲临采访一线挖掘新闻素材，不断开创新闻工作的新局面；加强廉政建设，扎牢制度篱笆，进一步提升对工作人员廉洁从业履职尽责的教育管理和监督水平；充分认识我国经济发展进入新常态后传媒格局之深刻变革，采取措施克服传统报业面临的读者流失、广告下滑、盈利降低、渠道减少等困难，抓住新老媒体交锋交融的转型机遇，提高媒体的竞争力。

2016年南国都市报将进一步解放思想，以敢于担当的精神、宽广的思维、创新的方法逐步做好舆论宣传工作和履行社会责任的工作。

第一，认真学习贯彻习近平总书记系列重要讲话精神，牢牢坚持党性原则，牢牢坚持马克思主义新闻观，牢牢坚持正确舆论导向，牢牢坚持正面宣传为主，承担起党的新闻舆论工作职责和使命，坚定政治方向，听党指挥、爱党、护党、为党，对党忠诚，争取为党的新闻舆论工作做出新的更大贡献。

第二，在新闻工作中勇于创新，积极推动融合发展，切实加强人才队伍建设，切实转作风改文风，努力推出一批有思想、有温度、有品质的新闻作品，切实提高党的新闻舆论传播力、引导力、影响力、公信力。要运用包括新闻报道在内的多种方式，运用群众喜闻乐见的语言，推动习近平总书记系列重要讲话精神学习宣传贯彻向纵深发展，进一步加强中国特色社会主义和中国梦的学习宣传教育，继续做好社会主义核心价值观宣传普及。

第三，持续抓好重点工作宣传报道，下大力气谋划好事关海南改革发展重大问题的报道，把全省干部群众的心劲和干劲凝聚到中央重大决策部署和省委省政府的中心工作上来。

第四，积极应对新媒体对传统媒体特别是对都市类媒体的压力，坚持贴近实际、贴近群众、贴近生活的原则谋求发展，做大发行量，增强传播力和影响力。

第五，创新升级全媒体平台，加强新媒体采编技术应用培训，培养全媒体采编队伍（能采、摄、写、编），在新媒体阵地上打造知名的专栏品牌，进一步做强做活官方微博和微信，提升"感动海南"客户端的辐射力和渗透力。

第六，在提高员工收入、丰富员工生活、改善工作环境等方面进一步做出努力。南国都市报将积极组织兴趣小组和体育锻炼等活动以丰富员工生活，同时装修新的办公场所以改善工作环境，并依法依规合理发放员工福利，进一步增加报社文化向心力、凝聚力。南国都市报还会继续加强党团工作，保障党、团在永葆报社各项事业活力、推进报社持续发展过程中发挥战斗堡垒作用。

总之，2016年是国家和海南省改革发展的关键之年，对于南国都市报来说，无论是新闻宣传还是社会责任的任务都很繁重。因此，南国都市报社需要在以往年份所取得的成就的基础上，强化担当精神、把握宣传方向、加强策划能力、提高精品意识、拓宽传播渠道、继续奋力拼搏，争取百尺竿头更进一步。

广西日报传媒集团

社会责任报告

一、广西日报传媒集团概况及 2015 年履行社会责任概述

　　广西日报传媒集团是以中共广西壮族自治区委员会机关报广西日报为核心，拥有南国早报、当代生活报、南国今报和广西新闻网、南国城报、广西画报、南国博览、法制与经济等 5 报 3 刊 3 网站的综合性传媒集团，广西日报位居全国报刊百强之列。报刊总期发量近 80 万份，广西日报发行量逾 23 万份，是广西发行量和影响力最大的党报；南国早报发行量逾 20 万份，是广西发行量、广告量和影响力均为最大的都市报；广西新闻网是广西唯一省级重点新闻门户网站，日均访问量超过 500 万人次，在全国地方重点新闻网站中名列前茅；广西新闻网红豆社区是广西最具影响力的社区，入选全球中文论坛百强。

　　2015 年，集团在广西壮族自治区党委和政府正确领导下，在自治区党委宣传部指导下，认真学习贯彻习近平总书记系列重要讲话精神，贯彻落实中央"四个全面"战略布局和自治区党委政府重大决策部署，坚持正

确的舆论导向，坚持政治家办报，坚持团结稳定鼓劲、正面宣传为主的方针，紧扣党委、政府工作大局、中心任务，紧扣经济社会发展重大主题，紧扣人民群众关心的热点、难点、疑点问题，紧扣自身发展的内在需求，扎实推进集团改革创新、转型发展，服务广西"两个建成"目标，不断巩固主流舆论阵地，不断增强主流媒体传播力、引导力、影响力、公信力，大力弘扬社会主义核心价值观，自觉认真履行党报媒体政治责任和社会责任。新闻舆论工作成绩喜人，两篇新闻作品获得中国新闻奖，受到自治区党委和政府的充分肯定。

二、履行社会责任情况

（一）履行正确的引导责任

党报作为党和政府的宣传阵地，必须姓党，必须坚持正确政治导向、思想导向、价值导向、行为导向和审美导向，认真组织主题宣传，稳妥引导社会热点，正确开展舆论监督。

2015 年，集团坚持马克思主义新闻观，牢牢把握正确舆论导向，不断增强新闻报道的亲和力、吸引力、感染力，增强舆论引导的针对性和实效性，较好发挥了党报集团的喉舌、旗帜和阵地作用，为改革发展营造了良好的舆论环境。

1.围绕中心，服务大局，唱响主旋律、打好主动仗。2015年，广西日报传媒集团，特别是作为广西壮族自治区党委机关报的广西日报，坚持党的领导，坚持正确政治方向，坚持以人民为中心的工作导向，在新闻宣传中坚持马克思主义新闻观，牢牢把握好正确的舆论导向，增强政治家办报意识，在围绕中心、服务大局中找准坐标定位，牢记社会责任，广泛传播社会主义核心价值观。2015年，深入宣传贯彻党的十八大和十八届三中、四中、五中全会和习近平总书记系列重要讲话精神，精心组织，周密部署，推出了一系列大型主题宣传报道和精品力作，如生态经济系列报道、"看得见美丽　记得住乡愁"人居环境系列报道、中国—东盟博览会和商务与投资峰会全景报道、精准扶贫系列报道、百色"讲习所"融合报道、工业经济组合报道等，为广西经济社会发展和加快实现"两个建成"目标营造了良好的舆论氛围。

扎实开展"三严三实"专题教育新闻宣传工作。广西日报推出《学习践行"三严三实"》专栏，从不同视角、以多种形式报道广西开展"三严三实"专题教育情况，在做好全区性"三严三实"专题教育工作报道的同时，注意在全区各地各部门抓典型、抓亮点、抓案例，并在理论版组织刊发"三严三实"相关理论文章，为教育实践活动的深入开展营造了浓厚的舆论氛围，受到广泛好评。

加大推进媒体融合力度，创新性地开展全国两会报道。2015年的全国两会，广西日报传媒集团抽调各报、网站采编人员组成北京全媒体报道组，采用新闻采编"中央厨房"，以全媒体传播的方式出色完成了全国两会重大宣传报道工作，多次得到自治区主要领导的表扬和肯定。

主动设置议题，引导舆论。2015年7月3日，自治区党委主要领导给集团主要负责人写来亲笔信，希望在报纸改革中要加强言论工作，强调"新闻是报纸的灵魂，言论是报纸的旗帜"。集团迅速成立评论攻关小组，组建评论队伍，形成议题设置例会制度，一周后广西日报评论版就问世了。现在评论版每周出两期，且保持了较高的整体质量，有多篇文章被人民日报评论版及其他重要媒体转发。

创新报道东博会。2015 年对中国—东盟博览会、商务与投资峰会的报道我们突出创新，紧紧围绕自治区党委政府总体部署，提前谋划、自主安排，整合多种传播形态，组成现代化全媒体矩阵，开展新闻生产和融合传播，宣传效果和社会反响良好。

精心策划推出百色"讲习所"特色报道。广西日报精心策划，推出了一组关于百色"讲习所"的融合报道，有消息、有言论、有通讯、有视频，引起社会各界关注和好评。

2. 关注热点，聚焦难点，加强重大主题报道的策划组织。推出生态经济系列思辨性深度报道。为配合全区生态经济工作会议召开，广西日报精心策划隆重推出"绿水青山就是金山银山——广西生态经济发展思考录"大型系列报道。首次以"本报重点报道组"方式，历时两个月，跨越 5 个省异地采访，按照"见人见物见思想，有情有景有故事"的要求，开创 1+N 报道模式，形成 6 篇思辨性通讯和 6 篇要闻速评，以开放性思维做新闻策划，以项目制协作抓重点报道，以全媒体运作实现连锁效应。

多组系列重要报道效果显现。先后推出学习践行"三严三实"专栏报道、聚焦广西服务业系列报道、践行五大发展理念采访札记、冲刺"十二五"系列报道等，均取得很好的宣传效果。广西日报组织精干采访小分队，深入河池、百色、崇左等市，选择有代表性、最贫困的部分村屯进行采访调查，刊发《直击广西扶贫最前沿》"现状篇""根源篇""路径篇"3 篇系列报道，后又刊发一个整版的图片新闻，聚焦广西大石山区的脱贫之路，得到自治区政府主要领导表扬。

3. 建设性地正确开展舆论监督报道。六景治堵系列报道推动破解治堵难题。近年来，柳南高速南宁至六景段拥堵问题成为民众关切的焦点问题。广西日报成立记者组，对柳南高速南宁至六景段拥堵现象进行透析，推出《交通大动脉为何"栓塞"》《拥堵"痛点"，如何缓解？》《以大建设打破拥堵瓶颈》系列报道。六景治堵系列报道推出后，引起各界强烈反响，自治区主要领导高度重视，分管领导多次召开治堵会议，各部门紧密配合，迅速实施治堵工作方案，目前治堵效果已初步显现。

大化生猪被淹事件报道赢得舆论主动权。2015 年 6 月，大化瑶族自治县发生洪涝灾害，六也乡加司村弄水养殖场大量生猪被淹死。广西日报记者主动出击，深入最艰险的一线采写稿件，广西日报法人微博和广西日报河池记者站官方微博成为全国首发该消息的新媒体，广西日报成为首发该事件自采消息的报纸。及时准确的报道推动了事件处置，正确引导了舆论，避免了网络炒作，赢得了舆论主动权。

柳城"9·30"爆炸案报道引导社会舆论。2015 年 9 月 30 日，柳州市柳城县内突发连环爆炸。案件重大、情况特殊、采访过程有潜在危险，集团所属的广西日报、南国早报、南国今报等媒体记者克服困难第一时间赶赴一线采访，拿到第一手资料，做到重大事件不缺位，积极承担社会责任，及时发回报道。以合适的方式及时、准确、公开、透明地引导了社会舆论，切实履行好媒体社会责任。

南国早报舆论监督报道着眼于解决问题。2015 年，南国早报采编团队精心策划，推出了《关注南宁停车收费》《违规高尔夫球场》《是是非非速生桉》等系列稿件，直面社会热点，给各级政府提供解决问题的思路，在社会上影响巨大。

（二）履行提供服务责任

集团所属媒体发挥各自优势，做足服务文章，为读者提供与日常生活息息相关的信息服务、精神服务，组织开展社会性服务活动，帮助群众解决实际困难等。

1. 及时发布信息服务。集团各媒体和官方微信微博常年进行重要节点的气象预报、气象地质灾害预报预警、雾霾预报预警、气象火灾预报预警，特别在进入汛期和冬季及时发布水情和灾害预报，为工农业生产和百姓日常生活出行提供预报服务。

在医疗卫生报道方面，关注县级公立医院改革、无偿献血及捐献器官、艾滋病防治等热点问题。针对老百姓关心的健康问题，通过各种健康日宣传向读者普及健康知识。

在食品药品监管方面，集团媒体及时通报广西全区食品安全监管工作情况，跟踪报道食品安全事件最新进展，发布权威部门的预警，公布食品安全方面的抽检结果，及时为老百姓解疑释惑。

2. 提供多种生活服务。关注健康情感，传播健康理念。当代生活报立足定位，面向读者提供生活服务。2015 年，成立健康情感事业部，健康新闻重在普及健康知识，将科学的健康、医疗养生知识，以活泼生动、通俗易懂的方式报道出来，为广大读者提供专业的健康指导。举办了多期健康大讲堂，受到读者的好评。开设情感故事专栏，以贴近生活的正能量情感为主，展现当下社会生活中的情感状态，注重引导读者提高对情感的理性认识。

探索媒体转型市民服务平台。2015 年年初，当代生活报成立了家政服务事业部，探索"新闻＋活动＋项目"运作方式，打造家政服务平台。

随后结合提供生活和服务类资讯的市场定位，推出惠生活电商平台，向市民服务平台转型。目前累计签约旗舰店、加盟店、产品供应商 140 多家，主要涉及家电、母婴用品、汽车修理、保健养生、生鲜超市、酒店娱乐、健身运动、旅游休闲、家政服务等行业。2016 年将升级为惠生活移动互联网商城，创立"互联网＋当代生活报、手机自媒体＋线下旗舰店、加盟店、预存消费额注册会员"的新型"OMO"电子商务模式，并扩展 100 家旗舰店、500 家加盟店、1000 家以上产品供应商。

3. 热心公益事业，帮助困难群众排忧解难。当代生活报开展免费家政服务和爱心捐赠活动。利用周末时间组织南宁市家协的会员单位一起走进社区，免费为居民带来推拿、家电维修、清洗、电脑、打印机维修、家政咨询、就业指导等服务，惠及群众 3000 多人。同时在现场组织爱心捐赠活动，已为贫困地区小学捐款捐物价值约 10 万元。

传递正能量，热心做公益，是南国早报的一大品牌。2015 年，该报继续抓好八桂义工、爱心驿站、阿里正能量等活动报道，打造"爱心超市""爱心车票"等传统爱心品牌，组织实施"八桂心泉""爱心小屋""爱心冬鞋"等项目，吸引爱心人士、爱心企业参与公益事业，得到了读者和市民的广泛认可。

（三）履行人文关怀责任

通过典型报道来彰显人文关怀。广西日报报道了危急时刻勇救学生的"广西好老师"苏慧敏。集团旗下的媒体推出全国教书育人楷模、都安高中校长莫振高先进事迹的系列报道，深入先进人物的精神世界，挖掘典型人物身上体现出的内在精神价值，用朴实的语言、真实的场景、生动的细节、感人的故事，引发读者共鸣，传播正能量，传播社会主义核心价值观。

举办广西公民楷模新闻人物评选活动，推出一批"感动广西"典型。2015 年举办的第四届评选活动，通过深入宣传报道，推出一批助人为乐、见义勇为、诚实守信、敬业奉献、孝老爱亲的典型人物和感人故事，大力弘扬真善美，积极倡导好人好报、以德报德的良好风尚。

（四）履行繁荣发展文化责任

集团坚持"两为"方针，自觉承担知识普及、社会教化、道德传承职能，践行社会主义核心价值观，传承优秀传统文化，传播高雅健康文化，抵制低俗媚俗行为，维护群众基本文化权益。

1. 弘扬主旋律，宣传推广广西特色民族文化。对广西文化发展、建设进行追踪式深度报道，相继推出文化惠民、出版桂军走出去、广西演出市场转暖、广西电影创作成就等主题。广西日报发挥副刊系列报道的特长和优势，加大历史文化题材挖掘，相继推出"神奇八桂·探寻古树""神奇八桂·未解之谜"等大型系列报道。

2. 讲好故事，宣传推广"文化广西"。集团推出了"美丽广西·生态乡村""美丽南方·广西""纪念抗战胜利 70 周年"等重要"文化广西"新闻专题、专栏。为配合在恭城召开的第二次全国改善农村人居环境工作会议，会议前夕广西日报推出"'美丽广西'探索中国乡村建设之路系列报道"，以及以"看得见美丽 记得住乡愁"为主题的《八桂乡村人居图》超常规的 8 连版纪念长卷和《广西乡村人居环境范例展示》大型平面特刊。到广西参加恭城会议的全国各地的嘉宾和自治区领导纷纷将长卷带回收藏、传播。与此同时，新媒体部将长卷制作成 H5 作品，配以声画、动漫等更丰富的新媒体形式，通过客户端、微信、微博，引发传播热潮。

3.办好《花山》副刊。利用版面策划开设大型专栏，推出《"美丽南方"的广西表达》专题文章，从理论高度全面深入论述"美丽南方·广西"的深刻内涵及其深远意义。还以系列专题形式推出《"美丽南方·广西"的艺术呈现》，用8个整版连续刊发精心描绘广西建设成就和人文风情的国画、油画、诗歌、书法等艺术作品，艺术展现"美丽南方·广西"的文化内涵和艺术特色。

4.践行社会主义核心价值观。加强公益广告的创作和刊发。每周以固定版面推出中国梦的力量、爱国爱党、中华传统美德、社会主义核心价值观、爱护环境、节能减排、创建文明习惯等多个系列的公益广告，倡导读者和广大群众养成良好的文明行为，提高公民道德素养。集团旗下主要都市类报纸和网站自觉抵制"三俗"之风，严控凶杀、色情类等低俗媚俗的负面报道，全年没有出现政治导向错误。

（五）履行遵守职业规范责任

集团一直要求所有采编人员恪守从业准则，自觉抵制有偿新闻、以稿件谋私、以版面谋私等新闻界歪风邪气。

建立健全规章制度，恪守从业准则。严格遵守新闻工作的纪律要求，认真贯彻落实有关文件精神，严格执行《广西日报社采编工作条例》等规章制度，把握正确的舆论导向，恪守职业道德，杜绝虚假新闻，严厉打击有偿新闻和新闻敲诈勒索。

狠抓采编队伍建设。组织全员深入学习马克思主义新闻观，强化职业精神和职业道德教育，努力造就一支政治强、业务精、纪律严、作风正的采编队伍。要求采编人员深入现场调查采访，认真核实新闻信息来源，不夸大、不缩小、不歪曲事实，确保新闻报道真实、准确、全面、客观。认真开展"走基层、转作风、改文风"活动。

坚持开门办报，接受各方评议与监督。在集团所属的报纸和网站上公开监督举报电话，并充分利用信息技术手段，广泛收集读者意见，请社会各界对广大编辑记者实施监督，进一步规范全体员工的职业行为。新闻记者证持证人员 2015 年度未发生违法违规行为。

（六）履行合法经营责任

集团认真贯彻落实采编、经营"两分开"原则，严格依法依规经营，坚持广告也讲导向。不以新闻报道的形式做任何广告性质的宣传，编辑记者不从事创收等经营性活动，杜绝有偿新闻和有偿不闻，不违规与社会单位合作办报、办专栏，不刊播各种违法违规广告。

集团及下属媒体严格遵守新修订的《中华人民共和国广告法》，广告发布坚持正确的宣传导向，规范广告活动和广告行为。在广告发布中，严格审查，严格把关，严格接稿、审稿、清样三审制。坚持经济效益和社会效益的统一，净化广告环境，不刊登虚假、违法广告，保护消费者的合法权益，维护社会经济秩序，促进广告业的健康发展。

（七）履行安全刊播责任

安全刊播制度完善，没有出现安全刊播事故。

健全安全刊播的制度机制，切实保证安全刊播。严格管控办报质量，出台《广西日报杜绝虚假、失实、差错报道的规章制度》《关于严格重要新闻稿件送审制度的规定》《广西日报采编校差错处罚办法》《南国早报出版流程相关规定》等规章制度。建立起一系列科学、成熟、行之有效的规章制度，优化考评制度，完善工作机制，狠抓工作纪律，确保安全出报。

为确保安全出报，细化白、夜班各环节的工作衔接，强化节假日和周末值班制度，明确政治差错、标题差错、内容差错、重大技术差错"四个绝不能出"。

（八）履行保障新闻从业人员权益责任

认真做好新闻采编人员申领记者证工作。根据国家新闻出版广电总局和广西壮族自治区新闻出版广电局统一部署和工作要求，为集团 458 名新闻采编人员换发及申领新版新闻记者证，并做到及时处理、严格审核，对申领换发记者证人员进行公示，积极组织开展自查及年审工作，确保新闻采编业务顺利进行。未发生为党政机关工作人员、广告公司人员、企业家等非本单位人员办理新闻记者证的情况；未发生为本单位的党务、行政、广告、发行等非采编岗位工作人员办理新闻记者证的情况；未发生未注销离岗、离职、离退休人员的新闻记者证的情况；未发生为有新闻采编不良从业记录的人员办理新闻记者证的情况；未发生新闻记者证丢失后，未及时注销并刊登作废声明的情况；新闻记者证持证人员与所在单位签订并遵守保密承诺书和职务行为信息保密协议。

坚持"以人为本，建设和谐集团"，始终注重维护员工合法权益、保证聘用和职业发展的公平公正，同时制定符合单位实际的薪酬体系，让员工平等享受发展成果；开展各种形式的员工培训，提升报社凝聚力，提高人才队伍素质。

公平公开公正招聘员工。坚持"逢进必考"，向社会公开招聘人才，通过严格执行公开、公平、公正的招聘流程把好进人关。

加强员工培训。根据集团事业的发展、岗位技能需求和员工的需要开展各类培训活动，着力提升员工的职业道德、实操技能、团队精神和综合素质。特别是在集团主要领导亲自设计、推动下，连续举办青年员工强化训练班和中青年员工强化训练班，培训中青年员工100人，全面考察、训练、提升中青年员工的领导能力、组织协调能力、团队合作能力、解决实际问题的能力，激活了报社干部队伍的"一池春水"。

完善考核体系和薪酬体系。针对岗位类型制定较合理的考核体系，制定和修改了《广西日报采编工作质效考评简明方案》，不断完善员工特别是采编部门员工激励机制。坚持"向采编一线倾斜、体现多劳多得"的原则，稳步提高采编人员稿费和编辑费标准。

认真落实员工的各项福利待遇。严格履行《中华人民共和国劳动法》《中华人民共和国劳动合同法》，按照有关规定，聘用人员入职后，与其及时签订劳动合同，为聘用人员及时足额缴纳"五险一金"。为在编在职人员办理失业、工伤和医疗保险。认真执行职工法定假期、带薪年假、病假、婚假、产假、丧假、工伤假等制度，保障员工享受应有的假期及福利。

注重关爱员工。重视员工的精神生活，开展丰富多彩的文体娱乐活动。关心员工的身体健康，每两年为员工组织一次健康体检。

三、履行社会责任方面存在的不足和改进措施

（一）在履行社会责任方面存在的不足

2015 年，广西日报传媒集团坚持做有责任的媒体，坚持正确的舆论导向，认真履行媒体的各项社会责任，树立起了有担当、负责任的良好形象。同时，集团也清醒地认识到自身的不足以及与党和群众要求的差距。具体表现在以下方面：一是舆论引导力水平还有待加强，特别是在自媒体时代，传统媒体如何巩固主流舆论阵地仍有待努力。二是新闻作品的质量有待提升、感染力有待加强、报道的时效性有待进一步提高。三是在新媒体发展、媒体融合、抢占新的舆论制高点等方面仍须努力。四是采编审等流程仍需进一步严格把关。五是采编人员的业务素质和职业素养还有待进一步提高。

（二）改进措施及未来展望

针对以上不足，2016 年广西日报传媒集团将从以下几个方面，着力改进工作：

一是坚持政治家办报，集团工作各个方面、各个环节都坚持正确舆论导向，实现党报、网站、都市类报刊、新媒体、广告宣传都要讲导向的全覆盖。

二是围绕中心，服务大局，坚持团结稳定鼓劲、正面宣传为主，加强策划，强化重大主题报道，提升新闻作品的品质和感染力，进一步提高主流媒体的引导力传播力；讲好广西故事，传播广西声音，为广西实现"两个建成"目标提供有力的思想保证、舆论支持和文化条件。

三是继续下大力气推进新媒体建设，推进全媒体采编中心建设，向"统一调控，滚动采编，应急联动，综合运作、多元发布"传播模式迈进，有力地推动传统媒体与新兴媒体融合发展。

四是进一步加强新闻采编队伍建设，提升业务水平和职业素养；进一步强化"走转改"，切实转变作风，改进文风。

五是自觉接受社会监督。

重庆日报

社会责任报告

一、重庆日报概况及 2015 年履行社会责任概述

重庆日报创刊于 1952 年 8 月 5 日，邓小平同志亲笔题写了报头，还写下了"发展生产、交流城乡，是城市工作的中心任务"的贺词。

重庆日报创刊号

重庆日报现有在职员工 257 人。其中，采编人员 204 人，副高以上职称人员 50 人。历年来，涌现出长江韬奋奖获得者罗成友等大批优秀编辑记者，获得中国新闻奖 21 个。《重庆日报》分为城区版和农村版，目前发行量约 33 万份，辐射到四川、贵州、湖北、陕西等地。其中，城区版对开每周 88 个版，包括要闻、重庆新闻、时事新闻、文化新闻、思想等新闻版面。

　　重庆日报为中共重庆市委机关报。2015 年，重庆日报坚持高举旗帜、围绕中心、服务大局，坚持党性原则，坚持马克思主义新闻观，坚持正确舆论导向，坚持正面宣传为主，尊重传播规律，推动融合发展，创新方法手段，大力宣传阐释党中央重大决策和重庆市委工作部署，积极充分反映人民群众伟大实践和精神风貌，唱响主旋律，发出好声音，凝聚正能量，营造好氛围，为巩固壮大主流思想舆论，凝聚推动全市干部群众干事创业、奋发有为的精气神，协调推进"四个全面"战略布局，全面贯彻五大发展理念，推动重庆改革发展稳定各项工作提供了有力的舆论支持。

二、履行社会责任情况

　　当下，大众传媒技术日新月异，舆论环境日益多元复杂，党报做好新闻宣传工作面临诸多挑战。为了更好地履职尽责，重庆日报紧紧围绕履行正确引导责任、提供服务责任、人文关怀责任、繁荣发展文化责任、遵守职业规范责任、合法经营责任、安全刊播责任、保障新闻从业人员权益责任等方面进行了积极探索。

（一）履行正确引导责任

重庆日报始终坚持把政治方向摆在第一位，牢牢坚持党性原则，牢牢坚持马克思主义新闻观，牢牢坚持正确舆论导向，牢牢坚持正面宣传为主。2015 年，重庆日报深入学习贯彻习近平总书记系列重要讲话精神，高举旗帜、引领导向，围绕中心、服务大局，团结人民、鼓舞士气，履行好正确引导责任。

1. 全国两会报道。2015 年全国两会期间，重庆日报精心策划，扎实采访，认真编辑，多媒体融合传播，所推出的报道受到好评。

2. 围绕中心工作，做好各项主题报道。2015 年，重庆日报精心组织策划推出"三严三实""创新驱动促发展""五大功能区域建设发展战略"等重大主题报道，推动办报质量和报道品质整体提升，彰显了市委机关报的核心竞争力。

做好"三严三实"专题教育系列报道及评论。2015 年 5 月，重庆日报推出了《扎实开展'三严三实'专题教育》专栏，推出系列报道。尤其是，重庆日报的"三严三实"系列评论，充分发挥了思想和旗帜的引领作用。如《坚守对党忠诚的政治品格》《干净是党员干部的底线》《在敢于担当中建功立业》等评论，把"三严三实"专题教育的核心内容、目的和意义，全面、准确、及时地传达给全市广大干部群众，帮助党员干部充分领会、落实专题教育精神，受到上级领导的高度重视和社会各界的好评。

做好《创新驱动促发展》等专栏报道。2015 年，重庆日报开设《创新驱动促发展》专栏，先后推出《重庆创新驱动发展路线图》《四大项目开工 其中三个围绕研发做文章 重庆机器人产业欲破关键核心技术瓶颈》《三年来我市制修订 435 项标准获准立项 其中 102 项已发布，成为国际、国家或行业标准》等数十篇报道。在此基础上，重庆日报又开出《大众创业 万众创新》《"互联网 +"重庆在行动》《创新创业在重庆》《对话创客——总编台长看创业》等专栏，刊发数十篇报道。这些报道，在社会各界引起强烈反响，营造出创新创业的良好氛围。

精心策划五大功能区域重大战役报道。2013 年 9 月，重庆市委四届三次全会通过了《关于科学划分功能区域、加快建设五大功能区的意见》，绘制了一张引导重庆全市一体化科学发展的"线路图"。在这一战略的指导下，各区县、市级部门的发展活力和创造力被大大激发，注重可持续发展，努力实现发展质量和速度的双赢。2015 年 9 月，重庆日报派出多路记者，分赴五大功能区，推出"统筹协调发展谱新篇——五大功能区域建设进行时"系列报道，前后历时 3 个月，共采写约 35 篇稿件，稿件总体量数万字。如《五大功能区域错位发展 区域经济凸现功能特色》一文，提到奉节县开办了 60 个农村淘宝店，为特色农产品拓宽了销路。该县还将启动特色农产品包装上线、扩大村点合伙人等工作，持续推动"互联网＋"对传统产业链进行改造升级。该报道引起全市党政机关、高校和民间热议。

做好脱贫攻坚报道。一直以来，重庆日报高度关注全市脱贫攻坚工作。特别是 2015 年 7 月初，重庆市扶贫攻坚工作会议召开后，市委、市政府立下军令状，要求坚决限时打赢扶贫攻坚战。随后，重庆日报开辟《坚决限时打赢扶贫攻坚战·特别报道》《坚决限时打赢脱贫攻坚战》等专栏。2015 年 12 月底，根据中央和重庆市委的最新指示精神，重庆日报开设《走村进户访脱贫》专栏。这一期间，重庆日报推出的《让基础设施先行"脱贫"》《高山生态扶贫搬迁 走可持续发展之路》《精准扶贫：对症下药祛"病根"》《特色工业：壮大整体脱贫的"支点"》《"强筋壮骨"做强特色效益农业》《教育扶贫：阻断贫困代际传递》《旅游扶贫：把独特资源变为脱贫的"钱袋子"》《四面八方的援手伸向贫困山区》等重磅报道，既做到文风朴实、语言活泼，又突出理论深度，受到了社会各界的一致好评。

做好中国人民抗日战争暨世界反法西斯战争胜利70周年报道。2015年是中国人民抗日战争暨世界反法西斯战争胜利70周年。在重庆日报编委会的统筹安排和精心组织下，重庆日报推出了系列报道。如5月6日起，重庆日报推出《抗战新发现》栏目，并作为常设栏目，不间断推出有史料价值和可读性的报道。6月3日起，推出《抗战新发现·〈苦干〉幕后》系列报道，至6月23日共推出16篇。截至2015年12月底，《抗战新发现》栏目共推出大约50篇报道。为做好相关报道，重庆日报在8月10日、15日前后推出重头报道，阅兵日前一天，重庆日报以5个整版的体量推出《纪念中国人民抗日战争暨世界反法西斯战争胜利70周年》特刊。以"英雄之城""浴火之城""血脉之城""不屈之城""星火之城"命名这5个整版的特刊，浓墨重彩，着眼于对历史的挖掘，发掘愈炸愈强的重庆精神，彰显重庆这座英雄之城的自信与豪气。上述系列抗战报道，史实准确、故事生动、报道权威，有力地提升了重庆日报的新闻舆论传播力、引导力、影响力、公信力。

3. 大力传播社会主义核心价值观。社会主义核心价值观是中国梦的核心文化内涵，是中国梦的灵魂。培育和弘扬社会主义核心价值观，是凝魂聚气、强基固本的基础性工程，对于推进中国特色社会主义伟大事业、实现中华民族伟大复兴的中国梦具有重要作用。作为传播社会主流价值的主渠道，重庆日报把弘扬社会主义核心价值观作为自己的重要职责。

2015 年，重庆日报开设《践行社会主义核心价值观》专栏，推出《以家风建设促进社会主义核心价值观》《寓教于乐 传播社会主义核心价值观》等报道。同时，我们深入挖掘身边的道德模范、先进典型，努力寻找他们身上的闪光点，以榜样的力量带动社会形成崇德向善的良好风气。不仅如此，我们还关注凡人善举，在全社会营造弘扬中华民族传统美德和倡导社会主义核心价值观的良好氛围。《"全国敬业奉献模范"马善祥：一辈子做群众需要的人》《"全国诚实守信模范"方联海：卖药做事要对得起父老乡亲》等报道，凝聚了正能量，营造了好氛围。

为深入贯彻"用中国人和中国家庭的精彩故事阐述中国梦"的要求，结合落实全国新闻战线开展"走转改"大型主题采访活动"行进中国·精彩故事"的部署，中共重庆市委宣传部、重庆市政府新闻办、市外经贸委、市外侨办联合主办，重庆日报报业集团和重庆广电集团（总台）联合承办了"逐梦他乡重庆人"全媒体大型人物故事寻访。自 2015 年 6 月 18 日开始以来，目前已有 100 多个"逐梦他乡重庆人"的精彩故事通过重庆日报全媒体矩阵，全方位呈现和传播。故事的主人公，既有成功人士，也有平民英雄：著名的革命家、作家马识途，著名电影表演艺术家王晓棠，英雄飞行员戴明盟，运动健将李雪芮，首席飞机制造专家蒲永伟，普通的古筝女孩唐天娇……"逐梦他乡重庆人"报道已被新华网、人民网、新浪网等媒体大量转载，在重庆乃至全国都引起巨大反响和共鸣，读者纷纷来函来电谈感想，提供采访线索。可以说，逐梦他乡重庆人的打拼经历，即是追寻中国梦、践行社会主义核心价值观的具体体现。他们的故事，就是一个个活生生的励志教材。

4. 建设性做好舆论监督，妥善引导社会热点。2015 年，重庆日报继续做好《读者来信》专版采编工作，取得良好效果。实际工作中，重庆日报发挥党报桥梁作用，反映百姓诉求，坚持正确的舆论导向，开展建设性的监督。我们以有利于问题解决的态度，选择恰当的角度和方式方法，凝聚、传递正能量，使一些关切民生之事得到解决，展示了党委、政府直面矛盾不回避、解决问题不推诿和为民务实清廉的良好形象。

5.融合发展，在互联网舆论场传播主流好声音。目前，重庆日报正积极、稳妥推进全媒体融合，加强内容建设，使重庆日报的影响力全面增强，更好地发挥喉舌作用，更好地在党和政府与人民群众之间起到桥梁作用。

重庆日报已搭建起集重庆日报官方网站、重报数字（电子阅报屏）、重庆日报手机版、官方微博、微信公众号等于一体的全媒体发布平台。我们坚持正确舆论导向，在重大问题上坚持党性原则，善于引导舆论，化解矛盾，澄清事实；杜绝"三俗"新闻，摒弃网络"碎片化"解读，获得上级领导和社会的广泛认同。

目前，重庆日报官方网站日均点击量过万，微信关注数量超过 3 万，官方微博集群优质粉丝量达到 83 万，官方微博平均每月阅读量超过 1000 万人次。

（二）履行提供服务责任

党报的宗旨是全心全意为人民服务。日常工作中，重庆日报坚持党性和人民性相统一，把党的理论和路线方针政策变成人民群众的自觉行动，及时把人民群众创造的经验和面临的实际情况反映出来。重庆日报通过新闻报道，搭建起党委政府和群众沟通的桥梁。

1.注重在重要节点提供信息服务。一直以来，重庆日报都注重提供贴近性的服务信息。如每逢元旦、春节、国庆等重要节假日，都会提供乘车信息、出行指南等。如《2015 年春运期间重庆增开 25 对临客　预售期 20 天》。中小学生放寒暑假前，我们的报道也及时跟进，如《我市中小学 31 日放寒假　小学一二年级不布置书面作业》。每年春节后，我们的报道会提供一些招工信息。如《本周六观音桥将举行招聘会 3万岗位虚位以待 10余个职位年薪超20万元》等。

2. 长期开展献爱心志愿服务活动。长期以来，重庆日报都坚持慈善义举，以实际行动回报社会。如"金秋助学"帮助贫困学生上高中、大学；寒冬时节，为高山地区的孩子"送温暖"等。

15年前，重庆日报独家采写了隐姓埋名的慈善人物"尹明"，经重庆日报连续不断地发掘采访报道，"尹明"感动了社会各阶层读者，在市内外引起广泛关注，"尹明助学"成为一种现象。

15年前，重庆日报报道了丰都小女孩谷巧玲因贫失学的事情，不久，一位化名"尹明"的读者就寄来汇款，请重庆日报转交谷巧玲。从2000年年初第一次捐助开始，"尹明"总是每年两次寄来助学款。从2007年起，他又开始资助另一名小女孩王迎春。春去春回，花谢花开，汇款却从未中断。也是从第一张汇款单开始，重庆日报就承担了转交汇款的任务。近年来，谷巧玲、王迎春都已相继成人，不再接受捐助，而"尹明"的助学汇款却依然在继续。

2014年年初，重庆日报与共青团重庆市委、江北区慈善会共同成立了"尹明助学基金"。从此，"尹明"汇来的助学款就注入这个基金，资助贫困孩子，帮助他们完成学业、独立谋生。2015年3月5日，由重庆日报发起，重庆市12个单位、镇街参与的"'尹明助学·爱洒四方'2015爱心大行动"正式启动。

同时，由重庆日报和共青团重庆市委共同发起成立的尹明助学志愿服务队，面向全市招募100余名青年志愿者，以保持尹明助学志愿者服务队的常态化规模。2015年3月，《隐姓埋名15年的爱心人士"尹明"第32次寄来助学款》《"尹明助学·爱洒四方"活动扩容》《团市委招募百余"尹明助学"志愿者》等报道，在社会上掀起献爱心的热潮。

3. 切实帮助群众解决实际困难。除了提供志愿服务活动，重庆日报也时刻关注困难群体，以实际行动帮他们解决难题。

2011年以来，重庆日报开设了《关注农产品滞销》专栏，刊登各区县农特产品销售困难稿件，记者、通讯员深入田间地头，采写了大量农村地区，尤其是边远山区困难群众农产品卖不出去的问题。2015年1月至12月，重庆日报累计刊发农副产品滞销稿件近200篇，对其中1/3以上的稿件还作了跟踪报道，有效帮助群众打开了销路，挽回了损失。

如《石柱三益乡：贫困户1500只土鸡求销路》稿件，报道了石柱县三益乡大堡村大堡组村民谭先林等10多个贫困户养殖土鸡遭遇销售困难问题，引起社会关注。

报道后一个多月，重庆日报回访时了解到，这个土鸡养殖合作社的销路已经打开。贫困户谭先林等人陆陆续续接待了10多批客户。这些闻讯前去的客户既有主城的，也有周边区县的、石柱县城的，有个客户一次就买了四五百只，1500多只土鸡很快就销售一空。九龙坡区的一位农家乐老板，还专门打电话给谭先林，表达了愿意与其建立长期供销合作关系的意向。

（三）履行人文关怀责任

重庆日报认真履行人文关怀责任。日常报道中，注重关爱弱势群体。对灾难事故的报道，坚持以人为本、关爱生命。注重深入人的精神世界，关心人的情感，启迪人的思想、激励人的全面发展等。

1. 关爱弱势群体。重庆日报不仅长期坚持扶危济困，还充分发挥党报优势，引导社会各界关注弱势群体。如"暖冬计划"报道，取得良好社会效果。

2015年2月，重庆提出实施"暖冬计划"，决定为海拔800米以上的中小学校和公办幼儿园安装碳晶墙暖、油汀、空调等设备，以解决高海拔地区995所中小学、21万名学生的冬季取暖问题。

2015年12月，重庆日报记者深入高海拔地区，了解孩子们的近况。随后，重庆日报刊发《黔江高海拔地区5000多名孩子有了温暖的课堂》《彭水31所高海拔学校装上碳晶墙暖》《秀山11所高海拔村校装上供暖设备，694名孩子告别小火炉》《给孩子们一个温暖的课堂》等报道，反映了孩子们取暖条件的改善，很好地回应了社会关切，反响强烈。如12月14日，头版头条《黔江高海拔地区5000多名孩子有了温暖的课堂》报道，见报当天即被新华网、人民网等全国30余家主流网络媒体转载，网友纷纷跟帖点评。

网友"3T"说，报道中，记者用细腻的笔触生动地讲述了一个个感人的故事，文章娓娓道来，感人至深，希望重庆日报多关注类似题材，关注老百姓身边的故事。

2.关注人的内心世界。重庆日报的报道，善于挖掘人的内心世界，捕捉精神闪光点。这些报道，常常引起读者的共鸣。

如报告文学《拯救布拉玛》，该报道描述的是中国人民解放军首批医

彭水31所高海拔学校装上碳晶墙暖

12709名学生有了温暖课堂

本报记者 匡丽娜

12月14日早上8点半，离学生到校时间还有近半个小时，彭水苗族土家族自治县岩东乡中心校四年级语文老师李靖来到教室，打开了6块碳晶墙暖开关，静静等待学生们到来。

此时，宁静的小山村刚刚苏醒，室外气温只有2℃。自从上个月12日，岩东乡中心校装上墙暖后，每天早上，学校都会安排一位老师提前到校打开墙暖，让孩子们一进教室就能感觉到温暖。

"李老师好！"十几分钟后，有学生上课来了。40多平方米的教室洋溢着暖意，玻璃窗上凝结了一层细密的水珠。

8点50分，离上课还有最后10分钟，班上住家最远的小男孩也都准时到校，走了近2个小时的山路，他脚上的那双运动鞋已经被荒草上的露水弄湿了大半。

"没关系，教室里暖和得很，不会冻脚了。你看，我比以前还少穿一件毛衣呢！"彭浩乐呵呵地对记者说。

海拔806米的岩东乡中心校有6个年级，加上学前班共有7个教学班，139名学生，每间教室大约有40多平方米，两侧共安装了6块碳晶墙暖。

"我们这里海拔高，冬天有两个来月都在0℃左右。现在给孩子们装上供暖设施，娃儿暖和，家长也高兴。"校长张国胜说。

据了解，彭水县内处于海拔800米以上的学校有31所，共有317个教学班、12709名学生，今年8月，该县启动"暖冬计划"，截至目前，31所学校已实现全覆盖。

（下转3版）

▶ 12月14日，彭水县岩东乡乌山元小，教室墙壁上装有印着名言警句的碳晶墙暖。课间，孩子们伸手感受碳晶墙暖的温度。

特约摄影 苏思

疗救援队在利比里亚抗击埃博拉病毒的故事。故事发生在2014年12月至2015年1月。在利比里亚中国ETU救治中心，22岁的埃博拉患者布拉玛知道自己患上了难以根治的"绝症"，内心恐惧、绝望，甚至"一天拔掉八次针头，抵触治疗"。最终，在中国医疗人员舍生忘死、倾尽全力的救治下，布拉玛终于康复出院，对生活重新燃起希望。整个故事文笔优美流畅，叙事生动感人，读来震撼人心。

故事登出后，第三军医大学有关负责同志感慨地表示："这篇报告文学是对中国军医的极大肯定，从精湛技术到舍生忘死、大爱无疆的人道主义精神，每个细节都刻画得丝丝入扣。"

这篇报告文学在重庆市文艺界也引起巨大反响。重庆市文联副主席杨矿称，"（这是）一篇闪烁着人性光芒的作品"。重庆市文史馆馆员蓝锡麟称，这篇报告文学"选题和立意具有国际视野"。西南大学文学院院长王本朝则认为，该报告文学"内容高大上，写法接地气"。

再如报告文学《寻找湮灭的名字》，反映的是重庆一批研究抗战历史的学者，在历史的尘埃中，竭力寻找大轰炸惨案中死难者的名字的故事。

报告文学《拯救布拉玛》

稿件史实准确，细节生动，激荡人的内心世界，"……看着这一个个名字，仿佛看到他们洋溢着青春的笑脸，埋头苦读的身影，这些如花一样绽放的生命就这样被摧毁了"。

众多历史学者认为，努力寻找大轰炸死难者的名字，这是作为一个中国人、一个重庆人义不容辞的责任，是对生命的尊重，"重庆人民在反轰炸中发扬了不屈不挠、忠贞为国、慷慨捐躯、毁家纾难的精神，生动阐释了正义必胜、和平必胜、人民必胜的伟大真理。这是重庆人民用鲜血和生命铸就的，值得我们珍惜和弘扬。这也是我们今天坚持不懈地探寻历史真相、寻找遇难者名单的意义所在"。这篇报告文学刊发后，在社会上引起强烈反响。

3.灾难报道以人为本。在灾难事故报道中，重庆日报坚持做到及时、准确、客观报道灾难事件本身，满足受众的知情权；报道更加关注"灾难中的普通人"；弘扬灾难中的人间真情；为公众提供认识与应对灾难的知识等。特别是我们在报道中，不描写不幸的过程和悲惨的细节，不展示血腥的照片，避免因不恰当的报道给受害者亲人带来"二次伤害"。

（四）履行繁荣发展文化责任

重庆日报的报道，承担着知识普及、社会教化、道德传承等职能。一直以来，重庆日报都注重传承优秀传统文化，传播高雅健康文化、抵制低俗媚俗行为，维护群众基本文化权益。

1. 努力传播优秀传统文化和高雅健康文化。一直以来，重庆日报把传播优秀传统文化和高雅健康文化作为义不容辞的责任。

一方面，重庆日报做好常规的文化报道。如常年开设《书香重庆　全民阅读》《品读》等专栏，用数十个专版推介优秀书籍，介绍文化名人以及读书活动中的感人故事。另一方面，重庆日报还注意加强与重庆主要专业院团、文物单位等的联系，如报道川剧团重拍《金子》，采访大足石刻修复等，深受读者欢迎。并且，重庆日报还开设《渝州大舞台》《文化下乡》等常设专栏，以丰富人民群众的业余文化生活。

2. "传承重庆历史文脉"，挖掘历史文化底蕴。重庆日报从8月20日开始，每周2期，以每期3000字左右的体量，图文并茂地推出了30期"传承重庆历史文脉"大型系列报道，引起社会广泛关注，新华网、人民网等数十家网站转发，一个月内总浏览量超过百万次。

专家们认为，重庆日报"传承重庆历史文脉"系列报道，体现了党报的政治意识和社会责任。

2015 年 8 月，有专家、学者向重庆日报反映，"重庆是一座人文厚重的历史文化名城，我们应当正确认识历史文化遗产的重要性和高度重视历史名人效应，让这些宝贵的资源在当代真正"活起来"……"

重庆日报编委会对此高度重视，立即安排记者对相关情况进行摸底调查。

8 月 20 日，"传承重庆历史文脉"的第一篇报道——《与成都草堂齐名的东草堂缘何只剩一残碑》便一炮打响，新华网、人民网等数十家网站全文转发该报道，引发网友留言探讨。

在该报道推出当天，重庆师范大学教授、重庆市孔子儒学研究会会长鲜于煌，夔州杜甫研究会秘书长李君鉴等 5 位活跃在美术、旅游、历史等领域的学者，对如何打造奉节的夔州杜甫草堂建言献策。8 月 21 日，重庆日报又推出《奉节杜甫草堂复建不可走老路 应成为"文化中国"重要地标》的后续报道。该报道直接推动了奉节"夔州文化复兴工程"的启动。8 月 28 日，"夔州文化复兴工程"工作会在奉节召开。

其后推出的《忠县白公祠里，白公为何不是主角》《何处纪念女英雄秦良玉？》《寻找明代大儒来知德》等报道，均在社会上引起较大反响。这些报道，不仅有大量门户网站转载，甚至刷屏朋友圈，引发圈内圈外人士热议。

11 月 12 日，重庆日报主办"传承重庆历史文脉"座谈会，重庆市 11 位知名专家学者和部分区县宣传、文化部门的负责人就重庆如何传承历史文脉交流研讨。与会者认为，"传承重庆历史文脉"系列报道以及这次座谈会的召开，体现了党报的政治意识和社会责任，是重庆日报强烈的文化自觉与文化自信的表现。重庆日报的报道和座谈会的召开，必将有力地推动重庆的历史文化传承和建设。

3. 创办《大学》周刊，在青年大学生中传播主流文化。在重庆市委、市政府的大力支持下，2015年1月1日起，有关方面正式启动新增10万份《重庆日报》赠阅发行工作。此次增量赠阅发行的重点对象之一是市内的70余所高校。为落实市委、市政府"党报引领正确舆论导向，引导大学生形成主流价值观"的要求，重庆日报从2015年1月起，于每周三开设《大学》周刊，面向全市青年大学生，传播主流文化。

自今年1月起，《重庆日报》落实市委、市政府"党报引领正确舆论导向，引导大学形成主流价值观"的要求，于每周三开设《大学》周刊，并按照每个班级3份的数量，向全市70余所高校赠送《重庆日报》。

"热话题"、"牛人牛事"、"走向职场"、"我的创业"…… 截止目前，《大学》周刊已开设26期。周刊运行大半年来，受到各高校师生的广泛好评。

"热话题""牛人牛事""走向职场""我的创业"……《大学》周刊已推出40期。多元化的期末考试、大学生心理健康、大学生创新能力调查、社团和兼职生活……周刊关注大学生身边的人和事，用生动鲜活的事例、接地气的语言和活泼的版式，对大学生形成良好的价值观引导。周刊运行一年来，受到各高校师生的广泛好评。

4. 做好公益广告，弘扬优秀文化。在商业广告大量充斥的今天，公益广告犹如一阵清风。它摒弃功利色彩，从文化、精神、环境、社会等诸方面倡导积极的价值观，唤醒道德良知，带给人们以启迪与思考。据粗略统计，2015 年，重庆日报刊发了大约 50 个整版的公益广告。这些公益广告，格调积极向上，传承了中华民族的优秀文化、传统美德和民族气质，如"中国喜　中国年""图说我们的价值观""红樱桃植树""中华要崛起　读书好儿郎""中国梦　勤劳美""隆重纪念中国人民抗日战争暨世界反法西斯战争胜利 70 周年""勿忘国耻　圆梦中华"等，彰显了党报的责任意识和公益属性。

（五）履行遵守职业规范责任

作为党报，重庆日报要求记者要有良好的道德情操、良好的职业形象，要坚持全心全意为人民服务，坚持正确舆论导向，遵守宪法、法律和纪律，维护新闻的真实性，保持清正廉洁的作风，发扬团结协作精神。

在舆论导向上，重庆日报强调党报首先要讲政治、讲大局，要坚持正确导向不动摇，保持政治清醒和政治定力，严明政治纪律和政治规矩，自觉在思想上政治上行动上与党中央保持高度一致，确保工作不偏向不走调。

在宗旨上，重庆日报编委会要求全体采编人员牢固树立群众观点，全心全意为人民服务，密切联系群众，俯下身、弯下腰，与百姓心贴心。

真实是新闻的生命。重庆日报编委会要求全体采编人员坚持发扬实事求是的作风，深入基层，深入实际，加强调查研究，报实情，讲真话，不弄虚作假，不为追求轰动效应而捏造、歪曲真实。为求全面地看问题，防止主观性、片面性，努力做到从总体上、本质上把握事物的真实性。采写和发表新闻要客观公正，特定情况下要"回避"，防止记者从个人或小团体利益出发，作不公正的报道。

为维护新闻从业人员的良好形象，重庆日报坚决打击有偿新闻、虚假新闻、庸俗低俗媚俗新闻和新闻敲诈。让记者做到光明磊落、洁身自好，以实际行动和良好的形象，赢得读者的尊重。

（六）履行合法经营责任

重庆日报坚持正确舆论导向，遵守广告法及相关法律法规，履行合法经营责任，受到社会广泛好评。

1. 坚持正确舆论导向，拒绝违法违规广告。习近平总书记指出，新闻舆论工作各个方面、各个环节都要坚持正确舆论导向。新闻报道要讲导向，广告宣传也要讲导向。为确保正确舆论导向，重庆日报注意加强对广告内容的审查把关。如坚决反对"四风"，对一些过分夸张的广告图片和文字予以纠正等。同时，对违法违规广告，重庆日报坚决将其拒之门外，以免误导读者，确保党报的广告免受不正之风的侵蚀。

2. 严格执行采编、经营"两分开"规定。重庆日报规定，新闻采编人员不得以新闻报道换取广告；不得以变相新闻形式刊发广告内容；不得以新闻稿件作为广告刊发，收取广告费；不得为经营谋利操纵新闻报道；不得以批评曝光为由强迫被采访报道单位或个人订阅报刊、投放广告或提供赞助。广告人员从事经营活动，必须遵守现行的规章制度。广告人员不得以记者、编辑的身份拉广告，不得以开展某项新闻报道活动的名义拉广告。

（七）履行安全刊播责任

为保证报道安全，重庆日报完善了出版规章制度，专门出台了《重庆日报稿件审稿制度》《重庆日报纠错奖惩制度》《重庆日报事故责任追究制度》等制度。同时，重庆日报还注重吸收全国先进党报的经验，制定了重要报道的版面处理原则，保证了版面安排的严肃性、连续性。

在操作层面，重庆日报采取优化采编流程，强化各个环节衔接，把好"八大关口"等措施，严防出现差错。"八大关口"指的是议程设置关、记者采写稿件和自己审核关、部门值班领导审稿关、采访对象审稿关、夜班编审稿件关、夜班总值班审稿关、总编辑审稿关、夜班校对关。如遇重要报道任务，则在重要采编岗位加设双岗，并在夜班加设第一读者，把关口强化为十道。

尤其值得一提的是，重庆日报党委会编委会高度重视一版的把关、把度，总结出一系列行之有效的具体把关措施、方法。如编委会注重头条选择、重视稿件位置摆放和发稿平衡等。不仅如此，重庆日报党委书记、总编辑张小良还在每天凌晨值班审版，负责总把关，确保一版质量。

在新媒体管理方面，重庆日报严格规范新闻从业人员的网络活动。一是对新闻采编人员使用网络信息、开通个人微博等网络活动进行规范。二是重庆日报官方网站、官方微博、官方微信等新媒体，在发稿前都执行"三校三审"制度。为确保新媒体运营安全，重庆日报网站运营部技术人员对新媒体后台进行 24 小时实时监控。

这些举措，确保了重庆日报近年来未出现重大差错，实现了安全刊播。

（八）履行保障新闻从业人员权益责任

重庆日报有一支非常优秀的采编队伍，我们把保障新闻从业人员权益，确保采编队伍繁荣稳定，作为新闻事业发展壮大的基石。我们坚持以人为本，关注员工的基本权益，关注员工的个性需求和全面发展。

重庆日报不折不扣地按照劳动法、劳动合同法等相关要求，与员工签署劳动合同，为其提供"五险一金"保障，认真执行员工法定假期、带薪年休假、病假、婚假、产假、工伤假等制度。切实保障员工合法权益，关心员工生活和安全健康，创造条件依法依规落实员工福利待遇，让报社改革发展成果更多更公平地惠及每位员工。

日常工作中，重庆日报认真做好记者证申领、发放和年度核验工作，保障全体采编人员依法享有进行新闻报道的权利。

重庆日报还注意进一步提高编辑记者队伍的政治业务素质，开展多种形式的教育和培训活动，加强队伍建设。

"周五大讲堂"形成制度化。2015 年，重庆日报邀请有关专家和重庆日报优秀记者，于周五下午举办了近 10 次讲座，内容涉及新闻业务、报业发展、产业前沿、知识产权等，有效地扩大了采编人员的视野，增加了知识积累。

重庆日报利用采编交流 QQ 群、微信群，经常向员工发送有关业务资料，并要求各中心、部门学习讨论。如向员工发送《普利策奖得主：高超采访功底练成的 7 个步骤》《不打扰善良也是一种社会责任》《新媒体环境下：职业记者的角色认知危机》《善用"酒与污水定律"》《中国媒体如何谋变下一个十年》等文章。同时，重庆日报还给各采编部门订阅报刊、购买书籍学习。在重庆日报每周的编委会例会上，学习是重要的一环。平时，各中心、部门也定期或不定期组织学习。

为进一步丰富员工的业余生活，营造良好的企业文化氛围，2015年重庆日报又细建了两支文体活动队——舞蹈队和太极队。这两个活动项目针对性强，很受欢迎，每支活动队都有数十名员工坚持参加活动。截至目前，重庆日报已建立职工业余文体活动队11支。

2015年10月，重庆日报举办拓展训练活动，吸引了上百名员工踊跃参加，丰富有趣的训练项目，激发了员工的参与热情，极大地提升了报社的凝聚力和向心力，增强了员工的团队合作意识，收到预期效果。

重庆日报一贯坚持媒体的社会责任，把握正确舆论导向，树立起良好的社会形象。但取得的成绩与党报承担的使命相比，与人民群众的期盼相比，还存在差距：一是一些稿件质量不高；二是个别记者采访不够深入，作风不够扎实；三是人才结构不够完善；四是内部管理还需继续规范。

下一步，重庆日报将从5个方面，对存在的问题加以解决：

提升传播力引导力。2016年，重庆日报将加快推进传统媒体与新提升采编全流程全媒体全符号的专业化水平，尤其要提升重庆日报在网络舆论场中的话语权与影响力，使重庆日报在新兴舆论场中更好地传播主流声音，提升引导力。重庆日报将经常开展推广活动，吸引微博粉丝参与度，使微博粉丝在 2016 年力争突破 90 万。同时，集中力量重点抓好微信内容的发布，尽快把重报健康、重报教育、重报文脉等分号建设好，争取微信粉丝突破 5 万，形成微信矩阵全面发力，服务不同的读者群，提升影响力。目前，重庆日报正着手整合资源，推动微信公众号"理论头条 V"快速发展，抢占这个领域的制高点，在众声喧哗的舆论场内发挥"定海神针"的作用，以凝聚共识、指导工作。目前，该微信公众号已受到市领导和广大干部群众的高度关注，舆论引导力正在进一步加强。

着力提升内容生产质量。2016 年，重庆日报将始终坚持正确的政治方向和舆论导向，进一步发挥党报的政治优势和组织优势，以实施新闻精品工程为龙头，集中优势兵力，在深度报道、分析调查、理论评论等方面下功夫，增强报纸的整体内容竞争力。同时，重庆日报将大力推进全符号传播，在表现手段上突出创新，充分运用图片、图示、图表、漫画、二维码等多种符号，把稿件内容的新闻性凸显出来，展示好重庆日报新一轮改版成果。在这一过程中，我们将继续实施"每日好新闻""月度好新闻""年度好新闻"等考核奖励制度，实行优稿优酬，激励人人都写好稿、编好稿，不断提升报道质量。

着力加强队伍作风建设。2016 年，重庆日报将以年初开展的"新春走基层"为契机，认真践行"走转改"，变"新春走基层"为"天天走基层"。走基层过程中，重庆日报党委会编委会班子成员将继续带头扎扎实实走基层，以促进采编队伍作风不断转变，让记者编辑更加贴近实际、贴近生活、贴近群众，把更多的版面、镜头对准人民群众，真心实意为人民群众服务，采写更多鲜活生动、接地气的好作品。

2016年春节期间，重庆日报记者向婧（右一）在云阳县龙角镇泉水村六组采访脱贫户李兵一家，与他们一起吃团年饭

着力优化人才结构。人才优势是最大的核心竞争力。重庆日报现有的采编人员，大多是文科出身，且主要集中在中文、新闻、美术等方面。虽然我们的人才都非常优秀，但人才结构总体而言相对单一。2016年，一方面我们将强化采编队伍的各项学习，不断更新知识。另一方面，在条件允许的情况下，重庆日报将继续引进优秀人才，丰富人才知识结构。如引进理论、经济、管理、科技等方面的人才，为重庆日报的可持续发展，做好人才储备工作。

着力加强内部管理。近年来，重庆日报完善出台了一系列制度。2016年，重庆日报将查漏补缺，继续在实践中推进制度建设，让报社内部的管理更加科学、规范、严谨，运转更加高效。2016年，我们将继续认真落实"三重一大"决策制度，在重大决策、重要人事任免、重大项目安排和大额度资金运转方面，严格按照党风廉政建设有关制度和规定执行。同时，重庆日报党委会编委会还将继续深入贯彻落实"八项规定"精神，持之以恒抓好作风建设。继续深入开展"三严三实"专题教育，深入解决班子成员的思想认识问题，班子成员认真自查"不严不实"问题，制定切实可行的整改措施；广泛征求群众意见建议，解决整改工作的针对性问题等。

2016年，重庆日报把深入学习贯彻习近平总书记视察重庆重要讲话精神和在党的新闻舆论工作座谈会上重要讲话精神结合起来，按照"48字"要求，"高举旗帜、引领导向，围绕中心、服务大局，团结人民、鼓舞士气，成风化人、凝心聚力，澄清谬误、明辨是非，联接中外、沟通世界"，引领重庆日报各项工作。

四川日报

社会责任报告

一、四川日报概况

2015年，按照发展、改革、创新、创业"四位一体"的前进方向，四川日报充分发挥省级党报的媒体龙头作用，持续推进新闻创新，深化媒体融合发展，做强主阵地，勇当主力军，传播力、引导力、公信力、影响力、竞争力不断提升。

2015年，《四川日报》一周七刊，周均88版，日均期发数33万余份。在第二十五届中国新闻奖评选中，四川日报评论员文章《刹"不为"之风换"不为"之将》获中国新闻奖一等奖。

2015年，以四川日报为龙头构建的川报全媒体集群进一步加快融合发展、转型发展，推出的川报观察、四川新闻、四川日报微博微信、天府问计、问政四川、督院街30号等新媒体产品矩阵不断升级，已覆盖和影响1000万受众。

二、履行社会责任情况

（一）履行正确引导责任

2015 年，四川日报始终坚持正确政治导向，紧紧围绕中心、服务大局，着力宣传党的十八大以来党中央治国理政新理念新思想新实践，把地方宣传与中央大局相结合，突出四川实践，讲好四川故事。确立正确的思想导向和价值导向，着力加强对大势的研究、对大事的把握，把宣传重点与四川中心工作相结合，突出宣传四川在贯彻落实"四个全面"战略布局、推进"两个跨越"等方面的做法成效和特色亮点。树立正确的行为导向和审美导向，尊重新闻传播规律，着力提高新闻策划的战略性和系统性，拓展新闻创新的深度和广度，注重报道的时效性、贴近性、针对性，妥善引导社会热点，正确开展舆论监督等。注重加强融合传播，积极抢占网上舆论制高点，占领网上舆论主阵地，充分发挥党报新媒体集群在宣传工作中的重要作用，把四川的声音传播得更广、更响、更深，树立美丽繁荣和谐四川的新形象。

1. 重头出彩，唱响主旋律。2015 年，四川日报勇担建设舆论主阵地使命，牢牢把握正确导向，持续提高舆论引导能力，在对四川重大主题、重要节点、重大活动等宣传中，唱响主旋律，打好主动仗，出新出彩，有效引导。

重大主题创新出彩。精心谋划稳中求进、深化改革、依法治省、从严治党、脱贫攻坚、创新创业等重大主题报道，获得各方肯定。2015年3月，在对"一带一路"国家战略的宣传报道中，四川日报策划并推出"看天下·探访境外新川商"大型系列集成报道，派出记者走访三大洲7个国家20多个城市，采访数十家川企负责人及上百位政商学界人士，在四川日报上连续推出10期、超10万字专题报道，在新媒体产品上推出网络专题。省政府为此专门召开座谈会，专题听取采访组的意见建议，作为决策参考。

重要节点精心谋划。围绕"4·20"芦山地震两周年、抗日战争暨世界反法西斯战争胜利70周年等重要节点，创新策划提升报道水平。例如，以全新视角和专业谋划，策划实施"航拍新家园"活动，在四川日报和新媒体产品上推出大型摄影报道，并精编画册《芦山灾区重建新貌》，成为芦山地震两周年之际的一份重要宣传成果。

重大活动强势覆盖。把握全国和四川省两会、科博会等活动契机，提升资源整合、融合传播能力。例如，省委十届七次全会精神系列新闻发布会，是四川新闻发布工作的一大创新。四川日报抓住契机，以每天"1+1"（一版1组

消息＋要闻版 1 个整版延伸报道）的规模，集中解读省委省政府重大决策，报道内容准确、丰富、鲜活，得到各界广泛好评，系列报道还成为省内各厅局新闻发言人的学习培训材料。

2. 观点引领，打好主动仗。多元舆论生态下，在众声喧哗中引导正确舆论，在多元价值下凝聚最大共识，是当前党报评论传播"正能量"的紧迫任务和核心竞争力所在。2015 年，川报紧紧围绕中心工作，强化问题意识，积极引导舆论，注意综合运用多种表达方式，把观点喊响。

做大格局。举全报社之力"把观点喊响"，进一步倡导主编、编辑都拿起笔来写言论，加大评论人才与新闻采访部门记者编辑的双向交流，初步形成编委会统一领导，各部门积极参与、一起来抓的大评论工作格局。在人民日报主办的首届党报评论融合发展论坛上，川报努力构建"大评论"的经验在大会上作了交流，受到好评。

打造精品。进一步做强《蜀平》《川江评论》《评论理论部专论》等言论理论品牌栏目，全年推出评论理论文章 1000 余篇，其中重点言论 20 余篇（组）。加强评论理论能力建设，加大立体策划传播，针对一些党员干部"慵懒散浮拖"的现象，评论员文章《刹不为之风　换不为之将》见报后，迅速被人民网、新华网等全国近百家主流网站转载，在四川干部队伍中引起较大反响，充分体现了党报评论的引领、导向作用。

3. 舆论监督，凝聚正能量。在舆论监督报道中，四川日报始终坚持问题导向，遵循依法监督、科学监督、建设性监督的原则，及时反映群众心声，合力促进问题解决，积极引领和汇聚改革发展正能量。

四川日报品牌栏目《民情热线》与四川在线《问政四川》等栏目深度融合，全方位打造有锐度有温度的"升级版"，全年推出重点舆论监督 80 余篇（组）。内容主要涉及群众反映强烈的用水用电、交通出行、环境保护等关注度高的民生民情话题。比如，强势推出《疯狂运渣车　为何管不住》全媒体调查报道，在一个多月时间内追踪刊发 30 多篇，引发各方重视，促成监管部门逐步建立新的监管机制；《两站相距 1 公里 过路费要收 5 元》《村组修公路，死人也交"份子钱"看似荒唐却有理？》《到手的理赔款为何要被重分？》等报道，突出问题意识，针对群众反映的切身问题开展舆论监督，帮助群众解决实际问题。一年来，民情热线反映的各类问题得到有关方面高度重视，大部分已得到妥善解决。

4. 融合传播，抢占新阵地。着眼于传媒格局新变化和融合发展新要求，2015 年，川报全媒体集群建设不断提速深化，积极做强网上舆论主阵地。

创新传播方式。发挥党报优势、聚合集群资源，积极探索融合报道的实践路径、操作方式，将原创、权威、观点等传统媒体优势向新兴媒体有效渗透。如全国两会召开期间，"川报观察"客户端创新推出"大数据解码两会"等报道，并探索采用 H5 动图形式包装传播李克强总理在四川的报道，在代表委员和社会受众中引发强烈反响。省委十届七次全会召开和解读全会精神系列新闻发布会举行期间，川报新媒体产品不断创新融合报道的渠道和方式，既及时准确报道全会内容，又深度解读全会精神，还注重抓新闻抓"活鱼"，引起目标读者关注，《7 场发布会来了 25 位厅官 省委的意思你真的懂了？》等报道在网上被大量转发，增强了党报在网络舆论场的引导能力。

丰富产品矩阵。川报全媒体集群不断丰富集群新媒体产品矩阵，实现"川报观察""四川新闻"等六大新媒体产品升级；创新打造国内首个航拍影像媒体平台专区——四川在线"航拍四川"频道，成为展示大美四川的新视角新平台；创办并运营"督院街 30 号"微信公众号，实现政府系统精准传播、高端影响；策划推出"报花看店""川报随手拍""三味学堂"等新产品，迅速在细分受众市场中获得认可。

一个更有速度、深度、广度和温度的川报全媒体矩阵加快崛起，已覆盖和影响 1000 万受众，影响力、传播力和引导力持续提升，切实担负起了四川网上主流舆论引领的责任。

（二）履行提供服务责任

四川日报始终坚持服务意识，站稳群众立场，注重为读者提供高品质的信息服务、生活服务、精神服务，组织开展社会性服务活动，努力帮助群众解决实际困难。在采访报道中，始终坚持把群众呼声作为第一信号，把体现党的主张与反映人民心声统一起来，把坚持正确导向与通达社情民意统一起来。

1. 发挥党报优势，权威解读政府决策。对省委、省政府的重大决策，四川日报发挥党报优势，及时进行权威、深度的政策解读，准确传递党委和政府的声音。密切关注群众关心的政务信息、公共服务信息，如公车改革、考试作弊入刑、商品房新版买卖合同等，紧跟热点，专题解读，既有即时报道、动态进展，也挖掘新模式、推广有益经验。

发挥行业周刊贴近生活的服务功能，进一步办好《悦读》《教育周刊》

《旅游周刊》《食品周刊》《商业周刊》《健康周刊》等，通过《政策解惑》《一周游玩》《为您服务》等固定栏目，为读者提供生活服务和精神服务，让读者得到生活上的帮助、精神上的愉悦。

2.民生报道接地气、解难题、暖人心。党报要架起读者与党委政府间的桥梁。四川日报通过《民情热线》、来信来访，以及"问政四川""天府问计"、微博微信等新媒体平台，多角度、全方位、零距离倾听群众呼声，帮助群众解决实际困难。

作为农业大省，如何让农户增产增收，四川日报一直积极作为。比如，《万斤猕猴桃滞销"棒棒手"期待援手》报道蒲江县一残疾人种植的猕猴桃滞销一事，见报后得到阿里巴巴的关注和援助，深入解决农产品销售难题。同样纳入川报关注视野的，还有遭遇"国际价格战"的安岳柠檬、甘孜攀西的滞销葡萄等。

《巨额善款前，他们为何选择拒绝》报道了成都市龙泉驿区一家四口被重度烧伤，而在爱心捐款汹涌而来的时候，他们却选择拒绝，原因是前期捐款已够治疗费用，"拿救命钱改善生活，会寒了爱心人士的心"。川报对此事的报道，使"爱与信任"形成热门话题，引导社会形成互助互爱的和谐氛围，温暖人心。

3.组织策划主题活动，服务社会经济发展。主动策划主题活动、务实培育论坛品牌，是四川日报有效整合政府、市场、企业、媒体资源，服务社会经济发展的成功实践。

2015年10月，由四川省农业厅、四川博览事务局和四川日报社主办的第二届西部电子商务发展高峰论坛在成都举行，以"农村电商 打开想象"为主题的这一论坛，邀请国内电商产业链上知名企业负责人激荡脑力，吸引全省各市县政府、企业代表共计400余名嘉宾出席，并务实推动了企业间的对接，受到广泛好评。

四川日报牵头组织首届四川"十大扶贫好人"评选活动，逾百万人关注，近百家主流媒体转载，百度搜索词条98.5万个，成为"扶贫日"四川系列活动中最具亮点的活动，是四川建立扶贫荣誉激励制度的一次成功探索。

围绕重点事件，策划主题活动，服务社会经济发展，四川日报也有成功实践。成渝高铁开通期间，川报观察客户端与四川日报微博微信联合邀请网友免费体验首趟动车，并联手重庆、眉山、乐山等多地媒体邀请铁路沿线网友到成都逛春熙路，系列活动拉动市场消费，促进了地方经济发展。

（三）履行人文关怀责任

多年来，四川日报始终坚持以人为本做新闻，在日常报道中尊重社会弱势群体，反映他们的意见呼声，新闻报道更加注重深入群众的精神世界，关心群众的情感，启迪人的思想。

1. 灾难事故报道坚持以人为本，体现人文关怀。灾难、突发事故报道始终将以人为本作为核心价值导向，把关爱生命放在首要位置。

芦山地震灾后重建两周年，是检验地方负责制灾后重建新路成效的重要节点。川报推出大型评论文章《书写无愧于时代的芦山答卷》及系列报道，关注灾区科学规划、扎实推进恢复重建的各项工作，深入梳理总结"中央统筹指导、地方作为主体、灾区群众广泛参与"这一重建新路的有益经验。同时，通过行走式的见闻报道和以"幸福家园、产村相融、智力援建、产业振兴"为主题的全景报道，重点展现灾区人民生产生活发生的可喜变化，鼓舞信心，激励新生。

对突发事件，四川日报本着实事求是的原则，及时发布准确消息，缓解群众情绪。比如，《攀钢2月1日发生三氧化硫泄露 攀枝花居民闻到毒气想咳嗽》等稿件发布后，迅速被多家新闻网站转载，记者又陆续采访权威专家，深入报道三氧化硫对人体的危害、如何将危害降到最低等稿件。又如，11月26日，成都上空出现巨大声响，引发市民猜测，川报记者第一时间在川报观察客户端、四川在线网站发布消防、公安等部门权威申明，当晚第一时间发布成飞集团证实巨响为音爆的消息，及时澄清谣言，稳定人心，体现了强烈的社会责任感。

2. 日常报道尊重弱势群体，倾听群众意见呼声。四川日报在日常报道中注重人文关怀，关注新闻人物的精神世界、情感表达，注重通过新闻报道启迪读者思想，激励受众追求高尚品格，弘扬社会主义核心价值观。

倾听普通百姓的声音，关注他们的生活，川报一直在努力。春运是一扇窗，通过这扇窗不仅能看到归途中的人情冷暖，也能洞察社会变迁。2015年春节前，四川日报刊出大型系列报道《归途2015·21个农民工的私人记录》，聚焦21位农民工的归乡旅程，节后又推出追踪报道《21个农民工羊年记事》，从这21个个体观察2400万川籍农民工群体在城镇化进程中的变化。

四川日报尤其注重关注贫困地区、边远山区、少数民族地区群众的生活状况。记者深入藏区，挖掘出《629户的藏区乡走出359名大学生》的鲜活新闻；走进彝区，推出全媒体集成报道《凉山深处最后的"无电村"》。

3. 全媒体集成报道，深入读者精神世界。为深入读者精神世界，传播正能量，四川日报不仅在版面上开设专栏，还联合集群内的网站、客户端等新媒体，精心策划线上线下互动活动，推出多个全媒体集成报道。

四川日报策划推出《2015毕业季·不说再见》大型互动立体传播活

动，走进川内 10 所高校，用视频、照片、留言，记录下高校毕业生的最美大学生活。携手四川高校新媒体联盟，联合发起大型线上线下互动活动"书香天府·校长荐书"，发布"四川十大校长荐书榜单"，激发全民阅读热情。

（四）履行繁荣发展文化责任

2015 年，四川日报高擎大文化传播旗帜，彰显党报文化品牌优势，努力践行社会主义核心价值观，传承优秀传统文化，抵制媚俗行为，维护群众基本文化权益。

1.弘扬真善美，深入持续宣传社会主义核心价值观。四川日报不断创新传播方式和手段，采用多种形式，从国家、社会、公民三个价值层面持续加大社会主义核心价值观宣传报道力度。

在重要版面，四川日报开设固定专栏，不定期推出专题报道，推动形成崇德向善、厉行法治的浓厚氛围。其中，《身边雷锋，时代榜样》《劳模风采录》《四川好人》等栏目影响广泛。全年在要闻版、综合新闻版等重要版面显著位置共安排刊发公益广告 210 余次，体现了四川日报作为主流媒体的责任和担当。

2.引领主流文化，传播健康文化。引领主流文化，文化要做加法。四川日报巧妙抓住"文化 +""创意 +""项目 +"等热点做文章，大力宣传四川省文化项目，推动文化创新。推出"大美四川　中国故事"专栏，《四川工艺品频为"国礼"出海外》《这幅画从四川飞进人民大会堂》等报道，展现四川文化领域涌现出的经典作品和鲜活故事，生动感人。

《天府周末》副刊定位传播高雅健康文化，具有广泛文化影响力。推出的《十年　记者眼里的非遗之变》《乡愁中的新上山下乡》等报道，以普通人的视角、朴实细腻的文风，不漂不浮，春风化雨，体现办报的温度。

3.搭建文化交流平台，维护群众基本文化权益。在文化大繁荣大发展的进程中，四川日报发挥党报优势，为普通群众搭建文化交流平台，维护群众基本文化权益。

为了给老百姓搭建与艺术零距离接触的桥梁，让群众体验多重艺术享受，四川日报与四川省文化馆联合主办了"巴蜀文艺讲堂"系列活动，每月第一个周六推出讲座，以"走近大师、感受经典、陶冶情操、提升修养"为宗旨，专家讲座和现场互动相结合，为群众送去免费的"文化大餐"。

针对网友提出的四川省公共文化服务的问题，四川日报派记者多次深入基层调查，采写《文化站如何建？新都兴起"服务外包"》《聚源文化站延伸出了"美术生意"》等文章，探索基层公共文化服务新模式，推动基层公共文化设施建设。

四川日报还启动"为乡村孩子定制精神营养餐——微图书馆"计划，丰富农村孩子的精神世界，维护他们的文化权益。

4.把握重要节点，传承优秀传统文化。大力宣传优秀传统文化，深度挖掘文化素材，以多种形式报道博物馆日、非遗节等重要文化节点，传承优秀传统文化。

5月18日国际博物馆日，四川日报联动省文化厅，提前策划推出"博物馆条例掌上知识竞赛"，通过新媒体持续推出互动知识竞赛，拉近了博物馆和读者间的距离。9月，第五届成都国际非遗节开幕前，四川日报全媒体集群推出《非遗节·大师开讲》专栏，邀请非遗传承人录制视频讲解非遗技艺，通过新媒体平台播放，吸引众多关注。

（五）履行遵守职业规范责任

固本强基，进一步加强采编队伍思想建设，不断规范新闻采编工作。

1. 不断规范新闻采编工作，提高舆论引导水平。讲政治。四川日报始终把坚定政治立场、把握正确舆论导向放在首位，不断提高采编队伍的政治意识、大局意识、责任意识。

立规矩。通过不断完善新闻采编人员管理机制、责任追究机制、社会监督机制，不断完善新闻采编工作体系、责任体系、评价体系，构建"大宣传、大预防、大监督"的工作局面。

重管理。在深化媒体融合发展的过程中，四川日报一手抓建设，一手抓管理，对传统媒体和新媒体坚持同一标准建设、管理，亮明底色、筑牢防线、形成制度。

2. 加强风险防控，深化作风建设。四川日报全媒体集群全面梳理了新闻采编、队伍建设等方面存在的风险点，并制定出风险防控办法，从把握正确导向、坚持新闻真实性原则、规范新闻采访行为、加强审核把关和培训力度、完善应急预警机制等方面，切实加强风险防控。

3. 深入开展"走转改"，在实践中升华职业操守。四川日报把持续深入开展"走转改"活动，引导采编人员将根扎进基层，以强化群众视角、狠抓作风转变、培养清新文风为重点，不断探索"走转改"活动常态化的新途径新办法，引导采编人员自觉落实群众观点、践行群众路线，并将之贯穿工作全过程。

编委会成员带队走基层访民生，新闻报道新风扑面，队伍素质不断提升。推出"新春走基层""援藏纪行"等系列策划，以及《四川日报记者探访海拔最高驻防部队》《一顿饭功夫　他说服普翁送孩子读书》等稿件，接地气、有温度，散发着泥土芬芳。部分稿件经新媒体二次传播后，影响力持续扩大。

2015 年 7 月，川报记者走进海拔 3500 多米的甘孜藏区采访报道

（六）履行合法经营责任

四川日报正确认识和处理经济效益和社会效益的关系，始终把社会效益放在首位，积极承担社会责任；严格遵守国家有关法律法规，自觉遵

守《中国报纸广告行业自律公约》，从认识上、实践上严格规范经营行为，从思想上、制度上严格规范经营纳税行为，建立长效机制让依法纳税成为常态。

（七）履行安全刊播责任

进一步完善质量控制体系，加强对采编人员培训教育、提高安全刊播意识，强化全流程安全保障。严守 7 道审核关，明确责任到岗、到人，有效防范可能出现的安全纰漏。对重要政策、重大活动、重要会议、重大事件等报道，注重风险提示，减少错误概率，保证版面质量稳定，没有出现安全刊播事故。

（八）履行保障新闻从业人员权益责任

四川日报社始终注重维护员工的合法权益，为员工职业发展提供空间和通道。

1. 公开招聘，构建"双通道"专业人才梯队。坚持"凡进必考"和"公开、平等、竞争、择优"的原则，创新人才选用机制，全年共招聘名校毕业生近 20 人，丰富了川报的人才储备，优化了人才结构。

继续深入推进人才"双通道"建设，在专业技术领域形成梯级上升通道，逐步完善了采编、信息技术等专业领域的业务岗位设置。截至 2015 年年底，四川日报拥有享受国务院政府津贴专家、"四个一批"人才、全国新闻出版行业领军人才、四川省有突出贡献的优秀专家等各类省级以上专家 14 人次。

2. 强化岗前培训和多元培训机制。随着媒体融合发展的不断深入，川报在继续强化以老带新，加强采编专业培训的同时，2015 年共选送 10 多名编辑记者进入国内知名学府短训，并在报社内部推行岗位交流机制，着力提升采编队伍政治、思想、业务素质和新闻职业道德水平。

3. 完善保障后勤，关爱报社员工身心健康。关爱员工是后勤保障的重要工作之一。四川日报员工均按时参加了每年例行体检和集团员工重大疾病互助金计划，报社为 10 余名员工发放了重大疾病补助金共计 10 余万元。

三、履行社会责任方面存在的不足和改进措施

（一）在履行社会责任方面存在的不足

2015 年，四川日报社虽然在履行社会责任方面取得了一些成绩，但与上级党委的要求，与人民群众的期盼，还存在着一些差距。比如，履行社会责任、实现可持续发展的能力和水平还需要更进一步，还没有立起文化服务的金字招牌；在队伍建设和内部管理等方面，个性化培育欠缺，仍有创新和提升的空间；在提升全媒体环境下的工作条件、丰富员工生活、提供良好工作环境方面还可以更有作为。

（二）改进措施及未来展望

下一步，四川日报将严格执行国家和四川省的有关要求和规定，进一步加强意识形态工作责任制，以行业规范管理等重点工作为契机，稳中求进、融合求新、转型求优，进一步提升履职能力和水平。

着力推进"精品力作打造工程"和"全媒团队锻造工程"两个工程，全力实现更优引导、更深融合、更广覆盖、更大影响，进一步提升舆论引导能力，全力担负党报龙头之责。

着力打造"融合发展平台"和"文化服务平台"两个平台，发挥集群之力、走好创新之路，进一步丰富媒体传播形态和方式，增强服务能力，提高服务水平。

着力完善"适应融媒体竞争的新闻专业标准体系"和"适应从严新要求的媒体治理体系"两个体系，破除传统媒体采编人员"本领恐慌"，进一步严格职业规范，培养一支能打仗、打胜仗的传媒新军。

贵州日报

社会责任报告

一、贵州日报概况

贵州日报社（集团）是中共贵州省委直属传媒集团，2004 年 11 月成立。贵州日报是贵州省委机关报，于 1949 年 11 月 28 日创刊。自 1991 年起，报社（集团）实行事业体制、自收自支企业化管理。

贵州日报是一份综合型日报，每周 72 版或 76 版。在坚持正确舆论导向、坚持社会效益的前提下，作为贵州新闻界排头兵、领头羊，贵州日报积极探索，不断创新，努力做大做强党报。

贵州日报牢牢把握正确舆论导向，围绕中心，服务大局，服务人民，深入开展党的群众路线教育实践活动，发挥党报集团主流媒体作用，切实履行新闻宣传机构职责，不断提高舆论引导能力，为我省奋力后发赶超、加快同步小康进程营造良好舆论环境。

贵州日报的报道受到有关部门和读者广泛好评，荣获"全省精神文明建设先进单位"称号等省部级 10 余项表彰。

2015 年，贵州日报社（集团）以习近平总书记系列重要讲话精神和对贵州发展的重要指示精神为指导，按照中央和贵州省委、省政府的决策部署，认真履行正确舆论引导、提供内容服务、人文关怀、繁荣发展文化、遵守职业规范、安全刊播、承担公益事业等责任，这些社会责任不仅是使命，也是必须要有的担当。

二、履行社会责任情况

（一）履行正确引导责任

2015 年，贵州日报社（集团）认真学习宣传贯彻习近平总书记系列重要讲话精神和视察贵州工作重要讲话精神，贯彻落实党的十八大和十八届三中、四中、五中全会精神，充分发挥党报的主流舆论阵地作用，按照贵州省委、省政府的安排部署，围绕中心、服务大局，圆满完成了主要宣传报道任务。由于在新闻宣传报道中不断创新，始终坚持正确的舆论导向，发挥主流媒体的引导作用，集团工作卓有成效，多次受到有关上级部门及领导的表扬和肯定。

1. 重大主题报道亮点纷呈。贵州日报社（集团）率领旗下新媒体矩阵围绕中央和贵州省各项重大主题和重大活动，整合全媒体资源、集中优势兵力，持续开展了系列的新闻宣传战役，形成声势规模、突出新意特点，取得了良好的宣传效果。"精准扶贫"系列报道、"平安贵州"系列报道、

"大数据产业"系列报道得到省委、省政府主要领导批示肯定。打造精品力作，作品《车轮上的幸福》荣获中国新闻奖二等奖。

第一，重点做好习近平总书记视察贵州特别报道。在习近平总书记2015年6月视察贵州工作期间，贵州日报精心策划并重点推出《开放带动后发赶超 创新驱动跨越发展》《绿水青山就是金山银山》《精准扶贫看贵州 一枝一叶总关情》《协力奏响推动跨越的时代乐章——"四个全面"引领贵州发展新征程》《高点起步高位切入 多点发力次第花开——贵州加快五大新兴产业发展纪实》等5组大型综述报道。深入学习贯彻习近平总书记视察贵州重要讲话精神，及时开设《牢记殷殷嘱托 坚守两条底线 培植后发优势 奋力赶超跨越》专栏及撰写刊发社论、系列评论员文章，快速和生动反映全省上下的学习贯彻落实热潮。

第二，两会宣传报道上接"天线"下接"地气"。2015年全国两会期间，贵州日报社（集团）按照省委宣传部的安排部署，领导带队，选派集团骨干记者赴京采访，紧密围绕全国两会的重点议题，结合贵州省科学发展、后发赶超、同步小康、生态文明建设的生动实践，锐意创新、改进文风、创新版式、媒体融合、特色鲜明，丰富、立体、互动、多彩、深入、全方位、多视角地对全国两会进行报道。

在全省两会的宣传报道中，贵州日报坚持程序报道及时、准确、全面、权威，专题报道有高度、有深度、有新意，延伸报道贴近民生，内容上讲求广度深度，形式上做到图文并茂，对贵州省两会进行了全方位的报道。

第三，跨越"十二五"、挺进"十三五"，全面解读中央十八届五中全会和省委十一届六次全会精神。党的十八届五中全会召开后，《贵州日报》及时转载中央主要媒体的重要稿件，全面解读会议精神，报道各地各部门贯彻会议精神的情况。在省委十一届六次全会召开后，贵州日报除了对会议进行详细的报道外，还以特刊、专刊等形式对全会精神进行了详细的解读，对各地各部门、干部群众等学习省委十届六次全会精神进行了全面的报道。贵州日报社（集团）系列报网开设了《跨越"十二五"挺进"十三五"》专栏，采取专栏、专题、图片等多种报道方式回顾贵州省"十二五"成就，展望"十三五"宏伟蓝图。

第四，浓墨重彩地报道贵州省重大主题活动。在纪念抗战胜利 70 周年、纪念遵义会议 80 周年、贵州党政代表团赴滇闽等地考察、贵州大健康大医药北京推介会、2015 贵阳国际大数据产业博览会暨全球大数据时代贵阳峰会、生态文明贵阳国际论坛 2015 年年会、天下贵州人、贵商大会、首届全国孔学堂图书博览会等省内重大活动和重大事件报道中，贵州日报及新媒体矩阵均策划推出了大规模、连续性的重头报道、典型报道和专版特刊，从内容到形式不断创新突破。

2. 因势而谋、顺势而为，打造宣传品牌，提升传媒影响力。贵州日报力求从形式上创新，开设新栏目，报道新亮点。为进一步拓展新闻战线"走转改"活动，讲述贵州干部群众在"后发赶超，同步小康"中的圆梦行动，展示贵州人蓬勃向上、奋发有为的精神风貌，开设了《行进中国精彩故事在贵州》专栏，连续刊发了《背架上的医疗队》《一位美籍华人的侗寨乡愁》等优秀稿件，不断讲述贵州好故事。同时，还开设了《贵州榜样　时代之星》等栏目，刊发了长篇通讯《绿色的怒放》等贵州各地干部先进典型事迹，在社会各界引起了强烈的反响。

此外，还开设了《同步小康驻村》《全省经济强县建设巡礼》《凝聚乡音乡情，助推贵州发展》《守底线　走新路　奔小康》《精准扶贫　科学制贫　有效脱贫》等多个栏目，全面展示贵州在后发赶超、同步小康过程中的精神风貌，展现贵州省在生态文明建设、扶贫开发等工作中的重大成就。

贵州日报社（集团）参与主办第二届贵商发展大会和重点论坛，承办首届孔学堂·国学图书博览会主要展区，继续举办"全国名家看贵州"和"天下贵州人"赴京推介展示活动等，使集团的媒体宣传品牌影响力进一步扩大。

（二）履行社会服务责任

作为有强大公信力影响力的党媒，贵州日报履行社会服务责任主要体现在民生报道超前策划、执行到位、提供信息完整等方面。

《大教育》专刊采访学生家长、资深教师、相关专业人士以及教育相关部门，推出的《贵州省今年高考招生有十项变化》《贵州省24所高职院校招生试行多元录取改革》《贵州省招生考试院公布春季跨地区招生省内中职学校名单》等一系列包括前期备考、考前冲刺、评分公允一直到录取指导、院校公告等内容在内的专题报道，用迅速精准的信息服务考生和家长，为考生和家长解惑答疑，提供有效、有用的信息支持。

《新农村》专刊通过《2015年，我的增收》《2015年农村发展新亮色》《贵州今年计划完成700万亩无公害农产品产地认定》《贵州省烟叶种植保险今年将实现全覆盖》《贵州省出台措施加快现代特色渔业发展》等一系列报道，提供政策指引、农业科技信息、成功案例等切实服务三农建设。

除此之外，还陆续推出《贵州省将全面实施医疗责任保险统保工作》《贵州推进医疗精准扶贫　不让一人"因病致贫、因病返贫"》《预防针应该怎么打？　"世界免疫周"之际，疾控专家为您答疑解惑》《"创客"第二期项目推介开始》《买卖之间——铜仁农村电商搭建乡村贸易新平台观察》《坐公交，给你全新体验》《贵阳　纯电新能源客车投入运营》《贵州省试点实施新农合及大病保险理赔"一站式"即时结算》《全覆盖　全联通　全方位　全天候　全过程　贵州省三大政务平台构建大服务格局》等关于交通、卫生、金融、创业等人民群众关心并密切相关的热点问题专刊专版，在宣传贵州发展日新月异的同时，也起到了为民众答疑解惑的作用。

（三）履行人文关怀责任

2015 年，贵州日报社（集团）作为连续 3 年驻普安工作队长单位，整合全集团资源，加大对普安县帮扶力度，派出总数为 10 人的驻村工作队进驻普安县，其中两人分别到盘水街道红星村和南湖街道云庄村担任"第一书记"。为贯彻落实省领导指示精神，工作队增派了驻红星村力量，驻村队员由原来的 1 人增加到 5 人，并组建了红星村基层党建、基础设施建设、产业发展、精神文明建设、电商扶贫等项目组，协同黔西南州和普安县共同推动红星村各项事业发展。目前，各项工作正在逐步推进过程中，往昔贫困落后的红星村逐年旧貌换新颜。此外，集团还发动集团职工自愿向扶贫挂帮点普安县红星村捐款近 10 万元，组织"圆梦金秋助学行动"，整体提升了集团全员综合素质和执行能力。

贵州日报社（集团）利用在京举行的第三届"天下贵州人"系列活动之机会，举办了"天下贵州人爱心之旅启动暨全国名家艺术品拍卖·企业公益捐赠普安专场"活动，筹集爱心公益资金 190 余万元，全部用于集团在普安全县的扶贫工作。集团还对接联系了中国银行贵州省分行、贵州福建南安商会与普安县签订战略合作协议，为多方吸引各类社会资金参与和支持精准扶贫奠定了基础。

2015 年，贵州日报共免费刊发公益广告 79 个整版，还承办了贵州省第 7 届"讲文明　树新风"公益广告大赛平面类比赛，为扶风正气起到了很好的宣传引导作用。

此外，贵州日报还开设了《同步小康驻村》《全省经济强县建设巡礼》《凝聚乡音乡情，助推贵州发展》《守底线　走新路　奔小康》《精准扶贫科学制贫　有效脱贫》等多个栏目，全面展示贵州在后发赶超、同步小康过程中的精神风貌，展现贵州省在生态文明建设、扶贫开发等工作中的重大成就。

（四）履行繁荣发展文化责任

贵州日报社（集团）始终坚持以实现中华民族伟大复兴的中国梦统领全局，深入学习贯彻党的十八大和十八届三中、四中、五中全会及全国两会精神，紧紧围绕贵州省委、省政府的发展目标和工作思路，服务于全省工作大局，坚持以人为本、贴近实际、贴近生活、贴近群众，创新内容、创新形式、创新手段，充分发挥先进典型在培育和践行社会主义核心价值观中的重要作用。

第一，结合主题活动，营造践行社会主义核心价值观的良好氛围。一是掀起"明礼知耻·崇德向善"主题活动热潮。贵州日报开设《明礼知耻·崇德向善》专栏、专版，深入挖掘报道了一批在公众交往中乐于助人，在危急时刻见义勇为，在职业活动中诚实守信，在现实工作中爱岗敬业，在家庭生活中敬老爱幼的典型人物和感人故事。推出《刘子富：记者的楷模　干部的典范》《七旬前外交官贵州支教 9 年》《晴隆供电局员工王俊伟　拾金不昧入围"中国好人榜"》《一个寨子的"文化核心"——贵阳市白云区牛栏乡白岩寨的书法情结》等系列重点报道。这些报道得到了社会的广泛关注，引起了良好的社会效果。二是以贵阳孔学堂为载体，不断弘扬优秀传统文化，振奋中华民族精神。贵州日报社（集团）旗下各媒体推出《明礼知耻　崇德向善　贵阳孔学堂古为今用传承教化》《贵阳孔学堂：陶冶情操　传承智慧》《文化自信　以文化人》《让弘扬传统文化成为一个强大磁场》等报道，用评论、访谈等多种形式，唱响主旋律、凝聚正能量，为贵州与全国同步建成小康社会提供强有力的文化支撑和道德支撑。

第二，创新报道形式，形成层次丰富、全面覆盖的宣传合力。自2015 年 2 月 3 日起，贵州日报在重要版面开设了《贵州榜样　时代之星》栏目，宣传贵州在加速发展、加快转型、推动跨越中涌现出来的先进典型人物，进一步讲好贵州故事，传播更多贵州好声音，弘扬发展正能量，刊发了长篇通讯《绿色的怒放》《直面冷朝刚》等重大报道共计上百篇。此外，贵州日报还开设了《践行和培育社会主义核心价值观　好经验　好做法》等多个相关栏目，高频率、强力度地对先进典型做了宣传报道。除常规宣传报道外，还通过出版图书、巡讲、座谈、动漫、微电影等生动形式，全方位、多角度展示典型人物极具传统美德的言行举止和先进事迹，力求做到常规方式与新颖手段相结合、新闻宣传和文艺宣传相结合。

（五）履行遵守职业规范责任

秉持良好的新闻工作作风，积极开展学习党的十八大、十八届三中、四中、五中全会和习近平总书记在文艺工作座谈会上的重要讲话等重要精神，加强采编人员学习中央关于全面深化改革的决定精神。

恪守新闻职业道德和新闻工作者的操守，在新闻实践的过程中，踏踏实实做人，认认真真做事，恪守从业准则，自觉抵制新闻界不正之风，不以手中的笔谋取个人私利，玷污新闻的良知和神圣。

贵州日报社（集团）实行每月两次的全体采编人员学习培训，请专家授课，引导采编人员学好马克思主义新闻观特别是中国特色社会主义理论体系，学好习近平总书记系列重要讲话精神，加强职业道德、职业精神教育和业务学习，增强新闻队伍的整体素质和技能。同时，在经营管理方面，也开展了有针对性的业务培训活动。

（六）履行合法经营责任

2015 年，传统报业面临前所未有的严峻形势，贵州日报社（集团）的经营工作也承受着巨大压力，广告收入大幅度减少。

面对困难，集团加大深化改革力度，下大力气调整经营结构、完善经营机制和健全各项管理制度，重点推进完善集团传媒公司法人治理结构。成立"集团公司清理整顿小组"，对 2014 年度各公司经营情况展开分析，对所属 28 家公司进行全面调研，并根据基本调研情况，对重点单位再作重点调研，拟出各家公司的清产核资和整合并撤方案，各项工作仍在有序推进。保存量、抓增量，强化运行管理和绩效考核。集团对广告中心、发行公司、印务公司 3 家单位原有的管理制度进行重新梳理，根据不同经营业务性质分类调整优化。同时，通过对集团制定的经营绩效考评制度实操检验，推出新的经营管理制度和科学分解指标，责任细化到人，绩效考核挂钩部门、个人。重奖重罚，提高差异，促进了良性竞争和对外拓展。

在贵州省委宣传部、省新闻出版广电局以及省发改委、省经信委等部门的大力支持下,贵州日报社(集团)重点推进媒体融合发展项目建设。

集团"媒体云"项目列入云上贵州"7+N"大数据云运用示范工程,已入库贵州省文产项目和国家新闻出版入库项目,正在省经信委指导下进行平台搭建。"媒体云"项目建设的总体目标是,整合集团和省内其他媒体资源,通过硬件、软件、数据和平台服务的组合,利用云应用系统和媒体云大数据中心基础平台,重点打造新闻客户端,强化舆情监控服务、创新性广告投放、媒体电商服务等众多子项目建设,最终实现传统媒体的转型升级。

2015年11月5日,列入贵州省立体传播平台"五个一"建设的集团"今贵州"新闻客户端正式上线,包括30多个官微、官博和网媒的集团全媒体矩阵同时推出,打开了媒体融合新局面。其中,贵州日报推出的"政前方"微信公众号,成功运营仅一个月,订阅用户快速增长,推送文章总阅读量逾8.36万次,以权威、快捷的资讯,受到广泛好评。

贵州日报社(集团)大力提升旗下新媒体《贵州快报》的品质,推出电商平台,打造微信矩阵,进行资源整合;同时,积极探索新媒体融合发展路径,通过调整内部组织架构,大力开拓非报产业。集团启动"贵州现代文化创意与数字出版产业基地——云尚(都市创意)空间"项目,重点建设文化创意产业孵化中心和新媒体产品研发及文化创意产品研发展示交易平台、全媒体集群矩阵生活服务平台,贵州省有关部门给予大力支持,同时得到2015年中央文化产业发展专项资金扶持,目前项目完成规划设计,已开工建设。

（七）履行安全刊播责任

贵州日报社（集团）设有专门的信息资源舆情监测系统，随时跟进、反馈相关的新闻宣传报道。并在严格的"三审三校"之外，还另外加了一把"安全锁"——由经验丰富的资深编辑人员在付印之前的最后一个流程充当"第一读者"，以读者的角度对当天报纸的出版质量进行监督，确保出版安全万无一失。

为对贵州日报社（集团）所属媒体进行更为精准的检查和督促，2015年年初，集团媒体管理部推出月刊《阅评简报》，目前已出版了12期，从2015年5月开始，对一些重大题材、重大报道的亮点，推出《阅评快报》及时反映。这两份内部刊物对于重大题材、重点策划和重大差错进行精准、迅速、一对一的专题阅评，对于每天出报的亮点和细小差错也不放过。《阅评简报》和《阅评快报》的推出，为贵州日报社（集团）各媒体的宣传报道起到了很大的提示和指导作用，使贵州日报及系列报网的见报质量得以进一步提高和完善。

（八）履行保障新闻从业人员权益责任

全面实施绩效考核利益挂钩，完善激励机制，改进绩效考核，集团分别建立健全采编、经营、管理考核指标体系。不断提高职工收入和福利待遇，量力而行逐步解决民生问题。

2015年，集团在职职工收入在上年度较大增幅基础上仍保持稳定增长，退休职工生活补贴等也有一定增加。集团成立后勤服务中心，收回对外承包食堂自己经营，在规定范围内提高职工餐费标准，成立小卖部，尽力满足职工早、中餐及日常生活需求。经过集团积极努力和贵阳市云岩区政府大力支持，还对集团大院职工宿舍进行社区环境改造和补助安装供水一户一表，有效解决了多数职工的安居问题。集团十分关注关心离退休老同志的生活，组织了一系列符合老同志特点的文体活动。集团工会建立完善困难职工档案，努力做好困难职工的动态信息和济困帮扶工作。

三、履行社会责任方面存在的不足和改进措施

（一）在履行社会责任方面存在的不足

2015 年，贵州日报社（集团）各项工作取得了较好成效，发展活力明显增强，履行社会责任总体进展良好，但也存在一些问题和不足。一是对五大发展理念还需进一步深入学习贯彻，在加强理论武装、运用科学理论指导集团整体工作的结合上还不够紧密；二是权力运行监督制约制度和机制不够健全，工作流程不够完善；三是对经济发展新常态下集团长远发展研究不多、谋划不够，改革创新举措还不到位；四是担当精神和攻坚魄力不够，在敢为、善为和快为上还有差距；等等。

今后的工作中，贵州日报社（集团）会更加自觉践行"三严三实"，更加坚定理想信念，更加忠诚党的事业，牢固树立宗旨意识，敢于担当和创新求变，真正做到敢为、善为和快为，当好集团发展的带头人、领路人。

（二）改进措施及未来展望

2016年，贵州日报社（集团）要以习近平总书记系列重要讲话精神和视察贵州工作重要讲话精神为指导，深入学习宣传贯彻党的十八届五中全会和省委十一届六次全会精神、弘扬"开放创新、团结奋进"的新时期贵州时代精神，全力为贵州省经济社会发展提供更强大的思想保证、精神动力和舆论支持。在"十三五"的开局之年，进一步适应现代传媒发展趋势，加快媒体融合发展，推动报业转型升级。

1. 深入贯彻落实"四个全面"战略布局和五大发展理念，进一步创新新闻宣传报道。紧紧围绕贵州省"守底线、走新路、奔小康"的工作大局和谱写中国梦贵州篇章的宏伟目标，革新报道内容，优化报道方式，不断出新出彩。讲好"贵州故事"，展示"贵州形象"，充分挖掘典型，反映特色、亮点和典型。从广度深度上高规格大容量重点做好大扶贫、大数据战略报道，开设《扶贫攻坚'1+10'配套文件解读》《大数据再出发》等重点专题专栏，集中做好"回眸'十二五'、展望'十三五'"报道，深化党的群众路线教育实践活动和"三严三实"专题教育宣传报道，改进和加强贵州省主题主线和主基调主战略宣传报道，大力宣传贵州省深化改革开放、强化创新驱动、调整优化结构、保障改善民生、建好生态文明、加快同步小康，努力保持经济社会持续健康发展的新做法、新经验、新成就。

2. 在新常态下积极应对传播格局变化，进一步加快推进媒体融合发展。捕捉新业态、寻求新突破，尽快在媒体融合发展上见到成效。完善《贵州日报报业集团传统媒体和新兴媒体融合发展实施方案》，制定路线图、明确时间表，积极探索推动传统媒体和新兴媒体在内容、渠道、平台、经营、管理等方面的深度融合。

加快推进媒体融合发展，为贵州大外宣格局助力。与全省大数据产业发展同步，加快推进云上贵州"7+N"云工程的"媒体云"项目建设，加紧"贵州现代文化创意与数字出版产业基地——云尚（都市创意）"空间项目建设，进一步完善"贵州日报报业集团新闻客户端"项目运作，最大程度整合贵州日报社（集团）内部资源，完善"贵州日报报业集团新闻客户端"项目，进一步提升贵州日报官方微博、官方微信和贵州快报 APP、贵州都市报等新媒体矩阵的运营水平，扩大依托云计算、大数据技术，整合多种媒体资源，重点打造贵州省最具影响力的新媒体矩阵，发挥"权威信息发布"全媒体平台的功能。

3. 以深化改革和调整结构为重点，进一步推动经营管理和项目建设创新突破。紧紧围绕"稳定传统业务止跌，突破非报业务，推进贵州日报社（集团）战略转型"的经营方针，变被动为主动。抓住重大活动节点，主动出击、加强创意策划，创新经营模式，下大力确保广告、发行、印务三大经营支柱稳定增长；同时采取切实措施，促使已启动文化产业、非报产业项目尽快产生效益，力争实现集团社会效益和经济效益双丰收。

以实施项目为抓手，以改革促进开放开发。以市场为纽带，以项目为载体，长短结合，着重培育核心业务，形成盈利能力强的新项目。加强对外合作，拓展合作领域，推进报媒和新媒体融合，全面提升媒体影响力。争取政策支持，拓宽投融资渠道，为集团当前和未来发展打造更多的经济增长点。

　　完善集团公司法人治理结构，促进提速转型。按照全面深化文化体制改革的要求和部署，全面完成集团传媒总公司及下属子（分）公司法人治理结构及配套制度，对所属公司进行清理整顿，理顺体制机制，划清企业法人和事业法人，明晰资产产权，实行所有权和经营权分离，加快集团传媒公司企业化运作，整合优化经营公司系列和报网媒体板块，促进报业经营和传媒产业两翼齐飞。

　　4.科学谋划"十三五"发展目标，进一步探索加快报业传媒转型发展的新途径。完善并落实贵州日报社（集团）"十三五"发展规划纲要。坚持正确舆论导向，传播社会主义先进文化、弘扬社会主义核心价值观，持续打造传媒精品力作，加快媒体融合，重塑媒体品牌。充分运用高新技术、网络技术发展的最新成果，加快构建覆盖广泛、技术先进的文化传播体系，切实增强文化传播能力。打造贵州省最具影响力的新媒体矩阵，孵化区域性电商平台，跨界开发旅游文化新兴业态，开发社会化市场化的新媒体融合产业。到"十三五"末期，贵州日报社（集团）努力实现增加值比"十二五"时期翻两番。

云南日报

社会责任报告

2015 年，对 4000 多万云南各族人民来说，是意义非凡的一年。一开年，习近平总书记把新年离京考察的首站选在了云南。习近平总书记在考察云南工作时发表的重要讲话中，明确提出云南要主动服务和融入国家发展战略，闯出一条跨越式发展的路子来，努力成为我国民族团结进步示范区、生态文明建设排头兵、面向南亚东南亚辐射中心，谱写好中国梦的云南篇章。

　　作为云南省委机关报，云南日报在云南全省上下深入学习贯彻落实习近平总书记视察云南重要讲话精神，全力推动经济社会发展取得新进展新成效的奋斗进程中，始终坚持正确的政治方向，把握正确舆论导向，弘扬社会主义核心价值观，通过不断改进创新新闻宣传工作内容和形式，推动媒体融合发展，拓展主流媒体传播渠道和传播能力，努力巩固党的思想舆论阵地，为谱写好中国梦的云南篇章营造良好氛围、提供强大舆论支持，为广大群众提供及时、鲜活、丰富的新闻信息产品和服务。

一、云南日报概况

云南日报是云南省委机关报，创刊 66 年来始终遵循"权威资讯、主流思想、大众心声"的办报宗旨，坚持按照党的新闻宣传工作路线方针政策办报，坚持遵守国家关于新闻出版的有关法律法规，坚持把握正确的舆论导向，坚持以团结稳定鼓劲、正面宣传为主的原则，围绕中心、服务大局，勇于担当、履职尽责，全力做好新闻宣传工作，为全省经济平稳健康发展和社会和谐稳定营造良好的舆论氛围。2013 年 1 月，云南日报实施了新一轮改版改革，在报纸的内容建设、形式创新、流程管理、媒介融合等方面实现了新的突破，报纸的影响力和传播力进一步增强。

2001 年 9 月，以云南日报为龙头成立的云南日报报业集团正式挂牌。集团现有《云南日报》《春城晚报》《云南加油报》《文摘周刊》《云南经济日报》《云南法制报》《民族时报》《精品消费报》《云南老年报》《滇中新区报》《大观周刊》《社会主义论坛》《影响力》《车与人》等 10 报 4 刊，云南省重点新闻网站——云南网和云南日报网、春城壹网等多个网站，及云报党政新闻客户端、春城晚报新闻客户端与多个媒体法人微博、微信等新媒体矩阵构建而成的全媒体集群。省内报刊期发总量、综合经济实力和发展能力均居云南报业的首位，是全省新闻舆论宣传的主渠道、主阵地。

二、履行社会责任情况

（一）履行正确引导责任

1.高举旗帜，引领导向，以全面宣传贯彻落实习近平总书记系列重要讲话精神和考察云南重要讲话精神为主线，着力做好重大主题宣传。2015年，云南日报围绕全面宣传贯彻落实习近平总书记系列重要讲话精神和考察云南重要讲话精神这一主线，按照"整体策划、板块推出、上下联动、内外感动"的总体要求，全面做好重大主题宣传，强势引领主流舆论。持续开设《深入贯彻落实习近平总书记考察云南重要讲话精神》总栏目，并根据内容需要，先后开设《闯出跨越式发展路子》《建设民族团结进步示范区》《争当生态文明建设排头兵》《建设面向南亚东南亚辐射中心》等近30个相关子专栏。围绕各个重点主题，先后策划采写了一大批重点稿件，如《"辐射中心"引领云南双向大开放》《云南迅速掀起"五网"建设高潮》《"天路"让藏乡不再遥远》《云白药：创新出彩的老字号》等。配合主题报道推出系列重要评论，如"纵论闯出一条跨越式发展的路子来"系列"南耀平"署名文章、"十论认真学习贯彻习近平总书记考察云南重要讲话精神"系列评论员文章等，切实将这项重大主题宣传推向深入。

重点策划实施了纪念中国人民抗日战争暨世界反法西斯战争胜利 70 周年主题宣传报道，以"全民族抗战·云南记忆——铭记历史、缅怀先烈、珍爱和平、开创未来"为总主题，突出云南特色，强化全媒体融合式报道方式，从 7 月 7 日起分阶段、分层次有序进行板块推出。在专题板块特别策划了"回访篇·全媒体采访滇西抗战战场故地"、"历史篇·回顾云南全民族抗战史实系列"、"档案篇·公布云南抗战珍贵历史档案资料"、抗战文化教育主题采访、"一群人的记忆"主题人物采访等较大规模的专题采访报道活动。国家举行纪念大会和阅兵仪式后，云南日报以 8 个整版的规模制作了特刊《胜利日·大阅兵》，把纪念抗战胜利 70 周年系列宣传推向了最高潮。

2. 围绕中心，服务大局，全力服务全省经济社会发展中心工作。云南日报把经济社会发展报道摆在突出位置，深入宣传中央经济工作会议、中央农村工作会议和省委经济工作会议等重要会议精神，深入解读我国我省经济发展新常态，准确解读中央关于经济社会发展的总体要求、主要任务等。精心组织"十二五"发展成就宣传和展望"十三五"系列报道，进一步唱响中国经济光明论。把握增强信心这个关键，围绕 2015 年全省工作 6 大举措、10 项重点工作，紧密跟进各项工作进展，切实做好新闻宣传工作，及时报道工作动态、亮点、成效等，适时组织重点专题报道，总结相关领域工作的有效经验，积极稳妥做好经济社会热点难点问题的舆论引导，稳定社会预期，特别是做好"稳增长见行动"、"一带一路"建设、扶贫攻坚、滇中城市经济圈等重点宣传报道，刊出《全力稳增长　实干促跨越》《前三季度引进省外到位资金 4888 亿元》《高速公路项目融资推介会融资 700 亿》《脱贫路上一个都不能少——全省扶贫攻坚走新路结硕果综述》《齐心协力推进滇中产业新区跨越发展》等重点稿件，及时报道云南经济社会发展新成就新亮点新经验，为云南省全年各项工作的稳步推进营造良好的舆论氛围。

3.强化主流舆论引领，持续做好评论言论、理论宣传工作。云南日报进一步加强评论言论工作，高扬党报言论旗帜，在重大问题、关键节点、热点事件上及时发声，拓展主流舆论空间，抢占舆论引导制高点。先后采写刊发了"三严三实"和"忠诚干净担当"专题教育系列谈、"奋发有为实现云南经济跨越发展"系列述评等大量重要的评论文章，配合重大主题宣传，旗帜鲜明地发出主流声音，有力有效引导舆论。

云南日报进一步强化报刊网络全媒体理论宣传阵地建设，利用好云南日报理论版、《社会主义论坛》杂志、云南理论网相结合的理论宣传平台优势，进一步做精内容，提升品质，使云南日报充分发挥在思想理论宣传上的主渠道作用。围绕学习贯彻习近平总书记考察云南重要讲话精神、"三严三实"和"忠诚干净担当"专题教育、纪念抗战胜利70周年、学习贯彻党的十八届五中全会精神等重点工作开展好理论宣传，组织刊发了大量阐释理论问题和总结实践探索的稿件。大力推动网络理论宣传工作，云南理论网进行了第三次改版完善，着力打造《滇云理论汇》等特色专栏；推出云南理论网官方微博，网络理论宣传影响逐步扩大。

4.优化提升典型人物宣传报道，大力弘扬社会主义核心价值观。典型人物宣传报道是云南日报的传统优势。云南日报着力延续和深化杨善洲、高德荣等典型人物报道的有效经验，继续做好重大典型人物的发掘、报道工作。同时抓好"最美人物""云岭楷模"等不同层次的人物报道，以深入"走转改"为基础，以弘扬社会主义核心价值观为取向，在典型人物的宣传报道上不断探索新的思路、新的方法，努力把典型人物报道做成云南日报新闻产品的一个响亮品牌，成为加强主流媒体舆论引导能力建设的重要载体。继续深入做好高德荣精神和事迹的宣传报道，先后刊发高德荣系列小故事近40篇，再次以生动故事的形式，让高德荣的精神进一步深入人心。同时，深入挖掘推出了促进民族团结进步的好干部、西双版纳州原州长召存信等重大典型人物报道，在全省乃至全国引起关注。

5. 着力改进创新新闻报道，积极开展全媒体采访报道，在提高媒体传播力和影响力上下功夫。为了在新形势下不断提高党报的引导力和影响力，云南日报着力改进创新新闻报道，在深入"走转改"、推进融合式报道等方面采取了许多有效措施。重点抓好特色项目"走基层·看乡村新貌"系列主题全媒体采访活动，先后围绕"恢复重建与美丽乡村建设""扶贫开发与美丽乡村建设""民族团结进步与美丽乡村建设""传统村落保护与美丽乡村建设"等主题，在全省各地开展 4 场全媒体采访及交流研讨、对话活动，以统一策划指挥、统一采访发稿、各媒体按媒体特点分别加工呈现的模式，集中刊出大批精彩的融合式报道。

集团领导带队"走转改"在会泽县五星乡开展全媒体采访

融合式报道的传播力和影响力在活动中得到充分体现，如在"恢复重建与美丽乡村建设"全媒体报道中，在各媒体平台推出的各类相关稿件，综合阅读量突破 2000 万人次。通过全媒体采访报道活动，不仅锤炼了广大记者编辑深入基层、扎实采访的作风，促进文风的转变，全媒体协同作战也进一步强化了记者编辑的互联网思维，锻炼了全媒体采编素质，为推进媒体融合发展积累了更多的全媒体报道实战经验。

（二）履行提供服务责任

1. 积极推动媒体融合，打造全媒体传播平台，发挥新媒体优势为公众提供更便捷丰富的信息服务。2015 年 5 月云南党政新闻"第一端"——云报客户端正式上线，将云南日报的传统优势延伸至新媒体领域，确保党报在新的媒介环境和技术条件下，牢牢把握传播的制高点、主动权，为云南日报实现多版本、全时段、全介质出版创造了条件，弥补了报纸在快速、全面、立体化传播信息方面的不足。

以云报客户端和云南日报微博、微信为核心的集团新媒体集群，利用主流媒体丰富可靠的信息来源，以及网络和手机端快捷方便的特点，使云南省的重要新闻、党委政府的重要决策和部署、云南各方面的建设成就等内容均在新媒体平台上得到及时有效的传播，不仅使传统媒体的触角得到极大延伸，更抢占了传播制高点，也为党报更有效地履行社会责任提供了宽广的平台，大大增强服务社会的能力，为社会各阶层提供了大量民生类的信息服务，在各级党委、政府与广大群众之间架起便捷的沟通渠道，切实帮助群众解决困难和问题。据初步统计，目前，以云南日报为龙头的集团全媒体集群的传播覆盖人群已超过 1000 万，核心用户超过 500 万，信

云报党政新闻客户端上线

息服务覆盖面不断扩大。

　　2. 认真开展挂钩帮扶工作，帮助贫困地区脱贫发展。云南日报报业集团坚持开展好挂钩帮扶贫困地区的工作，2015 年 10 月，云报集团"挂包帮　转走访"首轮遍访工作组由党委书记、社长徐体义带队，分成 10 个小组走进挂钩帮扶的怒江州福贡县马吉乡马吉米村，到马吉米、嘎吥、达旺、机底、木克基、前干斗、咱念罗、木子动、桥马嘎、施见 10 个村民小组结对帮扶的 102 户贫困户家中。为贫困户建档立卡，填写《云南省遍访贫困村访谈问卷》《云南省遍访贫困户访谈问卷》，完善建档立卡资料，宣传扶贫相关政策，研究制定帮扶措施。2015 年，云南日报在产业扶持、基础设施建设、文化教育、对外宣传等方面积极帮扶马吉乡，共计投入资金 70 余万元，帮助马吉乡实施了草果种植、山羊养殖、路桥加固和修建、通信基站建设等项目。

走访贫困群众，共谋脱贫之策

2015 年是云报集团在马吉乡开展"联户助学"活动的第四个年头，172 位个人和部门又定向资助了 172 名中小学生，捐赠助学金 7.77 万元，4 年来共捐赠助学金 30 万元。爱心助学活动体现了党报工作者的社会责任和担当，得到了福贡县委、县政府和当地干部群众、学校教职工的高度赞誉，激发了广大学生的学习积极性，马吉完小近几年升学率一直居于全县前列。

（三）履行人文关怀责任

1. 灾难事件报道坚持以人为本，关注群众生命财产安全。云南日报运用完备的突发事件快速反应和应急处置机制，对各类突发灾害、事故等做到快速反应、及时报道，关注群众生命财产安全，以人为本做好灾难事故报道。2015年，面对墨江4.4级和沧源5.5级地震灾害、梁河矿井塌方泥石流事故、华坪特大暴雨山洪灾害等自然灾害和突发事件，云南日报依托突发事件报道长效应对机制，第一时间进行了准确报道，关注受灾群众生命救援、转移安置、恢复重建等情况，及时反映受灾群众困难和意见呼声等。同时把握好报道尺度，不渲染悲情，充分展现各界对灾区群众的无私救援和帮助，颂扬受灾群众自救互助自立自强的勇敢精神，体现媒体的人文关怀。

2. 日常报道关注社会民生，反映群众意见呼声。云南日报在社会民生报道上着力改进创新，贴近民生，接地气，关注基层"小人物"，挖掘基层鲜活素材，讲好基层老百姓故事，呈现民生情怀。积极反映群众诉求、呼声，对民众关注的衣食住行、教育、养老、住房、环保等方面内容作了重点报道，在刊发后引起读者共鸣。例如及时关注市民对昆明空气质量的质疑，及时进行调查报道，刊出了《昆明上空是"雾"还是"霾" 市民关注昆明空气质量》《是"雾"还是"霾"？皆应早警悟！——一个关于云岭大气环境安全的话题》等稿件，紧密跟进群众关切，及时反映群众呼声。

（四）履行繁荣发展文化责任

1. 积极开展文化新闻报道，努力办好文艺副刊。云南日报及时关注和报道云南文艺工作各领域的新成果、新作品、新风潮，展示云南文化名家的风采、文艺新人的新气象，报道文艺界的重大活动等。2015年，重点开展了纪念抗战胜利70周年纪念文化活动、云南文化产业博览会等文化专题报道。在纪念抗战胜利 70 周年活动中，云南日报组织刊发了省内外学者、专家、作家、评论家撰写的一批有分量的纪念文章，如彭荆风的《边城腾冲》、汪曾祺的《跑警报》、张永权的《怒江怒》等，以优秀文艺作品纪念那段不能遗忘的历史。

云南日报充分发挥党报在引领文艺发展方向、繁荣文艺创作方面的重要作用，为云南文艺百花齐放作出自己的贡献。文学副刊《云之美·花潮》作为云南日报多年来精心打造、在省内外文学界享有一定知名度的文学园地，坚持倡导文学理想、培养文学新人、刊登名家名作的办刊方针，不断提升办刊质量。重点栏目《文艺滇军风采录》，介绍了大批云南文学艺术界成就突出的文学家、艺术家；《文艺新观》文艺评论专栏，先后刊出文艺评论文章 70 余篇，引起广泛关注。

2. 积极"走出去"，加强国际传播交流合作，讲好中国故事，传播云南声音，展示云南美好形象和多彩文化。2015 年，云南日报报业集团先后与柬埔寨、泰国、老挝 3 国主流媒体合作创办《中国·云南》新闻专刊，并实现在 3 国落地发行。目前，云报集团已在美国、印度尼西亚、缅甸、孟加拉国、柬埔寨、泰国、老挝 7 个国家与当地主流媒体联合创办中文、英文、印尼文、缅文、柬埔寨文 5 种文字的 12 份云南新闻专刊。专刊以报道云南经济社会发展的成就、展现云南丰富的自然资源和迷人的民族文化等内容为主，以符合当地受众阅读习惯的报道角度和表达方式，讲好中国故事，传播云南声音，传播和平友好、互利共赢的理念。特别是在习近平主席访美期间，云南日报在美国合作媒体《国际日报》（中文）《洛杉矶时报》（英文）上推出了整版的相关报道，配合习近平主席访美行程营造了有利于中美友好关系的舆论氛围。2015 年全年，云报集团在海外发行的云南新闻专刊总版数达到 710 个版，其中文字稿件 4500 多篇、图片 2100 多幅，编辑总字数达到约 250 万字。还打造了"云快报"英文网站，为云南文化走向世界增添了新的平台和窗口。

云南日报还第一次进行了把"请进来"与"走出去"交流采访活动同时举办的尝试。利用南博会在昆明举办的重要契机，与南亚东南亚各国主流媒体携手，举办"南方古丝路 辐射新中心"主题采访活动，组织全媒体记者分别出访南亚、东南亚多个国家，通过实地走访观察，真实传递丝路实情、丝路声音，增进南亚、东南亚国家与中国（云南）相互间的了解、友谊与合作。同时，组织"走进彩云南"大型采访活动，邀请印度、孟加拉国等10国14家媒体到云南采访。各国记者完成采访后，均在各国报纸、网站、社交媒体上全方位报道了此次云南行见闻，报道语言包括英语、印地语、柬埔寨语、乌尔都语、中文、缅语等语种，共计发布相关稿件逾40篇，通过他们的报道进一步传播了云南美好形象和多彩文化。

"请进来""走出去"交流采访

3. 推进城镇党报阅报栏工程建设。由云报集团负责实施的"云南边疆民族地区城镇党报阅报栏工程"自2013年启动后，至2015年已在丽江市、大理白族自治州、文山壮族苗族自治州、临沧市、曲靖市共计建成484座阅报栏，成为党报向基层延伸覆盖的新阵地，成为丰富群众文化生活的重要设施，成为边疆民族地区一道"文化惠民"的亮丽风景线。

在各国合作创办的云南新闻专刊

（五）履行遵守职业规范责任

1. 依法依规开展新闻采编工作。云南日报历来坚持依法依规开展新闻采编工作，通过内部自律、社会监督的方式，要求新闻从业人员自觉遵守新闻宣传纪律，杜绝出现政治性错误；在宣传工作方面要严格遵守审批程序，稳妥引导，不炒作，不渲染；禁止刊发愚昧迷信及其他低级庸俗、格调低下的社会新闻；严禁传播谣言，编发假新闻；对于违规行为，一旦查实，立即收回记者证，取消记者资格，并调离工作岗位，所属部门要承担领导责任，接受相应处罚；组织全体员工认真学习《新闻出版广播影视从业人员廉洁行为若干规定》《新闻出版广播影视从业人员职业道德自律公约》，进一步提高遵守新闻工作者职业道德的自觉性。云南日报员工未发生过违背新闻职业道德和职业规范的行为，更没有出现过虚假新闻和新闻敲诈等恶劣行为。

2. 遵守版权法规，规范转载稿件。作为云南省最重要、最权威的新闻传播渠道之一，云南日报在转载稿件遵守版权规范、规范稿源渠道方面，严格遵守国家关于著作权的相关法规，遵守相关规定，除记者自采的稿件外，国内国际新闻一律使用新华社通稿，并在用稿过程中遵守版权规范，如保留电头、署名等。需转载重要文章时，均严格按规定注明出处和署名。对其他媒体和网络上刊发的新闻信息，一般不进行转载，有价值的线索会派出记者进行采访核实后刊发自采稿件，杜绝不实报道、不良炒作等现象。

（六）履行合法经营责任

1. 规范媒体经营行为。云南日报严格遵守国家、行业和所在地区颁布的各类法律法规、相关政策及规定，严格内部管理，规范经营运作，自觉履行纳税义务，坚持依法诚信经营，所有经营行为均严格按照《中华人民共和国广告法》《广告管理条例实施细则》《中华人民共和国著作权法》《出版管理条例》《印刷管理条例》等相关法律法规开展。严格履行纳税义务，财务部设置专门人员负责税收的缴纳工作，从未出现过偷税漏税的现象。目前为止也从未被国家工商、出版和税务等相关行政机构因税务问题处罚过。

2. 依法依规开展广告经营。云南日报严格遵守《中华人民共和国广告法》等相关法律法规，严格执行新闻报道与经营活动分开的规定，不以新闻报道形式做任何广告性质的宣传，编辑记者不得从事创收等经营性活动，在依法经营方面无违法违规行为；严格履行广告审查责任，做到依法发布，全面杜绝虚假违法广告；增强社会责任意识，开展主题公益广告宣传，全年共刊发公益广告 59 个版，内容涉及社会主义核心价值观、国家宪法日及五一、国庆等主题宣传。

（七）履行安全刊播责任

云南日报始终高度重视作为党报所肩负的政治责任和社会责任，严格执行新闻出版"三审制"，切实做好稿件的初审、复审和终审工作，形成了一整套确保安全出报的规章制度和较为完善的工作机制，做到全年无重大差错见报，保证报纸安全出版。不断优化编辑流程，细化白、夜班各环节的工作部署和相互衔接，强化节假日和周末值班制度，形成了无缝对接的工作体系。制订了《云南日报防范虚假新闻守则》《云南日报防止报纸差错奖励办法》《云南日报防止报纸差错岗位职责规定》等规章制度，对各类差错及相应责任进行分类细化，做到大小差错均可追溯差错责任源头，对见报差错和未见报差错均设立详细的处罚措施，并对发现差错的编辑和校检人员给予奖励。2015 年 12 月，在准备刊登一省级法规文件时，云南日报编辑出版中心校检室副主任潘云造发现其中有重大差错，并及时上报值班领导，对差错进行查堵。后经核实，差错系供稿单位工作人员失误所致，如见报公布，将造成很大的负面影响。这充分体现了云南日报高度重视安全刊播责任，工作认真细致、责任心强，真正做到了尽职尽责。

（八）履行保障新闻从业人员权益责任

云南日报坚持严格按照国家法律法规和人事及劳动保障部门的有关规

定来招聘和管理员工队伍。云南日报现有事业编制 296 人，聘用员工 317 人。所有招聘人员都严格依法签订劳动合同，按照合同约定规范劳动关系的建立、延续和解除等各项工作。所有员工都按国家和省相关规定按时足额缴纳了"五险一金"（除在编人员的养老保险以外），并享受国家规定的假日和年假，并在休假时照发岗位绩效工资。不断规范记者证申领和管理工作，截至 2015 年 12 月 31 日共申领办理新闻记者证 320 本，确保新闻从业人员持证上岗。

注重组织开展职工素质和技能培训，先后举办 11 场"云报大讲坛·云报集团公司中层干部培训"活动，邀请国内外知名高校教授开展专题讲座，帮助广大员工开阔视野、补充新知、提高素质。

注重关怀困难职工，集团领导与困难职工分别结成帮扶对子，经常性关心过问困难职工生活工作情况，切实帮助他们解决遇到的困难和问题。关心职工身心健康，每年均组织职工进行健康检查，并举办医疗健康讲座

开展新闻从业人员培训

等活动。注意维护女职工权益，经常组织针对女职工的保健咨询活动、文体活动等。

三、履行社会责任方面存在的不足和改进措施

（一）在履行社会责任方面存在的不足

1. 在社会转型发展时期，适应舆论引导新形势和媒体发展新格局，提升党报主流媒体引导能力方面存在不足。新闻报道仍然存在着时政报道偏多、社会民生报道不足、语言表达不够鲜活、群众视角和民生关注不够等问题。需进一步改进创新主题报道、丰富拓展社会民生报道，增强对广大读者的吸引力、影响力，才能巩固和提升主流媒体的引导力，履行好正确引导责任。

2. 在新媒体时代，加快推进媒体融合发展步伐仍不够快，新媒体影响力需进一步提升。云南日报虽然初步构建起报、网、"两微一端"互动融合的全媒体平台，但在做优融合式报道、提升新媒体影响力等方面还处于初步探索阶段，还未能充分发挥好快速全面立体化传播资讯、强势引导主流舆论、全方位服务群众等功能。

3. 在建设面向南亚东南亚辐射中心中，国际传播能力建设步子不够快，"走出去"工作存在人才不足、模式单一等问题。目前云南日报对外

合作交流以合作开办新闻专刊形式为主，在探索新媒体的国际传播能力建设、拓展多层次全领域媒体交流、开发多元产业领域合作等方面还需进一步突破。国际传播专门人才的缺乏，也极大制约着国际传播能力建设的步伐。

4. 在加强人才队伍建设方面还存在不足。主要存在人员结构老化、知识结构单一、创新能力不足等问题，不适应当前改进创新新闻宣传工作、推进媒体融合发展、加强国际传播能力建设等紧迫任务的需求。

（二）改进措施及未来展望

1. 始终坚持正确舆论导向，努力改进创新新闻宣传工作，担负起新闻舆论工作的职责和使命。认真学习贯彻习近平总书记系列重要讲话精神，担负起新闻媒体的职责和使命，坚持牢牢把握正确的舆论导向，坚持深入"走转改"，持续推动新闻宣传工作改进创新，融合新闻规律和宣传规律，做大做强重大主题宣传报道，体现党报的"高度"。围绕全省"十三五"开局经济社会发展各项重点工作，落实"四个全面"战略布局，贯彻五大发展理念，做好经济社会改革发展重点工作的深入报道，体现党报的"深度"。切实按照中央"八项规定"改进时政报道，进一步加强对群众关心关注问题的报道力度，及时反映群众的困难、意见和呼声，改变文风，改变语境语态，在提高报道的可读性和吸引力上下功夫，体现党报的"温度"。

2. 主动借助新媒体传播优势，努力创新突破，全力推动媒体融合发展。适应分众化、差异化传播趋势，加快构建舆论引导新格局。全力推动融合发展，主动借助新媒体传播优势。全面实施好中央厨房硬件设施和配套运行体制机制的建设，通过改版调整进一步打造和推广云报党政新闻客户端，同时发挥好其他已有良好基础的新媒体平台资源，形成多平台多渠道的新媒体矩阵，争取在媒体融合发展中取得重大进展和突破。同时，注重开发和拓展其他媒体融合领域和项目，丰富新媒体信息服务产品，为公众提供更加便利、多样的信息服务。

3. 继续加快"走出去"步伐，加强国际传播能力建设，增强国际话语权，集中讲好中国故事，传播好云南声音，联接中外、沟通世界。延续在国际交流合作良好势头，进一步拓展交流合作的深度和广度，突出创意和特色，在国际交流合作方面创出独特产品、独特模式。在办好现有外宣报刊、网站的基础上，努力争取《中国·云南》新闻专刊在更多国家落地，努力实现在南亚东南亚国家的全覆盖。积极开展交流采访、人才培养、高峰论坛等各种国际传播交流活动，进一步增强集团国际传播力和影响力，增强国际话语权，集中讲好中国故事，传播好云南声音，联接中外、沟通世界，努力打造区域性国际化新型主流媒体集团。

4. 加快培养造就一支政治坚定、业务精湛、作风优良、党和人民放心的新闻舆论工作队伍。强化新闻宣传队伍建设，加强党员干部党性修养锻炼，深入开展马克思主义新闻观教育，严肃新闻宣传工作纪律，深入开展"走转改"活动，持续转变作风、改变文风，提高新闻采编业务工作水平，努力培养造就一支政治坚定、业务精湛、作风优良、党和人民放心的新闻舆论工作队伍，为云南日报更好地担负起媒体的职责和使命、更好地履行媒体社会责任提供有力的组织保障和人才支撑。

云南广播电视台

社会责任报告

一、云南广播电视台概况

云南人民广播电台创建于 1950 年 3 月 4 日，云南电视台于 1969 年 10 月 1 日建成开播。2012 年 8 月 29 日云南广播电视体制改革迈出实质性步伐，云南人民广播电台与云南电视台合并，组建云南广播电视台。

云南广播电视台是一家拥有广播、电视、电影、新媒体、有线网络、报刊等资源的综合性传媒机构。经过几代广播电视工作者的艰苦努力，现已建成具有相当规模和较高水准的集采、编、播于一体的现代化综合性传媒机构，旗下拥有云南卫视等 8 个电视频道、新闻频率等 10 个广播频率。同时拥有云南网络广播电视台、云南广播电视报。另外为适应发展需要，成立了云南广电传媒集团公司。

2015 年云南广播电视台坚持"新闻与特色立台、人才与管理兴台、资源与品牌强台"的办台宗旨，践行"三贴近""走转改"，创新方式，改进文风，不断增强媒体的亲和力、吸引力、感染力和影响力，自觉遵守各项法律法规、新闻纪律和职业道德，彰显媒体应有的责任担当与赤子情怀。

二、履行社会责任情况

（一）履行正确导向的责任

作为党和人民的喉舌，坚持正确导向，担负政治责任，是主流媒体责无旁贷、义不容辞的责任与使命。2015 年，云南广播电视台紧紧围绕云南省委、省政府的中心工作，唱响主旋律、打好主动仗，以贯彻落实习近平总书记系列重要讲话精神和考察云南重要讲话精神为主线，深入学习党的十八届五中全会精神，按照整体策划、板块推出、上下联动、内外感动的总要求做好全台重大主题宣传报道和节目策划。

1. 坚持正确的舆论导向，做好重大主题宣传。2015 年，云南广播电视台在新闻宣传工作中始终坚持正确导向，积极将中央下达的各项主题宣传与广播电视节目有机结合，向大众传播正确的政治、思想、行为导向。全年全台重点新闻栏目统一策划，精心组织、先后实施了贯彻落实党的十八届五中全会精神、认真做好"贯彻落实省委九届十一次全会精神""回顾'十二五'展望'十三五'""纪念抗战胜利暨世界反法西斯战争胜利 70 周年"等重大主题宣传报道，有效引导了社会舆论，形成了健康向上的思想舆论环境。

按照上级要求和部署，全台广播电视重点新闻栏目及时开设专栏，通过主题报道、新闻访谈等多种形式，报道了全省各地各部门学习贯彻中央精神、习近平总书记系列重要讲话精神及考察云南重要讲话精神，推动改革发展的生动实践和典型经验。全台还重点报道了各地各级党员干部认真学习贯彻省委九届十一次全会精神，推动经济社会发展实现新跨越的精神风貌和工作成效。为做好"十二五"成就宣传，云南广播电视台提前策划，与各州市台联动，结合地域特色，重点开设《回顾"十二五"展望"十三五"》等专栏，充分报道各地、各行业发展进程中的创新经验和成果，取得了较好的立体传播效果。在从严治党宣传方面，云南广播电视台新闻栏目大力报道了全省深入开展"三严三实"和"忠诚干净担当"专题教育取得的新进展，其中《曲靖：以"三严三实"为标尺　把服务落到实处》《洱源县：向"为官不为"者"亮剑"》等报道取得较好社会反响。

为纪念抗日战争胜利暨世界反法西斯战争胜利 70 周年，云南广播电视台精心策划，组织实施了全台性主题宣传报道，及时推出《烽火云南——纪念抗日战争胜利 70 周年》大型纪实电视系列报道，在省级媒体中率先发出云南声音。配合纪念活动，云南网络广播电视台开展"勿忘国耻　圆梦中华"网上祭奠英烈活动，引导广大网民深切缅怀先烈的英勇事迹；电视传媒重点推出《远征记忆》《丰碑为冢》《滇军受降记》《滇缅铁路之殇》等原创节目，推出《中国远征军》《燃烧的太平洋》《飞虎传奇》《二战谜中谜》《家国记忆》等反映中国人民抗日战争暨世界反法西斯战争内容相关的系列纪录片；广播传媒推出"云南抗战往事——纪念抗战胜利 70 周年"广播纪实专题、"穿越滇缅路，激扬爱国情"全媒体主题采访活动、《云南国际大通道建设 70 年历史见证》系列访谈和"揭秘胜利——全国交通广播纪念中国人民抗日战争暨世界反法西斯战争胜利 70 周年大型系列广播节目"展播活动。文艺节目方面，云南广播电视台推出抗战题材影视作品展播，先后安排播出《亮剑》《夜袭》《太行山上》《遍地狼啸》

等大量经典影视作品，不仅营造了缅怀先烈的良好氛围，还获得了较好的收视效果。

2. 围绕中心、服务大局，宣传助力全省经济发展。做好两会报道是云南广播电视台历年宣传工作的重点之一，对 2015 年全省两会和全国两会的报道，全台新闻组织有序，报道有力，做到全面规范、亮点突出，既确保程序性报道及时准确，又积极创新，搭建起两会与群众之间的互动平台，正确、有效地引导了社会舆论热点。

面对 2015 年经济下行压力加大的严峻形势，云南广播电视台新闻节目重点策划报道了云南省按照中央一系列稳增长的政策措施，多措并举，力争尽快扭转经济下滑局面取得的成效和成功经验，推出《我省加大政策支持　鼓励大众创业万众创新》等消息，为全省经济工作稳增长、促跨越营造良好舆论氛围。

为树立昆明良好的经济发展形象，6 月，云南广播电视台圆满完成对第 3 届中国—南亚博览会暨第 23 届中国昆明进出口商品交易会的报道。除做好会展常规新闻宣传外，云南广播电视台还推出"精彩看南博——FM887 大型直播活动"、推出高端电视访谈《博览会客厅》，深入解读云南与各国的合作前景。9 月，云南广播电视台通过多媒体联动的方式对"2015 昆明泛亚国际农业博览会"成功进行了全媒体直播报道，节目播出后获得了积极的反响，组织该场直播的农村频率获得本届农博会"优秀组织奖"。

2015 年度，云南广播电视台外宣成果丰硕，全媒体新闻中心共向央视编辑、传送各类反映云南省经济社会发展的新闻 2600 多条，在央视新闻频道播出 2300 多条次，其中在央视《新闻联播》播出 140 条，进一步扩大了云南影响力。

（二）履行提供服务的责任

2015年，云南广播电视台继续坚持"新闻立台"的基本定位方针，对广播、电视节目科学布局，壮大规模，不断拓展为广大观众服务的广度和深度，在努力提高服务公信力的同时，还推出了形式多样的生活服务类节目，帮助群众解决实际困难。

1. 服务市民，搭建沟通平台。办好群众需要的节目，是媒体服务群众最直接有效的方式和载体。2015年，实行广播、电视、报纸、网络"四位一体"联动的政风行风民主监督热线节目——《金色热线》及《金色热线追踪》继续为群众排忧解难，截至2015年年底，《金色热线》节目共播出465期，《金色热线回音壁》播出110期，播出时长达1300多个小时，2500多名各级领导走进直播间，与听众进行交流，接受群众咨询、投诉9989件。

除《金色热线》以外，云南广播电视台9月与云南省司法厅合作开办《以案释法》栏目，以电视平台为主，搭建起了广播、报纸、网络、移动终端等七大平台共同普及法律知识、弘扬法治精神、传播法治文明。

2. 发挥平台优势，服务大众需求。2015年，云南广播电视台自办栏目进一步凸显服务功能，推出《让我帮助你》《都市条形码》《社区人社区事》《民生关注》《为你点个赞》《急诊室里看人生》专栏以及面向全省残疾人观众的新闻节目《我们同行》等节目，这些节目旨在扶弱帮困、服务普通大众、传递社会正能量，受到百姓欢迎。其中电视栏目《让我帮助你》通过邀请专家走进演播室对当事人进行疏导和帮助的形式，广受观众欢迎，2015年该栏目收视居省级卫视同时段前10名，成为云南广播电视台宣传社会主义核心价值观的重点栏目。

2015 年，恶劣天气频繁对云南省交通出行造成严重影响，交通频率积极发挥应急广播功能，与交警、路政、交通运输等部门密切对接、积极联动，第一时间整合发布天气和交通信息，同时，通过新媒体"微信路况查询"等多平台服务好出行听众，为合理高效引导车辆通行起到积极作用。2015 年 2 月，交通频率及其官方微博、微信成为《云南省交通运输综合信息发布工作方案》指定的专业信息发布的 II 类媒体。

3. 推动媒体融合，服务职能优化。2015 年，传统媒体与新媒体融合也是云南广播电视台媒体服务职能升华的一个方向，广播传媒全面推进全媒体融合，开通官方微博、微信公众平台，充分发挥其传播、营销、互动、聚合等优势，实现频率节目的线下延伸和跨媒体协同；农村频率通过微团购体现服务功能，打造农产品的买卖流通平台，实现社会效益和经济效益协调发展的有益尝试。交通频率官方微信公众号推出"寻人寻物"功能，听众通过关注交通频率官方微信公众号就可以办理线上寻人寻物。交通频率官方微信平台还与交警部门合作，策划推出"昆明部分城市道路交通组织调整听你说！——取消禁左？"等系列在线调查，利用频率影响力广泛征集民意，服务好城市交通道路建设管理。

电视传媒推进新媒体开拓与频道运营的一体化发展，其中都市频道通过新媒体运作"窗花到我家""九九九都市频道观众节"等接地气的活动，受到市民欢迎。11 月底，频道微信公众平台粉丝超过 21 万，新浪微博粉丝超过 29 万，进一步扩大了频道的影响力。云南卫视也在《中国灯谜大会》中尝试全媒体互动模式，通过在微信、微博平台开通线下猜灯谜和手机游戏，把手机用户拉回到电视机前，增强了节目互动性，较好地提升了节目收视率。

（三）履行人文关怀的责任

1.关爱生命，关怀弱者。2015 年，云南广播电视台继续坚持在重大灾难事件报道上不缺位、不失声，既行动迅速，又注重人文关怀，在对灾难事件的报道中尊重受灾群众心理，倡导积极向上，鼓舞人心。2015 年，云南广播电视台新闻栏目除持续报道云南省先后发生的嵩明 4.5 级地震、昌宁 5.1 级地震等灾难事故的灾情和救灾情况外，更注重回访，重点报道了鲁甸地震灾区的现状，先后推出报道《鲁甸"8·3"地震一周年——又到花椒飘香时》《鲁甸、景谷地震灾区恢复重建加快推进》等，彰显了媒体的社会责任，也体现了社会对灾区人民的深切关怀。

对社会弱势群体关注，也是媒体的重要责任之一。2015 年，云南广播电视台民生新闻节目针对外来务工人员、孤寡老人、残疾人、被拐卖儿童等群体的生存状态先后推出多组相关报道，引起社会广泛关注，其中《封面》栏目对拐卖儿童现象进行追踪报道，播出专题《岳代情回家》，受到政府相关部门的关注。云南广播电视台还通过《民生关注》等栏目重点关注边缘群体，如罕见病群体、戒毒人员、残疾人聚居社区等，通过报道发起社会话题，并对当事人提供公益救助。

2.启迪思想，激励向上。信息爆炸时代，传媒的教化功能日益凸显。2015 年，云南广播电视台广播电视节目重点通过对重大典型、先进人物事迹的宣传，充分发挥示范和引领作用，用正能量启迪受众、激励受众。先后推出纪录片《老县长高德荣》、电影《独龙之子高德荣》，真切还原了一个全心全意为人民服务的共产党人形象。专栏《云岭楷模》报道全省各地先进人物;《最美系列》每月发布，集中报道凡人善举，展示先进典型;

《劳动者风采》反映基层广大职工爱岗敬业、无私奉献的精神。云南广播电视台都市频道多年打造的大型公益活动《云南好人》品牌，进一步培育和践行社会主义核心价值观，用好人的力量感动社会，传递温暖。其中卫视频道的真人秀节目《勇者奇兵》，倡导拼搏，再现不抛弃不放弃的军人精神，节目收视全国省级卫视同时段平均排名第四位，得到业内及观众的一致好评。

3. 公益之力，广而告之。对公益广告的创作和播出是媒体体现对普通老百姓"人文关怀"的一个重要方式。2015 年，云南广播电视台先后制作并在各频道、频率播出了多种类型、题材的公益宣传片共 44 个，包括社会主义核心价值观系列宣传片《时光的脚步》《支教女孩赵小亭》《忠义守墓人》等。这些公益宣传片在全台各频道、频率及公交车载电视、楼宇、机场、新媒体中展播以来，收到观众较好反馈，为全省各项公益事业营造了良好的舆论氛围。

（四）繁荣文化发展的责任

1. 普及知识，引领文化。承担知识普及、社会教化、道德传承是主流媒体的重要职能，也是云南广播电视台贯穿全台宣传工作的一条重要主线。2015 年，云南广播电视台继续强化这一职能，推出《新知头条》《新知城市》《新知人物》等栏目，分别围绕国家层面，以"富强、民主、文明、和谐、自由、平等、公正、法治、爱国、敬业、诚信、友善"为核心，从国家、社会、公民层面，展开报道，引导听众思考。《晚风吹来》推出"云南艺术名片"访谈时间，重点邀请当代云南著名作家等艺术家做客直播间，畅谈云南文化；《云南空中道德讲堂》以广播专题节目的形式，为云南省思想道德宣传营造良好氛围；人文类节目《经典人文地理》以全新的视觉和方法，将经典纪录片推荐给受众，寓教于乐，2015年平均收视率0.072%，与2014年相比，收视率增长10.77%，成为云南省最受欢迎的文化类电视节目之一。

2. 珍视传统，传承文化。除开拓进取，锐意创新之外，2015年，云南广播电视台也继续注重对传统文化的关注。年初，《中国灯谜大会》（第三季）集益智性和竞猜性于一体，把传统灯谜文化、民俗和趣味相融合，彰显十足"中国味"；《俏花灯》栏目紧紧围绕本土舞台，展现云南的歌、舞、乐、京、滇、花、话、杂等各种艺术门类，深受观众认可和喜爱；专题《滇剧的选择》《杨丽萍：走自己的路》等节目，探讨传统艺术现状，引起全社会的关注；系列纪录片《中国梦·云南故事》《味道云南》《手工云南》（第一、二季）等纪录片，对云南饮食、手工等传统文化起到了很好的宣传作用，其中云南广播电视台自制纪录片《味道云南》共10集，于2015年5月开始在央视纪录频道先后4次播出，较好地宣传了云南的传统文化。

特别值得一提的是，基于云南一些少数民族文化濒临失传的危险现状，民族频率2015年又启动了云南省世居少数民族藏、布依、水、蒙古四个民族传统说唱艺术资料库建设项目，为保护文化多样性、促进民族团结及社会和谐、丰富广大群众的精神生活作出积极贡献。

3. "走出去"，提升国际传播力。2015年，云南广播电视台继续落实省委、省政府相关精神，加强国际新闻文化交流，探索媒体国际合作渠道，创新外宣工作的方式方法。

（1）新建缅甸记者站，顺利完成泰国记者站换驻工作。云南广播电视台是国内唯一在海外设立记者站的地方电视台，2015年云南广播电视台缅甸记者站驻站和挂牌仪式相继完成，这是继新华社、中央电视台之后，中国媒体正式在缅甸设立的第三个记者站，为全台对外文化交流起到了重要的纽带作用。

（2）输出影视节目，讲述中国故事。2014年以来，云南广播电视台国际频道电视信号先后在老挝、柬埔寨、缅甸等国的部分地区落地。为了便于当地观众收看，国际频道积极将国产优秀电视节目编译为对象国语言播出，截至2015年年底，先后使用老挝语译制并播出了《木府风云》《舞乐传奇》《少年包青天》等12部共369集中国优秀电视剧，以及《大闹天宫》等中国传统优秀动画片。特别值得一提的是，国际频道开办的老挝语中国农业科普节目《中国农场》受到老挝人民革命党中央总书记、国家主席朱马里的关注，给予了该节目高度评价。

（3）"中柬情·合家欢"，跨国春晚再创品牌。2015年2月，由中国驻柬埔寨大使馆、中共云南省委宣传部和柬埔寨新闻部联合主办，云南广播电视台承办的"中柬情·合家欢"2015中国—柬埔寨大型春节联欢晚会"在金边钻石岛歌剧院隆重举行，柬埔寨首相洪森夫妇亲临现场，并给予高度评价，有关领导也对晚会的成功举办给予肯定和表扬，并且还被评为了广电总局重点扶持项目，也成了云南省对外宣传的重要品牌。

4.注重学习，抵制低俗。2015年，云南广播电视台严格按照国家相关要求，视新闻真实为生命，严格规范流程，健全采访制度，坚决杜绝虚假新闻，定期排查全台电视、广播传媒所有频道、频率节目，确保所有节目导向正确、内容健康、格调高雅、积极向上。同时云南广播电视台还针对抵制低俗、媚俗节目对采编团队进行培训学习。全年多次举办专家讲座，深入学习贯彻党的十八大和十八届三中、四中、五中全会精神，确保用正确的思想观念武装头脑，在采编工作中坚持正确导向，始终坚持把社会效益放在首位，弘扬优秀的民族文化，弘扬社会正气，自觉抵制低俗文化，抵制歪风邪气，真正做到对受众负责，对社会负责。

（五）履行遵守职业规范责任

1. 加强学习，提升责任意识。组织全体员工认真学习、贯彻习近平总书记在文艺工作座谈会上的重要讲话精神，树立以人民为中心的工作导向，把服务群众同教育引导群众结合起来，把满足需求同提高素养结合起来，始终将社会效益和社会责任摆在首位，始终传播社会主义先进文化，弘扬主旋律，传递正能量。

2. 严格管理，抵制不正之风。在日常报道工作中，严格执行《新闻出版影视从业人员廉洁行为若干规定》，进一步完善云南广播电视台《新闻采编管理办法》《云南广播电视台播音员、主持人管理规定》，从制度上遏制虚假新闻、浮夸、拜金主义等社会不良风气的报道。

3. 完善制度，强化自律监管。云南广播电视台各个频道频率都制定完善《采访管理办公室工作规范》《涉密文件管理规定》等规章制度，进一步规范采、编、播前、后期各环节工作流程，明确岗位职责。

（六）履行合法经营责任

云南广播电视台始终坚持并不断完善广告三审制度，明确各级广告审查的责任人，在具体广告审查工作中严格执行《云南广播电视台广告审查实施办法》，认真履行广告审查责任，对涉性、涉农、药品、未成年及弱势群体广告要重点审查。2015年云南广播电视台圆满完成全年广告审查及播出工作，没有发生群众集体投诉事件。针对不断完善的新规定、新政策，云南广播电视台广告部门及时召开政策通报会、法规学习讨论会、学习总结会，组织业务员参加广告审查员培训，从思想上构筑杜绝虚假违法广告的防火墙。对行政部门的监测整改通知或观众具体投诉，云南广播电视台严格履行广告审查职责，坚决限期整改，落实回复，决不推诿。

（七）履行安全刊播责任

2015 年，云南广播电视台把保障广播电视安全播出作为生命线，以"零差错"为目标，通过加强制度、技术、纪律等建设，全台实现了全年安全优质播出广播节目 5.6 万小时、电视节目 7.6 万小时。全年无一起责任事故，较好地完成了全年安全播出任务。

（八）履行保障新闻从业人员权益责任

云南广播电视台高度重视对新闻保密教育方面的培训，根据国家新闻出版广电总局对加强新闻队伍严格管理的相关要求，与全台持有记者证的 669 名同志签署了《保密承诺书》和《新闻从业人员职务行为信息保密协议》。

根据《新闻从业人员职务行为信息管理办法》，严格对新闻采编人员进行管理，确保职务行为信息使用合规、管理有序，切实规范新闻从业人员职务行为信息管理工作。没有出现新闻从业人员利用职务行为信息谋取不正当利益的情况。

此外，云南广播电视台所有员工都按国家和省内的相关规定按时足额缴纳了"五险一金"，2015 年还为 1450 名在一线工作的同志购买了人身意外伤害保险。

三、履行社会责任方面存在的不足和改进措施

（一）在履行社会责任方面存在的不足

1. 云南广播电视台新闻节目部分内容新闻性不强，关注民生、社会热点不够，节目整体信息量不足，服务性不强，评论偏弱，舆论引导能力有待提高，未充分发挥电视媒体特点和优势。

2. 云南广播电视台地面频道节目内容需进行有效升级，增加人力投入，加大新节目的研发力度；节目要具贴近性和服务性，从柴米油盐、市井百态转向侧重对国计民生的解读、对重大事件的评论、对社会热点的分析等；以政府关注、群众关心、普遍存在问题作为其选题标准，同时要发挥服务的功能，搭建好群众和相关机构的桥梁作用；对衍生民生服务类节目进行"重服务、再贴近"的改造升级；牢固树立"核心价值观"，有效将公共事业部分与产业部分严格区分。

3. 云南广播电视台部分干部、员工十多年来一直局限在自己的工作岗位上，没有深造学习机会，思想观念、业务理念跟不上时代的步伐。而一些年轻同志虽然观念、思想比较新，但是缺乏专业知识素养的积累。

4. 目前云南广播电视台药品和医疗广告所占比例偏重，部分商业专题广告布局有待优化，医疗广告时间需逐步减少，广告结构水平还有待进一步提高。

（二）改进措施及未来展望

1. 唱响主旋律，传播正能量，抓好新闻宣传。紧紧围绕"习近平总书记考察云南一周年"、建设民族团结进步示范区、生态文明建设排头兵、面向南亚东南亚辐射中心三大战略定位等重大主题做好宣传报道。认真学习、宣传、贯彻、落实习近平总书记在新闻舆论工作座谈会上的重要讲话精神，适应变化、不断壮大，坚定信念、不忘初衷；与时俱进，坚守新闻舆论阵地。进一步加强策划，创新报道方式，提高报道质量。持续深入开展"走转改"活动，多采写群众喜闻乐见的新闻报道；加强全省各地各部门保障和改善民生的报道。提升突发事件应急报道反应速度，提高突发事件报道水平。加强策划组织，加深与中央台、国际台及省内各州市台的联动合作，将媒体融合作为下一步宣传工作的重要方面。

2. 加强国际传播能力建设。围绕建设面向南亚东南亚辐射中心战略，重点抓好DTMB地面数字电视、跨国春晚、国际频道老挝语译制3个"丝绸之路影视桥工程"项目的实施，实施与缅甸宣传部及国家电视台联合拍摄纪录片《南方丝绸之路》项目，进一步加强人员培训交流等，不断加大云南广播电视"走出去"步伐。

3. 深化安播能力建设。完善和改造云南广播电视台播出系统，在充分调研全国各电视台经验的基础上本着务实节俭的原则，大大提高云南广播电视台各频道的节目质量与安全播出能力。密切关注新媒体的发展，跟踪当今最新媒体播出技术，完善全台高清播出系统的设计，配合节目部门深化安全播出能力建设。

4. 用互联网思维重建媒体价值，拓展多元化产业。在新媒体方面主动发挥主流媒体的舆论引导作用，积极参与社会责任方面的报道；继续打造官方微博、微信订阅号，并开发专属 APP，增强观众黏性；按照网络主流媒体的新要求，结合网络媒体的特点，拓展新媒体业务。由单一的电视频道、广播频率转型为多元化大型传媒企业，在确立品牌地位的基础上，充分把握相关产业之间互相融合、互相渗透的大趋势，培育新增长点。

云南广播电视台各项工作任重而道远，为了更好地履行省级媒体的社会责任，2015 年下半年，云南广播电视台加快《云南广播电视台深化改革做大做强方案》和聘请第三方管理咨询公司制订的配套方案的实施步伐，积极推进外部体制、内部机制和频率、频道改版等深化改革各项工作，推动全台创新发展。

陕西日报

社会责任报告

一、陕西日报概况

陕西日报是全国创刊最早的省级党报之一，前身是由毛泽东同志倡议创建并亲自题写报名，于 1940 年 3 月 25 日在延安创刊的《边区群众报》，为陕甘宁边区政府机关报，后更名为《群众日报》，为中共西北局机关报。1954 年 10 月，更名为《陕西日报》，成为中共陕西省委机关报。2012 年 3 月 2 日，陕西日报传媒集团正式挂牌成立。

70 多年来，陕西日报始终坚持党性原则，坚持正确舆论导向，忠实记录陕西人民在党的领导下的奋斗历程。改革开放以来，陕西日报适应时代发展要求，不断改革创新，舆论引导水平不断提升，被评为全国精神文明建设示范单位，多次被评为省级文明机关。1979 年至今，先后有 20 多人（次）荣获中国新闻奖、长江韬奋奖。

陕西日报传媒集团拥有《陕西日报》《三秦都市报》《陕西农村报》《当代女报》《西部法制报》《新闻知识》《报刊荟萃》等 5 报 2 刊，以及陕西传媒网、三秦网、陕西农村网、西部法制报网等 4 个网站。陕西日报年均发行量21万份，居全国省级党报发行总量第10位，人均发行量居全国第9位。

近年来，陕西日报以及各子报刊网坚持唱响主旋律、打好主动仗，紧紧围绕陕西省委、省政府中心工作做好新闻舆论工作。按照省委"办一份人民群众喜爱的党报"的要求，深入改进报道方式方法，不断提高传播力、引导力、影响力和公信力，圆满完成了学习贯彻党的十八届五中全会精神、习近平总书记来陕视察、陕西经济社会发展和民生、纪念抗战胜利70周年等各项宣传报道任务，为加快建设富裕陕西、和谐陕西、美丽陕西营造了良好的舆论氛围。

积极发展新媒体，大力推进媒体融合。陕西传媒网在党的十八大前夕隆重上线，经过数年努力，已成为网络陕西新闻第一选择，在百度、谷歌等搜索引擎的权重位居省内各新闻网站前列，成为讲述陕西故事、传播陕西声音、展现陕西形象的重要平台；"掌中陕西"手机客户端于2014年下半年推出，用户数量飞速增长，已经突破10万；陕西日报法人微博、微信，目前拥有粉丝近23万，集团各报刊网的微博微信粉丝总数突破100万，党报舆论的影响力和覆盖面不断扩大。

二、履行社会责任情况

（一）正确引导社会舆论

2015年，陕西日报紧紧围绕中央和陕西省委中心工作、重点工作，重大会议活动、重要政策出台、经济社会发展等做好报道，及时传播党和政府的声音，正确引导社会舆论。

1. 突出报道好国家和陕西省的重大政务活动，及时传播党和政府的声音。政务报道是党报一项十分重要的内容，也是党报的优势所在。陕西日报大力创新报道方式方法，重点在报道的深度和广度上下功夫，注重挖掘新闻背后的新闻，注重提供丰富的背景资料。

农历春节前夕，习近平总书记来陕视察。陕西日报精心策划，首先是在总书记来陕视察期间，在一版集中推出了一系列展示陕西经济社会发展成就的报道。其次是重磅推出了 1 万余字的习近平总书记陕西考察回访纪实和一个整版的图片新闻，生动地报道了习近平总书记对家乡人民的深情厚意，报道推出后产生了广泛的影响。

5 月印度总理莫迪访问陕西，也是习近平总书记首次在家乡接待外国首脑。陕西日报积极配合国家外交工作，突出国家领导家乡外交特色。推出了一系列中印、陕印经贸活动和文化交流报道，特别是深入挖掘了一批在陕印度人的故事。报道中使用了很多陕西"土话"和陕西特色内容，突出总书记是在家乡"待客"，让人倍感亲切。

每年的全国和全省两会，是陕西日报政治生活中的大事。会前组织推出了一系列成就性报道，充分反映了 2015 年陕西经济社会发展成就。会议召开期间，按照议程认真做好每一项程序的报道。此外，还推出了《两会特刊》，开设了《两会聚焦》《代表委员风采》《代表委员关注》等栏目，对两会做了多角度、全方位的报道，充分发挥了党报舆论主阵的作用。

2. 围绕中心工作，突出报道经济社会发展成就和亮点。2015 年，面对经济下行压力进一步加大，陕西日报积极发挥党报政治优势，推出了一系列述评、评论、通讯等重点报道，为全省经济平稳发展营造了良好的舆论氛围。

在一季度末、半年、年终等关键时间点，相继策划推出了全省经济形势系列述评、"新常态　新亮点""迈向中高端之路""切实抓好'三稳两优'促进经济平稳发展"等重点报道，及时总结经验，客观分析面临形势和问题，充分报道陕西省在调结构、稳增长、促改革、惠民生等方面采取的新举措、取得的新成效。

中央提出"大众创业、万众创新"战略后，陕西日报积极配合，策划推出了"大众创业　万众创新""创业故事""创新转型追赶超越——中小企业在路上""迈向中高端之路"等一系列报道，深度解读了中央和陕西省关于创业的各项政策和措施，挖掘报道了一批创业先进企业和个人，为"大众创业、万众创新"树立了可供借鉴的学习榜样。

2015 年是"十二五"收官之年，在 2015 年年末相继策划推出了"辉煌'十二五'　陕西新成就""展望十三五　全面奔小康"等一系列报道，深入报道了陕西省"十二五"期间经济社会发展、深化改革、民生建设等各个方面所取得的成就。"十三五"规划建议和纲要出台后，策划推出了一系列解读文章，让广大群众对"十三五"有了大概的了解，进一步坚定了对未来的发展信心。

3. 关注社会舆论热点焦点，坚持策划引领，做好重大主题报道。2015年，陕西日报围绕社会热点焦点，加强报道策划，突出地方特色和与广大读者的关联性，把主题新闻报道做得更加鲜活生动。

在纪念中国人民抗日战争暨世界反法西斯战争胜利 70 周年的报道中，推出了"铭记·中流砥柱""民族脊梁""重走抗战路""陕西见证""思想的光辉"和"不朽·抗战文艺"等 6 个系列报道，累计刊发相关报道约 70 个整版。围绕延安在抗战中的总指挥部作用做足文章，深入挖掘报道了党在延安倡导建立并领导了抗日民族统一战线，延安是全民族抗战的精神"灯塔"，延安为抗战培养了大量人才，延安文艺为抗战提供了强大精神动力。

在"一带一路"的报道中，通过一系列理论文章、评论和重点报道，深入报道了陕西积极配合中央战略部署，充分发挥自身区位、经济、科教、文化等优势，突出陕西作为古丝绸之路起点，勇抓历史机遇全力以赴建设"丝绸之路经济带新起点"，努力打造"一带一路"桥头堡的措施和成效。

在"三严三实"专题教育的报道中，陕西日报注重把党员干部受教育与群众得实惠结合起来，深入报道了各级党组织和领导干部在专题教育中加强党性修养、坚定理想信念，服务群众意识进一步增强，深入报道了广大党员领导干部深入基层，以就业、社保、医疗、教育等问题为着力点，为人民群众解难题、办实事的具体举措和成效。

（二）弘扬社会主义核心价值观

弘扬社会主义核心价值观，是党报义不容辞的责任。2015 年，陕西日报推出了汪勇、贠恩凤等一大批践行社会主义核心价值观的先进典型，弘扬了社会正气、聚集了正能量，推动了社会主义核心价值观落地生根。

1. 深入挖掘了一大批先进典型人物。2015 年，汪勇、贠恩凤两位同志先后被授予"三秦楷模""时代楷模"的称号。陕西日报深入采写推出了万余字的通讯《社区群众的暖心人——记西安市新城区咸东社区民警汪勇》并配发了评论员文章，推出了整版图片报道《汪勇的一天》，全方位、多角度地报道了汪勇的故事。推出了一个整版的汪勇先进事迹巡回报告会发言摘登。

关于贠恩凤，推出了长篇人物通讯《人民在哪里，舞台就在哪里》

《真情无止境，奉献就无止境》《为艺术坚守，为人民歌唱》等一系列报道，展示了贠恩凤丰富多彩的艺术人生。

2015年，陕西日报还推出了先进集体"国测一大队"的报道，突出报道了他们勇闯生命禁区，克服艰难险阻，成功实现了中国人对珠峰高度的首次精确测量，用生命丈量着"中国高度"。他们的先进事迹受到习近平总书记的充分肯定。

2. 积极推动"厚德陕西"建设。为了进一步弘扬社会主义核心价值观，陕西省开展了"厚德陕西"建设活动，陕西日报积极做好宣传报道。

陕西日报每个月固定用一个整版专门介绍上一个月评选出来的"陕西好人榜"。还开设了《陕西好人》栏目，对"陕西好人榜"评选出来的"好人"故事进行了深入挖掘，一年来推出了《危难之时行善举——中航工业电源职工赵振华火车站奋救遇险女童记》《危难之际，他心中想的是37名乘客》等60余篇报道，感人至深。

2015年年底，陕西省第四届道德模范评选和感动陕西人物评选结果揭晓后，推出了《感动陕西人物》《道德模范风采》等栏目，对他们的先进事迹逐一进行了报道，一时间在整个社会形成了热议道德模范和感动陕西人物先进事迹，争做道德先进人物的热潮。

家风校训是传承中国传统文化的重要渠道，是每个人精神成长的源头。2015年，推出了"家风家训巡礼"和"传承家风校训 弘扬核心价值观"等一系列报道，将家风校训与时代相结合，与社会主义核心价值观相结合，推出了《空军工程大学新校训镌刻历史与时代的烙印》《四世同堂传递孝道家风》等一批报道，推动传统文化与社会主义核心价值观的有机结合。

3. 积极推动"诚信陕西"建设。陕西省推出"诚信陕西"建设活动后，陕西日报积极配合，开设了《诚信陕西》栏目，推出了一大批诚信典型个人和集体，报道了全省信用建设成果，曝光贬斥失信现象，积极营造"守信光荣，失信可耻"的社会氛围，聚焦社会诚信热点事件，关注社会生活中的信用问题，反映普通老百姓心声和诉求，在政府部门和百姓之间搭建沟通的桥梁，大力在全社会培育诚信理念、弘扬诚信文化，营造诚信建设的良好舆论环境。

4. 及时刊发公益广告。2015 年陕西日报刊发"讲文明 树新风"公益广告 74 期，累计约 40 个整版。内容上重点突出"勤俭""敬业""诚信""友善"4 个主题，重点把热爱祖国、生态文明、行为规范、传统美德作为常态化宣传内容，围绕培育社会主义核心价值观、规范道德行为、建设生态文明、食品安全等免费刊发了一大批公益广告，传播先进文化，引领文明风尚。

（三）搭建信息平台服务广大群众

陕西日报作为省委机关报，利用自身优势，及时向社会提供各种生产生活信息服务，满足广大群众信息需求。

1. 加强服务性内容报道。在日常报道中，除常规报道外，更加注重服务读者。2015 年全国两会报道中，将政府工作报告中的关键数字，转化为图表形式，直观形象，易看易记。西洽会暨丝博会的报道中，为方便广大读者参观西洽会，开幕当日推出一个整版的参会服务性信息。有会场俯视图、图解等，令读者一目了然，为去西洽会参观的读者们做了一回"导游"。同时，陕西传媒网从网友最关心的问题出发精心策划两组图解新闻，制作 H5 页面，带网友详细了解情况。

针对当前广大群众关心天气、关心空气质量的情况，陕西日报安排专人与气象局、环保厅等部门联系，及时推出相关报道，发布有关信息，服务广大读者。特别是在冬季，严重雾霾天气出现较多，在每一次重污染天气出现之前，都及时进行了预报，提醒广大读者注意相关事项。

随着经济发展，人们对各种市场信息和金融信息非常关注，陕西日报在金融周刊发布陕西银联卡消费指数及企业融资、各类金融机构新开展的金融业务或金融服务的情况信息，每周公布一次物价消费指数。

2. 加大科普宣传报道力度。专门开设了科普专栏《科技之窗》和《学点科学》。《科技之窗》以前沿科技研究报道为主，《学点科学》以日常科技知识普及为主。2015年已经发表原创科普专题文章60多期，20余万字。

科普报道与大局结合。2015年，国家提出"互联网+"战略，及时组织专家撰写了"什么是互联网+"相关专题科普。针对"中国制造2025"，陕西日报既有针对智能机器人的趣味性科普，又采访了陕西省机器人产业发展联盟相关负责人，就机器人产业发展趋势及陕西情况做了介绍。此外，针对大数据、云计算等，都及时做了报道。

科普报道与社会热点结合。当上海跨年踩踏、中东呼吸综合征、粉末爆炸等突发事件发生时，及时采写了《如何在踩踏事故中保护自己》《了解中东呼吸综合征》《"颜色粉末"狂欢，请注意安全》等科普专题。

科普报道与生活结合。针对普通群众关心的生活营养话题，做了10余期的专题科普，内容涉及蛋白质、脂肪、矿物质、微量元素等多个领域。此外，有关垃圾分类、食用菌、乳制品等生活常识都做过科普。

（四）报道中突出人文关怀

以人为本是科学发展观的核心，也是陕西日报新闻报道的基本原则。

陕西日报要求在新闻策划、采访、写作、编辑过程中都要突出人文关怀，让新闻报道有温度。

1.灾难报道坚持以人为本。2015年8月12日，陕西省山阳县中村镇碾家沟村突发山体滑坡，65人失踪。面对突如其来的灾害，陕西日报以高度的社会责任感，全力以赴投入灾情与救援的报道。

报道中，避免对惨烈血腥、令读者感到强烈不适场景的报道，通过对救援的大力报道，引导读者用正确的心态面对灾难。大力宣传党中央、国务院对抢险救灾工作的高度重视和对受灾群众的亲切关怀；大力宣传省委、省政府抢险救灾、科学善后的决策部署；大力宣传各部门千方百计做好抢险救灾的有力举措；大力宣传当地基层干部群众万众一心团结抗灾的典型事迹。

8月13日在头版头条，推出了习近平总书记、李克强总理对陕西山阳县山体滑坡作出重要批示，省委、省政府认真落实批示精神，全力以赴做好搜救工作的报道，为抢险救灾起到了导向作用。8月24日，陕西日报刊发评论员文章《人民安危高于天》，发挥党报言论的旗帜作用，号召广大党员干部只要与人民同甘共苦，与人民团结奋斗，就没有克服不了的困难。长篇通讯《为了生命的尊严——来自山阳"8·12"突发特大山体滑坡抢险救援现场的报告》，从不同侧面、不同角度全景式展示了陕西人民齐心合力抢险救灾的情况，坚定了全省人民打赢这场硬仗的信心。

2.关注社会弱势群体。关爱未成年人报道贯穿全年。加强未成年人法制宣传、自护教育宣传，刊发了《给失足孩子重新校正人生坐标——西安未央创新"6+1"未成年人案件特别保护机制的调查》《泾阳：少年疑犯家属可随时"亲情会见"》《乡村学校少年宫，这样的好项目能延续吗》等稿件，社会反响都很好。

关注外来务工者、流浪人员。每年年底都推出相关报道，关注露宿街头的流浪乞讨人员能否平安过冬，农民工的血汗钱能否装进口袋。刊发了《讨薪者，回家过年钱在哪？》《流浪者，谁给他们一个家？》等一系列报道，呼吁社会各界对弱势群体的生存状况给予更多的关注和帮助，让他们感受到这个世界的友好和关爱。

关心贫困学生上学。贫困学生问题，社会舆论一直都很关注。推出了《没有忧虑地成才》《让每一名贫困大学生顺利就学》等报道，倡议关心关爱帮助贫困学生。党的十八届五中全会提出，要普及高中阶段教育，实现家庭经济困难学生资助全覆盖，及时推出了《贫困生，全享资助——未来五年陕西教育观察》，全面介绍了各种帮扶政策，让孩子们生活不再"贫"，精神不再"困"。

（五）积极推动文化繁荣

陕西历史悠久，文化资源丰厚，近年来成功打造了"文学陕军""美术陕军""西部影视"等一批极具人气的陕西特色文化品牌，有力地推动了文化大发展大繁荣，对此陕西日报都及时地进行了报道。

1. 推动陕西文化产业繁荣健康发展。2015 年 3 月，在由路遥小说改编的同名电视剧《平凡的世界》在全国各大卫视热播之际，陕西日报与中国散文学会联合举办了"告诉你一个不平凡的世界——《平凡的世界》"研讨会，邀请全国知名文化专家学者，就《平凡的世界》的精神和现实意义，以及读者观众关心的问题进行了深入研讨，率先掀起了解读"不平凡"精神的热潮。

全国文艺工作座谈会召开以来，文艺反腐成为社会关注焦点。陕西是文化大省，也是书画大省，对此，通过《文艺反腐：剑指书画黑洞》《书画市场"飘绿"仍未见底》《依法纳税，书画家做到了吗》以及评论《让艺术回归生活回归人民》等报道，深度调查报道了陕西本土书画圈在文艺工作座谈会后的变化。

2. 关注文物保护传承文化。陕西榆林市神木石峁遗址的发现吸引了各界关注，从石峁遗址石破天惊，揭开历史面纱的那一刻起，陕西日报就一直跟踪报道，刊发了《石峁遗址 考古破解史前中国最大"城市"密码》《让石峁这座奇迹之城重绽光芒》等报道，深入挖掘了石峁遗址考古意义与旅游价值，及时报道了石峁遗址的发掘与保护工作。

从2014年年底开始，推出了关注三秦大地上的历史文化活化石——文化古镇的报道，先后用专题版面形式报道了青木川、蜀河古镇、漫川关、皇冠古村落等地的历史遗迹和各种文化遗存，在全省率先发起了寻找和保护历史文化名镇的行动。

策划推出的《西安古城墙能承受多大压力》《加大立法保护西安古城墙迫在眉睫》，采访了专家、律师、市民等，听取了各方声音，从城墙保护现状、立法保护等方面深入调查，对如何完善城墙保护进行了深入探讨。

（六）遵守职业道德规范

一直以来，陕西日报编辑记者认真坚守职业道德规范，力争成为全省新闻界学习的榜样标杆。

1. 高度重视新闻队伍建设。积极举办多种形式专题培训活动，邀请资深媒体人和专家学者来集团讲课。派遣采编部门中青年骨干10余人赴广东学习考察。为了进一步推动新闻采编经营等全面发展，多次派人赴四川日报、湖北日报、大众日报、南方日报、湖南日报等进行学习考察。

2. 结合"三严三实"专题教育，认真开展马克思主义新闻观教育。结合"三严三实"专题教育开展，认真开展马克思主义新闻观教育，着力深化"走转改"活动。要求编辑记者要联系新闻工作实际，有针对性地开展"三严三实"专题教育，要深入剖析自身工作中存在的问题和不足，提出今后的改进方法措施，通过专题教育要理想信念更加坚定，党性修养不断增强，把陕西日报办得更加让省委满意，让群众喜爱。

3. 公开接受社会监督。为贯彻落实中央改进工作作风、密切联系群众的有关要求，促进新闻从业人员进一步转变作风、改变文风，在陕西日报上公示了新闻记者持证人员名单，公开监督举报电话，请社会各界对编辑记者进行监督。对读者投诉的问题，及时给予答复，做到有错必纠。

（七）积极维护员工合法权益

1. 维护劳动者权益。遵守劳动法、劳动合同法的规定，以及相关法律法规要求，按月支付员工工资、依法缴纳社会保险基金等。依法与员工签订、续订、变更、终止、解除劳动合同等，确保将法律赋予职工的权益落到实处。

2. 完善职工福利体系。为员工进行年度体检，先后对 20 余名长期患有疾病和家庭特别困难职工送去慰问金，对职工婚丧嫁娶、住院、直系亲属病故及女职工生育等进行各种慰问补贴，为当年考入大学的职工子女进行精神和物质奖励。

3. 依法保障职工权益。成立了法律工作室、外聘多名法律顾问，依照法律法规保障新闻工作者的合法权利。对编辑记者在采访报道过程中遇到的非法侵害职工安全、权益的事件，给予及时的法律支持，维护新闻工作者的切身利益。

4. 丰富职工业余生活。以活跃职工文化生活为出发点，举办了"建功在集团，和谐促发展"系列主题活动。每年还都举行了一系列的跳绳比赛、拔河比赛、"书香陕报"、钓鱼比赛、健身操等活动，让员工在工作之余，有丰富的文化生活。

（八）坚持依法依规经营

陕西日报始终坚持依法经营，以健全集团法人治理结构为基础，以促进依法经营管理为重点，以提升法律管理能力为手段，集团经营业绩持续稳健发展。

1. 统一思想，提高认识，强化全员依法经营意识。集团高度重视依法经营工作，聘请多名专业律师作为集团的法律顾问，整合法律资源，不断完善法律风险防范机制，健全完善重大经营决策项目法律论证、审核制度，防范产生新的法律风险。为了确保依法经营，集团与各经营部门及子报刊网主要负责人签订了经营管理责任书，与所有合作企业、个人签订合作经营合同，在明确权利和责任的同时，明确提出要依法开展经营。

2. 建章立制，规范经营，迈向法制化管理轨道。集团按照"有职责必有规章制度"的原则，推动集团规章制度体系建设，建立健全规章制度，坚持用制度来规范经营管理过程，确保有章可循，切实严堵漏洞，防止违规行为的发生。同时，通过纪检、审计等部门，检查、监督规章制度的执行情况，对财务、客户服务、单证票据管理、印章管理等方面进行全面检查，对不严格执行规章制度的行为进行问责，确保生产经营活动不违反国家法律、政策，为集团持续健康发展保驾护航。

3.强化培训，广泛宣传，营造全员学法知法的良好氛围。有计划、有针对性地组织各类各级人员进行法律培训。坚持对全体员工，尤其是刚参加工作的新员工进行普法教育与规章制度学习，使员工熟悉与本职工作相关联的法律知识，做到学法、知法、守法。根据实际举办各类法律法规知识讲座，在普法教育过程中，坚持以领导干部和经营管理人员为重点，把能否"依法决策、依法经营、依法管理"作为干部考核的重要依据。充分发挥宣传阵地作用，利用集团下属子报刊网，进行多种形式的法律法规宣传教育活动。

（九）加强管理安全办报

陕西日报狠抓采编制度建设和内部管理，在长期的办报过程中形成了一整套完整的采编制度，同时根据各个时期的形势及时地进行调整，确保了报纸舆论导向的正确。制定了一系列规章制度，对稿件的采写、编辑、签发、出版等做出了详细规范性要求。要求新闻采编人员坚持新闻真实性原则，坚持实地采访、现场采访、直接采访，一定要拿到第一手资料，对新闻事实反复求证、多方核实，确保新闻报道真实客观公正。要求新闻报道要始终围绕省委中心工作开展，为全省经济社会发展服务，坚持弘扬主旋律、打好主动仗。2015年，进一步完善了编前会、定编会、周例会等制度，进一步加强了报纸采编出版的管理。要求新闻从业人员要严格遵守新闻宣传纪律、严格遵守职业道德、恪守从业准则，成为陕西媒体界遵守职业道德的表率。要依法依规依德开展新闻采编工作，不得编发虚假报道，不得刊发虚假新闻，不得徇私隐匿应报道的新闻事实，采编人员不得从事与采编职务有关的有偿服务、中介活动或者兼职、取酬，不得借新闻采访工作从事广告、发行、赞助等经营活动，不得创办或者参股各类公司，不得借新闻采访活动谋取不正当利益，不得借舆论监督进行敲诈勒索。

三、履行社会责任方面存在的不足和改进措施

（一）在履行社会责任方面存在的不足

需要进一步增强大局观念。陕西地域辽阔，陕南、陕北、关中三大地区地理、经济、文化等各方面差异较大，有时候不能做到面面俱到、兼顾各方，在今后需要进一步加强。

需要进一步增强正面引导能力。当前新媒体蓬勃发展，党报等传统媒体受到巨大冲击，人们思想趋向多元化，舆论引导难度不断增加，党报需要在坚持以正面宣传为主的原则的同时，进一步增强舆论的引导能力。

需要进一步增强报纸的可读性。党报的可读性需要进一步提高，我们今后要进一步坚持改革创新，创新报道方式方法、创新报道手段、创新报道内容，让党报更加鲜活生动起来，可读性进一步增强。

需要进一步加强舆论监督。党报监督报道数量十分有限，今后将加强舆论监督，进一步将坚持党的大政方针政策和反映百姓心声结合起来，推动中央和省委政策落实，维护广大群众权益。

（二）改进措施及未来展望

1.改进报道方式方法，办一份群众喜爱的党报。强化读者导向，探索新闻规律、宣传规律与市场规律的有机统一，增强稿件的鲜活性、新闻性，使可读性大幅度提升。坚持选题策划到位、稿件整合到位、版面保障到位，强化策划引领，减少报纸版面碎片化，增强新闻宣传的整合意识，提高新闻报道的深度、思想性、启发性和冲击力。

2.坚持策划引领，提高传播力。坚持策划引领，围绕中央和省委重大政策、重大会议活动、民生热点话题、社会焦点问题，及时策划报道，引导舆论走势。重大报道集团要有大策划，日常报道各采编部门要有中策划，每个人具体负责的工作要有小策划。要更加注重新闻背后的新闻、更加注重读者的需要、更加注重市场的需求、更加注重差异化报道，在增强服务性、亲和力上下功夫，更多突出新闻报道的民生视角和百姓情怀。

3.深化"走转改"活动，增强吸引力感染力。认真贯彻中央八项规定，不断深化"走转改"活动，进一步完善领导干部示范带动机制、版面保障机制、考核激励机制等，办好常态化的"走转改"专题专栏，以科学有效的制度保障，推动更多编辑记者到基层去、到一线去，持之以恒抓队伍、抓作风；认真组织新闻媒体青年编辑记者革命老区行活动；进一步加强创新力度，拓展题材范围、增大信息容量、创新语言表达，扩大主流媒体覆盖面影响力。

4.发展新媒体，巩固壮大主流媒体阵地。截至目前，陕西日报拥有陕西传媒网、陕西文明网、丝路网、掌中陕西移动客户端、新丝路移动客户端、陕西日报微博微信、陕西传媒网微博微信等传播渠道和平台。未来，陕西日报将继续积极适应互联网时代媒体发展的大趋势，整合优势资源，以内容建设为根本，以先进技术为支撑，坚持内涵拓展和外延扩张相结合的思路，着力加强新媒体建设，发挥品牌优势、资源优势和技术优势，加大新媒体平台和渠道建设，推动集团新媒体集群不断发展壮大。

兰州晨报

社会责任报告

一、兰州晨报概况

兰州晨报是甘肃日报报业集团旗下的一份面向市民、面向市场的时政类综合性都市报。1996 年 10 月 15 日试刊，1997 年 1 月 1 日正式创刊，目前日平均出报 40—48 版。发行以兰州为中心、覆盖全省。

兰州晨报牢牢坚持正确舆论导向，以服务大局、服务市民、服务社会为宗旨，坚持"辅政、亲民、弘文、助商"的办报理念，勇于创新，锐意进取，追求卓越，不断提升办报质量，以特色立报，多次进行改版，努力打造一流都市报，不断增强传播力，扩大影响力。勇于探索，搏击市场，不断创新发展思路，拓展发展空间。目前，兰州晨报新闻影响力、广告总收入、报纸发行量均稳居甘肃省都市报第一。

兰州晨报社实行中心制管理体制，下设新闻采访中心、新闻出版中心、新媒体中心、广告中心、发行中心，统筹报纸采编、广告发行、报业管理等各项工作。兰州晨报是甘肃省内第一份自办发行的都市类报纸，并在甘肃白银、天水、武威、张掖、酒泉等市设有记者站。

创刊以来，兰州晨报适应市场需求和读者需求，始终不断创新机制，在新闻宣传报道、广告经营、报纸发行等方面取得了显著成绩，在甘肃报业界开创了很多第一，创造了一个个"晨报现象"。如，第一家实行全员聘用制，第一家采取邮发和自发相结合、以自发为主的发行模式，第一家"全天候新闻采访车"上路，第一家推行首席记者制、责任编辑制，第一家出版彩印日报，第一家开通 24 小时新闻热线等。

近年来，面对传媒发展变局和市场变化带来的挑战，兰州晨报加快媒体融合发展，构建起大陇网、手机客户端掌上兰州、官方微博、微信等全媒体平台，壮大了主流舆论，进一步扩大了品牌影响力。同时，积极创新发展思路，推进报业转型发展，利用报纸的品牌效应，向外延伸拓展经营业务，通过整合媒体资源和社会资源，实施多元化经营，构建起晨报易购、兰美传媒、兰州晨报·干洗邦、诚酒等在内多元化产业发展体系，提升了报业综合实力。

历年历届的全省好新闻、全国好新闻评选中，兰州晨报新闻作品屡次获奖，兰州晨报一批骨干记者在重大题材报道、战役性宣传报道或重大突发事件报道中，因成绩突出在全国获奖。

二、履行社会责任情况

（一）履行正确引导责任

兰州晨报牢牢坚持政治家办报原则，牢牢坚持党性原则，牢牢把握正确舆论导向，牢牢坚持正面宣传为主，服务大局，唱响主旋律，发挥了主流媒体应有的作用。作为党报新闻宣传的重要补充和重要阵地，兰州晨报牢牢坚持正确舆论导向，服务全省大局，在甘肃省委、省政府的重大决策部署和重大主题宣传中，加强策划，唱响主旋律，打好主动仗，坚持贴近实际、贴近生活、贴近群众，把体现党的主张与反映人民心声统一起来，把坚持正确导向与通达社情民意统一起来，提升都市报服务群众、服务社会的水平，给广大读者提供优质的精神食粮。在重大决策部署、重大主题宣传和重大民生举措中，如党的十八届五中全会宣传、甘肃省委省政府"联村联户、为民富民"重大部署、兰州新区升格为国家级、甘肃华夏文明传承创新区建设、兰州轨道交通建设等报道中，均在第一时间以特刊、连续报道、集中宣传等各种形式呈现，形成特色和声势，强化了宣传效果。结合都市报自身特点，以群众喜闻乐见的方式，通过鲜活生动的采访报道，使党的各项方针政策深入人心，架起党和政府与老百姓之间的"桥梁"，为甘肃经济社会发展营造良好舆论环境。2015年推出的纪念抗战胜利70周年大型系列报道、兰州"骑行达人"评选等主题宣传和策划活动，发挥了都市报主流媒体的作用，产生了好的社会效果。

在这一报道方针指导下，兰州晨报在各类新闻报道过程中，以事实为依据，不夸大渲染，真实进行报道，尤其对于热点、难点、疑点等新闻事件，深入采访求证，客观理性报道。兰州晨报坚持正确开展监督舆论报道，始终把握既讲究思想性、原则性，也讲求贴近性、可读性，通过积极地引导达到释疑解惑、提高群众认识、增进各方理解的效果，发挥针砭时弊、弘扬正气、改进工作、加强团结的作用。

（二）履行提供服务责任

贴近民生、贴近社会，履行好服务责任和社会责任，让报纸更有亲和力。在春运、国庆黄金周、中高考期间，常态化、有针对性地推出探亲游子、旅游达人、高考学子的资讯类服务手册。经常性开展服务类公益活动，如近两年组织的兰州晨报相亲会，为城市单身青年搭起"鹊桥"。2015 年组织的兰州晨报新春送春联活动，利用媒体平台，组织书法家在春节前为多个社区居民现场书写春联，送去新春祝福，受到广泛好评。

开辟专栏《市民之家》作为兰州晨报的民生服务类常设板块，专栏立足于都市报贴近市民和生活、服务民生的理念与宗旨，成为报社紧密联系读者的一个窗口和互动平台。《市民之家》服务范围涵盖百姓生活的方方面面，市民的"菜篮子""米袋子""油瓶子""水、电、气、暖""消费""就医""社保"等关涉日常生活的事情皆是该板块关注的重点。本着"市民生活没小事、民生问题无细微"的共识，《市民之家》把百姓反映的每一件小情当作大事来对待，在报道中讲求贴近百姓、服务生活、解忧答惑、关注民生，正是这种无微不至的帮助、服务和关切，使得《市民之家》越来越成为众多市民离不开的"贴心帮手"，成为读者心目中的另一个"家"。

近两年来在兰州晨报新一轮改版和调整中，《市民之家》适时将栏目增加和调整充实为"资讯""社区"两大板块，使得板块更加清晰，内容更加丰富，服务性进一步增强。新增了《城市映像》《大城小事》《市民微心愿·晨报助愿》《晨报求证》《社区之星》《消费警示》《警方提示》《百姓相册》等让广大百姓喜闻乐见的民生服务栏目，受到市民和读者关注和好评，真正实现市民之家服务市民、解忧百姓的宗旨。因为良好的口碑和广泛的影响，《市民之家》荣膺"甘肃新闻名专栏二等奖"。《市民微心愿·晨报助愿》栏目立足于实现市民渴望实现的小心愿，通过报纸平台，倡议社会各界关注和帮助，搭起献爱心的平台，已帮助数十位市民实现心愿。

（三）履行人文关怀责任

坚持公平公正、直击真相的报道原则，也始终坚持以人为本、热爱生命、尊重生命的报道原则，热心社会公益事业，积极倡议和参与公益活动。从鼓呼"西部大开发"到捐资创建东乡"希望小学"，到号召组织社会各界捐赠160余万元救灾物资为民乐、山丹地震灾区"雪中送炭"，再到"邱少云班会"、专家接听"健康热线""阳光童年·雪中送炭""爱心捐助中转站""乐水行——全国走河活动""随手拍照解救乞讨儿童"……兰州晨报一直本着媒体的社会责任和社会影响力，尽全力为社会奉献着自己的力量和真诚。特别是"助寒门学子圆梦"活动已经成为晨报的一个品牌活动，多年来连续不断，筹资百余万元，解决了近千名贫困大学生的入学困难问题。这些活动的举行营造了和谐友爱的社会氛围，体现了人文关怀，获得了社会影响力与公信力。

在灾难事故报道中，除了报道事故本身外，重点突出人文环节。如在张掖地震、"5·12"大地震、舟曲泥石流等报道中，除了挖掘灾难中救援人员舍身救人、群众积极自救等正能量的现场外，还开设爱心捐献平台，号召全社会向灾区人民献爱心，仅以2008年"5·12"大地震为例，经兰州晨报募集的资金就有400多万元，物资价值300多万元，建成爱心希望小学 5 所，资助当年考上大学的寒门学子 200 人。

灾难事故报道不仅仅是简单的报道事件，通过事件传递正能量才能显示出报道的重量。而最能打动读者，和读者产生共鸣的也恰恰是事件背后的故事。如在 2013 年 7 月，岷县地震中记者就以《养父在地震中遇难　甘肃岷县 16 岁女孩独自照顾七旬奶奶》为题报道了灾区群众的真实生活、情感和自救情况。

在其他一般事故报道中，善于挖掘事故背后的感人故事，让读者在事故中看到正能量的一面。《寒冬两货车追尾起火　消防员扑救变"冰人"》报道中，突出了消防官兵变"冰人"的画面，表现出了在零下 20 摄氏度的夜色中消防官兵英勇救援的场面，让报道更加温暖。2015 年 5 月 19 日，在报道西固围墙倒塌 9 名路人被埋一事中，更多地表现了事发后路人积极施救的感人场面。

百姓事无小事，在日常报道中关注尊重社会弱势群体，反映他们的意见呼声。2014 年，兰州一独居老人在家中身亡多日才被发现。在第一时间报道此事后，在报道中更深层次地关注独居老人这一弱势群体。通过后期详细全面地调查，深刻反映出独居老人生活的现状。并将老人的诉求传递给政府相关部门，引发全社会对独居老人的关注和关心，体现出了媒体的社会责任。

在报道中，更注重深入人的精神世界，关心人的情感。2014 年以来，"正丰房产""投资公司跑路"事件让兰州的市民损失惨重。在对事件的报道中，及时了解被骗者的经历，通过这些经历更多的是提醒市民如何防范骗局。近年来，针对老年人诈骗的事件层出不穷。兰州晨报不仅报道诈骗的个案，而且通过大量走访，和受骗老人谈心，进入他们的精神世界了解被骗的原因。从而推出《花甲老人被骗 14 万》《老年人维权难》等一系列关注稿件，有效地提醒了老人，给不法分子以震慑。

（四）履行繁荣发展文化责任

践行社会主义核心价值观，推动文化大繁荣。兰州晨报作为甘肃地方主流媒体，具有影响面广、受众多、公信力强、权威性高等优点，故而在践行社会主义核心价值观方面责无旁贷。兰州晨报积极履行繁荣发展文化建设责任，推动甘肃文化大繁荣，充分发挥舆论的示范效应，通过宣扬百姓喜闻乐见的鲜活事例，让从业者和受众将社会价值观的认同与日常生产、生活的实践相联系，让人们在社会交往、舆论引导、自我规范中，养成良好习惯，形成与时代特点相适应的、与民族传统相匹配的、与法律法规相协调的社会主义核心价值观。

甘肃有悠久的历史文化，拥有无可比拟的文化富矿，是名副其实的文化大省，推动甘肃文化大繁荣，兰州晨报积极围绕"甘肃华夏文明传承创新区建设""甘肃文化大省建设"开展宣传工作，多角度及时报道，特别是甘肃获批建设华夏文明传承创新区后，及时推出特刊，全方位解析报道。

开辟的《文化甘肃》专栏以文化为主线，梳理甘肃文化发展史上重要事件和优秀文化，挖掘华夏文明传承创新区的"软黄金"，积极为非物质文化遗产传承和发展建言献策。这个栏目广受读者欢迎，是因为板块设计之初，就紧扣了甘肃作为一个文化大省的事实，围绕甘肃这座文化富矿，可深挖细做的内容实在太多，而普通读者通过这些报道了解了甘肃悠久的历史、丰厚的文化和重要的文化大家。《文化甘肃》以小切口反映时代背景下甘肃文化建设的成就，在细节中普及知识，得到了知识界和文化界的普遍认同和赞扬。

兰州晨报自创刊以来一贯注重报纸副刊对报纸文化品位的提升功能，开设《晨曲》栏目，10余年来持续发表优美活泼、积极向上的散文、诗歌、随笔文章，为读者送上了丰富的精神食粮。兰州晨报副刊同时创作刊登符合时代特色和传播主流思想的文章。在积极承担起知识普及、社会教化、道德传承职能方面，兰州晨报开设了《西部地理》栏目，10余年来不遗余力地推介多彩甘肃，挖掘西部独有的风光、人文、地理资源，依托甘肃乃至西部的遗址、遗迹来讲述历史，围绕华夏文明传承创新区建设中的"固定资产"进行采访组织版面，让人们了解甘肃，喜欢甘肃；开设了《兰州故事》栏目，采写了许多发生在西北重镇兰州地区的人物风俗、历史事件、个人史、家国事的深度文章；兰州晨报的《情感》栏目贴近生活，深入生活，与读者良性互动，栏目创建16年来，为无数感情受困者提供了专业指导，每一篇情感口述文章，都能够让读者有所得、有所悟。新开设的《眼界》《暖生活》栏目在知识普及和对社会教化道德传承方面都有各自的承担和功用。兰州晨报副刊的《大敦煌》书画栏目，传承优秀传统文化，传播高雅健康文化，在艺术领域已经成为一支劲吹的号角，许多书法家、画家的作品在栏目中展出，为繁荣文化艺术创作作出了贡献；《书界》栏目精选题材，深度的解析和书评，精心推荐有价值的书目，传播高雅健康文化。兰州晨报副刊版面丰富，适应了读者对精神文化生活的需求，积极承担和履行着繁荣发展文化的责任。日常报道中，兰州晨报记者积极与甘肃文化院团、剧场、电影院、书画协会、摄影协会、作协等单位接洽，积极报道文艺演出、书画展览、新书发行、电影上映等新闻，为读者提供信息的同时，引导群众参与高雅健康文化、保障群众享有基本文化权益。

兰州晨报以报道策划和活动策划来繁荣社会文化，扩大报纸影响，树立品牌形象。如2015年，联合佳能中国公司举办"影像发现丝路之美"大型公益活动，以影像全面展现甘肃优秀历史文化遗存，受到广泛关注。

（五）履行遵守职业规范责任

加强职业道德建设，以制度严格规范采编行为。兰州晨报是党报主办的都市类时政报，是党报的组成部分。始终要求员工坚持马克思主义新闻观，坚持新闻真实性原则，恪守职业道德，恪守新闻采编、报道评论、转载传播、广告刊播等方面的从业准则，并从管理与考核等方面严格将采编人员与经营人员分开，各司其职。同时，加强新闻采编队伍教育培训，修订、补充、完善有关规章制度，自觉抵制不正之风。

遵守职业规范和职业操守，树立媒体的良好形象。兰州晨报在各项工作中始终坚持正确政治方向和舆论导向，坚持正面宣传为主，坚持宣传党的主张、反映人民心声。严格遵守关于新闻工作的纪律要求，认真贯彻落实《关于严防虚假新闻报道的若干规定》《关于进一步规范新闻采编工作的意见》等有关文件精神。

建立和修订了《兰州晨报突发公共事件新闻报道应急预案》《兰州晨报采编流程规范》《兰州晨报微博管理规定》《兰州晨报新闻报道纠错机制》《兰州晨报编采部门奖惩规定》《兰州晨报记者编辑考核办法》等规章制度，为规范新闻采编工作、杜绝虚假报道强化了制度保证。

强化对采编人员的教育培训，提高人员队伍素质。兰州晨报以会代培，强化每天举行的晨会、阅评会、编前会的功能，及时传达、学习上级对新闻报道工作的要求，及时评估、审核、调整各采访部门当天或近期的选题计划和安排，及时发现新闻报道中存在的问题，进行业务提示。通过日常教育培训，在新闻采编队伍中形成了见贤思齐、弘扬职业精神、恪守职业道德的良好风气。

深入开展"走转改"活动，不断增强与人民群众的深厚感情。在新闻单位广泛开展的"走转改"活动中，兰州晨报组织采编人员走进街道社区，深入基层倾听百姓心声、反映群众意愿，不仅打开了报道的视野，也增加了对新闻职业的敬畏。越来越多的记者自觉深入基层、蹲点采访，队伍的面貌发生了深刻变化。有的记者穿越祁连冰峰、敦煌沙漠，有的记者与鼠疫一线防控医生零距离接触，有的记者长期深入社区体验底层人员生活，写出一组组感人至深的新闻报道，受到了广泛的好评。

（六）履行合法经营责任

加强管理，合法依规经营。在经营活动中既讲求经济效益，更坚持社会效益，守法经营。在平时的工作中，不断提高从业人员的政治意识、大局意识和责任意识，要求经营人员要牢记职责，加强业务学习，提高业务技能和从业水平，务必要使所从事的经营活动"真实、合法、有效"。凡是违反法律法规规定、损害报社利益形象的经营活动，一概不做。报社不断从实际出发，制定出行之有效的办法，加大广告审查力度，降低相关类别广告的违法率，不断净化广告市场发展环境，进一步健全广告业诚信机制，积极配合省市工商管理部门做好广告监管工作，积极推进广告监管工作的制度化、规范化、秩序化、法制化建设，努力营造公平竞争、健康有序、文明诚信的广告市场秩序。从 1997 年报纸创刊至今，兰州晨报创造了良好的经济效益，为社会作出了贡献。同时刊发了大量公益广告。

（七）履行安全刊播责任

　　强化责任意识，严格落实各项管理制度，确保报纸安全出版。新闻宣传工作地位重要，责任重大，事关全局。兰州晨报始终坚持党管媒体的原则，始终以高度的政治责任感、良好的精神状态和扎实的工作作风，恪尽职守，不辱使命。严格执行新闻刊发"三审制"，即新闻中心（记者采写—部门主任—中心主任）、出版中心（编辑—责任编辑—出版中心主任—校对）、值班编委层层把关、签发。内容上把坚持正确导向与通达社情民意相统一，把坚持正面宣传为主与加强和改进舆论监督相统一，发挥为党和政府联系人民群众的桥梁纽带作用。始终坚持正确舆论导向，报道做到真实、准确、全面、客观，2015年没有出现安全刊播事故。

（八）履行保障新闻从业人员权益责任

　　坚持以人为本，依法保障员工权益。兰州晨报坚持以人为本，依法保障员工权益，严格履行劳动合同法。根据劳动合同法的相关规定，报社与全体员工的劳动合同也呈现不同的层次和特点，其中包括无固定期限劳动合同、固定期限劳动合同和非全日制劳动合同等形式；按时足额缴纳医疗、失业、工伤、生育等社会保险，同时为所有人员还办理了人身意外伤害险，各项社会保险的缴费比例累计高达41.5%；认真执行职工法定假期、带薪年假、病假、婚假、产假、丧假、工伤假等制度。现在从业于兰州晨报的各级各类工作人员近 800 人。

目前，报社发行部门安置了不少下岗职工，这部分人员在原来的企业下岗后，收入没保证，生活无着落，精神压力很大，来晨报工作后，有了稳定的收入，有了养老、医疗等保险，找回了工作和生活的勇气与信心，现在他们在各自的岗位上，正在为晨报的发展做着力所能及的贡献。

报社重视员工的精神生活，定期组织开展丰富多彩的文体娱乐活动。登山活动、拔河比赛、演艺大赛，"迎新杯"双扣、象棋、跳棋比赛，既锻炼了身体，愉悦了心情，又增强了凝聚力，推动了工作。

报社建立微信群，为喜爱书画和摄影的员工开辟了"晨报书画"和"点看随拍"两个群，大家在群内发表作品，互相探讨切磋，为工作增添了活力；报社为全体党员建立了飞信群，开设飞信课堂，通过手机飞信给每个党员发送重点学习内容和党建知识、党章知识。

扶危济困，报社向身患疾病或生活有困难的部分员工予以物质和现金资助，将对困难职工的关心落到实处。

报社关心职工的身体健康，每两年为所有员工（包括发行员）组织一次健康体检。

在记者证的申领和管理方面，兰州晨报严格遵守国家新闻出版广电总局和甘肃省新闻出版广电局的有关规定。申办记者证人员必须为新闻采编岗位从业人员，同时要经过相关的专业培训，并取得相应的从业资格。目前报社 144 名采编岗位新闻从业人员中，有 132 人持有国家新闻出版广电总局颁发的记者证。记者证的日常管理、年度审验严格执行国家新闻出版广电总局和甘肃省新闻出版广电局的有关规定。

三、履行社会责任方面存在的不足和改进措施

（一）在履行社会责任方面存在的不足

面对媒体和市场新的发展形势，存在人员素质与新的工作任务、目标不相适应的问题，有时存在工作标准不高、执行力不强的情况，在今后的工作中需要全力提升人员素质，以更好地履行媒体社会责任。

创新性开展新闻策划、公益活动不够充分，特别是全媒体联动开展新闻策划，彰显社会责任，扩大影响力需要加强。

（二）改进措施及未来展望

新闻宣传方面。牢牢树立社会责任意识，从各环节全面落实。深入实施新闻提质，进一步提升报纸质量。牢牢把握正确导向，加强策划，积极创新，做好主题新闻宣传。关注社会热点，积极稳妥做好社会新闻和监督类报道。保持特色和优势，彰显更多亮点，强化新闻运筹能力和新闻策划能力，发挥采编优势，组织好各类文化活动、公益活动，增强服务性。从新闻采写、审签、组版等各个环节加强管理，保证出版的时效性。加快融

合发展，扩大全媒体品牌影响力和社会责任度。

广告经营方面。认真学习新的广告法和相关行业规定，吃透精神，严格做到合法规范经营。积极分析广告经营中可能出现的问题，建立预判机制，消除违规隐患。加强对报业转型中所发展的多元化产业的管理，既力争早日实现效益，又牢牢做到守规依法经营。

内部管理方面。全力推行规范管理，进一步细化管理制度，向管理要效益。加强人员学习培训，营造浓厚学习氛围，提高队伍整体素质。加强"三项学习教育"，提高采编人员职业素养和职业道德。强化各环节管理，提高各部门执行力，确保高效有序地推进各项工作。

青海日报

社会责任报告

在价值多元的社会转型期，如何肩负社会责任、不负公众期待，决定了一家媒体的品格，也是其安身立命的根本。作为党报的青海日报，肩负着引导、服务、监督责任，引领着社会导向，为青海的经济社会发展鼓与呼，为新时代的进步呐喊，早已摆脱了单纯的记录者的旁观席位，成为社会前进洪流中不可或缺的力量。这是青海日报的责任和担当。

一、青海日报概况

青海日报作为中共青海省委机关报，成立于1950年，是青海历史最为悠久、影响力最大的媒体，被青海新闻界誉为"龙头"。在长期的办报实践中，青海日报牢记"政治家办报"的原则，坚持正面宣传为主的方针，唱响主旋律，打好主动仗。近年来，青海日报认真贯彻落实党的十八大和十八届三中、四中、五中全会精神，紧紧围绕青海省委省政府的中心工作，热切回应群众关注，反映基层民情民意，为青海经济社会发展、五个文明建设创造了良好的舆论氛围，提供了强大的精神动力。

把握舆情，提升站位，始终保持鲜明的政治特色。青海深居祖国内陆，但同时身处反分裂斗争的最前沿。长期以来，青海日报始终坚持正确的政治导向，与达赖分裂集团展开了舆论争夺战。我们以鲜活的新闻事实讴歌青海藏区"秩序和谐、群众和乐、民族和睦、宗教和顺"的新局面，展现青海藏区经济发展、社会和谐、民生进步的新气象。在每个重大节点、重要会议、关键事件中，青海日报坚持正面引导，主动出击，占领宣传主阵地，有力回击各类杂音噪音，为确保省内外藏区和谐稳定作出了突出贡献。

立足办报，创新思路，不断提升报纸宣传水平。青海经济社会发展相对滞后，但宣传水平不落后。青海日报高度重视采编业务管理体系的建设和完善，编采业务队伍的培养。2015年，立足自身实际，推出了采编业务量化考核体系，以其高效、完备、细致、公正，极大地调动了采编人员的积极性。社编委会根据当前媒体增多的大趋势，在典型报道、时政要闻、重点宣传、重头稿件上加强指导，凝聚力量，取得了良好的效果。近10年来，青海日报获得社会各界广泛好评，充分展示了党报宣传的思想性、引导力和影响力。

找准定位，"顶天立地"，实现党性和人民性的高度统一。青海日报提出了顶天立地的办报理念。上承各级党委和政府的思路、举措，与此同时眼光向下，关注群众呼声、民情民意。青海日报以"三贴近""走转改"为平台，调动广大编采业务人员，通过建立基层联系点、加密州市记者站、出台考评奖励机制等办法，奋力打造基层新闻、百姓新闻、故事新闻、现场新闻，以作风转变带动文风改变，促进报纸变脸。目前，青海日报重要新闻版面中，基层新闻占比高达70%以上，可读性、引导性显著加强。

纸媒引领，新媒发力，打造媒体融合的新格局。按照中央和省委要求，青海日报社把加快推进传统媒体与新兴媒体融合发展作为一项战略任务和紧迫任务，专门制订了加快推进融合发展的总体规划。把2015年确定为"新媒体建设年"，通过原有网站、手机报产品提质稳进，启动青海日报"两微一端"等新产品表现形式，把青海日报的核心新闻生产力优势导入移动互联网中，突出独家、突出原创、突出评论，做有品质、有观点、有温度的新闻，提出打造具有"党报特质、青海特点、原创特色、开放特征"的新媒体矩阵，两网站一手机报全新改版；官方微信、微博"青报新媒"开通运营，实施"藏族网通做特色、青海羚网做强大、手机报做提升、'两微一端'做发力、子报新媒做整合"，努力打造青海新媒体中的旗舰，彰显青海日报作为省级党报在传统媒体与新媒体融合中的积极作为。

随着改革的不断推进，青海日报报纸宣传水平迅速提升，保持并巩固了青海第一大报的地位。目前，内部体制、机制改革也在不断加快。广告、发行市场化格局初步建立，报业经营平稳发展，报纸发行量、广告收入水平位列青海各类媒体前茅。

二、履行社会责任情况

（一）履行正确引导责任

作为党报，如何发挥好对社会舆论的引导力，是一门大学问。坚持正确舆论导向，坚持正面宣传为主的方针，这是红线，是硬杠杠，但与此同时，也要强化报纸的亲和力和感染力，让我们的宣传更有温度。只有这样，才能担当起党报自身的引导责任。基于此，2015年以来，青海日报报纸宣传围绕中心，服务大局；突出重点，精心策划；着眼基层，服务群众；创新提质，大胆实践，取得了良好的舆论引导和氛围营造效果，堪称宣传有重点，报道有亮点，稿件有看点，新闻有热点，得到了青海省委、省政府领导和省委宣传部的充分肯定和表扬。

1. 中心明确、重点突出，牢牢把握宣传制高点。作为党报，青海日报报纸宣传的首要任务是围绕省委省政府的中心工作，积极做好宣传报道，实现有效的舆论引导。2015年以来，围绕全国两会、全省两会、民生宣传、"三严三实"宣传、三基宣传、协调推进"四个全面"战略布局宣传、藏区工作宣传等重大主题，青海日报充分发挥党报的主力军作用，加强策划，在报道形式和表现形式上不断推陈出新；精心实施，在稿件数量和质量上同步实现提升；严格管理，杜绝了政治性差错，压缩了常规差错，补齐了环节和系统漏洞，保证了宣传的政治安全。

从2014年8月到2015年5月，社编委会精心策划、周密安排，注重四项工作、聚焦四大板块、开设四个栏目，"三基"建设宣传工作量大质优、亮点频现，据不完全统计，共刊发有关"三基"建设的稿件600余篇。

为做好协调推进"四个全面"战略布局，建设和谐美丽青海建设的宣传报道，社编委会精心策划，几易其稿，形成了极具创新意识的宣传方案。聚焦六大主题，每个主题以深度报道、典型报道、专题报道、评述报道组合而成，充分展示了党报在大主题、大战役上的优势，目前宣传进展顺利。

为配合好中央第六次西藏工作会议和青海省藏区工作会议，2014年以来，青海日报有意识继续强化藏区宣传。社编委会高度重视，精心策划，组织了果洛纪行报道组、走进新玉树报道组等多路报道组分赴青海日报各地采访，开设了《学习贯彻中央第六次西藏工作座谈会精神》《创建民族团结进步先进区》《民族团结进步之花》《美丽青海　精彩故事——藏区新貌》《美丽青海　精彩故事——果洛纪行》《美丽青海　精彩故事——走进新玉树》《和谐藏区行——全省藏区工作会议精神在基层》《扶贫攻坚　一线故事》等栏目，仅从9月初到10月上旬，青海日报就刊发重点言论6篇，重点消息16篇，重点通讯54篇，图文专版10个。稿件生动活泼，版面图文并茂，充分展示了中央第五次西藏工作座谈会以来青海省藏区经济社会发展的亮点、成就、经验，为贯彻中央和青海省藏区工作会精神，凝心聚力，谱写中国梦的青海篇章起到了积极的推动作用。

2014年8月，《求是》杂志社邀请杂多县32名学生赴京开展以"热爱党、热爱祖国、热爱社会主义"为主题的教育活动，社编委会大胆创新，提出立意高远，小题可以大做；视角要小，反映精彩生活；硬题软做，破解生硬说教；目光向下，强化基层报道；精巧布局，增强报道感染力，同时将这次报道作为全媒体报道的实战，青海日报新媒体中心运用网站（包括中国藏族网通、青海羚网）、微信公众号每天发布新闻，手机报、微博客户端定期发布消息等手段，对此次活动进行报道。同时，新媒体突出传播的互动性、快捷性、大众性、多元性，利用新媒体手段，还与活动现场师生及活动主办方进行微信、微博互动，全景式报道杂多学生"三热爱"教育访京活动，积极探索一次采集、多种生成、全媒体传播的路子。从8月15日至8月30日，青海日报连续16天在重要版面和位置开设专栏，图文并茂反映杂多学生在北京的活动。据统计，共刊发文字稿23篇、专版1个、图片82幅，其中千字以上通讯13篇、专访3篇、消息4篇、综述1篇。

2.围绕重大节事活动，唱响主旋律，弘扬正能量。2015年以来，青海大事多、喜事多、重要节点多。青海日报认为，重大活动就是重点主题，必须投入力量，发挥主动，既营造氛围，更引导舆论。围绕清真食品用品展、青洽会、藏毯展、环湖赛、文化旅游节、国际诗歌节、抗战胜利70周年、建党节、国庆节等重大节日、活动，社编委会加强策划、加大报道力度，积极弘扬主旋律、正能量。

2015中国（青海）国际清真食品用品展览会首次加入了"一带一路"概念，意义重大，作用特殊。社编委会精心策划，在报道中突出本届展会站位更高、理念更新、思路更广、创新意识更强等特点，精心制订宣传报道计划，抽调精兵强将组成报道组，全力以赴做好宣传报道。从5月11日至5月18日一周时间，见报文字稿件46篇，新闻图片27幅，专版特刊5个，规模前所未见。大力度的宣传得到了活动组委会领导的高度肯定和赞扬。

为纪念抗战胜利暨世界反法西斯战争胜利70周年，大力宣传青海各族儿女投身抗日战争、保家卫国的英雄气概，彰显青海的精气神，青海日报以"铭记历史、缅怀先烈、珍爱和平、开创未来"为主题，以弘扬民族精神和抗战精神、培育和践行社会主义核心价值观为主要内容，克服史料稀少、当事人采访艰难等困难，集中10天时间，推出反映类、动态类报道10篇，整版专刊10个。气势庞大的宣传点燃了青海人纪念抗战、热爱祖国的极大热情。不少读者给报社打来电话说："不是你们的宣传，真不知道青海有这么多可歌可泣的抗战故事，有这么多壮怀激烈的抗战英雄！"

3. 联系基层、服务群众，好作风带来好文风。从2014年以来，社编委会就致力于抓作风、改文风、树新风。出台了大量措施，保障基层新闻、群众新闻的数量和质量。2015年以来，我们在实际采访工作中继续深入开展"走转改""三贴近"，让鲜活的基层新闻占领版面。

从2014年8月至2015年5月，青海日报社编委会组织开展了"全面深化改革 加快'三区'建设——走基层看发展"主题采访活动。共组织了 8 个采访组共 50 余人次，由编委会领导和各部门主任带队，先后历时 8 个月，深入青海省六州两市基层一线"走基层看发展"。这也是近年来青海日报开展的参与人员最多、覆盖区域最大、采访规模最大的一次主题采访活动，采访组记者几乎走遍了青海省所有的县区。采访期间，采访组以接地气、讲实话、高效率的工作作风体现出青海日报记者的新风貌、新理念、新形象，体现了"走转改"、党的群众路线教育实践活动的成果，采写了一批鲜活有分量的稿件。据不完全统计，本次采访活动见报稿件 350 余篇（其中有 40 余篇 2500 字左右的重点通讯）。这些稿件视角向下、文风清新、语言生动、案例鲜活，具有很强的亲和力和说服力，拉近了党报与基层干部群众、编辑与通讯员的距离，进一步提升了报纸宣传报道的亲和力、吸引力和感染力。

4. 纸媒引领、新媒上阵，媒体融合强化引导能力。随着媒体融合大形势的不断明朗，青海日报新媒体也迅速走向前台，积极占领舆论宣传和引导阵地，形成宣传合力。2015 年 6 月 2 日，青海日报社新媒体全新上线发布仪式在胜利宾馆隆重举行。中国藏族网通中文版在彰显民族特色元素的同时，注重与国际接轨，适应国际流行网站简洁明快为主打色调的应用。改版突出藏文化民族特色，色调明快、清新大方；青海羚网此次改版秉承推陈出新、与时俱进。页面采撷青藏高原蓝天白云元素，主打蓝白色调，彰显透明、清新、爽朗"范"。特别注重加大本土信息的承载和传播，专题专栏设置采用动态、灵活的"百科全书"呈现，采用全屏、DIV+CSS，兼容各种浏览器；改版提升的青海手机报顺应手机端客户阅读习惯，进一步增强读者互动体验，调整新增读者喜欢的栏目，如《看乐呵》《今时评》《送祝福》以及《有问有答》等；作为青海日报的官方微信、微博公众账号——"青报新媒"，于 2015 年 5 月 19 日试运行。打破传统报道形式，坚持"接地气、为民生"，被网友们誉为"新发声就显主流、权威"。

为推动国家"一带一路"重大发展战略的深化落实，充分利用"互联网＋"的理念，进一步提升西宁乃至青海整体的国际传播能力与影响力，也借力突出宣传营销青海日报社新媒体的整体实力与影响力，6 月 17 日上午，由西宁市外事侨务办公室与青海日报社新媒体传播中心联手打造的 Cool City 西宁国际友城网上丝绸之路正式启建。这是青海省利用新媒体开辟的首条"网上丝绸之路"。

青海日报将 2015 年定为青海日报社的"新媒体建设年"，经过艰苦的努力，初步实现了打造具有"党报特质、青海特点、原创特色、开放特征"的新媒体矩阵的阶段性目标，探索了借助新技术、新介质、新渠道，从报纸产业向内容产业转变，从传统报业独立作战向全媒体整合运营转变的发展新思路。这也为青海日报强化引导作用开拓了新的天地。

（二）履行提供服务责任

青海日报在日常的新闻采编工作中，不断强调服务性，力争为群众解决实际困难。

在新闻采编实践中，青海日报由单纯强调政治性、导向性，变成对服务性的并重，要求记者深入一线，发现了解群众生产生活的实际情况，尤其是困难情况，积极反映，求得解决。

2014 年以来，青海日报对原《内部参考》进行了改版。在充分调研的基础上，以基层为导向，设定栏目，要求稿件要有服务意识，要深入了解群众困难，积极反映群众所急、所想。青海日报设立了《追踪报道》《记者调查》《百姓呼吁》《民生调查》等栏目，采写编发了大量稿件。《让扶贫资金真正惠及贫困群众》《小区停车费咋说涨就涨》《老年日间照料中心怎么了》《被拖欠的工程款何日能支付》等一批稿件先后引起了主管部门、地区领导的高度重视，不少群众求告无门的难心事儿得到了解决。一位读者高兴地把新改版的《内部参考》称为"我们的百姓话筒"。

除了在新闻工作中注重服务群众，青海日报还鼓励采编人员走出办公室，在力所能及的范围内做好服务工作，体验帮助的快乐。在党支部结对帮扶活动中，不少党支部与周边农村、社区"结亲"帮扶。总编室党支部与西宁市南山路社区党支部结成友好支部，采编业务人员在了解到社区退离休企业职工多、老龄困难群众多的情况后，主动组织捐款捐物，以实际行动帮助社区做好工作。同时还把在座谈中了解到的实际情况以内参、送阅件等形式积极反映，先后帮助社区解决了社区服务人员不足、电信设施不足等实际困难，得到了社区工作者和群众的好评。

利用青海省组织开展的"万名干部下乡""困难群众结对帮扶"等活动载体，青海日报组织全体采编人员先后帮扶困难群众260多户，为群众解决人畜饮水、畜牧业合作社组建、就医就学条件改善等多项实际困难。

服务意识的不断树立和强化，有效地促进了青海日报"走转改"活动的深入。

（三）履行人文关怀责任

全心全意服务人民群众，服务广大读者，是青海日报的立身之本，更是青海日报不可推卸的重要责任和担当。2014年以来，青海日报在进一步加强沟通群众、链接基层能力的同时，不断强化民生报道，民生新闻成为青海日报的重大特色。

青海首先是一个多民族地区，社会和谐、民族团结、共同发展是青海日报最重大的省情之一；青海同时也是后发展地区，在全国经济版图中占位很小，扶贫攻坚、农牧区发展是青海日报最核心的省情之一；青海作为中国的生态屏障和重要战略资源接续地，在全国发展中承担着不同于其他省份的重要责任，这是青海最特殊的省情之一。《青海日报》的宣传改革必须面对这些省情，于是，改进文风、走进基层、面对高原牧区、戈壁瀚海是对青海日报报纸宣传的最基本要求。

　　2015 年以来，青海日报继续深化"走转改"实践，在业务部门领导和一线编辑记者量化考核中明确规定了相关要求，包括建立基层联系点，加大基层通讯员培训和联系，在文风、版面安排等方面提出了明确要求。据统计，青海日报在重点新闻版面中，一线和基层稿件占比大幅度提高，目前已经超过了50%，图片报道中90% 来自基层。在重要新闻版面上，领导人活动报道大幅压缩，基层报道上头条、上重要版面位置蔚然成风。

　　日常宣传中，青海日报把地方新闻版作为重点体现"三贴近"精神的版面来打造。立足青海农牧区面积大、民族人口多、贫困人口多的实际，青海日报扩充州县记者站建制，将原有的 4 个分社扩编为 9 个记者站，同时招聘年轻记者充实记者站。内部实施轮岗制，从各主要新闻部门抽调记者到记者站轮岗，极大地提升了记者站人员素质。青海日报还在偏远牧区建立核心通讯员制度，保证基层稿件的数量和质量。同时加强编委会策划，以重点策划保证一版新闻"接地气"。如 2015 年以来，青海日报先后推出《冬行青南》（青南地区为青海自然条件最艰苦的藏区，冬季平均温度在零下 20 摄氏度以下）《记者在一线在路上》《全面深化改革　加快"三区"建设——走基层看发展》主题采访活动、《草原心语》《党的阳光照草原》等大型策划，全方位反映基层干部群众生产生活的巨大变化，极大地充实和提升了一版新闻的质量。

（四）履行繁荣发展文化责任

经济发展相对滞后的青海，却是一个十足的精神富矿。从 20 世纪 50 年代的柴达木精神，到青藏高原精神，到 5 个特别的奉献精神，再到伟大的玉树抗震救灾精神……所有这一切，激荡鼓舞着青海人，在社会主义建设和改革开放的伟大历史进程中奋力拼搏、无私奉献，创造了无数发展的奇迹。

随着社会主义核心价值观宣传的不断深入，如何进一步讲好青海故事，如何生动感人地宣传好、推广好，使之成为全社会的共识，是摆在青海日报编辑记者面前的重大课题。

2015 年以来，青海日报不断加大共同价值、共同理念的宣传，开设了《身边的感动》《行进青海》等专栏，作为长期宣传的主阵地。系统宣传青海英雄、青海模范、青海好人、青海好事，先后推出了"青海道德模范"系列宣传、"青海好人"系列宣传，以小通讯讲小故事的形式，让人们感受到英雄就在身边，好人可亲又可敬。

青海日报充分利用雷锋纪念日、清明节、重阳节、抗战胜利纪念日等重点宣传节点，连续推出好人好事、先烈英模、孝亲敬老等专刊，有故事、有点评、有感想，生动活泼，感染力强。

2014 年青海日报在社会主义核心价值观宣传上的突出亮点就是重大典型的宣传。原青海省副省长尕布龙同志被中宣部追授"时代楷模"荣誉称号，青海日报因势利导，精心策划，推出了整体"集合式宣传"。7 月 6 日，青海日报推出了大型通讯《一个牧人的公仆生涯——追记青海省级领导干部尕布龙》。1 万多字的通讯作品，满含深情追索了尕布龙同志的生平，记述了他无数感人至深的事迹。《一个老人和两座荒山的故事》，讲述了尕布龙从领导岗位上退下来之后，以一个普通劳动者的身份，挥汗如雨绿化荒山的经历；《一个人一生在老百姓身边的故事》，讲述了尕布龙和老百姓水乳交融、比亲人还要亲的感人事迹；"他家里每天都吃住着少则七八个，多则几十个来自各地的农牧民群众。60余年，两万两千多个日子里几乎从未间断过。有人说，别说是省级干部，就是普通百姓也很难做到这样。而在尕布龙家里却天天如此。那时，他已经是副省长了"，这些感人而又质朴的记述，让无数读者失声痛哭……

青海日报迅速推出了两组系列报道，一组是《践行"三严三实"——尕布龙的故事》系列报道。"一个小名叫到老""拯救河曲草原"……一个个生动的小故事，一张张发黄的老照片，把读者带到了尕布龙身边，看他如何工作，听他如何待人，了解他如何做人。另一组是青海日报评论员饱蘸深情撰写的10篇系列评论。"创业实干，一生无怨的拼搏""个人干净，一生不褪的底色"……朴实的语言、真挚的情感，让无数青海人感同身受。

尕布龙先进事迹宣传报道，是青海日报践行"走转改"，做好社会主义核心价值观宣传的成功实践。与此相类似的，还有廉福章先进事迹宣传活动。从2015年5月起，青海日报组织开展了廉福章先进事迹宣传。以长篇通讯、系列故事、系列评论员文章、反响报道等为主要内容，开展立体式宣传报道。中共中央宣传部授予廉福章同志"时代楷模"荣誉称号，中共青海省委追授廉福章同志"全省优秀共产党员"荣誉称号。廉福章同志先进事迹在人民日报、新华社、中央电视台、青海日报等新闻媒体报道后引起社会各界强烈反响。省委组织部、省委宣传部联合发出《关于开展向廉福章同志学习活动的通知》。

先进典型的宣传，是社会主义核心价值观宣传的重要手段，更是青海日报加强宣传引导性、坚持正确舆论导向、弘扬社会正气、强化社会正能量的积极实践。

（五）履行遵守职业规范责任

2015 年，青海日报认真学习各项新闻出版管理规定，遵守宪法和法律法规。自觉维护报道对象的合法权益，尊重报道对象的正当要求，坚持做到不揭个人隐私，坚决防止对报道对象造成二次伤害；维护未成年人、妇女、老年人和残疾人等特殊人群的合法权益，注意保护其身心健康；维护司法尊严，依法做好案件报道，在法庭判决前不做定性、定罪的报道和评论；尊重少数民族风俗习惯和宗教习俗，遵守党的民族和宗教政策。

1. 加强队伍建设，保障新闻品质。队伍建设是报纸品质的基础和保证。2014 年以来，青海日报在人员政治素质建设和制度建设上双管齐下，效果明显。首先，青海日报依据相关规定，结合青海实际情况，制定出台了《青海日报采编人员八不准》，严格细致地规定了红线、明确了限制，给采编业务人员戴上了紧箍咒。其次，青海日报以"做党和人民的好记者"为主题，深入开展了一次教育活动，其主要目的，就是要从巩固马克思主义在意识形态领域的指导地位、深入学习贯彻习近平总书记系列重要讲话精神的高度，从巩固党的执政地位、提高党的执政能力、办好省委机关报的高度，从维护党的形象，提高党的新闻事业的导向作用，增强新闻报道的针对性、实效性和吸引力、感染力的高度，重温"三项学习教育"活动、"走转改""三贴近"的要求；重建新时期新闻工作者的职业道德和职业规范；重塑做党和人民的好记者的高尚追求，为青海日报打造高素质的新闻队伍。活动分为"温暖记忆""重听警钟""共同升华"等 3 个主题阶段，分别以讲座、座谈、展览、讲述等形式，生动形象地对全体采编人员进行了教育。

2.严守新闻纪律。2015年，青海日报进一步加强对新闻纪律的强调和管理，突出强化采访纪律、稿件送审制度，重新修订出台了《新闻稿件审核办法》，着重落实白班稿件三审制度和夜班稿件审核程序，实施双保险，确保新闻出版安全。全年未发生违反新闻纪律的情况。

3.恪守职业道德。在近几年不断将"三项学习教育"活动推向深入的同时，2014年以来，青海日报以杜绝有偿新闻、有偿不闻为突破口，严格遵守相关规定，并修订出台《采编业务人员八不准》，从源头上扎住腐败笼头。全体采编人员与社党组签订了廉洁自律条例，实施自我加压。对会议车马费、误餐补贴等行为作出严格细致的执行规定，做到有据可查，严格管理。同时，社党组结合"三严三实"教育、扶贫结对、党支部活动等，推动宣传廉洁文化，起到了很好的监督作用。

（六）履行合法经营责任

随着社会经济生活的不断丰富和发展，对新闻从业人员的冲击也不断加大，如何有效地抵御诱惑，守住纪律、法律、道德的底线，坚持新闻队伍的纯洁性，是一个重要的课题。2015年以来，青海日报持续加强内部管理，不断强化法律意识，推进廉文化建设，确保了队伍健康和报纸出版安全。

在广告、发行、印刷等经营性活动中，青海日报严格遵守宣传与经营两分开的要求，杜绝以经营为目的的宣传。同时在经营管理中，青海日报严格执行经营规范，不偷漏税款。社广告管理中心聘请了社会财务事务所管理相关账目，在省审计厅组织的审计中，没有发现任何不法和违规经营行为。

在广告刊发中，青海日报严格执行文化和新闻出版厅、省工商局相关规定，从内容上严格把关，杜绝违法广告上版；从刊发量上严格把关，执行好规定。对公益广告打开绿灯，加大力度。

（七）履行安全刊发责任

2014年以来，青海日报继续高度重视安全出版工作，从工作制度、流程管理上杜绝漏洞。

青海日报根据实际，建立了采编线索归口管理、会议、领导人报道分级管理、信息传递强化管理等制度，杜绝多头来稿、交叉采访、信息传达不到位等问题。

青海日报认真组织修订了《青海日报稿件审核制度》。在原有稿件三审制的基础上，制定了白班三审制和夜班三审制双轨运行制度，确保了出版工作安全、可靠。

（八）履行保障新闻从业人员权益责任

1.严格规范申领记者证。2015年以来，青海日报根据省文化和新闻出版厅关于对记者证加强管理的精神，清理换发了采编业务人员记者证，清退了部分不符合规定的岗位人员的记者证申领资格，并全部在青海日报上予以公示。

2.严格聘用人员管理。在人事管理部门的指导下，2014年以来，青海日报逐步规范了人员招聘管理，严格程序和资格审查。根据相关规定，与通过了试用期的35名聘用人员签订了用工合同，并提供相关福利和保障。

为调动人员积极性，青海日报还从 2015 年下半年开始，逐步试行编内编外人员同岗同酬，得到了省委宣传部的高度肯定。

三、履行社会责任方面存在的不足和改进措施

（一）在履行社会责任方面存在的不足

纸媒与新媒体融合程度不够，缺乏深层融合的机制建设。

媒体发挥自身公信力和影响力不足，服务未能上水平。

（二）改进措施及未来展望

媒体融合是大势所趋，必须彻底解放思想，放远眼光。在锻炼培养一支"一次原创、多次生成"的全媒体采编队伍的同时，加强对融合机制、体制、平台的研究和建设。

青海日报作为党报，作为青海的媒体龙头。除了做好自身的宣传报道工作之外，还要适当探索，利用自身的公信力和影响力，参与和主办一些公益活动、文化服务活动，一方面强化自身的服务功能，提升报纸品牌的美誉度，另一方面探索报业经营的新思路，提升综合发展实力。

宁夏日报报业集团

社会责任报告

近年来，宁夏日报报业集团始终高度重视作为党报集团所肩负的政治责任和社会责任，不断提高办报、办刊、办网水平，提高新闻传播力和舆论引导力，为广大群众提供及时、鲜活、丰富的新闻信息产品，弘扬社会主义核心价值观，积极传播先进文化和社会正能量，在自觉履行媒体社会责任上做出了主流媒体应有的表率。

一、宁夏日报报业集团概况

　　宁夏日报报业集团是以宁夏日报为龙头组建的现代报业集团，是宁夏最有影响力的媒体集团之一。1949 年 9 月宁夏解放，当年 11 月，宁夏日报创刊，毛泽东同志亲自题写报名。1958 年宁夏回族自治区成立，宁夏日报作为中共宁夏回族自治区委员会机关报又经历了第二次创刊。2003 年，借全国报刊市场调整整顿的机遇，宁夏日报社经整合自治区相关媒体不断扩大媒体规模。2006 年 2 月，创办宁夏手机报；7 月，经再次整合自治区相关媒体，宁夏日报报业集团挂牌成立。2009 年又经文化体制改革，集团实现了采编经营分线运营，剥离经营性资产组建了宁夏报业传媒有限公司，整合宣传部宁夏新闻网、集团的宁夏网，组建了宁夏互联网新闻中心。目前，集团形成了《宁夏日报》《新消息报》《宁夏法治报》《新知讯报》《小龙人学习报》和《看天下》杂志、《博客天下》杂志、《优享生活》杂志、宁夏新闻网、宁夏网、宁夏手机报共5报3刊2网站1手机报的媒体矩阵。

集团各媒体始终把围绕中心、服务大局作为根本责任，按照"宣传宁夏、贴近民生、改革创新"的总要求，紧紧围绕宁夏回族自治区党委、政府的安排部署，唱响主旋律、打好主动仗，充分发挥主心骨、主阵地、主力军作用，报刊网整体联动，内宣、外宣、网宣协调推进，为"四个宁夏"建设提供了有力的舆论支持。近年来，集团有10多个单位、近百人次先后获得国家级、自治区级各类奖项千余件，有6件作品获得中国新闻奖，2人获得长江韬奋奖。

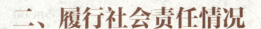

宁报集团近年获得奖项

- 10多个单位、近百人次先后获得国家级、自治区级各类奖项千余件
- 6件作品获得中国新闻奖
- 2人获得长江韬奋奖

二、履行社会责任情况

2015 年，集团认真落实按照党中央和自治区党委、政府的要求部署，以高度的责任感履行好党报的政治责任和社会责任，各项工作取得了明显成效。

（一）履行正确引导责任

一年来，集团紧紧围绕"宣传宁夏、贴近民生、改革创新"这条主线，主动适应新常态、唱响主旋律、打好主动仗、凝聚正能量，阐释好宁夏故事，传播好宁夏经验，为协调推进"四个全面"，建设"四个宁夏"提供了有力的舆论支持。

1. 着力加强主题宣传力度。紧紧围绕中央和自治区党委、政府重大决策部署，精心组织策划了一系列宣传报道战役，为全区经济社会发展营造了良好舆论氛围。先后组织开展了学习宣传贯彻党的十八届四中、五中全会，习近平总书记系列重要讲话，自治区党委十一届五次、六次全会，全国、全区两会等中央和自治区重要会议精神的系列宣传报道，开展了建设"四个宁夏"，打造"两优"发展环境，加快"两区"建设，建设丝绸之路经济带战略支点、"宁夏新十景"、纪念抗战胜利 70 周年等 50 多个重大主题和重大活动的宣传报道，做到了事前预热、事中造势、事后跟进，形成了强大的新闻报道声势，为全区改革发展稳定提供了有力的舆论支持。

集团把宣传好中阿博览会作为服务国家战略的重大举措和助推开放宁夏建设的重要政治任务，结合"一带一路""向西开放"等主题，精心策划，认真组织，形成了以时政报道为主线，以专题报道和栏目推广为两翼的宣传格局，以权威、主流的声音提升中阿博览会的影响力和知名度。集团各报刊网利用微博、微信、新闻客户端等新媒体传播快捷、影响广泛的优势，形成报网联动的全媒体报道格局。宁夏日报官方微博、微信及时转载中央主流媒体和宁夏日报相关重要稿件，配发相关图片和视频，实现多形态、立体式报道模式。宁夏新闻网开通中阿博览会新闻专题网页，开设了《每日推荐》《要闻聚焦》《走进 2015 博览会》等 11 个栏目，制作了中阿博览会网上丝绸之路论坛专题，设置了二维码和手机报栏目，全方位、多角度展示中阿博览会各项活动，达到了传播效果的最大化和最佳化。

2. 着力加强成就宣传力度。通过文字、图片、图表等多种新闻表现手法和消息、通讯、评论、现场特写、调查报告、记者来信、摄影等多种体裁,大力宣传各地、各部门坚持科学发展、转型发展、提高经济发展质量和效益、推进全面建成小康社会的新举措;宣传全面深化改革、提升对外开放水平、不断增强发展动力的新成效;宣传坚持小省区办大民生、集中精力办实事、不断增进人民福祉的新作为;宣传坚持从严治党、履行管党治党责任、不断提升党的建设科学化水平的新部署,调动了广大干部群众投身"四个宁夏"建设的积极性。

3. 着力加强亮点宣传力度。围绕学习宣传贯彻党的十八届五中全会精神,在各报刊网分别开设了《学习贯彻党的十八届五中全会精神》《走过"十二五"》《五中全会在基层》《民族团结成就》等20多个栏目专题,充分展示全区各地各部门学习贯彻五中全会精神,加快"四个宁夏"建设的举措和成效,宣传"十二五"规划执行情况方面的亮点经验,为在全区迅速掀起学习、宣传、贯彻全会精神的热潮发挥了重要作用。开展了中央及省级媒体贺兰山东麓葡萄文化长廊采访活动,邀请人民日报、新华社等全国上百家主流媒体对宁夏大力推进开放建设进行了宣传报道,进一步提高了宁夏的影响力和美誉度。开设了"守纪律、讲规矩"主题教育活动、"三严三实"专题教育、全区产业发展观摩会、从严从实抓落实大干实干100天、创新驱动、加快发展等重点专栏专题,充分展示了宁夏各地各部门转作风、抓发展、促改革的做法和成效,取得了良好的政治效果、新闻效果和社会效果。

4. 大力推进新闻改革,提高服务能力。把推进新闻改革作为提升媒体传播力和影响力的突破口,推动事业科学发展、加快发展。深化宁夏日报改革,调整版面设置,精心安排栏目,加大了图片、图表的采用力度,改变和完善话语体系和视觉系统,增强了可读性,受到了读者的好评。举办了宁夏日报头条新闻大赛、经济新闻大赛等新闻竞赛活动,进一步提高了采编人员的业务水平。把《法治新报》更名为《宁夏法治报》,进一步加大了政法综治宣传力度，为全面推进依法治国、加快依法治区进程营造了浓厚的舆论氛围。

集团研究制定了《贯彻落实中央八项规定和自治区若干规定的实施办法》，对自治区领导出席会议和活动的版面安排、报道篇幅，自治区领导讲话、考察调研、会见、出访或赴港澳台活动及自治区重大专项工作等新闻报道版面安排作出具体规定。通过改革，要求记者会议文章会外做、跳出会议写会议。在会议、领导活动、部门工作中寻找与读者关联度高、群众关注度高的内容，让新闻"浮"出水面。对那些社会关注、读者关心的政策、法规、重要会议等，不惜版面，多角度、多侧面进行细致入微的解读，使群众及时、准确获得权威信息资讯。领导人活动报道呈现出报道规模缩小、报道字数减少、报道条数减少、标题新闻增多等特点，其中，领导人出席会议、调研等活动的报道规模较过去压缩了40%左右。

2015年宁夏两会期间，宁夏日报把更多的版面和镜头对准生产一线和基层代表、委员；各级领导参加分团、分组讨论和一般性会议的新闻报道，均不提职务，统一以代表、委员称谓；自治区领导参加讨论审议不单列报道，与基层代表、委员发言的内容融为一体综合刊发，字数不超300字；县级以上领导讨论审议不单独刊发照片；除自治区主要领导外，其他各级领导不安排专访；对代表、委员在讨论、审议中的表态式、汇报式和缺乏实质内容的发言不予报道等。这一创新举措，引来人民日报、新华社、中央电视台等中央媒体的关注，并进行了充分报道。宁夏日报连续刊发的两会报道，产生了强劲的"冲击波"，新华网、人民网、搜狐网、中国网、大洋网、光明网、新民网等全国50多家网站予以转载，网友纷纷留言，称于细微处见宁夏改进工作作风的决心。

5. 坚持"开门办报"，大力拓展信息渠道，不断推进注册通讯员队伍建设，由最初的 150 余人发展到 1000 余名。2015 年，集团组织对 800 多名注册通讯员进行了集中培训，一年来，通讯员投稿 2 万余篇，通讯员稿件见报达 1300 余篇，发在一版或其他版面的头条达 30 余篇。集团创新培训方式，运用互联网手段，通过线上教育、线下培训的方式加强对通讯员的培训。目前已建立了以五市及各县（区、市）党政群机关通讯员为首的 16 个通联 QQ 群，范围辐射到各县（区、市）街道、乡镇一级。通过及时的沟通交流和学习，进一步提高了通讯员的新闻素质，充分调动了通讯员参与办报的积极性，重视发挥骨干通讯员的作用。

（二）履行服务责任

通过进一步加强舆论阵地建设，创新服务方法，不断提高服务能力。

1. 加强信息服务。集团密切关注群众切身利益。主动设置网上议题，开通媒体热线，及时发布权威信息，回应社会关切，切实发挥主流媒体凝聚人心、汇聚力量、推动发展、促进和谐等方面的作用。在宁夏日报及所属报刊网微博、微信等新兴媒体开设了《出行小贴士》《今日菜价》《微提醒》《监督台》等 20 多个栏目，刊登了《中阿博览会市民参观最全指南　转给要去转转的你！》《早市"面条哥"郭良山　要用一根擀面杖圆百名学子梦》《宁夏事业单位下半年公开招聘 2687 人，10 月 8 日起报名！今年错过就等明年啦》等关系群众切身利益的稿件，有效发挥了媒体信息传播的作用，数十篇微信的关注度超过 10 万人次；"早市'面条哥'郭良山　要用一根擀面杖圆百名学子梦"等专题，在网络上引起巨大反响，中央电视台等媒体竞相报道。

2. 丰富服务形式。集团创新服务形式，充分发挥社会进程的参与者和助推器作用，为经济社会改革发展做好服务。集团牵头承办了中国西部（银川）房·车博览会，吸引观展人数42万，拉动直接消费近14亿元，打破了宁夏乃至西部同类展会多项纪录；集团作为主、承办单位，深度参与了中阿博览会、宁夏文博会、宁夏园艺博览会、宁夏枸杞节、中国西部（银川）服装服饰艺术节、宁夏新年音乐会等多个重要活动和节会的主承办，实现了社会效益和经济效益的双丰收。自治区党委、政府对宁报集团给予高度评价，认为"宁报集团充分发挥了文化创意的巨大潜能和品牌优势，策划、包装了宁夏多个品牌节会，拓宽了报业发展的路子，为全区跨越式发展贡献了力量"。此外，集团进一步打造覆盖全国、重点向西辐射的新闻产品，力求打开一扇展示宁夏，让外界了解宁夏的窗口。集团创办了中阿博览会官方网站、中国·宁夏内陆开放型经济试验区官方网站、宁夏贺兰山东麓葡萄酒产业官方网站等，搭建起宁夏沟通世界的桥梁。同时，集团还积极发挥媒体优势，积极为读者服务，开办了宁夏日报老年书画班，创办了新消息报骑行队，举办了高考咨询会等，收到了社会的广泛好评和赞扬。

3. 发挥舆论监督作用。切实发挥新闻"热线"作用。把新闻热线作为汇集民情民意的重要渠道，扎实有效地开展舆论监督，做好答疑解惑，在百姓和政府之间架起一座沟通的桥梁。一年来，采写了《它能否成为环境"杀手"的终结者》《"是谁偷了我的驾驶证分？"》《我畅清流美君心——宁夏整治葫芦河渝河流域水污染侧记》《"天价水费"来得蹊跷去得艰难》《污水汩汩来艾依河怎得清如许》《修车店"大腹便便"人行道"瘦成闪电"》《早市占道经营　行人夹缝穿行》《BRT 专用道不是想走就能走》《健身者清晨公园打陀螺　居民诉苦"鞭鞭抽我心"》等稿件，引起了较强的社会反响。

切实发挥《内部参考》作用。集团积极探索《内部参考》编发工作的改革创新之路，借鉴新华社内参以及外省区单位办刊经验，加强策划和专题报道力度，精选主题和角度，全面提升稿件质量。全年内参专题策划共22期，采写刊发了《宁夏旅游发展中的几点思考》《我区 IT\IC 产业现状调查》《警惕工业园区成污染重灾区》《青少年毒品犯罪形势严峻》《宁夏党政机关企事业单位逾半数存在网络安全隐患》《银川医疗废物处置陷困境》《宁夏清真产业现状调查》《我区养老问题现状调查》《服务业监管真空谁填补》等稿件。其中，《我区养老问题现状调查》等多篇稿件反映的问题很快得到解决，切实发挥了决策参考的作用。

4. 巩固和深化"走转改"活动，组织开展了"新春走基层""行进中国·精彩故事"等采访报道活动。各系列报刊网把开展"走转改"活动作为贯穿全年新闻宣传重要工作，成立 20 多个采访小分队，充分发扬"光着脚板跑新闻""田间地头当舞台"的精神，在深入基层中感知百姓冷暖，采写出了一系列鲜活生动"接地气"的优秀稿件。采写的《乡村爱情》《58 个孩子一个妈》《救星葵花》《83 岁张桂兰的第一个生日会》等稿件被新华网、光明网、中国文明网等多家网站转载，得到了社会的一致认可。

为了给打赢脱贫攻坚战营造良好的舆论氛围，我们成立了 9 个脱贫攻坚采访小分队，分别深入宁南山区 9 个国家级贫困县区的贫困村，计划进行为期 5 年的精准采访，报道群众坚决打赢脱贫攻坚战面临的困难挑战、采取的对策和对未来美好生活的憧憬。宁夏日报推出《决胜全面小康　打赢脱贫攻坚战》特刊，每周刊发一期，目前共刊发 12 期，在要闻版显著位置开设了《立下愚公移山志　打赢脱贫攻坚战》专栏，刊发相关稿件100 余篇。

（三）履行人文关怀责任

切实履行媒体的人文关怀责任，注重人的精神、关注人的情感，致力于启迪人的思想、激励人的全面发展。

1. 加大自治区党委、政府为民惠民政策的宣传报道。紧紧围绕自治区党委、政府的决策部署，把展示宁夏新形象、加快"四个宁夏"建设、"一带一路"等重大主题作为宣传报道任务重点和着力点，大力宣传自治区改革发展中取得的伟大成就，宣传我区经济社会发展的新思路、新举措、新成效和社会各界的热切反映，宣传各地各部门和全区广大干部群众实现与全国同步进入全面小康社会的新景象、新风貌和实际行动。把党和政府解决民生的努力传递给群众，让群众感受到党和政府的温暖，给群众以信心和希望。继续加强民生舆论的引导，大力宣传党的富民惠民政策，引导群众自力更生，用勤劳的双手致富奔小康。

2. 积极投身慈善事业。认真履行媒体在慈善公益事业中的社会责任，积极参与慈善事业，举办了"百孝之星""宁夏慈善榜"、纪念抗战胜利70周年诗歌朗诵、筑建"爱心之城"雕塑、新年新衣等公益活动，大力传播慈善文化，讲好慈善故事，宣传好慈行善举和先进典型，在全社会营造诚信友爱、互帮互助的社会风气，形成人人向善、人人乐善的浓厚氛围。刊登了数百篇反映群众困难的稿件，募集到近百万元善款帮助困难群众解决实际问题。

（四）履行繁荣发展文化责任

大力弘扬和践行社会主义核心价值观，加大正面典型的宣传，弘扬真善美、鞭挞假恶丑、引领新风尚，动员全区各族人民协调推进"四个全面"，与全国人民同步进入全面小康社会。

1. 加大传统文化、宁夏文化的宣传力度。把中华民族传统文化和红色文化、伊斯兰文化、西夏文化等宁夏特色文化作为宣传重点，贯穿全年宣传工作。在各报开通了文化版、六盘山副刊等专版专刊，刊登了《感受魅力丝路 畅游神奇宁夏》《将台堡：红军长征的结束地》《古塔深藏几多秘密 及时护"宝"探秘西夏》《西夏壁画上的"美猴王"》等深受读者喜爱的稿件和文艺作品。按照自治区党委宣传部要求，认真开展"宁夏新十景"的评选和宣传报道工作。把加强"宁夏新十景"评选活动的宣传报道和文明旅游主题报道结合起来，按照中央和自治区的要求，开设"文明旅游"专栏，制订《宁报集团"文明旅游"宣传报道方案》，进一步加大对我区旅游景点和公民文明素质的报道，为"宁夏新十景"评选起到了推波助澜的作用。活动开展以来，宁报集团各媒体共刊发"宁夏新十景"文字稿件260余篇，文艺作品50余篇，照片近600幅，录制访谈节目5期，网络和微博微信发帖600多篇，网友访问量突破1000万次。通过传统媒体和新媒体的相互联动，进一步扩大"宁夏新十景"的征集范围和受众，提升"宁夏新十景"全民参与的积极性，掀起"宁夏新十景"评选的高潮。依托和利用内陆开放型经济试验区、中阿博览会等金字品牌，讲好宁夏故事，传播好宁夏声音，展示好宁夏形象，推动开放宁夏建设不断取得新进展。

2. 大力培育和树立各类先进典型。把全区先进典型事迹、人物作为宣传重点，为全社会树立了榜样。宁夏日报及各系列报将笔触和版面聚焦各类"草根英雄"，讲述一个个平凡人的真情善举、凡人大爱，先后组织开展了全城寻找抗战纪念章等系列报道，推出了苏锦山、蒙旺平、吴涛、虎蕊、李举峰等30多个先进人物和典型事迹，弘扬了社会主义核心价值观，传播了正能量。我们大力弘扬雷锋精神，在宁夏日报每周刊发一期至两期《新闻雷锋号》专刊，以专版的形式集中报道"雷锋式"人物的先进事迹。截至目前，专刊共刊发160余期，累计刊登各类稿件1300余篇，图片600余张。各报刊网在重要版面、页面开设了《身边的感动》专栏，为宣传雷锋精神搭建起了舆论宣传的优势平台。

3. 加大公益广告宣传力度。在报业经营十分困难的情况下，拿出重要版面、页面，在宁夏日报及所属报刊网连续刊发了一批导向鲜明、富有内涵、引人向上、品位高雅、创意新颖的公益广告。2015年，公益广告刊发量超过1000幅。

（五）履行遵守职业规范责任

切实加强教育培训，以严格执行规章制度为抓手，引导干部职工自觉抵制有偿新闻、有偿不闻等不正之风。

1. 加强马克思主义新闻观和新闻行业法律法规的学习。组织对集团各报刊网采编人员进行全员岗位培训，开展了马克思主义新闻观、新闻采编规范、防止虚假新闻等专题讲座，组织集团干部职工认真学习《中国新闻工作者职业道德准则》《著作权法》《国家语言文字法》等法律、法规，规范言行举止，严格责任追究，坚决打击歪风邪气。引导集团全体采编人员始终站在依法治国、依法治区的高度，从维护和谐稳定、弘扬公平正义的角度，搜集新闻线索，选好报道角度，加强舆论监督，促进民主法治进程与和谐宁夏建设。

2. 认真开展"守纪律、讲规矩"主题教育活动和"三严三实"专题教育，开展中心组学习12次，举办专题学习班6期，举办时代大讲堂、道德讲堂5期，进一步增强了干部职工的纪律意识、规矩意识，提高了践行"三严三实"的思想自觉和行动自觉。

3. 进一步细化了《宁报集团虚假失实报道登记管理办法》，开通了虚假失实报道投诉热线，畅通了投诉和反映问题渠道。及时掌握记者履职情况和工作作风，对虚假新闻和以采访名义谋取不正当利益的行为及时介入调查，做到件件有着落、条条有反馈。全年未发生违反法律法规、宣传纪律和有违职业道德的事件。

（六）履行合法经营职责

从完善工作机制入手，进一步规范经营行为，切实做到编采和经营"两分开"。

1. 按照中央和自治区要求，认真落实体制改革任务，形成了集团党委会领导下的新闻报道和经营发展一体两翼的格局。编采部门主要负责做好宣传报道，专心致志采写新闻，提高报道质量，确保出版流程顺畅。经营部门主要负责做好经营工作，通过筹资金、找项目、策划活动等方式拓展创收渠道，提高经营收入。

2. 严格落实党委议事规则，不断完善集体决策制度，涉及资金使用、项目建设等"三重一大"决策事项，坚持事前协商，事中集体研究，事后跟踪督办，做到集思广益、畅所欲言，不搞个人说了算。

3. 完善考核机制，实行了采编人员和经营人员两套不同的考核体系。对采编人员主要实行采编业务的量化考核，对经营人员主要考核经营业绩。要求采编人员不得借新闻采访之机参与经营活动，更不得进行有偿新闻报道。经营人员不得以记者名义外出从事经营活动。通过不同的考核机制，规范了采编和经营人员的行为。

4. 严格落实好业绩考核和预算管理，出台了《宁报集团效能目标管理考核办法》《宁夏日报报业集团固定资产管理办法》《宁报集团招投标工作管理办法》等制度。严守财经法律法规，重点加强对基建、重大采购项目、广告经营、大额资金运作的全过程监督，不断规范公务开支行为，积极增收节支，厉行勤俭节约，反对铺张浪费，提高集团经济工作和内部管理水平。

（七）履行安全刊播责任

把政治安全、新闻安全作为办报、办刊、办网的生命线，在抓常抓长、抓小抓细上狠下功夫。

1. 认真执行新闻报道各项规定，严格执行宣传纪律、新闻纪律，落实新闻阅评、报刊审读、双编委值班、三审三校、责任追究等制度，确保新闻刊发安全。

2. 制定完善了《宁报集团编辑出版管理委员会工作规则》《新闻采编从业人员不良行为登记办法》《宁报集团报纸审读管理暂行办法》等10多项制度，进一步细化实化编、排、校、印、发行及技术保障各环节工作流程，确保干有标尺，罚有依据。

3.每季度定期对集团各系列报差错情况、发 PS 版延迟、印刷公司出报延迟、发行公司送报延迟等情况进行通报并处罚；对堵漏纠错和及时发现并杜绝重大安全生产事故的单位、个人予以奖励，奖优罚劣，增强了各单位（部门）的责任意识和效率意识。

4.每逢重大宣传报道战役，都会要求各单位（部门）负责人以身作则、靠前指挥、把好关口、带好队伍，确保不出任何纰漏。明确工作职责，层层传导压力，形成一级抓一级，层层抓落实的工作格局。同时，组织对整个编辑出版流程进行预演，对各单位（部门）的应急预案进行排查，通过采取有效措施加以整改和落实，努力把隐患消除在萌芽状态。

（八）履行保障新闻从业人员权益责任

始终重视维护员工的正当、合法权益，不断提高员工待遇，改善员工工作环境。

1.根据自治区政府关于机关事业单位工作人员工资改革和养老保险制度改革要求，完成了集团 489 名参保职工养老、失业、医疗保险缴费基数核定、上报和 7 家参保单位社会保险登记证的年审，以及 57 名聘用人员劳动合同续签工作，并为 14 名人员办理了辞职、调入、调出和相关社会保险转入、转出手续，保障了职工利益。

2.做好记者证的发放工作，组织采编人员参加了新闻采编人员资格培训，切实保障全体采编人员依法进行采访报道的权利。

3.选派 15 批次 260 余人参加了各类培训，组织 292 名新闻采编人员参加了网络培训。选派 2 名处级干部到传媒集团公司领导班子挂职，抽调 9 名年轻干部到集团管理部门和宁夏日报跟班学习，到定点帮扶村挂职锻炼，为培养复合型人才搭建了平台。

4. 根据各类评优推荐条件，按照"自下而上，逐级推荐"的方式，坚持好中选优、优中选优的原则，先后推荐 20 名同志分别为自治区特殊津贴、"313 人才工程"、塞上文化名家暨"四个一批"人才和宁夏新闻出版广电局科学技术委员会委员、重点网站特约评论员、"西部之光"访问学者以及"2015 年度全区好记者好编辑""好记者讲好故事"等人选，为提升集团的知名度和影响力，树立了典型，传播了正能量。

5. 建立了集团党委委员党建联系点制度，开通了社长信箱，集团党委班子成员带头深入基层听取意见、了解民情，积极为基层解难题、办实事。坚持党务公开、社务公开，重大决策坚持公示制度，对各类文件及时通过集团 OA 办公平台发布，确保职工的知情权、监督权。

6. 不断提高员工待遇。制定了《宁报集团员工就餐补贴办法》，对全集团员工按照一定标准给予了就餐补贴。坚持员工体检制度，每年安排在职职工（女性 35 岁以上，男性 40 岁以上）和离退休职工进行体检。坚持每年春节前慰问离退休老干部老党员，送去组织的关怀。

7. 丰富精神文化生活。积极开展了读书月、主题征文、主题读书、书画摄影、好诗词推荐、"好记者讲好故事"演讲比赛、知识竞赛、"最美宁报人"评选、学习兴趣小组等文化活动；隔年组织开展一次趣味运动会、文艺晚会，每年组织开展青年员工爬山、乒乓球友谊赛、爬楼梯比赛、全民健身等体育锻炼活动；积极参加自治区党委宣传部、区直机关工委组织的体育比赛，每年一届的"清凉宁夏"文艺广场演出等一系列文化体育活动，进一步活跃了集团文化氛围。成立了宁夏老年大学宁报集团分校、老干部艺术团、集团关工委，为集团离退休老同志搭建了"老有所学""老有所乐"和"老有所为"的重要平台。

8. 做好暖心工程。每年六一前给集团职工 12 岁以下的孩子送一份礼物。及时做好困难员工子女上学"助学"工作。制定了《宁报集团职工福利费管理办法》，对 71 名困难党员、职工发放福利补助金 81000 元。始终坚持对因病住院的职工进行慰问；对患有大病的员工，组织全体员工捐款，解决患病职工实际困难。

9.积极改善办公环境。实施了卫生间环境改造、办公室外窗改造、一楼大厅改造、公共区域照明节能系统改造、供暖管道节能改造等 8 项改造工程，营造了良好的办公环境。在集团办公楼内各楼层悬挂加强党建、文明创建、礼仪、道德修养、廉政文化、加强学习、强化服务意识方面的标识牌，营造了良好的办公文化氛围。

三、履行社会责任方面存在的不足和改进措施

（一）在履行社会责任方面存在的不足

2015 年，集团在履行社会责任工作上取得了新进展，一些工作实现了新的突破，但也存在一些不足。策划性新闻报道还不够、宣传工作中的创新精神还不强，版面上会议新闻还比较多；虽然对党报抓得比较紧，没有出现政治上和导向上的问题，但对系列报、新媒体和刊物管理还不够严格；媒体融合发展的力度还不够大，进度还不够快，推动集团媒体融合发展的思路还不宽，办法还不多；体制机制需要进一步深化改革，专业化、

复合型、高层次人才相对短缺；等等。

（二）改进措施及未来方向

1.进一步抓好理论武装工作，坚定理想信念。抓紧抓实理论武装工作，把抓好思想政治教育摆在更加突出的位置，改进学习方法、创新学习载体。采取中心组学习、时代大讲堂、研讨会等多种形式，系统全面学习党的最新理论创新成果和习近平总书记系列重要讲话精神，学习中央和自治区党委、政府重大决策部署，学习自治区党委宣传部各类会议、文件精神，切实提高解决问题、破解难题、推动工作的能力。进一步加强对采编人员的马克思主义新闻观教育，将走出去与请进来相结合，进一步加大员工的培训力度，拓宽视野。强化理论信念教育，深化"三严三实"专题教育，引导员工坚定正确的政治方向，在大是大非面前始终保持高度的政治警觉，不断增强道路自信、理论自信、制度自信，切实解决好"为了谁、依靠谁、我是谁"这个根本性问题。

2.进一步改进新闻舆论工作，全力提升各报刊网和新媒体的传播力、引导力、影响力、公信力。紧紧围绕党中央和自治区党委的决策部署，坚持正确舆论导向和政治方向，大力推动新闻改革创新，努力开创新闻宣传工作新局面。着力抓好宣传报道。加强新闻策划，力求在新闻报道上体现特色、突出亮点、取得实效。无论是编辑工作还是采访工作，都要牢固树立精品意识，使每一件作品都经得起人民和历史的检验，时时处处维护和树立党的形象。认真抓好主题宣传、成就宣传、亮点宣传、形势宣传和舆论引导，圆满完成自治区党委宣传部下达的各项宣传报道任务，为"四个宁夏"建设营造浓厚的舆论氛围。着力加大新闻改革力度。把握好时、度、效，创新宣传报道方式，深入阐释主题内涵，强化思想深度、理论高度，下大力气增强新闻宣传的吸引力。注重发掘新闻资源，拓展新闻题材，注重从小角度切入大主题，转作风、改文风，俯下身、沉下心，察实情、说实话、动真情，努力推出更多有思想、有温度、有品质的作品。着力提升舆论引导能力。坚持团结稳定鼓劲、正面宣传为主的方针，坚持政治家办报、办刊、办网，严格落实意识形态责任制，弘扬主旋律、传递正能量，始终保持正确的舆论导向和政治方向。主动设置网上议题，切实做好经济社会热点问题的舆论引导，及时发布权威信息，回应社会关切，切实发挥主流媒体凝聚人心、汇聚力量、推动发展、促进和谐等方面的作用。着力推进媒体融合发展。创新理念、内容、体裁、形式、方法、手段、业态、体制、机制，研究出台集团传统媒体与新兴媒体融合发展实施意见。打造集信息采集、发布、数据分析为一体的智能化采编平台。按照"一省一端"的模式，加快研发集团统一移动客户端，积极争取"媒体云"项目的实施，加强阵地建设，抢占舆论引导的制高点。

3. 进一步创新体制机制，不断提升集团改革发展水平。修订各项规章制度，进一步完善集团党委会领导下的新闻报道和经营发展"一体两翼"的管理格局，建立责权利相统一的运行机制和管理体制，形成集团改革发展的合力。制定《集团落实党风廉政建设党委主体责任和纪委监督责任清单制度》，严格贯彻落实执行民主集中制原则，进一步完善集体决策制度，做到科学决策、民主决策、依法决策。进一步改进宣传报道方式，严格落实《党委意识形态责任制》《双编委工作制》《重要稿件送审制》《三级审稿制度》《请示汇报制度》等制度，适时开展新闻安全生产隐患排查活动。进一步修订完善目标管理考核制度，完善奖惩措施。在深入进行调研、多方论证的基础上，科学制订《宁报集团"十三五"发展规划》，明确今后5年发展的指导思想、基本原则、总体目标、重点任务、保障措施和实现路径，为集团科学发展提供决策依据。

4.进一步加强作风建设，切实增强践行"三严三实"的自觉性和主动性。充分发挥领导班子在践行"三严三实"中的示范带头作用，指导督促各单位（部门）负责人认真履行"一岗双责"，全面落实党建和党风廉政责任。加强对各单位（部门）开展"三严三实"专题教育的指导和督查，确保取得实效。进一步创新方式，丰富载体，积极探索党建、精神文明建设的新途径，在集团各党支部（总支）全面推行评星定级工作。以严的要求和实的作风，切实把各项工作任务落到实处，不断推动集团各项工作再上新台阶。

国家电网报

社会责任报告

一、国家电网报概况

国家电网报创刊于 2006 年 1 月 1 日，是国家电网公司党组机关报，由国家电网公司主管，英大传媒投资集团有限公司主办。《国家电网报》秉承"努力超越、追求卓越"的企业精神，坚持"四业四心"（专业、职业、敬业、事业，用心、潜心、尽心、真心）工作理念，在我国电力行业具有强大影响力，在社会读者中具有较高知名度。

国家电网报是周五报，对开 8 版，设有视野周刊、供电周刊、工程周刊、亮周刊等系列周刊，开设了电网时评、名家谈电、微言、电网聚焦、故事会、重点解读等特色栏目。

国家电网报社有限公司是国家新闻出版广电总局认定的新闻出版领域体制改革重点联系单位，是国内最早完成出版单位转企改制的报社之一，在全国注册设立了 19 家记者站。

二、履行社会责任情况

（一）履行正确引导责任

1. 坚持正确导向，报道重大主题。

第一，服务党和国家工作大局。国家电网报自觉践行马克思主义新闻观，坚持新闻工作的党性原则，坚持政治家办报，始终把社会效益放在首位。坚定宣传党的理论和路线方针政策、中央重大工作部署、中央关于形势的重大分析判断，认真学习和宣传贯彻习近平总书记系列重要讲话精神，加强重大活动、重大事件的宣传策划，组织了"三严三实"专题教育、"一带一路"、全球能源互联网、特高压与智能电网、重大工程、保障安全供电等一系列重大主题宣传报道。

【案例1】2015年9月26日，习近平主席在联合国发展峰会上发表重要讲话，倡议探讨构建全球能源互联网，推

动以清洁和绿色方式满足全球电力需求，为全球能源变革指明了方向。全球能源互联网从战略构想上升为国家倡议，在世界范围内得到了高度关注和广泛认可。国家电网报推出了系列报道、长篇述评、记者观察等专题报道，组织了一系列专家访谈，传播全球能源互联网发展理念，进一步凝聚共识、扩大影响，引导社会各界理解和支持发展全球能源互联网的重要观点和主张，加快发展进程。

【案例2】国家大力推动"一带一路"建设，为实现电力基础设施互联互通带来了难得的发展机遇。为充分体现电网在"一带一路"建设中的基础性、服务性作用，国家电网报启动了"一带一路"大型主题传播活动，和新媒体深度融合，与记者站紧密联动，开展文字、图片、视频、音频全媒体报道，以重要综合消息、纪行报道、专题报道、文学采风、论坛活动等形式，组织多批次记者奔赴24省区开展深入采访，充分展现相关省份、电网企业及相关单位在"一带一路"建设中的工作。

【案例3】自"三严三实"专题教育开展以来，国家电网报开设了《学习先进典型　践行三严三实》《书记讲党课》等多个特色栏目，在1版开设专栏，连续刊发消息、评论、通讯等，及时准确报道中央要求、

部署，传达国家电网公司党组声音，并充分发挥评论的旗帜作用，撰写"认真践行三严三实 奋力推进两个转变""专题党课要讲出实效""以严的精神实的作风干事创业"等系列评论，分析形势和问题，阐明观点和主张，凸显媒体的思想价值。在《学习先进典型，践行三严三实》栏目中，以大幅版面刊发多篇通讯，全方位宣传国家电网公司系统各单位践行"三严三实"的新举措、新气象、新成效，并注重以版面统筹营造氛围，以动态报道展示成效，以深度报道研究问题。

第二，引导电力行业科学发展。国家电网报以推动电力发展方式转变、解决影响和制约行业科学发展的突出问题为主线，充分发挥行业媒体作用，深入报道国家电力发展政策、电气行业资讯动态，以及推动电力工业改革发展的重要事件，促进电力工业科学可持续发展。

【案例1】电力是技术密集型行业。国家电网报高度关注电网新技术、新工艺、新材料的研发应用，跟踪报道电力企业前沿科技研发的最新动态，促进提升电网技术水平，增强产业国际竞争力。

【案例2】国家电网报加大对国内电工装备制造工业的报道力度，通过采访在企业经营管理、加强科技创新能力、增强国际市场竞争力等工作中

的亮点和典型经验，促进我国电工装备制造行业技术进步和产业升级。

第三，推动电网企业改革发展。为国家电网发展创造良好舆论环境，是国家电网报的基本职责。国家电网报把自身工作全面融入电力行业发展和国家电网公司工作中，认真贯彻落实国家电网公司党组决策部署，积极宣传电网发展取得的重大成就，热情讴歌广大干部员工"努力超越、追求卓越"的企业精神，生动记录国家电网公司实践科学发展观的艰苦奋斗历程，讲好国网故事，传播好国网声音，为国家电网公司营造良好的改革发展环境，引导和激励广大员工为企业发展和电网发展不懈奋斗。

【案例】伴随对外开放的步伐，央企"走出去"已有几十年的历程。2015年，巴西美丽山特高压输电工程奠基，这是中国特高压技术首次走出国门，国家电网报对近年来中巴能源电力合作的布局构想和业务成果进行了全面梳理回顾。

2. 聚焦社会热点，回应社会关切。
第一，关注社会重大事件。

【案例1】2015 年是西藏自治区成立 50 周年、新疆维吾尔自治区成立 60 周年。为充分反映西藏、新疆电网发展的辉煌成就，展示电网员工的辛勤劳动与付出，国家电网报开展了系列报道，突出今昔图片对比运用，大量采用制图制表并配发"亲历者言"，并组织刊发了长篇综述、专题报道和图片专版，全方位报道电网和供电企业的发展。

【案例2】"十二五"期间，国家电网的巨大变化不仅对能源电力行业的发展影响巨大，也深刻影响了国家电网每一个员工与客户。国家电网报启动"回眸'十二五'发展"系列报道，以综述、数字看变化、我的"十二五"等组合报道形式，充分反映"十二五"期间国家电网公司在"两个转变"方面取得的巨大成就和给经济社会发展带来的变化。

【案例3】国家电网报深入宣传贯彻党的十八大和十八届三中、四中、五中全会精神，广泛宣传生态文明主流价值观，加强节能减排降碳、应对气候变化舆论宣传。在每年全国节能宣传周推出专题报道，呼吁全社会转变生产生活方式，珍爱自然、保护生态，促进全面节能，建设美丽家园。

第二，促进更安全可靠的电力供应。作为特大型能源企业，国家电网公司肩负着为经济社会发展提供安全、高效、清洁、友好的电力供应和服务的基本使命。在纪念中国人民抗日战争暨世界反法西斯战争胜利70周年阅兵式、乌镇世界互联网大会、抗击台风"灿鸿""苏迪罗""天鹅"、天津港"8·12"特大火灾爆炸事故等重大、突发事件的应急报道中，国家电网报快速反应，报道机制不断成熟，努力提升专业化水平，浓墨重彩地打好了一个又一个重大新闻战役，充分展现了电网企业为最大限度减少停电时间、保障客户放心用电所付出的艰苦努力。

【案例1】2015年，国家电网公司圆满完成抗战胜利70周年纪念活动、乌镇世界互联网大会等重要保电活动，重大保电任务实现"零失误、零事故"。国家电网报联合记者站人员，采写保电现场新闻，彰显了国家电网公司全力以赴保障安全可靠供电的行动与信心。

【案例2】每年的迎峰度夏是电网企业的"大考"之期。国家电网报也从4月开始备战，精心策划、主动出击，密切关注迎峰度夏期间天气情况，加大与《中国气象报》的沟通合作，开展为期近半年的持续性报道，设立"迎峰度夏一线行""迎峰度夏进行时"等多个栏目，通过消息、通讯、调查、评论、特写、图片等多种体裁，报道各地供电企业迎峰度夏的措施与成效，讲述奋战在保电一线的供电员工的精彩故事。

3. 弘扬劳模精神，传播社会正能量。2015 年，国家电网报加强先进典型人物宣传报道，策划了"五一劳动节劳模"专题，开展"最美一线工人"大型征文活动，并结合"三严三实"专题教育，开辟《学习先进典型践行三严三实》栏目，介绍国家电网公司先进典型的事迹，报道了一大批敢想敢干、踏实勤奋、富有创新精神的一线员工，在国家电网公司系统内营造了学习劳模、关爱劳模、争当劳模的浓厚氛围。报道从履行社会责任角度出发，精心做好导向策划，发挥创新精神，突破典型人物报道的传统模式，在追求新鲜感、时代感和贴近性上不遗余力，让细节说话，真正让先进典型人物报道做到以情动人，唱响主旋律，让读者爱听爱看、产生共鸣，充分发挥正面宣传报道引导人、鼓舞人、激励人的作用。

【案例】开设《践行核心价值观，争作最美国网人》栏目，讲述一线员工立足岗位、尽忠尽职、精益求精、服务社会、报效国家的故事。国家电网报通过精心挖掘、筛选和再创作一线工人故事，讲述了国网人的工作和生活，展示他们敬业无私、乐观坚韧、积极向上的优秀品质和良好形象。

（二）履行提供服务责任

1. 提供生活服务，引导科学用电。国家电网报立足于国家电网公司服务大局的理念，从能源、经济的视角看待电网服务，从大处着眼、小处着笔，通过新闻宣传报道、推广电网企业在优质服务方面的创新举措，关注社会发展进程中电网企业服务民生方面的工作，引导老百姓更科学、安全地用电，在生活中享受更便捷高效的供电服务。

2. 提供信息服务，满足利益相关方诉求。国家电网报充分利用自身资源，积极主动为读者、通讯员、报道对象服务，搭建信息服务平台，对读者关心的相关信息密切关注、及时跟进，不惜版面，大密度发布，并对国家电网公司重要工作节点、发生应急事件时的部署安排发布即时动态信息，把国家电网公司党组的声音有效地传递到普通员工，同时向上传递基层声音，努力成为上传下达信息的畅通桥梁。国家电网报还因时因事举办不同主题的活动，扩大服务范围，满足利益相关方各方面的合理需求。

【案例1】国家电网报开通了微信微博与APP等新媒体，建立编辑、记者微信群和通讯员QQ群，提供发稿用稿建议，挖掘新闻线索，讨论新闻选题，提供全方位信息服务。

【案例2】组织开展"三集五大"知识竞赛活动。国家电网报社通过精心组织、广泛宣传，动员了大批干部员工踊跃参与，不断扩大竞赛覆盖面和影响力，有效激发了干部员工心系祖国、热爱公司、奉献社会的情感。国家电网公司系统471419名员工通过网络和纸质答题两种方式参加了知识竞赛，掀起了学习活动的高潮。

（三）履行人文关怀责任

1. 组织自然灾害应急报道。为提升新闻应急管理水平，增强新闻应急处置能力，国家电网报社组建了新闻应急队伍，并制定了新闻应急处理流程及方法。在发生突发事件时，国家电网报可以在事件发生的 1 小时内启动相应应急预案，派出第一批文字及摄影记者，及时赶到事发现场采访；紧急调动当地记者站，在事件发生的 1 小时内派出驻站记者，赶往事发现场，配合国家电网报社前方记者现场采访报道。在发生自然灾害时，上述反应时间在 30 分钟以内。

在及时传递最新动态的同时，国家电网报同时做好灾情的监测和守望，积极服务救援工作，在报道中注意坚持客观性原则，杜绝情绪化、煽动性讲述，尊重受灾群众及家属隐私、情感，避免过度采访，引导读者以健康向上的心态面对灾难事故。

【案例】2015 年 7 月 11 日，17 级台风"灿鸿"登陆浙江沿海，是历史上 7 月登陆浙江最强的台风，浙江沿海地区电网受损严重。国家电网公司高度重视，以"防大汛、抗大灾、抢大险"的意识，全面部署积极做好防御工作，各专业部门联合启动防台风应急响应，浙江电网 1600 余支抢修分队集结，各类抢修车辆、设施火速到位。国家电网报快速响应，马上派出驻站记者到现场采访供电救援队伍在抗台风现场抢修、恢复线路故障等服务工作，从 7 月 12 日开始见报消息、评论、通讯、特写、解读、图片约 20 余篇稿件，全方位、立体化地展现了台风登陆、电网受灾、应急救援、灾后恢复等一系列抗灾救援行动，并对电网防灾减灾情况进行了深入分析。

2. 关注重大民生事件。国家电网公司提出在 2015 年完成经营区域内 4.5 万户、18.8 万无电人口通电任务，全面实现"户户通电"目标。国家电网经营区域无电地区主要分布在新疆、四川、青海、甘肃等藏区和边疆地区，随着无电地区电力建设工作的推进，剩余的无电地区分布更偏远、自然条件更恶劣、施工环境更艰苦。"到一线去、到最艰苦的地方去"，一直是国家电网报倡导和坚持的原则之一。2015 年，国家电网报组织策划"户户通电"系列报道，派出多批记者深入无电地区和农村电网建设现场，走进田间地头，走进高山荒漠，通过细节化的故事反映无电地区百姓盼电心声，报道供电员工艰苦施工的场景，宣传电网企业无电地区电力建设重大成就。

【案例】国家电网报从全面实现"户户通电"工程启动开始跟进，充分考虑工程进展、对无电地区农牧民生产生活的影响、社会效益等多种因素，在开展动态报道的同时，及早策划了"见证无电地区通电"系列报道，采访组足迹涉及祖国边疆、少数民族地区、边远

地区，通过现场见闻展现户户通电的建设场景、通电前后群众生活的变化及建设中鲜活生动的故事。

3. 反映基层心声。国家电网报加强与基层的联系，将新闻触角尽可能地向一线延伸，开设了多个倾听基层声音、反映基层意见的栏目，把版面

更多地留给基层企业、基层员工，反映基层员工的创新实践，倾听基层员工的心声，组织开展形式多样的活动，吸引基层员工参与到办报办刊实践中来，打造基层经验交流的平台，使报纸始终充满活力。

【案例1】2015年7月24日，国家电网报微信发布了《这几天电网工人真的在拼命！》，通过生动的图文形式，报道了各地基层电网员工不畏暴雨高温，克服各种困难抢险作业的感人故事。

【案例2】国家电网报开设《基层视点周刊》，增强对基层一线报道的针对性、贴近性和可读性，为基层一线员工诉说心声、加强工作经验交流打造平台。基层视点周刊中，有深入解读基层农电工作特色与班组创新亮点的"焦点观察"，有报道县级供电企业服务城乡一体化实践的"情暖绿野"，有走进班组工作现场的"班组行"，也有反映基层一线人物工作生活点滴的"农电之星"，把基层最真实的工作、最鲜活的场景，用朴素的语言"原汁原味"地表现出来，稿件情真意切、文风朴实，以典型事例或小故事的形式还原工作现场，十分具有可读性。经常有读者来电来信反映，将报道中学到的好经验、好做法应用到工作中，解决了实际问题，提高了工作效率。

（四）履行繁荣发展文化责任

1.普及科学文化知识。国家电网报开设多个科普性栏目，承担知识普及、社会教化、道德传承的职能，为广大读者普及安全用电、科学用电、节约用电知识，树立保护电力设施意识，培训触电急救的正确方法，介绍最前沿的电网科技动态，畅想能源发展未来。

【**案例**】国家电网报微信公众号定期推出通俗易懂、内涵丰富的科普性主题，如"国家电网开播天气预报""中国第一盏电流红绿灯诞生，奔腾电流乖乖听话"等，普及电网科普知识、前沿科技成果；并通过漫画、动画、视频等多种生动活泼的形式，介绍安全用电常识，如"你家有个危险点，孩子暑假会触电！""空调这样吹最省电！"等，读者阅读量达到20万以上。

2. 传承优秀传统文化。国家电网报把传承中国优秀传统文化作为义不容辞的责任，认真挖掘提炼传统文化的有益思想价值，从传统文化与企业精神相结合上进行新的文化创造，用优秀传统文化滋养媒体生命力、激发企业创造力。在日常报道及策划中，加强对中华传统文化的弘扬，在多个传统节日组织专题报道传播中华文化，同时通过微信微博等新媒体平台，对传统文化赋予新的时代内涵，不断创新符合时代精神与潮流的新文化。

【**案例**】亮周刊《民风民俗》栏目弘扬民俗文化，组织春节、清明、端午、中秋传统节日特别报道和专题策划，弘扬传统美德，呈现我国丰富多彩的传统文化活动。

3. 深入研究视觉文化。国家电网报深入研究视觉文化传播，高度重视新闻摄影的作用，努力提高信息传播能力和图片审美能力，拍摄、选取有视觉冲击力、亲和力、感染力、叙事力以及思想

性、趣味性的新闻照片，组织专题摄影反映电力行业新闻热点、焦点事件，使之不仅具备审美的价值和解释说明的价值，更有主动思考的价值，开辟了图片信息独立报道新闻的新天地。

4.弘扬优秀企业文化。文学创作在企业文化建设和软实力建设中具有独特地位和重要作用。如何充分运用文学的优势与作用，为增强企业凝聚力、创造力和软实力，为国家电网公司提供坚强保证和持久动力，是企业发展对文学创作工作提出的新要求。

国家电网报注重文化价值传播，成立了文学创作室，组织诗人、作家走进国家电网，创作了一大批报告文学、诗歌、影视剧作品，生动传播了国家电网品牌形象。深入挖掘企业内外文学创作资源，繁荣企业题材文学创作，推出反映电网和企业发展、反映员工精神风貌的文学作品。

【案例】国家电网报响应党中央关于推进社会主义文化大发展大繁荣的号召和部署，集中发挥创作资源优势，在中国电力作协的大力支持下，创办电力文学期刊《脊梁》，以电力题材创作为主，兼顾社会题材，建设电网系统、电力行业的专业作家队伍，服务电力行业文学事业的发展，打造电力行业文学创作的重要平台。目前，《脊梁》已出版9期，共刊发小说、散文、文学评论、诗歌等约252万字。

（五）履行遵守职业规范责任

1.落实执行八项规定实施细则等制度。国家电网报持续围绕新闻采编业务协调、记者站管理、对外沟通联络等落实执行八项规定实施细则情况开展自查，严格执行八项规定实施细则和国家电网公司厉行节约反对浪费实施办法等制度。组织全体员工集中学习《关于严格落实中央八项规定精神坚决刹住公款吃喝风的通知》精神，对照梳理管控流程，在年度记者工作会、记者通讯员培训班、记者节座谈会等各类会议及相关活动中严格按照标准开展接待工作。

2. 扎实开展"三严三实"专题教育。国家电网报以习近平总书记提出的"立根固本、落细落小、修枝剪叶、从谏如流"的要求为践行"三严三实"的指引，认真结合报社实际查找解决"不严不实"的突出问题。加强学习型团队建设，做到政治学习和业务学习统筹兼顾，组织全体采编人员认真学习党和国家领导人的讲话精神，并以此来指导新闻采编工作。扎实做好媒体质量管控和新闻采编业务管理，确保新闻业务合法合规运行。

3. 严格规范记者站管理。国家电网报改进工作方法，切实严格规范记者站管理。通过团队分区域对口通联工作模式，提高与驻站人员的沟通频次，确保及时了解记者站的工作诉求，掌握记者站驻在单位业务、人员等相关信息的变动情况。以记者站为纽带加快组建电网新媒体联盟，逐步健全电网新媒体联盟规章制度及运作机制，制定《电网新媒体联盟章程》。

2015 年 4 月，组织召开了记者工作会议，全部记者站站长和驻站记者、通讯员代表参加会议，总结上一年度新闻宣传和记者站工作，部署当年重点工作。当年 11 月，举办了记者通讯员培训班，邀请国资委新闻中心、中国青年报社及今日头条的专家学者授课，提升记者站的新媒体建设运营水平。同时，国家电网报主动加强与记者站的日常联动，及时传递重点选题策划信息，组织驻站记者参与重大主题传播活动，使记者站和报社之间形成密切联系、良性互动的良好关系。

4. 认真组织新闻采编人员培训。2015 年，国家电网报共组织本部新闻业务相关培训 11 次，驻站记者通讯员培训 2 次，内容涉及媒体融合发展、新闻采访技巧、新闻人职业素养、全球能源互联网、提升科技期刊学术质量及影响力等主题，授课教师来源既有中国记协、国资委新闻中心、国家电网公司总部等上级单位，也有中国人民大学、中国传媒大学等知名高校，还有中国青年报、今日头条、一点资讯等社会媒体，真正实现了全员培训。

【案例】2015 年 11 月 19 日，英大传媒集团 2015 年记者通讯员培训班在京开班，各记者站站长、记者、通讯员以及国家电网公司直属单位新闻宣传专职人员共 176 人参加了培训。此次培训是按照记者站年度培训计划及"媒体融合发展年"活动安排举办的，培训主题为"媒体融合转型、新媒体运营"。

同时，国家电网报将"走转改"活动作为培养锻炼队伍、提高媒体质量的重要抓手，融入日常业务工作。2015 年，国家电网报开设《新春走基层》《电网一线行》《美丽乡村行》等多个走基层栏目，累计派出记者 80 多批次近 200 人次，深入重点电网建设工程现场、生产服务一线，体验基层生活，开展蹲点采访，挖掘基层亮点，一大批来自基层、清新朴实、生动鲜活的新闻报道深受读者好评。

（六）履行安全刊播和合法经营责任

1. 重视媒体质量管控，确保媒体质量安全。国家电网报高度重视媒体质量安全，始终坚持媒体质量是媒体安全的生命线。2015 年，报社全年开展媒体风险管理与内部控制日常工作，积极建立媒体质量风险管控责任机制，从政治高度与产品质量角度，对各级编辑记者强化媒体质量安全意识。落实媒体流程各个环节的质量把控责任制，明确媒体主编是安全质量的第一责任人，明确媒体记者、责任编辑、校对人员等各个岗位的质量安全责任，从流程各节点把好媒体质量关。同时，加强媒体质量安全的奖惩机制，将安全刊播问题纳入部门和个人考核。2015年全年未发生媒体质量安全事件，报纸编校质量合格率达100%。

2. 加强新媒体管理，确保网络传播安全。国家电网报作为央企党组机关报，高度重视网络传播安全，不断建立完善新媒体管理规章制度，要求各新媒体牢固树立阵地意识，加强正面发声，回应社会关切，弘扬主旋律，传播正能量。

国家电网报2015年着力加强媒体融合发展，落实"创新驱动、项目带动、文化推动"发展战略，全年开展"媒体融合发展年"系列活动。以此为契机，报社认真建立健全新媒体运营管理机制，规范新媒体项目立项、审批、开发建设等工作流程，明确新媒体项目主体、运营责任、质量要求，推动新媒体建设运营顺利实施；健全新媒体运营考核激励办法，开展新媒体分布创新项目征集，员工提出创意，报社提供资金支持，每月组织新媒体原创作品评奖，对报社新媒体刊发的原创作品给予奖励。

【案例】2015年，国家电网报制定了《新媒体管理暂行办法》，规范新媒体立项建设、内容发布、运营管理、考核激励等工作。《办法》明确规定了报社新媒体的分类及定位、归口管理及运营主体、项目立项审批、运营管理、考核与激励等相关措施。明确要求，报社新媒体应遵守国家有关法规及国家电网公司相关规定，逐步建立运营管理规范，明确发布流程、内容规范、运营责任、审核把关、考核评估等工作要求。

3. 坚持媒体合法经营，确保报社运营安全。国家电网报在经营方面，严格遵守国家有关法律法规和制度，严格按照税法的有关规定，按时足额缴纳各种税费款项，被北京市国家税务局评定为"纳税信用 A 级企业"，从未发生过工商、税务等行政处罚事项。

国家电网报认真执行采编与经营分开的要求，将采编岗位与经营岗位分离，严格采编人员不得从事广告经营活动的要求。安排专人做好对报社新闻宣传合同的监督工作，引导相关人员规范操作，杜绝"有偿新闻"隐患。广告刊发方面严格遵守广告法有关规定，制定实施了《广告审查刊发办法（试行）》《广告代理管理办法（试行）》《媒体广告业务管理效能监察项目实施方案》等规章制度，并安排专职广告审核人员对登报广告进行把关，审核广告内容是否准确，是否存在低俗、庸俗、恶俗信息，若存在问题不得刊发。积极组织广告审读人员培训，下一步还将加强与西城区工商有关部门的沟通联系，建立长效机制，提升广告风险把控能力。

【案例】2015 年 12 月 3 日，国家电网报邀请北京市西城区工商局广告科科长李宾鹏担任主讲嘉宾，结合报社刊发广告实例，针对 2015 年 9 月 1 日起实施的新修订的《中华人民共和国广告法》进行了专题培训。主讲嘉宾简要介绍广告审读人员应该具备的职业素养，结合具体案例重点讲授报社广告业务与新广告法相关知识点，并结合行业报、企业报特点有针对性地回答了员工日常工作审读中出现的问题。

（七）履行保障新闻从业人员权益责任

1. 保护员工基本权益。坚持依法用工，全员签订劳动合同，为符合条件的新闻采编人员申请办理记者证，提供符合国家规定、在业内具有竞争力的薪酬待遇，提供五险一金、补充医疗保险、生育险、意外险等完备的保险保障，提供必要的差旅食宿补助，年终发放一次性奖金。以人为本，落实年休假、产假等制度，实施员工帮助计划（EAP），确保员工体面劳动。

2. 重视员工职业成长。健全职业发展通道，研究分析人才成长规律，建立了4大类别、14个级别的职业发展通道，将员工岗级晋升与绩效考核直接挂钩，建立业绩优秀员工快速提升机制，打破了论资排辈的现象。

完善激励约束机制。建立以岗位、绩效、能力为主要因素，能增能减的收入分配机制，建立与现代企业制度相适应、水平适度、结构合理、具有较强竞争力的岗位绩效工资制度，变革了原有的分配方式，调动了员工干事创业的积极性。

提升人才队伍素质。开展"新传媒"青年创效计划，推动职工干事创业。由青年员工立足业务岗位，跨部门组成课题小组，针对某一项重点工作进行联合攻关，发现问题、深入分析、寻找对策，提出具有可操作性的解决方案。2015年五四青年节期间，报社还组织了第二届青年论坛暨"新传媒"青年创效计划分享会。

3. 深化员工民主管理。进一步畅通职工民主管理"职工代表参与"和"职工自主参与"双路径。成立工会组织，建立职工代表大会制度，公开选举职工代表，广泛征集职代会提案，加强提案督办，及时完成提案答复，进一步调动、保护职工代表参政议政积极性。建立总经理联络员制度，搭建报社领导及时掌握各部门工作进展、听取职工诉求的沟通平台，使民主沟通工作落到实处。

4. 关爱员工身心健康。2015 年，国家电网报全年实施"员工帮助计划"，主要通过心理调查、健康宣传、系列培训、咨询辅导等多种形式全方位进行，旨在帮助员工解决工作、生活和学习中产生的思想困惑，提升员工工作满意度和生活质量。针对新闻从业者职业特点，改善工作生产条件，组织员工定期体检，组织健康养生、心理辅导讲座。解决育龄员工实际困难，设立哺乳室，配备冰箱等必备电器设备。组织开展"三八"节踢毽娱乐竞技比赛、"扮绿地球"植树活动、春节联欢等活动。成立足球、篮球、羽毛球、钓鱼、摄影等兴趣小组，形成了具有传媒特色的文体活动模式，满足员工精神文化需求。

三、履行社会责任方面存在的不足和改进措施

（一）在履行社会责任方面存在的不足

2015 年，国家电网报在履行媒体社会责任方面开展了大量工作，取得了显著成效，但仍然存在一些不足之处有待改进。

1. 在媒体融合发展方面，国家电网报虽然在 2015 年开展了"媒体融

合发展年活动"，形成了"两微一端"新媒体矩阵，但与很多社会主流媒体相比起步较晚，战略方向不够清晰，资源集中配置能力不足，技术支撑不够，项目抓手不多。下一步要加强相关调研，向媒体融合转型做得好的媒体单位学习经验，大力实施内容创业计划，争取迎头赶上，取得更大的成绩。

2. 在服务社会意识方面，国家电网报作为国家电网公司党组机关报，履责实践主要集中于能源和电力领域，从社会视角对百姓利益、用电客户需求等问题的关注还不够。还要加强对社会关切的积极回应，更好地反映社会公众诉求，聚焦社会关注热点，建立联系行业与社会的沟通渠道，促使全社会进一步了解电力行业，了解电网企业。

3. 在对外开放程度方面，由于国家电网报早年定位侧重于企业内宣服务工作，关注点主要在能源和电力行业，导致在一定程度上与社会媒体，尤其是其他行业媒体之间的沟通联系和业务往来略显不够。目前，国家电网报已经转向内宣外宣一体化发展，主动加强对外联络与合作，多次赴人民日报、新华社、上海报业集团等有影响力的社会主流媒体开展调研，英大传媒集团也入股了人民网、体坛传媒等媒体。

（二）改进措施及未来展望

2016 年是"十三五"开局之年，国家电网报要认真贯彻落实习近平总书记系列重要讲话精神，勇于承担职责和使命，主动适应国家电网公司改革发展新形势，顺应媒体发展新趋势，积极推进媒体融合发展，加快构建高水平的传播平台，持续提升新闻宣传工作影响力和媒体竞争力。

1. 把政治方向摆在第一位，牢牢坚持党性原则，牢牢坚持马克思主义新闻观，牢牢坚持正确舆论导向，牢牢坚持正面宣传为主。新闻舆论工作要体现党的意志、反映党的主张，维护党中央权威、维护党的团结，做到爱党、护党、为党。要增强政治意识、大局意识、核心意识、看齐意识，在思想上政治上行动上同党中央保持高度一致，坚持党性和人民性相统一。准确宣传贯彻中央精神，宣传国家电网公司系统各单位工作和干部职工的精神风貌，提升传播能力，以通俗易懂的社会化语言传播国网声音、讲述国网故事、释放国网正能量。

2. 加快媒体融合发展，提升新闻宣传水平。要紧跟形势发展，创新理念、内容、题材、形式、方法、手段、业态、体制、机制，开展形式创新与内容创业，增强针对性和时效性。适应分众化、差异化传播趋势，加快构建新的媒体格局，加快新媒体建设，激励员工提升新媒体业务能力，推动媒体融合发展，借助新媒体传播优势，巩固并拓展舆论阵地。

3. 坚持以队伍建设为根本，加快人才队伍培养。要牢固树立以人为本、人才强企理念，关心关爱职工，充分调动广大干部职工的积极性和创造性。建立健全职工职业发展通道，促进职工与报社共同成长。要建设学习型组织和"融媒体"团队，提升团队的研究能力、表达能力、策划能力、沟通能力以及新媒体应用能力，打造一支政治强、业务精、作风正、纪律严的人才队伍。同时要制定人才激励措施，培养造就名编辑、名记者，以及既精通业务又精通市场营销的复合型人才。

后 记

　　中宣部、中国记协从 2014 年起在新闻战线组织开展媒体社会责任报告制度试点工作，选择部分媒体每年定期公开发布上一年度履行社会责任情况。试点工作开展以来，试点媒体范围不断扩大，首批试点媒体 11 家，2015 年增至 28 家。为进一步扩大试点工作成效，推动媒体更好地履行社会责任，2016 年继续扩大试点，报告单位增至 38 家，涉及部分中央重点新闻媒体、重点新闻网站和行业类媒体，以及 29 个省区市的地方媒体。

　　从工作成效来看，各试点媒体进一步强化了社会责任意识，能够充分认识履行社会责任对于提升媒体公信力、促进自身长远发展的重要意义，认真做好报告的撰写报送，报告内容较丰富详实。

　　第三批试点新闻媒体具体包括：首批 11 家试点媒体经济日报、中央电视台、中国青年报、人民网、新华网以及河北日报、解放日报、浙江卫视、齐鲁晚报、湖北日报传媒集团、湖北广播电视台；第二批 17 家试点媒体北京青年报、内蒙古广播电视台、包头日报、辽宁日报、辽宁广播电视台、黑龙江人民广播电台、福建日报、江西日报、河南日报、湖南广播电视台、南方日报、四川日报、贵州日报、云南日报、云南广播电视台、陕西日报、国家电网报；第三批试点媒体天津日报、吉林日报、新华报业传媒集团、安徽日报、南国都市报、广西日报传媒集团、重庆日报、兰州晨报、青海日报、宁夏日报报业集团。2016 年 5 月 26 日，38 家媒体社会责任报告在中国记协网统一发布。

各媒体报告了在正确引导、提供服务、人文关怀、繁荣发展文化、遵守职业规范、合法经营、安全刊播、保障新闻从业人员权益等方面履行社会责任，以及存在的不足和改进措施等。中国记协新闻道德委员会、相关省区市新闻道德委员会及产业报行业报新闻道德委员会分别组织评议，互联网、新闻出版广电、工商等行政管理部门核实了相关内容。

《媒体社会责任报告·2014 年卷》于 2014 年 9 月汇编出版，《媒体社会责任报告·2015 年卷》于 2015 年 3 月汇编出版。本次《媒体社会责任报告·2016 年卷》，汇编了第三批 38 家试点媒体的社会责任报告，分为上下册。中宣部、中国记协领导对《媒体社会责任报告》的汇编出版进行了具体指导。参与本书编辑的主要工作人员有：殷陆君、王小英、叶飞、王佳、项曦等同志。